台灣新文學史論叢刊 4

張我軍全集

張光正　編

人間出版社

▲張我軍半身像（攝於 1933 年）。

▲張我軍（右一）在板橋和母親（右二）
及親戚合影。約於 1921 年。

◀板橋少年張清榮（張我軍原名）。約於
1915 年。

▶一九二五年在台北與羅文淑（後改名羅心鄉）結婚時攝於板橋林家花園。

THE TAIWAN MINPAO
臺灣民報

▶被稱為「台灣新文學革命發難檄文」的《糟糕的台灣文學界》。

3

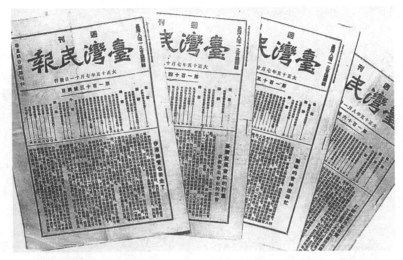

▲1926 年 8 月 11 日拜訪魯迅時贈送的四份台灣民報（現藏於北京魯迅博物館）。

▲1927 年春張我軍（坐中）與台灣在北京留學之同鄉洪炎秋（坐右）、吳敦禮（立左）、宋文瑞、蘇薌雨等創辦《少年台灣》月刊。

一九三二年接母親（中坐者）從台灣到北京奉養時全家合影。前右為長子張光正，前左為次子張光直。

▲1929 年張我軍（中立黑衣）與師大同學何秉彝、俞安斌、葉鳳梧、戚維翰等十二人成立文學社團「星星社」（後改名為「新野社」）。

◀夫婦在北京西單手帕胡同故居大門前合
影。（40年代）

▲逝世前50天在台北與家人合影。後立左一為三子光誠、左二為次子光直、右
一為四子光樸。

▲張我軍塑像。塑像於 1997 年 3 月 15 日在台北板橋國小落成，由
楊春森塑造。為整塊粉紅色花崗岩雕成，頭髮類似火炬造型，象徵
台灣新文學運動薪傳之火生生不息和代代相傳。

▶陳映真（左一）、施善繼（左二）、曾健民（右二）與他們的夫人及藍博洲（右一）和兩個孩子在揭幕後合影。

　　春　雷

　　小時候喜歡養蠶玩，常聽大人說：春雷一響，密密地粘在紙上的蠶卵就都會裂開，橫出一條一條的小蠶來。所以每年過了農年不久，新年的樂趣遂了下去，就會焦躁地等着春雷響，好去問人家要新生的小蠶來養。那時候，彷彿一切希望盡繫於春雷的一響。

　　當初畏由於養蠶的樂趣而寧希望於春雷的一響。久而久之，希望与春雷竟直接聯繫起來，所

8

序　言

張克輝

　　台灣已故文學家張我軍先生，是二十世紀二十年台灣代新文學運動的開拓者。他同當年一些先進分子一道，在日本統治者對台灣實施嚴厲鎮壓和懷柔同化政策的惡劣環境下，把祖國大陸五四運動的新思想、新文化，介紹到日據下的台灣島。他猛烈抨擊當時盤據台灣文壇的舊文學、舊思想；堅持「台灣文學是中國文學的一支流，不能與中國文學分斷」的主張，而被台灣學者稱為「搖籃期台灣新文學的代表性作家」或「台灣新文學運動的奠基者」。

　　張我軍熱愛家鄉，熱愛祖國。青年時期積極參加台灣進步的文化活動和社會活動，最初他同當時一些愛國知識份子一樣，曾把改善台胞被奴役地位寄望於促成「台灣議會」的改良主義運動，當認識到這條路走不通時，就把台灣回歸祖國的希望，寄托於孫中山領導的中國革命的成功。他自己也終於擺脫了日本殖民統治，來到祖國文化名城北京定居達二十年之久。不幸的是他依然未能免遭日本侵略魔掌的羈絆，日寇侵華，北京也成為淪陷區，他只能以教書賣文維持生計。

　　抗戰勝利後，他興高采烈地返回闊別的故鄉台灣，而迎接他的卻是腐敗反動的黑暗統治。不僅使他處於半失業狀態，而且遭到白色恐怖的威脅。隨他回鄉的二兒張光直，在 1949 年的「4・6 事件」中，被加以「莫須有」的政治罪名投入牢獄。在白色恐

怖猖獗的 1951 年春，張我軍在散文《春雷》裡寫道：要「擺脫嚴冬的束縛和威壓」，盼望「重見天日」，並且「衷心相信明天是可以一親久別了的陽光的」，表達出他急切擺脫黑暗，迎來光明的心願。不幸的是他未能見到這一天的到來，就在極度壓抑和鬱悶之中告別人世，僅享年 54 歲。

　　張我軍先生是自學成才的表率，刻苦攻讀的精神令人敬佩。他只在幼年時上過六年日本人開辦的「公學校」，即小學校；畢業後半工半讀，跟隨台北一位老秀才學漢文，後到北京進升學補習班。從此跨過整個中學的門檻，進入北京高等學府。在北京著名的師範大學畢業後，立即在幾座大學擔任日語講師，進而成為中國北方名重一時的日文日語教授。他不僅用白話文寫詩、寫小說、寫散文，成為台灣的新文學作家；而且翻譯了眾多日本當代的名家名著，成為一位翻譯家。他這一含辛茹苦、奮力拼搏獲得成就的經歷，體現出台胞先人當年赤手空拳、漂洋過海，在新天地裡白手起家的那種可貴的開拓精神。

　　我和張先生一樣，大陸祖籍都是福建省漳州府，又同屬「清河堂」張氏家族，但從年齡上看，我是他的晚輩。當他在 1946 年從北平返回台灣時，我已作為「公派生」到福建廈門大學讀書了，以後彼此分處海峽兩岸，所以無緣拜見。但我同他的兩位公子：張光正、張光直都相識、相交。光正早年參加抗戰，沒有隨全家返台，我們同在大陸，相識較早；光直是著名的考古人類學者，他從美國或台灣來大陸交流、考察時，我們多次相會，最近一次在北京見面是 1997 年，那時他的帕金森症已很嚴重，仍然堅持去河南商丘，坐在輪椅上進行田野考察，他的性格同乃父一樣堅強，是位奮鬥不息的學者。

　　1995 年光正有意把他在 1985 年編輯出版《張我軍選集》修補充實後重新出版，以紀念父親逝世 40 周年，我是支持的，可惜未能實現。現又經過五年努力，編成了《張我軍全集》，是很不

容易的。這部集子的出版,可為兩岸中華文化傳承、交流史的研
究,也為當年中日兩國文化交流史的研究,提供珍貴資料;也有
益於兩岸同胞的相互理解和兩岸文化交流。所以我對本書的出版
表示衷心的祝賀。

2000 年 2 月

紀念張我軍先生

駱賓基

　　台灣詩人、作家、翻譯家張我軍先生雖然與我們和台灣同胞離別二十年了，但他對台灣新文化運動所做的貢獻，是台灣同胞和大陸人民所不能忘懷的，他愛祖國、愛家鄉、盼統一的感情，是永遠值得我們珍惜的。

　　張我軍先生 19 歲從生長地台北到廈門之時，正值祖國「五四」運動蓬勃發展，他不但開闊了眼界，且深受這次以陳獨秀、胡適為代表的新文化啟蒙運動的洗禮，這就是 1924 年張我軍在《台灣民報》上發表《糟糕的台灣文字界》的歷史因素。他以無畏的精神對在日本佔領者卵翼下的台灣舊文壇進行了猛烈的抨擊，掀起了台灣新文學大論戰。這樣，就開始奠定了作為一個台灣反帝反封建的新文學家的先驅者的文學事業的基礎。他在《糟糕的台灣文學界》一文中指出：「還在打齁睡的台灣文學，卻要被棄於世界文學之外了，台灣的一班文士都戀著塵中的骷髏，情願做個守墓之犬，在那裡守著幾百年前的古典主義之墓。」他所指的這種「古典主義」，自然是為日本佔領者御用的所謂適合於「日台融洽」的「東洋文明」的舊文化。在《請合力拆下這座敗草叢中的破舊殿堂》一文中，他更明確地指出：「台灣文學乃中國文學的一支流。本流發生了什麼影響、變遷，則支流也自然而然地隨之而影響、變遷，這是必然的道理。」「中國文學界起了一番大革命。」「那一大座的破舊殿堂——舊文學的殿堂，經了

這陣暴風雨後，已破碎無遺了。一班新文學家已努力地在那裡重建合乎現代人住的殿堂了——新文學的殿堂，可是我們最以為憾的是，這陣暴風雨卻打不到海外孤懸的小島，於是中國舊文學的孽種，暗暗於敗草叢中留下一座小小的殿堂——破舊的——以苟延其殘喘，這就是台灣的舊文學」。舊文學的批判，得到了在台灣富有威望的現實主義文學家賴和、陳逢源、葉榮鐘等先生的支持。他不僅在理論方面論述，也在實踐中體現。例如：他1925年為孫中山先生追悼會所做的對於中國民主革命早期領導者的頌揚詩，雖然日本警察禁止宣讀，但是會後卻廣為流傳，這實質上就是屬於和「日台融合」進行具體鬥爭的實踐。又如，他《我人對伊澤總督的疑問》中直言不諱地揭露伊澤「他一方面向台灣人賣好，一方面卻向台灣人射冷箭」；「對於台人的言論的壓迫，及其它不容我們在這裡詳說的弊政」等等。可以說，張先生在鬥爭實踐中，是膽識過人的。1926年，他在北京拜訪魯迅先生，從魯迅先生的《而已集‧寫在勞動問題之前》的文章內容看，也可知張我軍先生當時贈送《台灣民報》四本，實質就是對於中國現代文學界，提出不要忘記淪於日本帝國主義統治之下的台灣與台灣文學的意願。這是同他在抗日戰爭後期應約潛往我解放區參觀並會見駐妙峰山八路軍負責人，接受「無論到哪裡都要為人民做好事」的指示性囑告，和他反帝、反封建的文學理論，在實踐上是一致的。他的這種反帝反封建，為人類解放衝破舊的觀念，向封建迷信、向買賣婚姻等落後思想和習俗進行公開挑戰的先進思想和鬥爭精神是值得我們尊敬和懷念的。尤其是張我軍先生熱愛家鄉一草、一木，熱愛祖國的深厚感情和翹首盼望台灣回歸，祖國統一的願望，他的正直而勇於鬥爭的民族精神，更是我們所不能忘懷的！

　　同志們，朋友們，有多少炎黃子孫為我們祖國的強大，為祖國的獨立和尊嚴做出了努力和犧牲，這其中有不少是我們的台灣

同胞，我們至今懷念他們！

　　我們堅信，鄧小平同志提出的「一國兩制」的統一大業一定能實現！張我軍先生三十年前的遺願一定能實現！讓我們為台灣早日回歸，祖國的統一，祖國的繁榮富強而共同努力奮鬥！

　　本文為著名老作家駱賓基先生代表北京市作家協會於 1985 年 12 月 17 日在「張我軍逝世 30 周年紀念座談會」上的講話稿。標題為編者所加。

父親可以放心了

張光直

　　聽說北京市作家協會與台聯、台盟一起舉辦「張我軍先生逝世三十周年紀念會」，我感覺非常的高興和感動。父親53歲的一生，幾乎有一半是在北京度過的。他在北京的時候。唯一的工作便是用他的一支筆來創作和翻譯。他在北京的家，也便是台灣鄉親的家。在他逝世三十年祭的時候，北京的作家們和在北京台灣鄉親們開會紀念他，表示他的工作沒有被人遺忘，這是他在世時再也想不到的榮譽。他如果在九泉之下有靈，是一定會十分高興的。

　　我們自北京回台時，我還在高中讀書。後來由於種種關係，父親與我很少在一起居住，所以等到我懂事之後，便很少機會與父親交談了。這是我一生的一項遺憾，父母親與子女之間恐怕常常會有這樣時間上的差錯吧。所以我對父親的認識不如我大哥的直接，有不少是我成年以後回憶以前父親的作為、寫作與言談而逐漸有所覺悟的。我現在已比父親逝世的年歲要大了；三十年來對他的事業、對他的奮鬥、對他作為一個台灣籍的漢人在他那個大時代中所經歷的種種困難，逐漸的能夠了解了。但是我們已沒有機會與父親印證心得，交換意見了。

　　回台以後九年中，父親的心情是複雜的。一方面他離開了分別多年的家鄉，對鄉土的一切都有重新發現的喜悅。記得他有機會便給我們兄弟表演唱山歌民謠，用孔子白吟詩。但是另一方面，

他又有心埋首到實業界,給台灣茶商公會和合作金庫(銀行)編
雜誌。父親回台以後的創作,主要是在實業界雜誌裡面發表的遊
記雜感一類,從這裡面表現對鄉土的喜悅和對台灣民眾前途的期
盼。另外他花了不少心血做的一件事,是寫一套書,教會日文而
不會國文的人學中國語文。他看到很多朋友受了很高的日本教育,
回到祖國後受了語文的限制而不能發揮他們的才華,所以決心寫
一套書幫助他們。因為這套書找不到人出版,父親便自己在台中
開了一家六合書店,專門出版這一套《國文自修講座》。可是出
了五冊以後,賠本太厲害了,先把書店搬到板橋老家,但仍不能
維持,終於關門大吉。這件事在若干意義上也很能代表父親一生
的傾向,他是有大志的,但他做起事來唯一的本錢便是他的一支
筆,用它來苦幹實幹。今天有這個會,表示他這支筆寫下來的東
西還是有意義的,是值得紀念的,父親可以放心了。

1985 年 11 月 20 日

　　本文為張光直於 1985 年 12 月 17 日在北京「張我軍逝世 30 周年紀
念座談會」上的書面發言稿,標題為編者所加。

《張我軍全集》（台灣版）
出版感言

張光正

　　為紀念先父張我軍先生百年生辰，我在北京編輯出版了《張我軍全集》和《近觀張我軍》兩本書。有關的事情，在《全集》的「編者後記」和「編後話」中，已經說過，不再贅述。現《張我軍全集》由人間出版社在家鄉台灣，用繁體漢字重排出版，這將滿足島內台灣文史研究學者和台灣文學愛好者的需求，也必將告慰於葬身故土近半個世紀的先父英靈了！

　　張我軍先生自 1955 年逝世後，有 20 年左右在台灣毫無聲息。直到上世紀 70 年代，台灣一些文化工作者，為倡導鄉土文學，反駁文化專制當局抹殺台灣本土文學早已存在的事實，張我軍和其它一些台灣老作家的作品，得以「出土文物」重返人間。此後，一些文史研究學者，對張我軍在台灣新文學運動初創時期所起的作用，給以肯定評價。1985 年，葉石濤曾把張我軍定位為「台灣新文學搖籃時期」的「代表性作家」；說他「堅強地主張台灣文學是屬於中國文學的一個環節」，而且「無視於日本統治時期的政治現實，敢然貫徹始終他的（這一）觀點，代表了台灣作家不畏強權的道德良心。」（《台灣文學的回顧與前瞻》）

　　但近 10 年來，台灣文壇上少數人鼓吹「台灣文學主體論」的

調門，不斷升高。1995 年我在台北參加「張我軍學術研討會」時，會上就已有人把張我軍稱為「中國新文學運動的台灣代理人」了。最近又看到報載，曾稱頌張我軍為「代表台灣作家不畏強權的道德良心」的葉石濤，轉而宣揚「從台灣人的主體性，重新看待過去作家成就的定位」，而被點名要「重新定位」的作家當中，「張我軍」赫然在目。其實，一段時間以來，鼓吹「台灣文學主體論」的那些人，早就把張我軍等人排除於「台灣作家」的行列了。

如所周知，「台灣文學主體論」同「台灣獨立建國論」是相伴而生，互依相通的。所以，台灣文壇上那些人會隨著島內台獨聲浪的升高而起舞，甚至會「以今日之我，反對昨日之我」。然而，客觀的歷史事實是不會改變的，尊重歷史、堅持中華文化傳統的台灣作家還大有人在。《張我軍全集》收入的大量文章，都是台灣新文學運動開創史的鐵證。台灣文學在長期發展過程中，當然會具有自己的地方特色，但同中國文學同根同源一脈相承的事實，是任何人為力量都改變不了的；台灣人就是中國人，台灣作家當然是中國作家，這也是無法否定的。我想，《張我軍全集》於此時此地出版，其特有的意義也在於此吧！

我弟弟張光直生前對《張我軍全集》的編輯十分關注，2000年2月12日他在重病困擾中，從美國用顫抖的手指，通過電腦打字，給我發來最後一封信，其中有這麼一段話：

「《張我軍全集》包括翻譯文章否？如果包括，有兩個 titles 甚為重要：一個是《人類學泛論》（西村真次著，上海神州國光社出版，1931）；第二個是《中國文明之起源》（濱田耕作著，出版者與年代待查）這兩本書的題目都是創新的。此外，長篇小說（武者小路實篤、夏目漱石等），短篇小說、文學理論、散文等等，實在對中國文學的發展有很大貢獻。你如果需要幫助，儘管說來。」

　　我非常同意光直的意見，但父親的譯作比他的創作，字數要多好幾倍，譯書、譯文和譯稿的收集、複製和出版困難重重；工作量之大，也非年逾古稀之我一人力所能及。所以，這一部份只好暫且割愛，沒有包括在《全集》之內，實為一椿憾事。光直在發來上面那封信一年後，就離開人世了，現把他關於《全集》的那些意見摘錄於此，以表紀念並做說明。

　　最後，要向籌劃、出版《張我軍全集》（台灣版）的陳映真先生和人間出版社，以及為台灣版全集之校訂付出心力的施善繼先生、曾淑霞女士表示我衷心的感謝與敬意！

張光正

2002 年歲末於北京

目　錄

一、台灣新文學運動

二、論著

三、文學創作

詩歌

四、序文與編語

目錄

五、日文與日語

六、書信

一、台灣新文學運動

致台灣青年的一封信

最敬愛的青年諸君！

我這幾年在海外奔波，所以沒有工夫和諸君一塊做事，甚至和諸君說話的機會也絕無，這是多麼遺憾的事！但是我自好久好久以前就想對諸君說幾句很重要（照我的意思是很重要的）的話，但只是找不出個好的機會，所以忍之又忍，到如今已忍無可忍了，因此抽了些時間來和諸君商量商量。自從世界動亂以來，往日的文明已宣告破產，而各種新道德、新思想、新制度等等方在萌芽之時，諸君也根據民族自決與其他的理由，做了種種運動，提出種種的要求，想把台灣的社會也使其經過一番的改造。當時諸君未嘗不勇敢酣戰，然而諸君的運動經了一挫再挫，有的人已是丟盔捨甲而逃；有的雖還站在那裡吶喊助戰，但是心中卻已是嚇得半點的氣力也沒有了。當日參加運動的人，演了這幕悲戲，後來再要參加的人，膽子也就寒了。所以運動的勢力，日見衰微，到現在不但未曾收效，且受了許多的困苦。這是因為有一種最厲害的武器，諸君不肯拿上戰場。這武器是什麼？團結、毅力、犧牲三者而已。捨此而言運動改造，無異與虎謀皮！

其實我們所處的社會是老早就應該改造的，但換了湯而不曾換藥，所以我們今日仍處在不合現代生活的社會，就如坐在火山或炸彈之上，不知道幾時要被它爆碎。與其要坐而待斃，不若死於改造運動的戰場，倒還乾淨的很。況且今日要改造社會，實有充分的可能性！

　　所謂改造社會，不外乎求眾人的自由和幸福，而這自由和幸福是要由眾人自己掙得的，才是真正而確固的，決不會從天外飛來，或是由他人送來的。猶如麵包是勞動者額上流了汗才能得來的。捨得這條大路不走，終日只在神前祈禱，或是在路上叫討，哪一個肯大發慈悲給你吃一頓飽？馬克思甚至說：「人類一切的歷史，都是階級鬥爭的事跡。」[1]，所以處今日的社會，老實不能學那上古時代的愚民的「不知不識，順帝之則」了。因為你若這樣說，誰給你自由和幸福？

　　敬愛的青年諸君呀！那些不良老年們我是不敢承其抬舉了。最少希望諸君能夠覺悟青年之於社會上所處的地位，出來奮鬥，不斷地勇進，才有達到目的的一日！

　　然而諸君呵！諸君除幾位極少數的人，還在那裡一息奄奄請願議會設置[2]之外，其他莫說改造社會的運動連個影子也沒有，就是自己一個人的進路也都已經走錯了。諸君以為議會設置沒有成功的希望，所以社會的一切也就無從改造了，就自暴自棄的不獨不與那些勇敢的兄弟們相助，或另向一方面開始活動，尚且站開在遠遠地望著他們嘲笑，有的甚至眩於利誘，要來陷害他們。唉，青年諸君呀！難道諸君對於現社會能夠滿足嗎？或是對於現社會的反抗的氣力已經消失，而疲於與環境的無益的爭戰，所以絕望而屈從了嗎？或是要「樂夫天命」學陶潛的遁世者流嗎？或是同情於托爾斯泰的不抵抗主義嗎？不然諸君怎的不讀些有用的書來實際應用於社會，而每日只知道做些似是而非的詩，來做詩韻合解的奴隸，或講什麼八股文章替先人保存臭味。（台灣的詩文等從不見過真正有文學價值的，且又不思改革，只在糞堆裡滾來滾去，滾到百年千年，也只是滾得一身臭糞。）想出出風頭，

①馬克思這句話見於《共產黨宣言》，現在的譯文是：「到目前為止的一切社會的歷史都是階級鬥爭的歷史。」
②指 20 年代在台灣和日本開展的「台灣議會設置請願運動」。

竟然自稱詩翁、詩伯，鬧個不休。這是什麼現象呢？不瞞諸君
說，諸君若長此以往，後來觸於突發的事機，或是激於義氣，想
出來協力改造社會，也就無從改造了。因為不備於平時，一旦事
臨，實有不知所措的。所以我很希望諸君，第一要培養實力，而
改造社會的念頭不可一日飛去。而且能夠利用我前面所說的三件
——團結、毅力、犧牲。那末即使我們所處的社會不能改造於今
日，總也不會使其爆碎，而自由和幸福不怕得不著了！直言恕
罪，敬祝諸君的進步！

1924 年 4 月 6 日
原載《台灣民報》2 卷 7 號，1924 年 4 月 21 日

糟糕的台灣文學界

　　這幾年台灣的文學界要算是熱鬧極了！差不多是有史以來的盛況。試看各地詩會之多，詩翁、詩伯也到處皆是，一般人對於文學也興致勃勃。這實在是可羨可喜的現象。那末我們也應能從此看出許多的好作品，而且乘此時機，弄出幾個天才來為我們的文學界爭光，也是應該的。如此才不負這種盛況，方不負我們的期望，而暗淡的文學史也許能藉此留下一點光明。然而創詩會的儘管創，做詩的儘管做，一般人之於文學儘管有興味，而不但沒有產出差強人意的作品，甚至造出一種臭不可聞的惡空氣來，把一班文士的臉丟盡無遺，甚至埋沒了許多有為的天才，陷害了不少活潑潑的青年，我們於是禁不住要出來叫嚷一聲了。

　　自從十五世紀文藝復興（Renaissance）起於歐洲以來，西洋的文學煥然一新，迴非昔日可比。自古典主義而浪漫主義，自浪漫主義而自然主義，到現在，自然主義的時運也已去了，所謂新理想主義、新現實主義，已佈滿了全世界的文壇了。就是文化落後的日本，自明治維新以來，跟政治運動之踵，文學革新運動也崛起。明治、大正的文壇上，出了不少的戰士，站在睡眼朦朧的文壇上雄呼疾叫不遺餘力，現在他們的成績顯著，差不多已不讓歐美獨擅甚長了。而且社會上、政治上亂麻似的中國也已經過了一番新生命的洗禮了，所以現在中國的新文學，也大有可觀了。總之，現在的時代，無論什麼都以世界為目標，如政治、如外交、如經濟等等都是世界的，文學也不能除外，所以現代的文

學，已漸趨於一致，而世界的文學的成立，也就在眼前了。然
而，還在打鼾酣睡的台灣的文學，卻要永被棄於世界的文壇之外
了。台灣的一班文士都戀著塵中的骷髏，情願做個守墓之犬，在
那裡守著幾百年前的古典主義之墓。

　　像台灣那般小小的島，而且幼稚的文學界，不知自行革新也
罷了。但這幾十年來，日本文學界猛戰的炮聲，和這七、八年來
中國文學界的戰士的呼吼，都不能打動這挾在其間的小島，欲說
其是已麻木也太可憐了！我們台灣的人，識兩國文字（日本和中
國）的那麼多，況且此兩國都是最近的師表，正可藉此來把陳腐
頹喪的文學界洗刷一新。而事實卻不如此，一般斯文氣滿面的文
士，只顧貪他們的舊夢，不思奮起也來革新一下，致使我文學界
還是暗無天日，愁雲暗淡，百鬼夜哭，沒有一些活氣，與現代的
世界的文壇如隔在另一個世界似的，這是多麼可痛的事啊！

　　我們不是好高騖遠趨新棄舊之徒，人喜歡我也喜歡，人厭棄
我也厭棄。但事實上像古典主義（如台灣現在的文學）之當廢，
已成為一個絕對的真理了，不容餘喙的真理了，如地球是圓的，
人是要死的一樣的真理了。

　　他們不但不能脫卻舊文學的迷夢，踏入新文學的路上，而懂
得文學是什麼的人，恐怕也百中不能求一，（照這樣結論起來，
他們死守古典主義也難怪的。老實說一句，他們或許不自知其是
守在古典主義罷。）試問一問，他們為什麼要做詩？詩是什麼？
（我所以拿詩來做例者，是現在歷來也許都是如此——台灣的文
學，除詩之外，似乎再沒有別種的文學了。如小說、戲曲等不曾
看見，所以現在台灣差不多詩就是文學，文學就是詩了，所以拿
詩來做例，以下都是如此。）那麼是同問著啞巴一樣的了。（也
許有不少很有研究的人，但這是拿大多數來說的。）所以他們不
是拿文學來做遊戲，便是做器具用。如一班大有遺老之概的老詩
人，慣在那裡鬧脾氣，謅幾句有形無骨的詩玩，及至總督閣下*對

他們稱送秋波，便愈發高興起來了。

　　還有一班最可恨的，把這神聖的藝術，降格降至於實用品之下，或拿來做沽名釣譽，或拿來做迎合勢利之器具，而且自以為儒文典雅。其實這種器具得來的名利，與用金錢得來的有何分別？實在比用金錢做器具的老實人更可鄙可恨的！

　　至於最可憐的是一班活潑潑的青年，被這種惡習所迷，遂染成一種偷懶好名的惡習。他們以為做詩易於得名（其實這算什麼名），又不努力（其實詩是不像他們想的那麼容易的），時又有總督大人的賜茶、請做詩，時又有詩社來請吃酒做詩。既能印名於報上，又時或有賞賜之品，於是不顧死活，只管鬧做詩（其實是胡鬧）。他們腹內半部唐詩合解也沒有，只管捜盡枯腸，一味的吐，幾乎把腸肚都吐出來。用盡心血，耗盡寶貴的光陰，其結果博得一個不知是好名還是臭名。幾年之間，弄不出一句半句的好文字，卻滿腹牢騷，滿口書臭，出言不是「王粲蹉跎」便是「書劍漂零」，到底成何體統？文學的殿堂，一定是不容這班人踏入的啊！

　　夠了，夠了，寫了一大篇乾燥無味的文字，寫得頭也痛了，手也僵了，眼也花了！總之，現在台灣的文學，如站在泥窟裡的人，愈掙扎愈沉下去，終於要溺死於臭泥裡了啊！

　　我的朋友，我的兄弟，快來協力救他，將他從臭泥窟救出來罷！新文學的殿堂，已預備著等我們去住啊！

　　最後還有二事要來敬告對文學有興趣的人：

　　1.多讀關於文學原理和文學史的書；

　　2.多讀中外的好的文學作品（詩、劇曲、小說等）。

　　前者可以明白文學是什麼，方不走入與文學不相關之途。知

＊　「總督閣下」及下文的「總督大人」，指當時日本派駐台灣的最高行政長官。本文所指是第十任總督伊澤多喜男，亦即本集《隨感錄》中之「伊澤總督」。

道文學的趨勢，方不死守僵屍而不知改革。

　　後者可以養成豐富的思想，而磨練表現的手段。

　　表現在文學中雖不能算是最重要的，但你雖有很熱烈的情感，很富裕的思想，要表現出來，倘若不會表現，或表現不老練，亦不能造就偉大的作品。

原載《台灣民報》2 卷 24 號，1924 年 11 月 21 日

歡送辜博士

　　喧囂頗久的辜鴻銘博士*，已踏入台灣之地了。各界歡迎的熱烈，真是近來不常見的！特殊階級的歡迎不消說，就是官界也十分地表示歡迎之意，台灣的三新聞也齊聲歡迎其來台。啊！歡迎的人算不少了。不，寧可說太多了，太熱狂了。我生怕那老受不慣這樣的熱狂的歡迎，以致惹出病來，設或不幸，又因病而不得不把一堆老骨骸埋在此異地他鄉，那就太可憐了！因此，我反而欲把一服「清涼解瘟散」來致敬於大賢之前，這大概也是這位老博士所喜歡容納的罷。

　　辜君的學識如何，我們因為沒有看過他的名著，所以不便遽加批評。但是他的思想的腐敗陳朽，在中國老早就有了定評了，所以也不用我來批評。然而他這次的渡日、渡台，說是帶了一種新的使命，是欲在日本、台灣提倡東洋文明，鼓吹東洋精神。提倡東洋文明，鼓吹東洋精神，反過來說，便是要排斥西洋的精神、西洋的文明。而這層是我們所以不滿意他的。

　　我們雖然不可無條件容納西洋的精神或文明，但也不當固守著東洋的精神或文明來頑拒它。須知世間事沒有絕對的好，也沒有絕對的壞。東洋文明有東洋文明的好處，而西洋文明也自有它的好處。我們處今日之時世，當取長補短，不該拘執一方，以致

---

* 辜鴻銘（1856 － 1928）字湯生，福建同安人，曾留學英、法、德等國，後任
　清朝湖廣總督張之洞的幕僚多年。辛亥革命後任北京大學教授，主張復古，
　反對革新。魯迅先生曾在 1935 年著文諷刺他讚揚舊中國婦女纏足。

此失彼，誤己誤人，誤了社會。況從今日的社會看去，東洋文明的缺點比比皆是，而其不合現代人的生活，也是眾人所公認而且痛感著的。日本之所以有今日者，一躍而為三大強國之一，與其說是東洋文明之力，倒不如說是東西文明之合力。與其說是東西文明之合力，倒不如說是西洋文明之力。這決不是我一個人的獨斷，乃世人所公認的。凡是有良心的日本人，哪一個敢不承認伯爾利卿是日本國的恩人。假使當時明治大帝固守著從來的鎖國主義，而沒有傳入西洋的文明到日本來，那麼，現在的日本，怕也和現在的中國相去不遠了。這不但政治上如此，學術上、實業上也都是如此。

　　然而，偏有一班沒廉恥的東洋學者，硬要張冠李戴，把這段功勞欲盡歸於東洋文明的身上去，我們這位老博士就是此中的一人。不然，怎的他一踏入日本之土，便連聲的說東洋文明之粹匯集在日本，而日本人才是真正的中國人。這話至少可以來證明他的意思是說：日本有今日之強盛，是因為存著東洋文明所致的，而中國所以有今日之弱，是因為沒有存著東洋文明。雖然我們也承認日本還保存著東洋文明的一部（就是中國也保存著一部），但日本之所以能致今日之盛強，決非東洋文明之力，這是如前面所說的。可是一班愚頑的東洋文明信者，卻喜得什麼似的，不能回顧事實如何，便大歡迎而特歡迎他，而許多頑劣的言論機關，還替他大吹牛皮，這正如梁啟超，一聽見西洋人研究東洋文化，便喜得眉舞眼笑似的。

　　夠了，受夠了，我們台灣已用不著你來鼓吹東洋文明，提倡東洋精神了。我們台灣的東洋精神，東洋文明，是嫌其太多不嫌其太少啊！辜老先生，你還不覺悟東洋文明或精神之不合現代人的生活麼？你還不承認東洋文明或精神誤了中國麼？要記得！輸入西洋文明太遲的中國，是被東洋文明弄壞了的，而且連你本身也被它弄得無可容身之地，如此你還想不夠嗎？你還想帶它來弄

壞日本，弄壞台灣嗎？

　　辜鴻銘博士，咱們說句誠實話罷：我願請一陣東南風，送你一帆風順，歸到中國去！

　　然若辜君此行，沒有帶什麼使命，但欲逛逛而已，那麼我就不欲多嘴了。

1924 年 11 月 23 日

原載《台灣民報》2 卷 26 號，1924 年 12 月 11 日

為台灣的文學界一哭

　　我在北京的時候，就有人對我說，台灣有一位大詩人，辦個詩雜誌。當時我對於詩學非常地有趣味，所以我甚以不能一睹為憾！因為我預料這位大詩人一定有什麼對於詩和一般的文學的妙論來使我開開眼界，而駑鈍的我，或許能因此得到很有效的教訓，所以我愈期望要讀它一讀。

　　我終於達了我的期待了。我昨日在友人處，懷抱著滿腔的熱望，把他送給我的那個雜誌讀了好幾遍，但我終於失望了。我不但沒有照我的預料，得到什麼好的教訓，甚至把我的腸肚都氣破了。可是後又覺得好笑！我笑了一夜還沒有止，直到現在還一面笑著一面寫這篇原稿。我想把他的妙論抄在下面來與諸位一同笑。

　　……今之學子，口未讀六藝之書，目未接百家之論，耳未聆離騷樂府之音，而囂囂然曰，漢文可廢，漢文可廢，甚而提倡新文學鼓吹新體詩，秕糠故籍，自命時髦。吾不知其所謂新者何在。其所謂新者，無非西人小說戲劇之餘焉。其一滴沾沾自喜，是誠埳井之蛙不足以語汪洋之海也噫跂。

　　我們讀了這篇妙論之後，立刻可以知道這位大詩人是反對新文學而又不知道新文學是什麼的人。然而我最不滿意的，是他把

「漢文可廢」和「提倡新文學」混作一起。不但如此，若照他的意思是「提倡新文學」之罪甚於「漢文可廢」。一笑！

　　請問我們這位大詩人，不知道是根據什麼來斷定提倡新文學，鼓吹新體詩的人，便都說漢文可廢，便都沒有讀過六藝之書和百家之論、離騷樂府之音。而你反對新文學的人，都讀得滿腹文章嗎？啊！你的自負也太過。我現在把他所分的新和舊分割在下面：

　　　新　口未讀六藝之書，目未接百家之論，耳未聆離騷樂府之音，主張漢文可廢。丐西人小說戲劇之一滴，沾沾自喜，鼓吹新體詩。

　　　舊　口已讀六藝之書，目已接百家之論，耳已聆離騷樂府之音，主張保存漢文。鄙棄西人小說戲劇，鼓吹舊體詩。

　　這樣給他分析起來，便可以了然明白他對於新文學是門外漢，而他的言論是獨斷，是狂妄，明眼人一定不會被他所欺。啊！我想不到博學如此公，還會說出這樣沒道理，沒常識的話，真是叫我欲替他辯解也無可辯解了。我能不為我們的文學界一哭嗎？

　　我在這篇批評的文字裡，不願意插入論新文學的本質的文字，但於最近之間，或許會另寫一、二篇關於此事的文字。我最希望反對新文學的人，先讀一讀關於這個問題的討論的文字。——這個問題在中國已是十年前的舊事，現在已從討論進到實行期了。

　　新舊文學的爭論，在七、八年前最激烈。一班冬烘先生，被一班新文學家打得片甲不留。這實是義旗到處，三軍聞風而逃，哪一個還敢明目張膽？

　　我最痛恨的是坐井觀天之徒，夜郎自大之輩。他們只知己而不知彼，一味夸博，甚至捏造事實，瞎說瞎鬧，甚望我台灣的文人不可如此！

1924 年 11 月 20 日

原載《台灣民報》2 卷 26 號，1924 年 12 月 11 日

請合力拆下
這座敗草叢中的破舊殿堂

一

　　台灣的文學乃中國文學的一支流。本流發生了什麼影響、變遷，則支流也自然而然的隨之而影響、變遷，這是必然的道理。然而台灣「自歸併日本」以來，因中國書籍的流通不便，遂隔成兩個天地，而且日深其鴻溝。

　　回顧十年前，中國文學界起了一番大革命。新舊的論戰雖激烈一時，然而垂死的舊文學，到底是「只有招架之功，沒有還手之力」。不，連招架之功也沒有了。一班頑固的老學究敗得垂頭喪氣。那一大座的破舊殿堂——舊文學的殿堂，經了這陣暴風雨後，已破碎無遺了。一班新文學家已努力地在那裡重建合乎現代人住的殿堂了——新文學的殿堂。可是我們最以為憾的是，這陣暴風雨卻打不到海外孤懸的小島。於是中國舊文學的孽種，暗暗於敗草叢中留下一座小小的殿堂——破舊的——以苟延其殘喘，這就是台灣的舊文學。

二

　　我們回顧這座敗草叢中的破舊殿堂，禁不住手癢了。我們因

為痛感這座破舊的殿堂已不合現代的台灣人住了。倘我親愛的兄弟姊妹還不知醒過來，還要在那裡貪夢，就有被其所壓的危險了！我不忍望視他們的災難，所以不自顧力微學淺，欲率先叫醒其裡頭的人們，並請他們和我合力拆下這所破舊的殿堂。——台灣並不是沒有受了中國文學革命或其他的影響而已覺醒的人，但大多數的人，對於文學革命的意義還沒有了然明白。一方面又有許多無恥之徒，欲逆天背理，呆頭呆腦的豎著舊文學的妖旗，在文壇上大張其聲勢，所以我愈覺得此事之不可或緩。

可是無學淺才如我而欲言文學革命事業，實在自衷心感著不安！只是我不敢以文學革命軍的大將自居，不過是做一個導路小卒，引率文學革命軍到台灣來，並且替它吶喊助攻罷了。所以覺得責任輕鬆些！

三

我在前面已提過，我是欲介紹中國文學革命的意義的，所以後面所說的話，大半是引用他人之語，而不是我自己創造的。怕有一部份的人要嫌棄我的話太舊，但這是沒有法子的。

我們今日欲說文學革命，非從胡適的「八不主義」說起不可。所謂「八不主義」是什麼？

㈠不做「言之無物」的文學；

㈡不做「無病呻吟」的文學；

㈢不用典；

㈣不用套語爛調；

㈤不重對偶──文須廢駢，詩須廢律；

㈥不做不合文法的文學；

㈦不摹仿古人；

㈧不避俗話俗字。

　　我在下面要略略逐條把這八條說明：

　　㈠不做「言之無物」的文學。

　　欲知此條，非先明所謂「物」是什麼不可。這裡所謂物，乃指思想與情感二者，並不是古人之所謂「文以載道」之「道」。情感是文學的生命，思想是文學的血液，文學而沒有情感、沒有思想，則如人之沒有性命，沒有血液。沒有生命、沒有血液的人，從根本上已失掉其做人的資格了。沒有情感，沒有思想的文學，也從根本上失掉其為文學的資格。所以說不做「言之無物」的文學，是必然的事。

　　中國近世的文人（當然台灣的文人也在內），只一味的在聲調字句之間弄手段，既無真摯的情感，又無高遠的思想，其不能造出偉大的作品也是當然的。況台灣今日的文學，只能求押韻罷了，哪裡顧得到情感和思想。這種文學當痛絕之。

　　㈡不做「無病呻吟」的文學。

> 「此殊未易言也。今之少年往往作悲觀，其取別號則曰：『寒灰』、『無生』、『死灰』。其作為詩文，則對落日而思暮年，對秋風而思零落。春來則唯恐其速去，花發又惟懼其早謝，此亡國之哀音也。老年人為之猶不可，況少年乎？其流弊所至，遂養成一種暮氣，不思奮發有為，服勞報國，但知發牢騷之音，感喟之文。作者將以促其壽年，讀者將亦短其志氣……」（胡適）

　　常常有一種人，他明明是在得意的境遇，而他自己也很滿意著，但一為詩文，便滿紙「蹉跎」、「飄零」、「落魄」……等等。還有一種人，每每自負過大，自以為名士才子，實無其力，一味奢求，每不論於自己的地位。所以作為詩文，滿口哀怨，好像天下無一知己似的，這都是無病呻吟之例。夫藝術最重要的是

誠實，文學也是藝術的一種，所以不說誠實話的文學，至少也可以說不是好的文學。我們應當留意這點，有什麼話說什麼話，切不可滿口胡說，無病而呻吟。

㈢不用典。

典有廣狹二義，廣義之典，不在禁用範圍內。

廣義之典約有五種：

1. 古人所設譬喻。其取譬之事物，含有普通意義，不以時代或地方而失其效力的。

例：「以子之矛，攻子之盾」、「治頭治腳」……之類。

2. 成語。成語者，合字成辭，別為意義。其習見之句，通行已久，不妨用之，最好是能另自造成語。

例：「利器」、「虛懷」、「捨本逐末」……之類。

3. 引史事。引史事和今所議論之事相比較的。

例：「未聞殷周衰，中自誅褒妲」。

4. 引古人作比。

例：「清新庾開府，俊逸鮑參軍。」這是引古人來比今人，不是用典。

5. 引古人語。

例：「嘗試成功自古無，放翁此語未必是。」這是引語，不是用典。

以上五種是廣義之典，用與不用可以任便。

狹義的典，才是我們所主張不用的。所謂狹義的典，是說文人詞窮，不能自己鑄詞造句，以寫眼前之景、胸中之意。所以借用或不全切、或全不切的故事，陳言以代之，以圖含混過去，這叫作用典。上面所說廣義之典，除第五條外，皆是取譬比方之辭，但以彼喻此，而非以彼代此的。狹義之用典，則全以典代言

自己不能道說，或故意不直說，所以用典來說。用典與非用典的分別，就是在這裡。

用典亦有工拙，有人主張說工的，偶一用之亦不妨，但以我的意思，一概不用的好，若拙的，尤當摒絕。

㈣不用套語爛調。

台灣為什麼詩社那麼多？應之者說：因為詩人太多。為什麼詩人那麼多？應之者說：因為胸中記得幾個文學的套語，便稱詩人，所以會詩人滿市井。什麼「蹉跎」、「身世」、「寥落」、「飄零」、「蟲沙」、「寒窗」、「斜陽」……等等，他們把這些套語攏合起來，便說是詩，難怪乎詩人那麼多，真是令人作嘔！有一種人不知道雪或柳絮之為何物，也要做雪或柳絮的詩，他們做得搖頭擺尾，念來念去，不過是一大堆爛調套語，哪裡有什麼意味？第一他們已違了作詩的原理，一味的在字紙堆裡專攻抄襲的工夫，所以不會產生好詩，也是必然的事理。今日台灣的詩的出產也是一大宗的貨色了。可是因為有這種理由，所以大都是似是而非，有形無骨的詩，雖多亦不值錢。

我們做詩做文，要緊是能將自己的耳目所親聞親見，所親身閱歷之事物，個個自己鑄詞來形容描寫，以求不失真，而求能達狀物寫意的目的，文學上的技巧這就夠了。大凡用套語爛調的人，都是沒有創造之才，自己不會鑄詞狀物的。

㈤不重對偶——文須廢駢，詩須廢律。

對偶若近於語言的，自然而無牽強刻削之跡，沒有字之多寡，或聲之平仄，或詞之虛實的，這是人類語言的一種特性，我們不必去拘它。然而如文中之駢，詩中之律，或被限於字之多寡，聲之平仄，詞之虛實，或種種牽強刻削，這委實是束縛人的自由的枷鎖，和八股試帖是五十步與百步之別罷了。現代的人，徒知八股之當廢，卻不知駢文律詩之當廢，真是可痛！

詩之有律，文之有駢，皆發源於南北朝，大成於唐代。更進

而為排律,為四六。此種文學,乃是文人的遊技,不能算為真正的文學。

(六)不做不合文法的文學。

文與詩之不講究文法的在所皆是,駢文律詩尤其多。我們在這有限的篇幅裡,沒有一個個去指摘的工夫,況且不講文法的是謂「不通」,此理至明,無用詳論。

(七)不摹仿古人。

有人說:文學是時代的反映,所以時代有變遷、有進化,則文學也因之而變遷、而進化。

又有人說:創造是藝術的全部,而文學是藝術的一份子,所以創造之於文學的位置,也就可想而知了。一個時代有一個時代的色彩,一個人有一個人的個性,所以欲摹仿某時代,或某人的文學,這是一定不可能的,這是很明白的道理(受感化與摹仿不同,須當分別)。我希望有志文學的人,務要磨練創造之力,切不可一味摹仿他人。須知文學之好壞,不是在字句之間,是在創造力之強弱。

(八)不避俗話俗字。

國風與楚辭,便是古文大家也無不稱讚,然而裡面多用裡巷猥辭、土語方言。況且韻文之中,最能流傳的,也大都是白話的。就是小說也以白話做得最有流傳的價值——如《紅樓夢》,如《水滸傳》等等。我們推白話為文學的正宗,全沒有什麼奇怪。現在各國的國民文學,非常之昌盛,他們所用的都是白話。我們如欲普遍國民文學,則非絕對的用白話不可。若以人人必讀五車書才能懂得艱澀的文言,則文學的前途,可想而知了。

以上簡單地把「八不主義」說明了。此刻因為篇幅有限,所以不能多舉,但中國文學革命的意義,我想大概也明白了。下面再舉陳獨秀的「三大主義」,以為我們的結論:

1.推倒雕琢的阿諛的貴族文學,建設平易的抒情的國民文學;

2.推倒陳腐的舖張的古典文學，建設新鮮的立誠的寫實文學；

3.推倒迂晦的艱澀的山林文學，建設明瞭的通俗的社會文學。

1924 年 12 月 5 日

原載《台灣民報》3 卷 1 號，1925 年 1 月 1 日

絕無僅有的擊缽吟的意義

一　小引

　　我不是一個文學者，我對於文學上的知識是非常之膚淺。然而我為什麼要常常發表關於文學上的評論呢？那是因為我痛感著台灣的文學之道已污穢不堪走了！已有從根本上掃除刷清的必要了！可是我已候之久了，卻候不出一個人肯來當這個掃除刷清的職務。我於是顧不得力微，便拿出一根安排未妥的筆帚出來，站在這文學道上當個清道夫。

二　真正的文學和台灣文人的錯誤

　　詩，和其他一切文學作品的好壞，不是在字句聲調之間，乃是在有沒有徹底的人生觀和真摯的感情。所謂字句聲調，乃是技巧上的工夫。不消說，技巧也是不可全缺的。不過技巧在文學上的地位並不是什麼重要的。然而有了徹底的人生觀和真摯的感情──內容，若更有洗練的表現的工夫──技巧，這是再好沒有的了。好的內容如美人，技巧如脂粉、如美麗的衣裳。美人雖淡裝素服，亦自有其美觀。然若加以適當的脂粉和美麗的衣裳，則愈顯得其美。然醜的人，不裝飾還好，若愈塗以脂粉，愈加以美服，則愈顯露其醜。這些是尋常的事，沒有一個人不知道的，又

正可拿來和文學的好壞比較。文學有內容而更有技巧，其作品便愈加上動人的魔力。沒有好的內容，只在技巧上弄工夫，這樣弄出來的作品，若工夫愈老練，則作品也隨之而愈壞。

　　歷來我台灣的文人把技巧看得太重，所以一味的在技巧上弄工夫，甚至造出許多的形式來束縛說話的自由。他們因為太看重了技巧和形式，所以把內容疏忽去，即使不全疏忽去，也把內容看得比技巧和形式輕低。於是流弊所全，寫出來的詩文，都是些有形無骨，似是而非的。既沒有徹底的人生觀以示人，又沒有真摯的感情以動人。這剛剛和西洋第十六、七世紀的古典文學是五十步與百步的，而和現代的所謂文學相去萬里了。

三　人為什麼要做詩

　　德國的大詩人哥德說：「是詩來做我的，不是我去做詩的。」可見這位大詩人，不是故意勉強去找詩做，是他的感情達到高潮時，雖欲忍也無可再忍了，那時才盡著所感吐露出來。即是從自己的內心迫出來，迫得不得已才做出詩來的。

　　若說詩人的話不足取，那末，我再舉一、二個中國的聖人的話。

　　詩序說：「……情動於中，而形諸言。言之不足，故嗟嘆之。嗟嘆之不足，故詠歌之。詠歌之不足，不知手之舞之，足之蹈之也……」

　　朱熹更推擴說：「……人生而靜，天之性也。感於物而動，性之欲也。大既有欲矣，則不能無言。既有言矣，則言之所不能盡，而發於咨嗟詠嘆之餘者，必有自然之音響節族（音奏）而不能已焉，此詩之所以作也……」

　　這兩段話不待說明，是很明白的，和歌德所說是沒有兩樣。都是有所感於心，而不能自己，所以自然而然的寫出來，決不是

故意勉強去找詩來做的。

四　盛行於台灣的擊鉢吟

我在前段已把「人為什麼要做詩」略略說明了。

現在台灣文壇上，方在盛行一種所謂擊鉢吟。擊鉢吟是什麼一種東西，大概用不著我來說明了。因為他們的鉢聲擊得很響亮，所以苟是住在台灣的人，大概已沒有不知道的了。若強要我說一句，那末這所謂擊鉢吟是詩界的妖魔，是和我在前段所說的「人為什麼要做詩」的原義相背馳的。我們如果欲掃除刷清台灣的文學界，那末非先把這詩界的妖魔打殺，非打破這種惡習慣惡風潮不可。

他們是故意去找詩來做的，他們還有許多的限制：㈠限題，㈡限韻，㈢限體，㈣限時間，有時還要限首數。文學的境地是不受任何束縛的，是要自由奔放的，這些淺近的學理也不知道，卻滿口書臭，真是逼人胸口作嘔！

擊鉢吟也有幾種：一種是例會，一種是小集，還有一種是大會等等。但無論哪一種都有如上面所說的限制。這些從文學的眼光看去，沒有一種有意思的（細看前面說的話便明白）。所以我說擊鉢吟是無意義的東西──如詩社的詩的課題，也是這類的無意義的東西。

然而他們為什麼要開擊鉢吟會呢？總括說一句：也有想得賞品的，也有想顯其技巧的，也有想學做詩（技巧的詩）的，也有想結識勢力家的，也有想得賞品兼顯揚技巧的，也有想得賞品兼顯揚技巧兼結識勢力家的。

五 絕無僅有的意義

我們反對做舊詩，我們尤其反對擊缽吟。我們反對做舊詩是舊詩有許多的限制、規則、束縛，而背文學的原理。而我們反對擊缽吟是根據上面的理由，決非盲目的反對。

然而我們每常論事都極力取寬宏的態度，所以無論怎樣壞的事，它假若有一些美點，我們也不敢把它埋沒去。我們極力替擊缽吟辯護的結果，遂給它找出兩點小美點，這就是我所謂絕無僅有的擊缽吟的意義啦。它的美點在哪裡？

1.養成文學的趣味；

2.磨練表現的工夫。

但是要記得！這兩點美點是以根本上沒有錯誤為前提的。可是現在的擊缽吟，已從根本上錯誤了（如前面已說過），所以不但不能獲到這兩點應有的美點，反而要加上許多的弊害。明白說一句，是得來的文學的趣味和表現的工夫，不是有益於真正的文學的，反而有害於真正的文學的。這句話不消我來詳細反覆說明，讀者如能吟味前面的話，大概就會了然明白。我想我們的文學界非無明眼的人，所以對於我的話也許有共鳴的吧。

1924 年 12 月 24 日

原載《台灣民報》3 卷 2 號，1925 年 1 月 1 日

揭破悶葫蘆

一

　　我的《糟糕的台灣文學界》一文發表了以後，到現在已有兩個月之久了。這篇文是我四個月前在北京作的——但卻沒有發表，及到二個月前歸鄉後才發表於《民報》*（二卷二十四號）。其後我一面又做了二、三篇關於文學改革的文字，一面靜待著我那篇文的反響。然而在這兩個月中間，卻聽不到什麼反響來，我滿以為我的炸彈是擲在爛泥中去了。

　　本月五日，台日報中文欄載了一篇悶葫蘆生作的《新文學商権》，這篇文字可算是我的那篇文的第一次的反響了。我詳細讀完了這篇文章之後，著實感覺得非常地失望和不滿。因為他說的話，簡直是一篇謾罵之詞，說來說去不知道說些什麼，而且他對於新文學完全沒有懂，對於我那篇文章也是半知不解。不過幼稚的台灣文學界，熟睡中的台灣文學界，也算已有抬頭起來討論新舊文學的人了，這實在也是一種可喜的現象。我現在欲藉此機會，再說幾句話來揭破他的悶葫蘆。

---

*　《民報》即《台灣民報》，是一種 16 開本，每本 16 頁的周刊。由台灣愛國
　　知識份子於 1923 年 4 月 15 日在日本東京創辦，1927 年 8 月遷往台灣出版。
　　1932 年 4 月 15 日更名並改為日刊。前後九年共出版 410 期，全部使用漢字稿
　　件，刊登過很多對台灣民族解放運動和文化啟蒙運動，有重要作用的文章。
　　該報發行量曾達三萬份，在台灣有較大影響。

二

現在台灣還有許多所謂漢文學者不懂得「漢文學」是什麼意思的。他們不懂得「新文學」的意思還有可諒，然而不懂得「漢文學」的意思，實在令人笑殺。然則所謂漢文學是什麼？欲知漢文學是什麼，須先明文學是什麼，可是說明文學的意義，不是這篇文的職務，所以在這裡欲從略。不過以我的意思是：漢文學即中國文學，凡用中國的文字寫作的有韻無韻的詩或文，而含有文學的性質的都是中國文學（以下都說中國文學，因為說漢文學不甚通，中國人也已不用了）。

我們之所謂新文學，乃是對改革後的中國文學說的。所以說新者，是欲別於舊的。所以我們之所謂新文學，當然是包含於中國文學的範圍內。然而台灣的中國文學家大都把新台灣摒除於中國文學之外。（若照他們的意思是說「中國人」才是中國人，而「新中國人」便不是中國人了，若不是中國人是什麼？）實不知我們之所謂新文學是指「新的中國文學」呢！難怪乎如某大詩人說提倡新文學的人都說「漢文可廢」！

三

悶葫蘆生說：「……然不敢如一、二（不通不）之白話體，即傲然自命為新文學也。」這句話實在莫明其妙，不知道說的是什麼話。但大約是在說我的語體文不通吧？悶葫蘆生，是你不懂還是我不通，如果是我不通，何不舉出一、二個證據來？再則新文學有什麼可「傲然」？至於你批評我罵島內的舊文學家的一段，未免說得太無聊了！

又說：「台灣之號稱白話體新文學，不過就普通漢文加添了

幾個字，及口邊加馬、加勞、加尼、加矣，諸字典所無活字。此
等不用亦可（不通不）文字……」悶葫蘆生，「白話體新文學」
是什麼？這個名詞是你自己私用的吧？要記著！新文學不一定是
語體文（白話文），不過文學革命家所以主張用語體文的，是語
體文較文言文易於普遍，易於活用。現在日本的文學已全用語體
文，英、美、法、德等諸國則沒有語體與文言之分別。而語體文
（白話文）未必全是新文學，新舊文學的分別不是僅在白話與文
言，是在內容與形式兩方面的。

　　悶葫蘆生，什麼叫作普通漢文？而什麼叫作特別漢文？你以
為「嗎」、「嘮」、「呢」、「唉」等字在字典裡頭沒有嗎？
嘿！坐井觀天之徒，眼界也太狹了！我寫到這裡幾乎想將筆擱
下，你實在沒有一駁的價值啦。你的字典沒有這些字也罷，但是
你難道不知道文字是漸漸進化的？我們今日所用的中國文字不是
倉頡一個造的，是幾千年來歷代的學者文學家造的。我們欲描寫
一件事物或表一個感情，若沒有適當的文字，我們儘可隨時隨地
造出適當的文字來，這些淺近的文字學你大概也不懂吧？上面舉
的那些字在你當然是不用亦可，因為既然不懂，就是叫你用你也
不會用啦。至於竟敢信口亂說「（不通不）文字」則未免太不自
重了！

　　再則我們作文，大都依據中國語法，決不如你所想「如村婦
之簪花，簪得全無順序」。你沒有研究文法，不懂白話文，反要
說人家不通，哈！笑，笑你的，笑破了你的口、你的喉，也是你
自己的事。

　　語體文代代都有，不僅在唐、在宋。你又說：「今之中華民
國新文學，不過創自陳獨秀、胡適之等。陳為輕薄無行思想危險
之人物，姑從別論，胡適之之所提倡，則不過僅用商榷的文字，
與舊文學家輩虛心討論。」悶葫蘆生！你須睜開眼睛細看一看，
中國的新文學決不是陳、胡二人的私產，是時勢造成的中國的公

產，不過是他們兩個人較可代表罷了。

　　新文學有什麼缺點你儘可指摘，何以故意誹謗人家？自重些！你又說胡氏的提倡是用商榷的文字，但你可是以為他的「商榷」是對舊文學家商榷的嗎？唉！胡氏的文章你是看不懂的了！告訴你吧，胡適的「商榷」是要留下餘地給贊成文學改革的人討論的。換言之，是「當如何來改革才好」的商榷，而不是「當不當改革」的商榷，這層請再想一想。

　　你既知道他們和舊文學家輩討論之事，你也一定知道舊文學家已屈服他們了，為什麼還敢饒舌？

　　文學改革是一件很明白的道理，他在十年前用商榷的文字來討論，十年後的今日還須用商榷的文字嗎？我以為對於頑固、不識時勢如台灣的舊文學家，最好是以單刀直入的方法。所以我嚴厲地指摘了舊文學的壞處，揭出台灣舊文學家的劣根性，這是無半點怪異的事，而你卻嫌我罵得如殺父之仇。少見多怪，到底是誰不虛心？

　　悶葫蘆生，我的臉不如你們那麼厚，所以決不敢自稱「新文學家」。你引了我一段罵舊文學家的話，是我之以為虛榮的。我又謝謝你替我多說了兩句即「呼吸困難，並屁亦不暇放了」。真的，是這樣，若如你有放屁之暇，所以臭屁放得滿紙令人聞之欲窒息。

　　你又說：「夫畫蛇添足，康衢大道不行，而欲多用了字又幾個（不通不）文字。又於漢學，無甚素養，怪底寫得頭昏目花，手足都麻，呼吸困難也。」什麼是康衢大道？是你不行？還是我不行？「了」字的意義和用法諒你也不認得吧？要甚樣的人才大有漢學的素養呢？像你們不知道「漢文學」是什麼的人才大有漢學的素養吧？

　　你又說：「日本的文學雖則革新，然至於鄭重文字如詔敕等，亦多用漢籍典故，不知今之時髦知之否？」

我說的是文學，而且你說的也是文學，而非說詔敕等呀？況且日本一年所產的文學有多少？而詔敕等有多少？況且如詔敕等鄭重的文字也已漸漸地平易化了，冬烘先生知之否？

　　按：悶葫蘆生「新文學的之商榷」完全沒有觸著新文學的根本問題。他的用意大約是在反對新文學，在罵我那篇文字，然而因了他不知道新文學的意思，而且對於我的那篇文簡直沒有讀懂，所以他說來說去，究竟不知道說些什麼，只是信口亂吠罵罷了！所以我不但沒有和他理論的必要，並且和他理論，簡直要污了我的筆。然而我為什麼要佔《民報》的貴重的篇幅，說了這麼一大堆話呢？我實在是如前面所說，不過欲藉此機會多說幾句關於新文學的話罷了。望讀者原諒！他最後又加上一段聘金問題，這更莫名其妙了！但和這個問題沒有關係，所以這裡不論及。

1925 年 1 月 6 日

原載《台灣民報》三卷三號，1925 年 1 月 21 日

復鄭軍我書*

（1925 年 2 月 3 日）

軍我先生：

　　在真理之前我是決不知道有什麼老前輩，什麼謙遜，什麼情分。這句話我要預先聲明的。

　　自從我在台灣文學界擲下幾顆爆彈之後，雖也悄悄爆發了，但卻找不出一位有誠意和我討論，甚而出了許多無恥之徒自稱為台灣的文人，對我加以種種惡言，這實在使我十二分為台灣文學界悲哀了！日前於悲哀中在南報讀了貴信，瀝瀝的誠意委實使我的心安得多了！但你的信以情論事而非以理論事，這層我要對你說幾句話。不過你的盛情我已領教了！你說「……尤貴能莫談彼短。勿炫我長立一言而為天下法。則庶幾矣。」照你這樣說難道不如你在後面所說陷於獨斷嗎？凡欲立言之，不先把舊說之壞點和己說之長處說得明明白白，誰肯相信？我們論事都是以客觀的批評而不以主觀的獨斷，請你想一想就明白。我呼舊文學為孽種、一部份舊文人為無恥之徒，這層已有台日報中文欄的滿紙加於我的齷齪話替我證明了。請想一想是誰失了文人資格？你又說「滿招損，謙受益」，真的，我必不滿意我的現在，我無時不在刻苦攻究，但在真理之前我決不謙，這在上面已說過了。你又說「然細揣足下初心，當無惡意，特欲乘社會竟進時機，以一己之

---

* 鄭軍我為當時台灣舊詩人，1925 年初在《台南新報》發表《致張我軍一郎書》
　稱：漢學垂危，賴以復安者，無非受老前輩之支持，如此功勛，豈容譭罵
　……」本文即對此書之答覆。

見，捏造奇特之冀僥幸虛榮耳。……至於檄文內容亦頗思路不
凡，所說八不主義確中時弊，余亦贊成。惟詞鋒太露，未免有獨
斷之嫌。」你既然知道我沒有惡意又贊成我的話，為何又說我獨
斷？說我冀僥幸虛榮？你以什麼為獨斷之標準？難道「詞鋒太
露」便是獨斷嗎？再則，提倡文學改革有什麼虛榮可僥幸呢？我
決不如那些喪盡廉恥的一部份台灣文人，做一首詩也要名，在報
上說一句話也要錢的。

　　我台灣之中國文學之衰頹是眾所周知的，我也是為欲振興中
國文學所以出而呼號的。歷來確如你所說「無非受老前輩之維
持」，但老前輩之維持不過是苟延死文學的殘喘而已，若長此不
改革，即不至於滅亡，其所維持下去的文學也不過是些死文學而
已。死文學與無文學相等，所以我人愈不可不改革了。高明如
你，以為如何？你說「如此功勛，豈容讒罵者也」。但我只知有
理照直說決不曾有過讒罵的事。你又說「至於文學之革新，將來
順時世之潮流，當有必然之日，……何用急於革新哉？」像你那
樣高明還視革命如蛇蝎，我不知道台灣的文學不知其能革新於何
年何月了。況你既會說順時世之潮流，為何不知道時世之潮流已
使我們不能不改革了嗎？若不趁此挺身以改革，而必要待「必然
之日」這真是不食而求飽了。你又說「又足下希望通行之所謂白
話文者，其實乃北京語耳。台灣原有一種平易之文，支那全國皆
通，如《三國誌》、《西遊記》、《粉妝樓》等是也。只此足
矣，倘必拘泥官音，強易我等為我們，最好為很好，這句不對最
好（和很好不一樣）是多費一番曲折，捨近圖遠耳，其益安
在？」你這幾句話又完全錯了。我們之所謂白話文乃中國之國語
文，不僅僅以北京語寫作。這層是台灣人常常要誤會的，以為白
話文就是北京話，其實北京話是國語的一部份、一大部份──而
已。所以現在我們之所謂白話文乃胡適之所謂「國語的文學」，
故不僅是北京話才能叫作國語。一樣的，不僅是以北京話寫作的

才能叫作白話文。試看今日中國的著述、創作等所用的名詞字眼，差不多大半不是固有的北京語就可以明白了。今日中國的報上、雜誌上和各種著述上面所用的名詞字句，每日不止造出百十句的新的。如我們若能造出新名詞、新字眼而能通行也可以，何必拘泥官音呢？你所舉《三國誌》、《西遊記》、《粉妝樓》如何我不知）乃新文學家所極稱讚的。因為《三國誌》的文字極平易，差不多大半是白話，至於《西遊記》則完全是白話了。你既知道這兩部書好，何以反對白話文？你又說「警告一、二，以促足下反省。深望知過必改，取消不遜文字，……不然則是自置身於孤立之地，行見四面楚歌，遍地仇敵」。我這次揭倡的是有意識的揭倡，決不是無意識的妄動，有什麼反省之可言？有什麼過與不過？遜與不遜？置於於孤立之地、四面楚歌、遍地仇敵，這都是由於周圍的人的不明白，而且是革命家應覺悟的事。這些小事於我何有哉？倘諸兄弟姊妹有妙論來指示我，那末我就進而領教，豈獨反省呢？願先生多多賜教為幸！祝你奮鬥！

1925 年 2 月 3 日

原載《台灣民報》3 卷 6 號，1925 年 2 月 21 日

文學革命運動以來

　　我台灣自割歸日本帝國以來，因種種的關係，對於中國的事情，不可得而知。在這三十年間，中國的社會上、政治上、學術上、文學上、思想上的急激的變遷，已完全換了一個和從前大不相同之中國了。今日在台灣人心目中的中國和實在的中國，相去委實很遠！政治上的變遷，因有新聞紙為之報導，所以較為明白一點。至於政治以外的事，極少有人去研究、去報導，所以簡直「莫名其妙」。我們從文學來說，台灣的人，不但多不知道文學革命後的中國文學的狀況，甚而革命前的──這三十年間的文學的變遷，也全不知道，這實在是一種可痛的現象！

　　我們知道中文於我們台人是斷斷不可缺的，我們不但應當極力保存中文，而且要極力昌盛中文才是。但我們要保存或昌盛中文，切不可蔑視歷史的觀念，切不可拘守一時代的文。在中國的文學已進行革新了，而我台灣卻還泥守著古典主義的墳墓。於是我不客氣地做了幾篇激刺的文字在《民報》發表，意欲促醒台灣的文人。那裡頭的話，在我看來，並不是什麼新奇的事，但在台灣的文人卻禁不住大驚小怪了。文學改革的是非論戰，在中國是在七、八年前的舊事，現在已進到實行期、建設期了。所以文學改革的是非已用不著我們來討論，已有人替我們討論得明明白白了。我們只消把他們所討論的文字讀一讀便了然了。我現在欲使台灣人用最簡捷的方法來明白文學革命運動的經過，故把胡適的五十年來中國之文學的一節，關於文學革命運動的經過錄在下

面，以供大家的參考。——我本想自己簡單地做一篇，但因許多
參考書置在中國，沒有帶回來，所以怕做不完全，況胡適這篇寫
得頗完備。不過他這篇是只寫到民國十一年止，以後的若有機會
我想自己續下去，最後請已看了胡適這本書的人原諒。

　　　　編者按：以上是文章開頭部份。全文連載於《台灣民
　　報》第 3 卷第 6、7、8、9、10 號，共 5 期，自 1925 年 2
　　月 21 日至 4 月 21 日，主要內容為胡適等人關於文學革命
　　的論述和祖國大陸文學革命過程的介紹，現從略，僅將其
　　中作者對胡適與陳獨秀看法的論述摘錄於下：
　　　　胡適自己常說他的歷史癖太深，故不配做革命的事
　　業。文學革命的進行，最重要的急先鋒是他的朋友陳獨
　　秀。陳獨秀接著《文學改良芻議》之後，發表了一篇《文
　　學革命論》（1917 年 2 月），正式舉起文學革命的旗子。
　　他說：
　　　　余甘冒全國學究之敵，高張「文學革命軍」大旗，以
　　為吾友之聲援。旗上大書吾革命軍三大主義：
　　　　曰推倒雕琢的、阿諛的貴族文學，建設平易的、抒情
　　的國民文學。

　　曰推倒彫琢的、阿諛的貴族文學，建設平易的、抒情的國民
文學。
　　曰推倒陳腐的、舖張的古典文學，建設新鮮的、立誠的實寫
文學。
　　曰推倒迂晦的、艱澀的山林文學，建設明了的、通俗的社會
文學。
　　陳獨秀的特別性質是他的一往直前的定力。那時胡適還在美
洲，曾有信給獨秀說：

　　此事之是非，非一朝一夕所能定，亦非一、二人所能定。甚願國中人士能平心靜氣與吾輩同力研究此問題，討論既熟是非自明。吾輩已張革命之旗雖不容退縮，然亦不敢以吾輩所主張為必是而不容他人之匡正也。（1917 年 4 月 9 日）。

　　可見胡適當時承認文學革命還在討論的時期。他那時正在用白話做詩詞，想用實地試驗來證明白話可以韻文的利器，故自取名為《嘗試集》。他這種態度太和平了，若照他這個態度做去，文學革命至少還須經過十年的討論與嘗試。但陳獨秀的勇氣恰好補救這個太持重的缺點。獨秀答書說：

　　鄙意容納異議。自由討論固為學術發達之原則，獨至改良中國文學當以白話為文學之正宗之說，其是非甚明，必不容反對者有討論之餘地，必以吾輩所主張者為絕對之是而不容他人之匡正也。

　　這種態度在當日頗引起一般人的反對，但當日若沒有陳獨秀「也不容反對者有討論之餘地」的精神，文學革命的運動決不能引起那樣大的注意，反對就是注意的表示。

原載《台灣民報》3 卷 8 號，1925 年 3 月 11 日

詩體的解放

一　引言

　　今日台灣的報紙上雜誌上所載的詩，每日何止十首二十首，但要找出一首差強人意的好詩、真詩，實在不外乎「緣木求魚」了！

　　二十世紀的時代是一個什麼時代？台灣的詩人有一個能表現的嗎？孤懸於滄海中的小小的美麗島，那裡頭的數不盡的佳山美水，台灣的詩人有一個能把它發揚的嗎？所謂時代精神所謂地方色彩，我們絕不能從無數的台灣詩人中找出，至於高潔的思想、優美的感情，更莫想要求之於台灣詩人的作品了。這是為什麼緣故？詩會詩社林立著，詩翁詩伯遍地皆是，三尺的孩子也在鬧做詩，一年到頭差不多隔日開一次的擊缽吟，真是「洋洋乎盈耳哉」！台灣的韻事倒最近是極一時之盛了！台灣詩人的訓練也不算不足了。然而因為他們執迷著死守著已成的法則形式，奉先人偶定的形式法則為天經地義，實不知他人已定的形式只是自己的監獄。他們把自己的思想感情驅入監獄裡頭，故不能自由奔放，自由表現，而且久而久之，遂變作一種習慣牢不可破。故我們欲改革時，非從詩體的解放入手不可。

二　詩體解放的沿革

　　我們若用歷史進化的眼光來看中國詩的變遷，便可以看出自三百篇到現在，詩的進化沒有一回不是跟著詩體的進化來的。三百篇雖然也有幾篇組織很好的詩和幾篇很婉妙的長短句，但三百篇究竟還不會完全脫去「風謠體」（Ballad）的簡單組織。直到南方的騷賦文學發生，方才有偉大的文學發生，這是一次解放。但騷賦體用兮些等字煞尾，停頓太多又太長，太不自然了。故漢以後的五七言古詩刪除沒有意思的殺尾字，變成貫串篇章便更自然了，這是二次解放。五七言成為正宗詩體以後，最大的解放莫如從詩變成詞。五七言詩是不合語言之自然的，因為我們說話是決不能句句限定五字或七字。詩變為詞，只是從整齊句法變為比較自然的參差句法。唐五代的小詞雖然格調很嚴格，但已比五七言詩自然得多了，這是三次解放。宋以後詞變為曲，曲又經過幾多變化，從根本上看來只是逐漸刪除詞體裡所剩下的許多束縛自由的限制，又加上詞體所缺少的一些東西如襯套數字之類。但是詞曲無論如何解放，終不能完全打破詞調曲譜的限制。到近來的新體詩發生，不但打破五言七言的詩體，並且推翻詞調曲譜的種種束縛，不拘體格，不拘平仄，不拘長短，不拘韻，有什麼題目做什麼詩，要怎樣做就怎樣做，這是四次解放。這種解放似乎很激烈，但其實是自然趨勢。自然趨勢逐漸實現，不用有意的鼓吹去促進他，那便是自然進化。自然趨勢有時被人類的習慣性、守舊性所阻礙，到了該實現的時候而不實現，必須用有意的鼓吹去促進它的實現那便是革命了。

三　詩的本質

　　這樣的詩體的解放並不是從天外飛來的思想，乃是從三百篇以來的自然趨勢。不過從前的解放不是徹底的，而且沒有有意的去鼓吹，而這次卻是有意的、徹底的之解放罷了。我們欲更進而說詩的本質，以明詩之所以當改革的理由——但詩的本質非在這麼短篇文裡所能詳說的，這裡要極簡單地說。

　　詩差不多就是文學的全部，文學的精髓是詩。詩也有廣狹二義，我們這裡要說的是狹義的詩。有人說詩是由著急迫的節奏的人生的表現；有人說詩是將感情最率直地、最單純地、最直接地表現出來的；生田春月氏又說他的詩只是他的眼淚，他的嘆息，他的微笑，他的哄笑，他的歡呼。我想我自己的詩是苦悶的象徵。書經舜典：「詩言志，歌詠言。」毛詩序說：「詩者志之所之也，在心為志，發言為詩，情動於中，而形於言。」朱熹說：「人生而靜，天之性也，感於物而動，性之欲也。夫既有欲矣，則不能無思，既有思矣，則不能無言，既有言矣，即言之所不能盡而發於咨嗟詠嘆之餘者，必有自然之音響節族（音奏）而不能已焉。」我們綜括上面的話大約可以排一個詩的公式：

　　高潮的感情＋醇直的表現＝緊迫的節奏＝詩

　　詩是以感情為性命的，感情差不多就是詩的全部。然而感情若只在心裡高潮而沒把它表現——醇直的表現——出來，還不成為詩。所以有了高潮的感情更醇直地把它表現出來，便自然而然地有緊迫的節奏，便是詩了。

　　詩實在是神妙無比的東西，所以難以詳細把它分析。我雖這麼說了但一定還有很多不足不完全的地方，但這是沒有法子的，因為「寫詩容易說詩難」，這是大家所異口同音的。

四　詩與節奏

現在要説一説與詩最有關聯的，並且差不多是詩的全部的韻律（或節奏）。

我們可把韻律分為四種：平仄法、押韻法、音數律（以上三種是形式律）、內在律（內容律），下面稍加説明。

1.平仄法是根據抑揚長短的韻律。中國的舊詩——尤其是絕詩律詩全用此法。如：

　　　　春風昨夜到榆關　　　故國煙花想已殘
　　　　少婦不知歸未得　　　朝朝應上望夫山

西洋的舊詩也常用此法。如：

When the moon is on the wave and

the glow-worm in the grass … （Byron）

中國舊詩——尤其是絕律詩的平仄法很嚴，若照平仄法所定純粹地做詩那就太難了，所以生出一三五不論、二四六分明的例外法來。但雖有一三五不論的特別的恩典，卻也非常之不自由，所以便有較乖巧的詩人如李白、蘇東坡等人做了破格的詩。

2.押韻法是反覆低徊的韻律。大約可分為頭韻、胸韻、腳韻三種。西洋的舊詩這押韻法是必不可缺的，中國的舊詩只有腳韻而已。但中國的絕律詩的腳韻限得太不近道理了，絕律詩的韻腳絕不跳出詩韻合璧所限制的範圍之外一步，如有出韻的雖是好詩也因其出韻而貶斥之。

3.音數律是一句限定幾字幾音，一首限定幾句幾字幾音的。如律詩是八句一首，絕詩則四句一首。又七言的每句七字，五言的每句五字。日本的俳句是五七五的音數，短歌是五七五七七的音數。日本的詩的韻律只有這音數律，而且自古來就很嚴格地遵

守來，雖然也有極少極少的例外。及至明治時代新體詩發生，尚採用這五七調或七五調，但現在完全打破這種形式了。

中國的絕律詩中的音數律是絕不容有例外的。譬如七言絕詩是一首四句二十八字，絕不能只是二十七字或是二十九字。中國的舊詩還有四字一句的，也有六字一句的，前者散見於古代詩歌裡頭，後者是文人的遊戲試作，但近代來已不流行了。

上面所説的三種韻律是形式韻律。

4.內在律（內容律或心律）。形式的韻律是人為的、傳統的、非個性的，但內容律是詩人的呼吸其物，是詩人的生命、血肉其物，而且是不能和詩的內容——思想感情分離的。

流水淙淙之聲、滴澤的雨聲、蕭颯的風聲、暗夜行人的履聲、行舟款乃之聲，以至脈搏、呼吸……總之，宇宙間諸現象以至萬般人事，沒有不依韻律而動的，這些韻律就是內容律內在律。

韻律非是隨便自外部附加的機械的東西。真正的韻律是音樂，是從內心響出來的音樂，即是所謂心弦。什麼一種東西觸著心弦而響彈出來的音色，就是節奏（或韻律）就是詩。重覆説一句，內容律就是我們的情感的波動之表出於外的，這同時也是詩。韻律也有緩急，有時候如徐風輕吻著明鏡似的海面，有時候如萬馬之驟馳如狂風之打猛雨。戀愛敗破之日，最愛的人死了之時，其情感最高潮，其韻律也最急緊，詩人若將這情感這韻律用語言文字表出外面來就是詩了。情感平徐的時候韻律也緩慢，其表出來的便成為散文。所以我們可以説詩與散文的分別是在韻律之急與緩。在韻律結末我還要叮嚀一句是：如果要求好詩真詩，即不可不排除一切形式的束縛而使內在律能充分地表露出來。

五　舊詩的缺點

　　詩的本質、詩與韻律的關係，雖然很草率卻也大體說完了，我想讀者對於詩也已經有一種概念了。現在要根據上面的話來批評中國的舊詩——尤其是絕律詩。

　　自三百篇以降，離騷漢魏樂府諸詩篇，形式還沒有備，也還沒有什麼束縛。至六朝為律詩絕詩之源，至有唐而律詩絕詩大成，形式既備，束縛亦隨之而備至。演至近世，一般文人愈趨於技巧之末，遂和詩的本質愈趨愈遠了。章太炎先生講古詩的流變有幾句很可參考的話：

　　(一)詩序云「在心為志、發言為詩」。詩是發於真性情的，古詩全從真性情流出所以「民無得而稱焉」。

　　(二)陶淵明描摹風景自然有風致，小謝的詩也是如此。那大謝和顏延的詩稍有雕琢及生硬的毛病，便不能及了。

　　(三)隨時習南北朝遺風，愛用典故，注目在一二句好處，楊素不染這種習氣，所以能高出人上。

　　(四)元（稹）白（居易）詩說幾句民情，隨便下筆毫無拘牽，所以還能得人的同情。

　　(五)宋詩愛對仗，崇典故，雜考據，中病已深。所以愈趨愈下。

　　(六)自然的風度愈遺失詩的品格愈下，後世矯揉造作愈甚，所以不能望古人之項背。

　　(七)婦人天然美的不必借重於脂粉，惟其天然不美才借重脂粉，詩也是如此。

　　章太炎先生這幾句話把舊詩的缺點說盡了。綜括其意無非是「矯揉造作、不顧自然」八個字。後世文人因好矯揉造作而趨於技巧之末，故愈重視形式。因重視形式好弄技巧，所以內容——

思想感情多被埋沒或抹削去。

　　我嘗謂中國的舊詩（絕律詩）的形式整齊極了，束縛也無微不至了，如字數、句數、平仄、押韻、對仗……等等的限制。還有，歷來的詩人大都不把土語方言入韻文，這也是一個大毛病。絕律詩的毛病實在舉不勝舉，我們在這裡不必詳細盡舉，讀者如能體會上面所說的話，再拿舊詩來比較一下便明白了。

六　中國之所謂新詩

　　這樣，中國的舊詩有了無限的限制束縛，以致思想感情都被虐殺了。於是民國五、六年來的文學革命運動，便對於舊詩壇下了總攻擊令。可是一班新體詩的運動者還不能盡打破一切的形式束縛，因為他們沒有徹底的覺悟。當初他們的主張是不限韻，不限字數句數，不限平仄，不妨用白話做詩——大概是這樣。但他們卻不能脫得乾乾淨淨。如胡適的——

　　　　　月冷寒江靜　　　心頭百念消
　　　　　欲眠君照我　　　無夢到明朝

　　這首詩完全是一首五言絕句。又如——

　　　　　也想不相思　　　可免相思苦
　　　　　幾次細思量　　　情願相思苦

　　當然胡適自己也承認他的新體詩脫不淨舊詩的巢套。他們——胡適、康白情、沈尹默、周作人等一班人，雖主張不限韻而且實際也不限韻，但尾音也還喜歡用諧音；雖反對限平仄，但也不敢侮視抑揚的音節，這是過渡時代難免的現象，可是他們後來

也漸變了。一班新詩人的趨勢漸向著一個共同的方向走，那個方向便是「自然的音節」，便是我所説「內在律」。但他們過渡時代的詩人終不能實現他們的理想，於是便被時勢埋没了。反之，有一班青年學生以為新詩太容易做了，於是不管三七二十一把些極無聊的話排成行便要算是詩，這又不成話説。但卻也有幾個很有望的詩人做出些真詩好詩來。如郭沫若的《筆立山頭展望》：

> 大都會的脈搏呀！
> 生的鼓動呀！
> 打著在，吹著在，叫著在……
> 噴著在，飛著在，跳著在……
> 四面的天郊煙幕蒙籠了！
> 我的心臟呀，快要跳出口來了！
> 哦哦山岳的波濤，瓦屋的波濤，
> 湧著在，湧著在，湧著在，湧著在呀！（中略）
> 　黑沉沉的海灣，停泊著的輪船，進行著的輪船，數不盡的輪船，
> 　一枝枝的煙筒都開著了朵黑色牡丹呀！
> 哦哦二十世紀名花！
> 近代文明的嚴母呀！

這種詩才算得是純然的新詩。反對新詩的人都説新詩没有韻律。這是因為他們不知道形式的韻律之外還有自然的韻律——內在律。反正內在律方才是真正的韻律呢！如郭君這首詩什麼人敢説他没有韻律？有人問我中國的所謂新詩怎樣？我便立刻叫他去讀一讀郭沫若君的詩。這樣説並不是郭君的詩特別好到怎地，是因為他的詩才是現代的詩，和世界各國的新詩合致啦。

七　自由詩的發生

　　我在上節說郭君的詩和世界各國的詩合致，那是因為郭君的詩是自由詩派的詩。但是自由詩是什麼？自由詩的運動在西洋諸國十九世紀後半期就發生了，在日本是二、三十年前的事，在中國是僅僅七、八年來的事。

　　自由詩是從法語 vers libres 譯出來的。象徵派的諸詩人於詩的形式上行了一大革命，他們不願受他人所制定的規則來限制，他們不願為古典的苦難的詩的法則所束縛，他們為表現他們的禁不住心靈的呼吁，所以對於古典詩，對於一切束縛自由詩形豎起反旗，站在一種極自由的新的形式之下，努力求獲一種合於個性的詩形。

　　他們的詩的韻律和從來的外面的韻律法不一樣，是內面的韻律即內容律。他們作詩是依靠從自己的心臟的呼吸生出來的韻律，內部的節奏，所以他有二、三字一行的，也有十數字一行的。

　　自由詩的運動雖是首舉義旗於法國，但並不是法國的特產，英、美、德、俄各國都參戰的勇士。這是在表明各國人已共同趨向於同一的目標，一致欲脫離無理的束縛，而欲翺翔於自由的、適合個性的天地的。最近又有一派 the imagist（寫象派）出而打破自來的詩形，欲做與散文差不多的詩。他們的主張此刻沒有介紹的餘裕，不過他們也無非是欲期自由詩的完成而起的。

八　結論

　　世界的詩壇已是這樣的了，如果我們希望我們的詩壇能與世界的詩壇取一致的行動，如果想使我們的詩壇也開放幾朵燦爛的

鮮花，那末請大家把舊詩體來解放吧！我們應和自由詩派取同一的行路！

本文參考書：

1.《文學概論》，橫山有策著。
2.《新詩作法》，生田春月著。
3.《胡適文存》，胡適著。
4.《國學概論》，章太炎講。
5.《現代藝術講話》，川路柳虹著。
6.《A Study of Poetry》Bliss Penny 著。

原載《台灣民報》3 卷 7、8、9 號，1925 年 3 月 1 日～1925 年 3 月 21 日

研究新文學應讀什麼書

　　這個問題實在非常之大，決非淺學如我所能答覆的。因為新文學本來就是文學。所以加上「新」者是便於與舊文學判別而已。故欲說研究新文學應讀的書，便是說研究文學應讀什麼書，這實在很難說。但迫於讀者屢次來信要求，我只得大略說個最低限度應讀的書記在下面。

一、文學史

1.《中國文學史》（曾毅撰，泰東圖書局）

2.《歐洲文學史》（日文本也可以）

3.《五十年來之中國文學》（胡適，上海申報館）

4.《近代文藝十二講》（生田長江等，改造社，東京）

5.《文藝思潮史》（廚川氏，大日本圖書株式會社，東京）

6.《近代文學十講》（同上）

二、文學原理

1.《文學概論》（橫山氏，泰文社，久野書店，東京）

2.《苦悶的象徵》（廚川氏，改造社，東京）

3.《詩之研究》（傅東華，上海商務印書館）

4.新詩概說（胡懷琛，同上）

三、藝術論

1.《藝術論》（托爾斯泰，日文譯本也可以）

2.《現代藝術講話》（川路柳虹著，詩壇社，東京）

四、藝術史

《近代藝術十六講》（一氏義良，弘文社，東京）

五、美學（有日本文本，自擇。）

六、文法

1.《國語文法》（黎錦熙，上海商務印書館）

2.《中國語法講義》（孫良工，上海亞東圖書館）

七、新詩集

1.《女神》

2.《星空》（以上上海泰東圖書局）

3.《嘗試集》

4.《草兒》

5.《冬夜》

6.《西還》

7.《蕙的風》（以上上海亞東圖書館）

8.《雪朝》

9.《繁星》

10.《將來之花園》

11.《舊夢》（以上上海商務印書館）

八、短篇小說集

1.《吶喊》（北京，晨報館）

2.《沉淪》

3.《玄武湖之秋》

4.《蔓蘿集》（以上上海泰東圖書局）

5.《超人》

6.《小說匯刊》

7.《火災》

8.《隔膜》（以上上海商務印書館）

九、長篇小說

1.《一葉》

2.《芝蘭與茉莉》（以上上海商務印書館）

十、翻譯

1.《易卜生集上下》（戲劇）

2.《愛羅先珂童話集》（以上上海商務印書館）、《胡適短篇小說集》（上海亞東圖書館）

十一、雜誌

1.《創造周報》已出一年，現在似乎不再繼續出

2.《創造季刊》已出年半，但很有一讀的價值

3.《小說月報》（上海商務印書館）

此外如：《詩經》、《楚辭》、《漢魏樂府》以及歷代詩集、詞集，還好的多讀幾部。

又有白話小說如：

1.《紅樓夢》

2.《水滸傳》

3.《儒林外史》

4.《三國志》

5.《西遊記》

6.《鏡花緣》……等不可不讀（以上的小說上海亞東圖書館）

又：《胡適文存》一、二兩集，《獨秀文存》一集（上海亞東圖書館），這二人的文集不可不讀。此外最好是再參看日本文或英文等的小說集、新詩集、戲曲集。

上面將初學者應讀的書名自記憶中抄出來，不過是極簡單的、極草率的記錄而已，讀者若能讀完了上面所舉諸書，往後大約能自己選擇了吧。

1925 年 2 月 4 日

原載《台灣民報》3 卷 7 號，1925 年 3 月 1 日

新文學運動的意義

上

　　現在的台灣没有文學，歷來也許都没有文學吧。有之，也不過是些假文學、死文學，而没有真文學、活文學。胡適先生説，現在中國的舊派文學不值得一駁，我想現在——以至歷來——台灣的舊文學簡直不值得一笑。自從去冬我引了文學革命軍到台灣以來，在起初三、四個月間，雖也引起了很大的反動，但那不過是幾個舊文學的殘壘的小卒出來罵陣的罷了，由此可以知道台灣的舊派文學不值得一駁或一笑。於是我們第二步是建設了。胡先生又説：「他們所以還能存在國中，正因為現在還没有一種真有價值、真有生氣、真可算作文學的新文學起來代替他們的位置。有了這種『真文學』和『活文學』，那些『假文學』和『死文學』自然會消滅了。所以我們希望提倡文學革命的人，對於那些腐敗文學，個個都該存一個『彼可取而代也』的心理，個個都該從建設一方面用力，要在三、五十年内替中國創造出一派新中國的活文學。」他又把他從來所主張的消極的破壞的「八不主義」改作了肯定的口氣，為一半消極、一半積極的主張。

　　㈠要有話説，方才説話。這是「不做言之無物的文學」一條的變相。

　　㈡有什麼話，説什麼話，話怎麼説，就怎麼説。這是二、三、四諸條的變相。

㈢要説我自己的話，別説別人的話。這是「不摹仿古人」一條的變相。

㈣是什麼時代的人，説什麼時代的話。這是「不避俗話俗字」的變相。

現在中國的文藝的花園裡已開著無數燦爛優美的花了。如新詩與短篇小説的發達之速，真是令人捲舌的！然而我台灣卻如何？還是滿園荊棘，找不出一朵鮮花呀！我們若要望那班舊文人替我們造些真文學、活文學，實在有甚於「責明於垢鑒」了。我們只望那些志願於文學的有天才的青年，不可再陷入舊文學的陷阱，而能用新方法來與我們共造新文學的殿堂，這是我人唯一的願望了。

中

我們現在談新文學的運動，至少有二個要點：

1.白話文學的建設

2.台灣語言的改造

我這二條是從胡適的「建設新文學」的「國語的文學，文學的國語」出來的。他説「我們所提倡的文學革命，只是要替中國創造一種國語的文學。有了國語的文學，方才可有文學的國語。有了文學的國語，我們的國語才可算得真正國語……」我們主張以後全用白話文做文學的器具，我所説的白話文就是中國的國語文。我們何以要用白話文做文學的器具呢？胡適先生生這樣説：

「我曾仔細研究：中國這二千年何以沒有真有價值、真有生命的『文言的文學』？我自己回答説：『這都是因為這二千年的文人所做的文學都是死的，都是用已經死了的語言文字做的。死文字決不能產出活文學。所以中國這二千年只有些死文學，只有些沒有價值的死文學。』」

　　「我們為什麼愛讀《木蘭辭》和《孔雀東南飛》呢？因為這二首詩是用白話做的。為什麼愛讀陶淵明的詩和李後主做的詞呢？因為他們的詩詞是用白話做的。為什麼愛杜甫的《石壕吏》《兵車行》諸詩呢？因為他們都是用白話做的。為什麼不愛韓愈的《南山》？因為他用的是死字死話。……簡單說來，自從三百篇到於今，中國的文學凡是有一些價值、有一些兒生命的，都是白話的或是近於白話的。其餘的都是沒有生氣的古董，都是博物院中的陳列品！

　　「再看近世的文學：何以《水滸傳》、《西遊記》、《儒林外史》、《紅樓夢》，可以稱為『活文學』呢？因為他們都是用一種活文字做的。若是施耐庵、卸長春、吳敬梓、曹雪芹，都用了文言做書，他們的小說一定不會有這樣的生命，一定不會有這樣的價值。

　　「讀者不要誤會，我並不是說凡用白話做的書都是有價值有生命的。我說的是：用死了的文言決不能做出有生命有價值的文學來。這一千多年的文學，凡是有真正文學價值的，沒有一種不帶有白話的性質，沒有一種不靠這『白話性質』的幫助。換言之：白話能產出有價值的文學，也能產出沒有價值的文學。可以產出《儒林外史》，也可以產出《肉蒲團》。但是那已死的文言，只能產出沒有價值沒有生命的文學，決不能產出有價值有生命的文學，只能做幾篇『擬韓退之原道』或『擬陸士衡擬古』，決不能做出一部《儒林外史》。若有人不信這話，可先讀明朝古文大家宋濂的《王冕》傳，再讀《儒林外史》第一回的王冕傳，便可知道死文學和活文學的分別了。

　　「為什麼死文字不能產生活文學呢？這都是由於文學的性質。一切語言文字的作用在於達意表情，達意達得妙，表情表得好，便是文學。那些用死文言的人，有了意思，卻須把這意思翻成幾千年前的典故，有了感情，卻須把這感情譯為幾千年前的文

言。明明是客子思家，他們須說『王粲登樓』、『仲宣作賦』；明明是送別，他們卻須說『陽關三疊』、『一曲渭城』；明明是賀陳寶琛七十歲生日，他們卻須說是賀伊尹、周公、傅說。更可笑的：明明是鄉下老太婆說話，他們卻要叫她打起唐宋八家的故腔兒，明明是極下流的妓女說話，他們卻要她打起胡天游、洪亮吉的駢文調子！……請問這樣做文章如何能達意表情呢？既不能達意，又不能表情，哪裡還有文學呢？即如那談笑的活人，這都是因為做書的人能用活言語、活文字來描寫他的生活神情。那宋濂集子裡的王冕，便成了一個沒有生氣，不能動人的死人。為什麼呢？因為宋濂用了二千年前的死文字來寫二千年後的活人，所以不能不把這個活人變作二千年前的木偶，才可合那古文家法。古文家法是合了，那王冕也真『作古』了！因此我說：『死文言決不能產出活文學。』中國若想有活文學，必須用白話，必須用國語，必須做國語的文學。」

我們借了胡先生的一大篇話，「我們為什麼要建設白話文學」的意思已很了然了。我們要更進而談一談「台灣語言的改造」。

下

我們主張用白話做文學的器具，又在上面說我們之所謂白話是指中國的國語。然而有些人說：「我們不會說中國語，如何能夠以中國語寫作詩文呢？若說古文不好，何不用白話文言混合體呢？」這話好像有一面之理，但要再想一想，究竟不會說中國語的人就不會以中國語寫作詩文嗎？不對！不對！這層不用杞憂！中國現在不會說國語的正多著哩！然而他們為什麼大都會寫呢？那是因為各地的方言的組織和國語相差不遠，所用的文字又同一樣，不過字音有一點不同罷了，所以念過書的人，都會看會寫。

再進一步，若説不會説中國語的人就不能以中國語寫作詩文，然
則能以古文寫作詩文的都是會説古話的嗎？至於説要用白話文言
混合體來代替白話文，那更説不去了。

　　還有一部份自許為徹底的人們説：「古文實在不行，我們須
用白話，須用我們日常所用的台灣話才好。」這話驟看有道理
了，但我要反問一句説：「台灣話有沒有文字來表現？台灣話有
文學的價值沒有？台灣話合理不合理？」實在，我們日常所用的
話，十分差不多佔九分沒有相當的文字。那是因為我們的話是土
話，是沒有文字的下級話，是大多數佔了不合理的話啦。所以沒
有文學的價值，已是無可疑的了。所以我們的新文學運動有帶著
改造台灣言語的使命。我們欲把我們的土話改成合乎文字的合理
的語言。我們欲依傍中國的國語來改造台灣的土語。換句話説，
我們欲把台灣人的話統一於中國話，再換句話説，是用我們現在
所用的話改成與中國語合致的。這不過我們有種種不得已的事
情，説話時不得不使用台灣之所謂「孔子白」罷了。倘能如此，
我的文化就得以不與中國文化分斷，白話文學的基礎又能確立，
台灣的語言又能改造成合理的，豈不是一舉三、四得的嗎？

　　我們因時間和篇幅的關係，關於台灣語言的改造只能説出根
本主張而已，若詳細的討論須待後日有機會再説。不過有一句不
得不説：如果欲照我們的目標改造台灣的語言，須多讀中國的以
白話文寫作的詩文。

1925 年 7 月 28 日

原載《台灣民報》第 67 號，1925 年 8 月 26 日

復C.K.信

C.K.我兄：

久違了！想念得很！暮春別後一向不知道老兄的踪跡，致失消息，原諒！

今早接到來信喜歡極了！你下月真可以北上來麼？等著你呀！

好久沒有讀你的文字，現在你也會憤怒罵人了。我每次罵人致招人怨，且有朋友勸我莫須如此，他說「你罵得了嗎？」這話也有一面的真理，腐敗如今日的台灣社會，人心委實是罵不了，但我們於責任上卻不能因此而退縮，或因招怨而罷休。

不但××日與××日的台日報我沒有看，現在每日送來的台日報我幾乎都沒有過眼。那樣不值半文錢的報也值得看嗎？（我除為公務不得已有時看他一看外，平時沒有看他）他罵新人罵得有理嘛，我就答他一答；他罵得無理嘛，我就教訓他一下，這是我歷來的主旨。但此後我要變換方針了，對於不可教的厚顏無恥之輩要放任之。因為任你搬出珠玉給他看，他也絕對看不出，所以要教訓他也是枉費精神。

你說那兩篇是魏某寫的，或者是真的，我也這樣想。但他既是一個學者，又是自認為贊成維新的人，為何還會說出那種話？若果然是他，那麼他的學識就出乎人的意外的淺陋了！或者是為飯碗計不得不獻醜，那末就實在可憐了。

此後我要聽你的話，用全力讀書，並介紹有益的新學說新思

想。見面當在不久，閑話面談。

　　　祝你

　　　　快活！

　　　　　　　　　　　　　　　　　　　　　　老友　我軍
　　　　　　　　　　　　　　　　　　　　　　8 月 26 日

　　　附：C.K.來信

我軍兄足下：

　　你看了××日××日的台日報漢文沒有？其中有兩篇全為誹罵你和一般新人而寫的，尤其是為誹罵你而寫的。我看他們那種說法，一定是有什麼作用，又不知道是領了誰的筆資了。那兩篇文字，雖造了兩個沒有人知道的名，但我卻看得出那是魏某的文字。那種輕薄的口吻，非他是誰？我軍兄，你知道他是被選為學者的嗎？雖然我台灣的學者不須有學問，只情願做走狗，只敢說些背良心的話，就可以做學者了。他既然被選為學者，也該慎重一點，裝裝學者的樣子，可是在「轎子裡打盹」的他，全篇沒有一句文雅的話，你罵他是「狂犬」實在是再對都沒有。他卻故意道出「不寫白話文便是狂犬」，加誣於你。

　　我軍兄，他那樣一個不要臉的混賬東西，也值得你去理他嗎？胡適有兩句話頗對：「要值得一駁」；「要經得起一駁」。魏某的話值得一駁，經得起一駁嗎？你既然把「狂犬」二字送給他，為何又要去理他？豈不是惹狗來吠嗎？況且他那卑鄙的根性，使他每次說話不得不用假名，如果他的議論是堂堂正正的，是負責任的，又何必用假名呢？你用有益的時間和他論駁那無價值的話，實在是非常之不經濟。我望你以後用全力去用功，去介紹有益的新學說、新思想，這才是目前的急務。

　　話說了不少了，你也許很忙罷，再談。下月間或者有見面的

機會。

　　　　　　　　　　　　你的朋友　C.K.　於台中
　　　　　　　　　　　　　　8 月 25 日

隨感錄

一

1. 脫線的話

題為《新文學之商榷》，卻以聘金廢止①為結論，又搖頭擺尾說來說去，全篇是些空洞無憑之話，廢止聘金到底和新文學之商榷有什麼關係？吊膀子和新文學之商榷又有什麼關係？這種空洞的、沒系統的論法，正是舊文學家的大毛病。東扯一句，西拉一句，湊成一篇，雖自以為「立筆千言」，但其奈「離題萬里」何？

悶葫蘆生因欲維持聘金制，所以拉出一個內地②人的例來，他說「內地人聘金全無，然亦有以貧窮負債將女賣人為娼妓者」。哈哈！女子結婚而受男子的聘金，正如你所說「將女賣人為娼妓者」。你雖忍將女賣人為娼妓，但我們卻不忍啊！也是因此我們提倡廢止啦。我們為維護人格計，為欲使女子不個個成為娼妓計，所以提倡廢止聘金，難道是為拿不得幾百塊錢而提倡嗎？滿口錢臭的道學者流，儘管如此想吧。

2. 半知不解的話

北部某報的中文欄，常常喜歡載些半知不解的話。明明不知

---

①參閱本書《聘金廢止的根本解決法》一文。
②「內地」指日本國內。

道新文學為何物，卻要說些外行話來反對；明明不知道戀愛之為何物，卻要說些外行話來詆毀。他們說白話文就是新文學，吊膀子就是戀愛。

他們說提倡新文學的人，沒有讀過漢文書籍。我們研究文學的人，無論哪一時代，哪一國的文學都不可不過眼，豈獨漢文書籍？說這種話的人未免夜郎自大。

3. 混蛋糊塗話

「無腔笛子」非常反對男女青年研究性問題和戀愛，但這有什麼不對？「性教育」的意義你明白嗎？「戀愛至上說」你研究過沒有？

須知社會上每一種新學說出現，便有一種人藉此為招牌而行利己之事。如戀愛自由之說一出，便也有一部份人藉神聖的戀愛為招牌而行不德之事（大多數是誤解，有的是故意濫用）。這雖是過渡時代所難免的現象，但也是由於當事者的不自覺、不徹底所以使然，我們不應因此而詆斥戀愛。學者一面應發揚新學說的精義，使人人知其利害；另一面要嚴防一部份「掛羊頭賣狗肉」之輩，這才是先覺者的職責，又是受護學問的義務。

倘若沒有明白新學說之為何物，而對於新學說又要妄加批評，說些混蛋糊塗話來貽誤青年，這是應當痛絕的。

4. 村犬亂吠

欲討論新舊文學的長短，何不堂堂正正地出來討論？你如果是一個厚重的詩人，如果有真理，為何不敢報出名來？為何要捏造許多不同的名字來肆行謾罵？你那半知不解的臭氣是無論怎樣洗滌也洗不淨啊，正如孫悟空七十二變始終變不掉那根尾巴似的。你若有膽量，就丟掉那卑怯野鄙的態度，和我止正堂堂來討論，否則我就不睬你了。

原載《台灣民報》第 3 卷第 4 號，1925 年 2 月 1 日

二

5. 糟糕的台灣文人

文學是文人造出來的，所以文學糟糕是由於文人糟糕，這是不消說的。但台灣的文人會糟糕到這步，卻是出乎我的意料之外！或者這次和我說話的朋友們不能說是台灣的文人吧，但他們開口便自認為詩人、為文人，所以我認他做文人、詩人是不錯的。不過這次和我說話的文人未免太「媽媽的」，所以我就在台灣的文人頭上加上「糟糕」，這雖然或者冤枉了一部份的台灣的文人，但這也沒有法子。

他們因為理短，於真理上罵我不倒，所以不得不出卑劣的手段，在台日報的「是是非非」欄學潑婦的謾罵。

我寫文本來是要和有學問、識情理的人討論，卻惹出了市井小兒出來和我胡鬧，真是使我失望！市井小兒不可以理喻，而我只願用理來解決是非，不願以感情來打仗，所以此後再有市井小兒輩出來胡鬧，我也不理他了。甚望我台灣的人士對於這個新舊文學的問題，以正正堂堂的文學、以正正堂堂的態度來討論。

我們論事只可據真理切不可帶有感情。罵人也當據理而含有教誨的誠意，決不可帶有感情而視為仇敵。我張我軍說話大都依據前者。有人說「無古焉有今」、「無前焉有後」，但我要問道：「無今焉有古」，「無後焉有前」。歷史告訴我們說，我們今日的文明是自古變遷進化而成的，倘沒有變遷進化，如何有今日之文明？生物學者告訴我們說，人猿同祖。你揚古抑今，情願守古的人，那末你何不如猿類用四蹄在地上匍行？

6. 污了我的耳膜

　　赤嵌王生有一篇《告張一郎》的文章在台日報發表。但我張我軍（一郎）是聽不慣像你既知道天下事不外情理而已，為什麼你有話告我不以情理，而敢為人身攻擊的手段？人身攻擊是一種理敗的鐵證。你若知道沒有情理來攻擊我，為何要出來多嘴？為何不把自家的拙深藏起來？但你還熱心把我預先調查一下。（大約你要和人家討論，倘不調查對手的履歷，便沒有材料吧？）可是你未免太疏忽了。你所調查的是台南的張梗，和我軍完全沒有關係。所以你這次的人身攻擊也不得不歸於失敗了！你誹謗張梗君的話，自然有張梗君會和你算賬，況且你的立論都是以他的履歷為前提，所以我本沒有駁你的必要，不過為你的面子上我也難卻，說幾句和你應酬。我說台灣的文學糟糕、台灣的文人是守墓犬，是根據許多理由（參看2卷24號《糟糕的台灣文學界》）。你有不服的地方儘可指出，然而你又不能，不得已拿出誹人的話：「精神昂奮、意志錯亂」八個字，欲含糊過去。

　　你又要辯護台灣的文學界沒有糟糕、台灣的文人不是守墓犬，所以拿出「吾台文人，素讀詩書，法遵孔孟，未必與其有殺父淫母深仇」。你這幾句不但不能辯護，並且將自家的症疾全盤托出。詩書固然有讀的價值，但你以為讀詩書就是你的終身大事，這未免太小局了！你法遵孔孟，情願做孔孟的忠奴，情願永守孔孟之墓，而不思進取，請你自己叫自己三聲「守墓犬」。況孔孟在文學史上，實在沒有三文的價值呢！（孔孟是中國的哲人，不是中國的文學者。）

　　我們和人家論事，決不是為有殺父淫母之深仇。你自己有這樣的謬想，或者你這次出而罵張梗君和我，難道是我們和你有殺父淫母之深仇嗎？你的眼界越不出台灣，所以我的文你讀了覺得淡然無味，這反正是當然的。至於說我「拉雜湊成」未免太不自重了。請問赤嵌王生中國國語文法你到底領略過沒有？

　　「介紹」是一件事，「別闢門徑」是一件事。我這次的工作

是介紹，我也明明説過，你究竟是没有看明白，還是不知道有
「介紹」與「立説」的分别？台灣的文人若都頑固似你，那就實
在如你所説難以改革，至於識者要笑或不笑是由他的。——識者
或者要我痴，笑我不該和木偶談話。

　作詩即景寫情是不錯的，但你們在台灣做雪的詩也是即景寫
情嗎？況即景寫情決不像你説的那麼容易：「信手拈來，隨意嵌
入，便為佳作」。你們的景，你們的情，跳不出詩韻合璧佩文韻
府之外，所以做出來的詩都是糟糕的詩也是難怪的！（若舊字舊
詞能完全地充分地表現情景，當然不妨用之。但我們今日的情景
不能以舊字舊詞來充分表現的很多，所以我們不可止於「信手拈
來，隨意嵌入」便滿足，必定要刻意尋求適切字之詞才是。）

　我委實無才淺學，但卻也未曾説出無理無由的話，若如你才
飽學深的人，卻説不出一點差強人意的話，難道不愧死嗎？你自
己要面壁九十年也隨你的意，但被破殿堂壓死，卻是你自己的
事。我是一個活潑潑的青年，決不像你那麼頑陋，自己情願伏在
破舊殿堂面壁，送其一生，而不知世上有赫赫之太陽，以為世間
只有鬼磷螢火而已。

1925 年 1 月 22 日

原載《台灣民報》3 卷 5 號，1925 年 2 月 11 日

三

7. 偽學者、偽詩人、偽文人的天下

　我想不到台灣的文學界竟成了偽學者、偽文人、偽詩人的天
下，他們掛著一個假面具説什麼詩人之忠厚，實際上卻滿口齷齪
語。況且一部自認為學者、為文人、為詩人的，連一篇較完全的
文也不會做，一條較通的理也不會説，一首較會感動人的詩也做

不出來，天下哪有這樣的學者、文人、詩人？除非是偽學者、偽
文人、偽詩人。某報每日一面中文欄，其目的是要使不認得日文
的台灣人得獲新知識的，然而那裡頭除翻譯幾句日本式漢文的電
報之外，簡直不知道有什麼能夠使讀者獲益，我想讀者能從那裡
頭學得敲竹槓之外，還能學得捏造事實來誹人家。這種學問豈值
得學嗎？我想那幾位記者老先生為何很自然的把那種記事登載？
如此記者的人格安在？新聞的權威安在？我張我軍的前途很遠大，
所以百二分注重我的人格。況《台灣民報》很顧重報的權威，而
且篇幅無多，不能供相罵之用。所以無論你們捏造什麼來誹謗我
的人格，我也只得把你們的話看作「自傷人格」的話寬恕你們；
決不和你們一樣無知。不過我要忠告你們自此而後再不可做這種
敗壞人格的事——因為知道這種勾當是你們陳陳相因的舊套啦。

　　大凡社會上無論何方面的革命家，當初都要受保守者所咒
罵，這實在也是難免的手續。不過革命家決不因此而停止或放擲
他的事業，歷來的革命家大都如此。我決不是認為我自己也是革
命家，不過台灣的文壇是我第一次擲下炸彈的，現在已漸漸爆發
了。我希望有繼我而把台灣的古典文學破壞的人出現，我又很希
望在一方面極力建設新時代的新文學於我們的美麗島，將來不久
或許能看見燦爛之花在這美麗島閃耀。我在此引一首詩為我們的
同志頌祝：

　　　　反抗古典三昧的藝風，醜態百出的羅丹呀！
　　　　反抗王道堂皇的詩風，饕餮粗笨的恢鐵莽呀！
　　　　反抗貴族神聖的文風，不得善終的托爾斯泰呀！
　　　　西北南東去來今，一切文藝革命的匪徒們呀！
　　　　萬歲！萬歲！萬歲！

　　　　　　　　　　　　　　　　（郭沫若《匪徒頌》‧五）

1925 年 2 月 5 日

原載《台灣民報》三卷六號，1925 年 2 月 21 日

四

8. 無名小卒

　　在一個月之間，差不多有十來起罵我的文字，也有揑作三句半詩的，也有説些不三不四的話的，也有捏造事實的，也有攻擊人身的，但卻没有一個敢報出名的，我實在覺得也好笑也可憐。可惜碰著詩便念得咿咿唔唔，碰著説理便如啞巴只一味地亂嚷。這一班人從舊文學的眼光來批評，實在也還未達到一個「通」字，所以不敢報出名來也是難怪的。終是無名小卒！

　　説什麼新文學之商榷，什麼新文學之平議，説得搖頭搖腦，卻没有真正説著新文學的話。欲維持舊文學，卻没有拿出所以當維持舊文學的理由來；欲反對新文學卻拿不出新文學之當反對的理由來，這實在是舊文學家的大缺點。我們論事應當以客觀的批評，切不可以主觀的獨斷。但總之新舊文學之是非已甚明了，我們此後當向建設方面努力。無價值的對罵是無用的努力，故如有再罵我的臭文字，我是不去理會他了。如一吟友的《新文學之平議》，簡直是一篇放屁話，故我唯有一笑置之，請吟友原諒！

9. 孔聖人將有美麗的住宅了

　　近日孔聖人的孝子賢孫們群起而倡建文廟了，於是一班「之乎也者焉矣哉」的老先生們的大文章洋洋乎千言登在報上。但我以為他們並不是孔聖人的孝子賢孫，因為他們正坐在「欺下罔上」之罰啦。怎麼説呢？他們説什麼青年的思想惡化，什麼世風不古，但他們其實不知道思想到底是圓的是扁的是立體的還是平面的。總之，依他們之意，青年所想的事都是錯的。他們以進化

為惡化，並且說我人的行為非「遵古法制」不可，所以嘆世風之不古。卻不知道這正背著孔聖人的話：「生乎今之世，反古之道，（朱熹曰：反，復也）災必逮夫身。」又聞日前在江山樓開籌備會時，辜委員起立說：「孔子使中國文學行一大革新……」哈哈！孔子的這件功勞大約是他第一次發明的了。

10. 飯碗問題

幾個朋友對我說：一班反對新文學的人大都是為著飯碗問題，這話我極相信。因為除了此問題之外已無可反對的道理啦。現在台灣各種學校的漢文課本都非從根本改訂不可。因為照這樣念下去，念了十年也不會讀中國的報紙雜誌。現在中國的雜誌差不多全是用白話了，台灣三日刊新聞的中文欄也該改革了！

原載《台灣民報》3 卷 7 號，1925 年 3 月 1 日

五

11. 忍耐得住痛苦

胡適說：「愛情的代價是痛苦，愛情的方法是忍耐得住痛苦。」陳獨秀更說：「我看不但愛情如此，愛國愛公理也都如此。」這二人的話都不錯。現在六、七位愛國愛同胞愛公理的兄弟們已去受苦了，但在他們並不覺得驚惶或痛楚，因為他們老早就知道愛國愛同胞愛公理愛自由的代價是痛苦，而其方法是忍耐得住痛苦。況我們三百六十萬的同胞能找幾個不在受痛苦？他們不過是去受苦中苦罷了！

12. 有天良者何以解之

2 月 24 日台日報《無嘴》欄載著一段昧心話，說蔣渭水一派

前此為未決囚被保釋出獄時説了：「警察和監獄待我們以志士，
而巡查和看守如高等紳士，極忠實地款待了我們」像這樣的話。
所以同報的記者很憤慨地説：「像此輩把他人的好意與恩惠，反
利用為自家廣告，當用國家所規定的嚴刑來刑罰，使其充分地嚐
一嚐國家所有的刑罰權的權威，這為台灣的將來也是必要的
事。」末後註明這句話是「某氏」的憤慨談。台日報慣用一個
「某氏」來含糊，我們也不必稽考他是某氏不某氏。不過我讀了
這幾句話實在不得不為人的天良嘆息！啊！人的良心何至於如此
的沉喪？

　　蔣渭水一派説了這樣的話没有，我不是本人所以不得而知，
不過以常識來論，這種話大約是台日報的記者説的吧。我也知道
蔣渭水一派和凡敢揭破你們的黑幕人的入獄，是你們所極歡喜
的。你們恨不得判官來多定他們的罪，你們恨不得挑撥獄吏警察
來虐待他們，所以不憚蒙昧良心説出這種暗無天日的話。不然他
們已在服國家的刑罰了，你們的願也已了，為何還要饒舌？不過
明白地説一句吧，你們的用意是在挑撥獄吏警察官來酷待他們，
使他們受刑外之刑，以警戒別的文化與政治的運動者，所以末後
加了一句「為台灣的將來是必要的事」。罷了！台灣人的文化、
政治運動有何害於你們？你們為何視之如洪水猛獸？

原載《台灣民報》3 卷 8 號，1925 年 3 月 11 日

六

13. 何不設一個思想講習所
　　最喜歡説思想惡化的是台灣的警察，最喜歡為思想善導的是
台灣的御用紳士。但無論一方總要先明白思想之為何物。但警察
儘管瞎説思想惡化、御用紳士儘管瞎鬧思想善導，其奈不明白思

想之為何物？我極希望有人出來開一個思想講習會，專收警察與
御用紳士為講習生，先教他們明白明白思想之為何物，才不會常
使他們瞎說瞎鬧！

14. 勿為造謠家所騙

「……章氏（太炎）嘗為我台日報漢文部記者。其措詞極深
奧，出入漢魏六朝，上溯秦漢而上，故在當時之台灣文人，亦鮮
有能知其美妙者。」哈哈！身為新聞記者，卻不知新聞記者之使
命。拿出章氏的文章的深奧到台灣的文人少能知其美妙為誇耀，
真是糟了！文人尚少能知其妙，況且一般人更要加幾倍莫名其妙
了。試問新聞是要叫人知道的，還是要叫人莫名其妙的？

「……視胡適之陳獨秀輩之新白話文體，宛若發狂，直奴隸
叱之，不遺餘力……」章太炎師是一位極明理的人，他未曾反對
過新文學。他是不會如你們一班發狂的人亂嚷亂叫。可恨他老人
家竟被一班發狂的人引來做反對白話文之狂黨！

「……于支那之國事，有何貢獻？若章氏文學雖極古奧，晨
鐘暮鼓，足以喚醒大千世界沉沉之迷夢……」這樣牽強的話，虧
你竟說得泰然自若！文學本非欲求有貢獻於國事的。文學之為何
物你是門外漢，所以敢說這樣的話。又說「雖極古奧」，既然古
奧讀的人又莫名其妙，哪能喚醒沉沉之迷夢？

章太炎師是中國國學的第一人，是我們所崇拜的，他實在也
大有貢獻於國事。然而他的貢獻於國事，並不是他的文學，是他
的見識。太炎師到台灣當時寫的文章確實難懂，但他現在已變
了，他最近的文章大都用顯而淺的文言文，他講學的文章也有用
白話的了，請大家不可被造謠家所騙！

15. 常使英雄淚滿襟

前幾次所接的孫先生的死訊我都不置信，故總不覺得怎麼驚

訝與悲哀。但這幾日中連日的訃電，著實打動我心弦中的哀線
了！啊！孫先生！你哪知道這海外的孤島中也有一個無名的青年
在湧淚痛慟！

我想我們弱小民族，只求有人替我們吐露平素的積憤，就能
得到無限的慰安了。孫先生實在是我們所崇拜，他是弱小民族之
「父」。他的一生是革命的歷史，他一生為自由而戰、為正義而
戰、為弱小民族而奔走而盡瘁。他叫出來的聲，就是自由、正義
之聲，又是弱小民族悲鳴之聲。唉！現在他已和我們長別了！我
們往後當自奮，以報先輩的崇高遺志！

唉！我人已不能再見先生了！他日碧峰山上，偉人墓畔，肯
令遊子憑弔吧！

16. 做事須做徹

社會上常常有一種投機家察破社會的心理，為圖一己之名利
造出迎合社會的事。這種人做的事大都是虎頭蛇尾，於社會没有
什麼利益。有時不但不益於社會，並且要貽害社會不淺。現在台
灣也不少這樣的人，社會監督家對於這種人應該加以充分的注意
才是。

近來中部一紳士王學潛氏聞出而組織一個「自治研究會」。
其主旨如何，因為他還未發表其內容，故我人不能先說贊否之
意，然而這個工作在現在的台灣也是一種很要緊的事，故我人不
惜花一點功夫來對他說幾句話。並且第一要對他說做事須做徹，
然而要「做徹」，須先「明徹」。須先徹底的明白「自治」之為
何物，然後才要有做徹之心。王氏大約是一位有學識有常識的
人，故這二項須不再我來說吧。不過我是婆心太重的人，故就是
王氏已有十分的準備我也不妨再叮嚀一遍，諒王氏不會怪我太多
事吧。我還有一層杞憂，是現代的人每常喜歡掛羊頭賣狗肉，不
務實質徒慕虛名，我想王氏也大約不是此輩中人吧！

1925 年 3 月 16 日

原載《台灣民報》3 卷 10 號，1925 年 4 月 1 日

七

17. 獄中的蔣渭水會在東薈芳演說

　　蔣渭水君此時在獄中，這是盡人皆知的，為何他會在東薈芳演說？讀者諸君看了這個題目一定要罵我胡說。真的，實在是胡說。但諸君怪不得我，因為這個事實並不是我捏造的，是台中的《台灣新聞》造的。3 月 30 日（？）的《台灣新聞》明明載著一段記事，是在台灣議會請願委員歡迎會席上，請蔣渭水君也起立演說。我看了這段記事，雖然覺得御用新聞的可惡——因為多半是捏造的——但又覺得非常之好笑！我笑了一日還喘不過氣來。台灣的報紙是捏造事實的機關，這是老早就有定評的，所以我們也不必什麼奢求。不過對於他們這次的失態，我也表十分的同情！

18. 報紙的使命何在

　　在 3 月下旬的台北發生了二件最重要的事：一是 24 日的孫中山先生追悼會，又一是 28 日的台灣議會請願委員的歡迎會。孫先生追悼會的參會者幾近三千人，實為台灣未曾有的大盛況。請願委員的歡迎茶話會出席者三、四百人，洗塵會百餘人，況台灣議會請願是台灣「年中行事」中的一大事，報紙何可不報導？可是台北的報紙《台日》卻偏偏不報，《台灣新聞》雖大報而特別，可是用心太壞，說什麼「三岔口」（戲名）是過激思想，又弄出獄中蔣渭水君在東薈芳演說的笑話。唉！如此報紙的使命安在？

19. 我人對伊澤總督的疑問

　　伊澤總督新到任便在訓示裡頭說，台灣統治的對象是三百八

十萬的本島住民，又說，欲聽於無聲，取於無形，欲盡量地聽取
台人的意見，這是怎麼好聽的話啊！我人起初對於這總督的人格
和見識十二分佩服了！可是，到最近考之其政跡卻如何！？如官
有地之「拂下」，如對於台人的言論的壓迫，及其它不容我們在
這裡詳說的弊政，於是我人對於這位「賢明不過」的總督不得不
發生疑問了。他一方面向台灣人賣好，一方面卻向台灣人射冷
箭，故他當日所聲明的話不但沒有實現，並且有變本加厲之嫌
疑。賢明的總督呀，肯聽我這幾句微話而稍稍反省嗎？

20. 非人類

我們對於一種人——他如果是有所貢獻於人類社會的人，我
們平常總要對他表相當的敬意，而對於那種人的死，總要表示相
當的哀悼。這並不是有什麼強制的，完全是由人類的本能發出來
的。這次我人在台北開孫中山先生追悼大會，也全是出乎崇敬偉
人的本能的。我人的弔詞有句：「消息傳來，我人五內俱崩，如
失了靈魂一樣，西望中原，禁不住淚浪滔滔了！」這完全是寫實
情。可是當局竟禁止我人這樣說，這簡直是不准我們哭偉人了！
甚至如台灣《經世新報》裡頭，好像說我們這次的舉動為「非國
民」的舉動。啊！真夠狗！我想，沒有感情的人不能算是人，對
於偉人之死，沒有一掬哀悼之淚的，也不能算是人。那末，《經
世新報》那位記者不但「非國民」，並且「非人類」，是獸類。

21. 笑《台日報》中文部記者的愚劣

《台日報》中文部記者，我明知道你們一班都是蠢物，為何
欲和你們說話？和你們說話也罷，為何不教你們，卻來笑你們？
這並沒有什麼奇怪，那是因為你們原來是一班極愚劣的蠢物，而
卻自以為都是不世出的人物，所以教也無從教。又怕你們誤了世
間，故不得不笑你們一笑，使世人明白明白你們的愚劣。

　　凡要論文學的事，第一先要明白文學是什麼，要維持舊文學，也先要明白舊文學之好處，要排斥新文學，也要先知道新文學之當斥的理由。

　　你們確是要維持舊文學，排斥新文學的一班愚物，但你們的動機並不是根據什麼學理，你們的維持與排斥完全是盲目的，你們是瞎著眼亂嚷幾句罷了。因為看你們歷來所說的話，完全是一班文學的門外漢。你們最多只會冤弄章太炎師，說他反對新文學，以及抄一篇不值半文錢的弔詞——而且是一介武夫的弔詞，來證明舊文學之可貴，來謾罵新文學罷了。今日中國的新文壇已產生了無數金光燦爛的作品，你們何沒有眼睛看他一看？啊！你們的所謂文學作品的代表是一介武夫的弔詞了。況你們這種舉動正如　種蠢人，看見圓山動物園有一頭獅子、一頭老虎，便大驚小怪的，以為台灣的平地有獅子、有老虎。哈哈！

　　又如要批評一種新思潮之是非，總要先明白新思潮之為何物。譬如在今日要批評戀愛的事，總要先明白戀愛之本意，又要批評自由戀愛和戀愛自由的是非，總要先明白那個名詞所有的本意。我在這裡提出自由戀愛和戀愛自由來對你們說，你們一定驚訝得了不得，因為你們一定不知此二個名詞有何分別啦。其實，你們眼中的戀愛只知有雄狗與雌狗的交接，你們實在不知有神聖的戀愛。像你們這班齷齪東西，只好由你們齷齪罷了。

22. 一個來一個倒，兩個來湊一雙

　　又來一個無名小卒，說我的言論太過激，致惹起諸詩翁伯來安排筆陣，和我共決勝負。哈哈！老實說，我的言論都是退幾步說話的，故連一毫也不過激，不過我是一個老實不客氣的人，所以說話也不客氣，況對於和我說話這班蠢貨，更沒有客氣的必要了。

　　安排筆陣，和我共決勝負。說得好聽得很！說什麼漸止墨

彈，其實狂犬病是一時的，並不是永久的。

現在我沒有工夫和你說閑話了，因為我今早要搭船，時間已迫了。最後問你一句：你是在夢中看見新詩白話文日見衰退，古文舊詩日見增加嗎？中國的報紙雜誌你是不曾過眼的吧！

原載《台灣民報》3 卷 12 號，1925 年 4 月 21 日

八

23. 德國康德以大詩人名

這個標題是引《黎華報》蕉麓老先生的話。我們只看了他這句話，就可以明白他是一個好「強不知為知」的人。康德是德國大哲學家而且是批判哲學的創始者呀！

蕉麓君是誰，我雖不知道，但我卻由他的大著略略知道他一二。他是會說康德是以大詩人名和絕對反對文學有革命的人。而且他的文，失禮點說實在是不通之極，開首幾句便令人莫名其妙了，全篇如一堆散沙，令人非從各種方面猜擬，摸不出其意。老實說，我費了不少的精神才讀懂了（或半懂）他的全篇的意思。你要說我學力未到也可，但通與不通總瞞不了識者。

引胡先生的話來駁，這一層是他異於台灣的文人之點。他有這種討論的精神（比較的），是我所尊敬的。但他的駁法未免太不成理，而且太無聊了。如駁他的套語、爛調幾句，實在是蕉麓君自己的無理解。請詳細讀一讀《胡適文存》才不會冤弄了人，而且自取無聊。惟有一條，駁他的駢句，這實在也是蕉麓的不細心。當初胡適之主張廢駢文律詩有一點不大鮮明，後來錢玄同替他補正說：「一文之中有駢有散、悉可隨意。」胡氏也大贊成。「隨意」是要附加「無牽強制削之跡」的，若加故意要自成一體的駢體文，是在絕對反對之內。又說「寒灰」、「零落」、「哀

音」……等是典故,但這也是蕉麓君自身之錯,因為他沒有分明廣義與狹義之典的緣故。

文字是無限的,是「取之無盡、用之不竭」的。無論何時盡有新鮮的可用,而蕉麓偏要利用廢物。既知廢物又要用之,這才是矛盾之甚!

「……各有文字,即有詩歌。誰能廢之。」據他這樣說,文字是在詩歌之先了,詩歌發生在文字之先,這是各國學者所共識的,可是蕉麓君於文字與詩歌完全是門外漢了。又誰說要廢詩歌?為何如此大驚小怪!

「所謂新體詩也,是等仿自外譯。」外譯不知道是什麼,大約是說從外國譯來的。外國譯詩自有譯詩的地位,新體詩並不只是譯詩,大半還創作的。若說仿自外國就鄙斥之,那就更無道理了。「取長補短」有什麼不對?不知道蕉麓君坐過火車火船沒有?住過洋樓沒有?穿過洋裝戴過洋帽沒有?這些都是仿自外國,你也當自鄙才是。「竊怪近人新詩(這句不懂,新詩若是指現代人無拘無束的新詩,即近人沒有人做,近人和今人須分別)漫無範圍,漫無音韻。」詩的範圍你分得明白嗎?你所知道是什麼何不說一說?大約你就知道前人給你限定的詩體罷了。你要知道詩是極微妙的東西,如何可以用死板板的法則來限制它?又所謂音韻,並不是如你這樣眼豆人所知道只有押音與平仄,音韻的最重要的是自然律。提起自然律來你或許要昏頭昏腦吧,請你參看民報七、八、九這三號。再則,外國詩你自己不懂,反敢說人家「未悉其底竊」,這未免是瞎著眼睛批評美人了。

一部份反對新文學的人,都誤解了提倡新文學的人的意思。他們以為新文學興,則古書都要「棄置諸字簍」。這層實在是「賊人心虛」,不然就是故意吹毛求疵的。其實古書自有古書的位置,這層是他們通有之病,我也常常用勁的說明過。

最後一段文學革命大論真是奇話應有盡有了!要反對或談文

學革命，須先明白「文學」和「革命」的意思。但蕉麓君對於此二件，不說學理連一點常識都沒有。你既然承認「若獨秀先生所云推倒建設。猶有意義存焉」。為何又附加一句「未敢濫恣大言文學革命者也」。你要明白「推倒建設」就是「革命」呀！你有這樣的矛盾，被我說「不懂」實在沒有冤枉。然則你的老頭顱好擲了，請再去輪回轉生換一副較好的腦筋出來吧！

　　篇中引語除引錢玄同先生二句、蘇東坡二句外，都是引蕉麓君的原文。附言。

1925 年 6 月 5 日

原載《台灣民報》3 卷 18 號，1925 年 6 月 21 日

九

24. 讀棠先生的縱談

　　這次不在家，過了兩個月舒服的日子，才自中國回來就不得不領略蕉麓君的極不通的高論，這會又不得不包著頭巾領略棠先生的縱談。

　　棠君這次也毅然出而反對新體詩了。毅然？實在是毅然！因為由他的縱談知道他不懂詩與韻律，尤其不懂新體詩，而又好縱談，所以說他毅然。他說「韻之長短出於自然，否則不足以盡抑揚婉轉之妙」。韻之長短是什麼？「而今之所謂新體詩者，獨不用韻。」「用」是人工，適與「自然」相對。既知「自然」二字，又何以嫌新詩不用韻？新詩是要有韻的（自然韻），但卻排斥「用韻」。

　　你既知道一時代有一時代的特色，為什麼又反對現代人做現代詩？若只反對現代詩無韻（其實是有韻），那只好怪你自己不懂韻體了。

「新體詩不及台北之採茶歌和打油詩」，這也只好怪你自己不懂詩的本質和你自己的文學趣味太低。記得我初學詩的時候，只喜歡吟讀那些聲調好的，後來趣味漸進，遂專取內容好的，這是我自己的經驗，請為棠君進一言。

「露從今夜白，月是故鄉明。」你問新詩人要如何寫？答：正是如此寫。

只知「詩有六義」就要出來談詩，未免太輕薄矣！

25. 未免太侮辱了新竹人

新竹街長說文化講演是他所贊成的，但今日的新竹委文化講演，卻嫌時機太早。試問，文化演講時機的早不早，到底用什麼做標準？若說今日的新竹人遠不配聽文化講演，那未免太侮辱新竹人了！

原載《台灣民報》第 59 號，1925 年 7 月 1 日

26. 賽先生（Science 科學）也訪到台灣了

現在的世界沒有不受賽先生訪問的了，這件事是好呢？是壞呢？試問一問大家就知道。頑固如老學究之輩，淺識如冬烘先生之類，好戴假面如偽道學者流，總之沒有人敢反對或排斥科學，由此可斷定一個社會能受賽先生訪問，的確是榮幸了！

科學的精神是前進的，不是倒退的；科學的方法是批評的、懷疑的，不是迷信的、折衷的。東洋人最乏科學的精神，他們對於一切情願守舊不願進取，他們對於學術的研究，只顧迷信偶像，最多是折衷。他們除了極少數人之外，對於偶像不敢加以批評或懷疑，這實在是東洋的學術所以遲遲不進的原因。現在東洋

的科學思想大昌了，對於新學術新思想的輸入不消說，就是對於古代的學術思想也著著有了新發現，這是我們所喜歡和感謝的！

　　可憐台灣還有一班低能兒，視科學如仇敵。一班青年因受科學的影響很富於進取的精神，而且對於舊學說不肯妄從、不肯迷信、不肯折衷，如對於孔教的懷疑或批評或反對，這實在是很好的現象，就是在孔教本身也是一個有利益的事。然而那一班視科學如仇敵的低能兒卻大驚小怪起來，有的且出而謾罵或造事實來侮蔑青年們，我想這班人不但不是孔孟的忠僕，實在是孔孟的罪人。因為若把孔孟之教交給這班低能兒去混賬，就混了千年萬年也不能辟出孔孟的哲理來，孔孟豈希望他的子孫把他的哲理長長埋沒著嗎？

　　但總之，賽先生既然訪到台灣了，一切學術的是非已不容一班低能兒來獨斷了。要迷信孔教的人儘管去迷信，反對的人自然有反對之理，不容信徒的謾罵！

27. 狂犬病的流行

　　第一隻狂犬是中部王某。他所吠的是「非孝論」「自由戀愛」。倘他是根據理由來反對，是應該歡迎的，本不該說他狂。但因為他是亂吠，所以說他狂，因為除了狂犬是不會亂吠！他反對非孝論，簡直是無的放矢，倘說是反對吳虞、獨秀的非孝論，卻不但未曾駁倒一句他們的話，而且連他們的話也未曾引一句來駁，或者他們的文章還未曾過眼吧。狂得太不像樣子！他反對自由戀愛全無根據，這是不消說的。尚且有自相矛盾之大病，他在「可笑張孤竹」一文裡明明說他不敢反對自由戀愛，在「管見」一文裡卻大著膽子說絕對反對。

　　他的才也算不小，一連在報上續了七八日的「管見」，可惜是一大堆瓦礫。他說也對於自治有妙見，還怕報紙無篇幅，而將一大堆等於瓦礫的無用的文字，連日煩工人給他排，真是又可惱

又可笑。有人叫我駁他，又有人説「不值識者之一笑」。我不敢
自稱識者，故退一步只一笑置之。

　　第二隻狂犬是北部某新聞的某記者。他反對非孝論、自由戀
愛、產兒限制、新文學。並不是因為他反對了這些便是狂，因為
他不是在講理是在亂吠啦，他的狂度或者過於王某。非孝論以下
等等正與王某同症而較重，因為他會天天造事實來亂吠。反對新
文學的笑話更多。説白話文不好，没半點道理，只會搬出一介武
夫的弔詞，説他的弔詞是文言，所以不可用白話做文。又冤枉太
炎先生罵人做白話文，其實章太炎的白話文老早就由上海泰東圖
書館發行了。這次又引一個台灣的評議的話，説他讀白話文時須
把「了」字棄而不讀，又要把標點符號當作没看，然後才讀懂。
我不知道這位評議員何以如此不通？「了」字的職務是極重大，
稍研究過文法的人没有不知道的？又把標點符號當做没有才讀
懂，倒不如説把眼睛遮起來才讀懂。可憐！這樣的話虧他説得
出。如果這位評議員真的如此，那末他是一個讀白話文的幼稚生
了。又我極希望諸位不可認狂語為格言。現在的人，會在狂語上
面加上二字「格言」。

　　第三隻狂犬是古愚。現代的人以一新貫之，古人是以一理貫
之，所以他非常地羨慕古人。然而可惜他卻做不到以一理貫之，
他只會以一舊貫之，無論事實如何新的都不好，非遵古法制不
好，道理是其次的。試看他們説什麼道理没有？反而現代的真正
的新人，没有一個不講理。此事實例很多，無須我來舉。如此他
的話正與實際相反，這不是狂是什麼？

　　夠了！夠了！總之狂犬病如此流行，撲殺野犬的人須一齊舉
起槌來！

　　　　　　　　　　原載《台灣民報》第 63 號，1925 年 8 月 2 日

十一

28. 村婦也打起唐宋八家的腔調

　　某報詹炎錄的記者，也大搖大擺地論起台灣大學來了，他竟敢放言說：台灣大學急設只有少數反對者。我們在這裡只須看他贊成理由：(1)台灣的學生無須負笈內地*便能入大學讀書，所以大學生能增加；(2)台灣設立大學，必有著名學者到台灣來，故台灣一般學界能受其影響；(3)台灣若有了大學，學生就不會到易傳染赤化的上海北京去入某某大學。

　　不把根本教育改善，徒好高鶩遠，拿出二百五十萬的大金，一年造出一、兩個以至三、四個台灣子弟的大學畢業生，倘稍有心肝的人誰敢叫好？這樣的大學生的生產費未免太貴了！這話若不信，請詹炎錄的記者睜開眼睛看一看：「一中」每年收了幾個台灣人子弟？「高等學校」幾個？「高商」又幾個？第一條理由完全站不住了。第二呢？拿出二百五十萬來買一個他們的誇大話：「足以促一般本島人士多涵養讀書趣味之機會」，真是台灣錢比狗臭還多了！請大家想一想：這是急務，還是改善根本教育為急務？第三條呢，因為提防學生到「易染赤化的上海、北京」入某某學校，所以須急設台灣大學，為混蛋至極的「理由」，我不駁你，大家也會笑你。

原載《台灣民報》第 65 號，1925 年 8 月 16 日

---

* 「內地」指日本本土。

十二

29. 忠實的讀者

　　我的詩集《亂都之戀》出版以後，還沒有發現什麼反響，只有李萬居君為了我一百左右字的序文，做了幾千字的反駁的文字*，這在我確實是應該感謝的！我不妨說他是我的「忠實的讀者」。但是他或者是因為太忠實了，遂覺得有點吹毛求疵的樣子！對於人家的主觀上產出來的作品——百餘字的散文詩——加以客觀的批評本來就不對，倘我說「我的經驗是這樣」，沒有經驗的你（這是你自己說的）還有什麼法子呢？

　　我把李君的大文讀完了一遍，覺得前後沒有聯貫，讀完了以後使我不知道是光反對我的戀愛觀，或是反對一切的戀愛？再則，是反對我的文學觀——我並沒有標明我的文學觀——或反對一切的文學？

　　李君和我一不相識二無恩怨，不知從哪裡來的氣，說了好幾句感情上的話。不，他這篇大文的動筆原因，至少也幾分是由感情上來的。我本來也想在《台灣新聞》上一一駁回，但是他寫的那麼長又那麼散亂，我只好說聲「失陪」了（也因為我現在太忙）。

　　好幾個朋友有的寫信來有的從口頭，眾口同音的說李君的大文「淺薄得可笑」。他們問我的意見如何，我為對於忠實的讀者表敬意著想，什麼也不說。

1926 年 2 月 8 日

原載《台灣民報》第 94 號，1926 年 2 月 28 日

---

* 據洪炎秋先生回憶，1926 年曾在台中發行的《台灣新聞》漢文版上，看到李萬居痛罵《亂都之戀》的文章，反對自由戀愛。洪先生深不以李說為然，就著文於同一報紙上痛加駁斥。李看了不服，又來反駁。

二、論著

排日政策在華南*

一

　　我生活在華南，深切感到有必要表達台灣同胞痛苦的立場，但一直沒有機會，一忍再忍至今。今年（1923）發生排日之際，一些日本人群起攻擊台灣同胞，對台胞的猜忌與日俱增，實在不能再忍，於是不顧文章的精糙，以最短時間草成此文，以促猜忌台胞和違背新潮的日本人反省。本文僅記述在華南的一部份——福州、廈門發生的事實，請讀者諒解。

二

　　我原也極端反對盤踞在福州、廈門的部份台胞的行為的。僅

---

* 1895 年清政府將台灣割讓日本後，又在日本脅迫下承認福建省為「日本勢力
範圍」。當時有大批台灣人居住在福建，在當地日本領事館及其御用團體縱
容指使下，一些台灣浪人從事種種罪惡活動，當地居民對此早有不滿。1915
年，日本帝國主義提出滅亡中國的二十一條，引起全中國人特別是福建地區
居民的極大憤慨和抗議。日本領事館一方面指使台灣浪人在福建動用武力，
製造事端；一方面又指責在福建的台灣人參與排日。本文就此揭露日本帝國
主義利用台灣人從事反華活動的陰謀；指出發生排日運動的根子在於日本對
中國的侵略政策。原稿用日文寫成，發表在 1923 年 7 月 10 日在東京發行的
《台灣》雜誌第 4 年第 7 號。是作者公開發表的首篇文章。由陳弘先生譯為
中文。

就騷擾最厲害，受害最深的地方——廈門而言，現居住在廈門的台灣同胞數達七千以上。其中除銀行、公司職員、學校的教員和極少數正當商人之外，均依賭博、鴉片、皮肉生涯為生。甚至組織團體，持手槍、短刀進行搶劫。不久以前擄掠人質公然做出形同土匪的勾當，被中國人視同毒蛇猛獸，連有正當職業的台灣人也無人願與交往。當然壞人多半於居住台灣時就已是壞人了，但助長其罪惡的（日本）領事館、台灣公會，乃至（日本）台灣總督府均難辭其咎。這些單位不但不加以取締，反而加以庇護。此輩遂肆無忌憚，變本加厲，於是濫用「治外法權」，擾亂中國治安，於事實上、道德上絲毫不覺歉疚。據我耳聞，台灣當局叫他們去幹，領事加以庇護，其中必有什麼陰謀。

一說領事並不深知實情，專由警察方面安排，但非常遺憾，暫時仍無法找到確實證據，不敢揣測斷言。但每當此輩加害於同胞，我對於警察署的誠意深有懷疑。

三

此輩受到極端放任自由的待遇。早已不知法律、道德、廉恥為何物。在大正四年（1915）、大正八年（1919）爆發的排日運動是此輩被以野蠻手段所利用，橫暴已極所致。惟獨廈門一地終於失敗，吾人仍記憶猶新。當時的領事為一時的成功成了名，但部份明眼人早已將此僥幸視為危險，預知後來的失敗。但我不得不對該領事的人格和其對外攻策的拙劣感到驚訝。另外一方面，據傳此輩所以能橫行霸道，是領事所指使，我也從良心上默認了此傳說。

此輩受利用橫行霸道以來，受害的中國人逐漸和台灣人結下不共戴天之仇，終於在勢力稍弱的福州爆發了去年的慘殺事件。當時對福州領事館處理不周的批評很多。於是乎，我對領事草菅

台灣同胞人命感到非常不滿。加之盛傳故意驅使台灣人敵視中國人的，是日本政府當局的政策，因此我對日本統治台灣的方針和「日華親善」的前途，不免感到很大失望。

四

如上所述，由於採取變相政策和愚弄手段取得成功後，全中國的排日活動幾乎煙消霧散了。因此，日本政府誤認為平安無事，日本言論界也走向傲慢，說中國人只有「五分鐘熱度」、沒有毅力等，明嘲暗諷，引起中國人憤怒，暴露了（日本）島國的劣根性。如今，由於二十一條又引起了排日運動，中國方面在外交形勢緊迫的今日，亦呈現不惜對峙下去的態勢。對此而驚慌的日本人是何等的不覺悟，外務省當局是如何頑固，就可想而知了。

今年 3 月前後將發生大規模排日運動事，不僅為知識界所預知，連如此頑固的外務當局也應知道的，我倒是想問問為何事先不採取對策？事到如今，一部份日本人又重施故技，要出動愚蠢至極的部份台灣同胞，採取武力鎮壓等喧鬧一時，如同嬰兒的饒舌，簡直是徒勞的。這已是過時的主張，德國在地球上，在（第一次世界）大戰前雖是唯一的強國，但瞬間被協約國打敗，現已不是因亡國而飲恨嗎？然而，在今日世界，輕易效仿前例，想利用台灣同胞進行騷擾，屆時勢必覆福州的前轍是無可置疑的。

五

幸虧，河野副領事毅然決心排除眾議，和平解決事端。台灣同胞也鑒於去年的失敗，始終採取鎮靜態度。但「日本人居留民會」召開總會，對領事橫加指責。他們主張同中國政府嚴重交涉，叫嚷下令台灣同胞施行暴虐，或以武力解決。我不想在此批

評他們的動議，但他們當中許多是津津樂道以前的「好成績」，或發揮前一輩的「大和魂」精神，視排日運動為中國對日本的宣戰，除武力之外已無解決餘地。因生意受打擊而生活上感到不安的小商人等，佔這種主張的十分之八九。某大公司非難台灣公會，叫嚷下令不良台灣同胞出動，並罵領事的手段軟弱、退讓。加之，該公司台北分公司經理，還公然在台灣的日報上憤怒地指責領事無能，並以台灣同胞如何參與排日的口氣介紹排日的現狀。對這種態度，我只能嘲笑其愚蠢。

六

台灣同胞參與排日的事，不僅某公司分公司經理，而且一般居留的日本人也都這麼說。他們是因為無法強迫無知的台胞去為他們犧牲，而又受到排日新聞挑撥離間的影響，猜忌憤怒的結果。稍明事理或了解新潮流的人，對於這些說法是不屑一顧的。然而據說台灣總督府還為此派遣特務進行調查。總之，台灣人有台灣人的自衛方法。決不會被運用野蠻手段企圖犧牲台灣同胞的日本人所利用，當然也不會被中國人所利用。今日排日運動的根本問題是二十一條，除非解決二十一條，排日運動是無望獲得解決的。但作為臨時措施，我們所要求的是將過去的非文明政策改變為現代化政策。換言之，將武力壓迫政策改變為和平緩和政策，把日華親善從宣傳推向實際行動，改變一部份日本人的傲慢態度。

最後，作為緩和策略，如能肅清華南附近無法無天的台灣同胞，改變為教育此輩，並進一步誠心對待正當職業的台胞和孜孜不倦地來大陸求學的學子，使他們從經濟上、文化上促進日華親善。那麼，酷愛和平的中國人的排日，必將多少會緩和起來。

1923 年 6 月 1 日

駁稻江建醮與政府和三新聞的態度
特望台灣政府和三新聞主筆留意

　　無論什麼天大地大的世事，都如過眼雲煙，一直過去。鬧得天翻地覆的大稻埕建醮，也如煙消霧散的消散了。熱鬧達頂的台北市街，如今靜如雪後的空山，沒有留下什麼給我們追念的東西。留下的，只是些資本家——庸商的笑容和無產者的哭聲罷了！

　　資本家——庸商，在歡慶他們的力量之大，能實現他們的計劃，能發其私財。無產者在哭泣他們前此之所費沒有來源，債主日催迫，生計日艱難。他們當興高采烈之餘，沒有思前顧後的餘裕，只一味的隨波逐流，爭獻媚於有無還靠不住的神，浪費其財。如今事過去了，劫餘災後，痛定思痛，才了悟前此之迷妄，造成今日的懊惱！

　　我們看了這幕悲喜劇之後不復能默然了。原來建醮這件事是一種極不合理的迷信的事，這是稍有見識的人誰都相信的，而且是一件極淺顯易明的道理，就是參加這種行事的人，大半也都明明知道這道理，所以不用我來詳細討論。我所要討論的，是我們的政府和諸言論機關之對於從來的迷信的行事所取的態度的錯誤。不過我因便宜計，不得不取這次大稻埕的建醮來説説。

　　每次建醮或種種迷信行事，大概都有每次的口實。而這次建醮的理由，説是：凡新造廟宇之後，定要建醮，而大稻埕媽祖廟新造後還沒有建過醮，所以這次必須大大的建個醮，附近的居民

才能平安無事。這種說法，到底根據什麼情理？這還值得一駁麼？這不是迷信是什麼？啊！因了這句全無道理的狂話，便使大稻埕和其他的人花掉了百萬以上的大金。我禁不住為台灣人哭！

思潮的變遷迅烈如今日，我以為所謂社會的指導者、思潮的先鋒的新聞紙，一定能改其舊日的態度（煽動迷信的態度），而對於這種迷信的行為，一定能夠加以痛斥。況且財界不況如今日，因了那有百害而無一益的迷信花掉一注大金，我們的執政者，於其責任上也難免有什麼措置。然而事實卻完全出乎我們的意料之外，台灣三大新聞紙齊聲激賞這番舉動，而高田知事也頗賞臉的親自臨場參拜。我們於是又得到一番很好的教訓，叫我們知道我們的政府和諸言論機關都不把我們台灣人的禍福利害放在眼中了。

我們當然是不當完全依靠政府和諸言論機關來替我們台灣人謀利益和幸福。然而你政府既然承認台灣人也是日本人的國民，那你也應該替這可憐無告的台灣人打算一二，也應該誠懇一點，這總是你政府應盡的義務啊！而你諸言論機關既自負為社會的指導者，思潮的先鋒，你也應盡一點天職，指導民眾向光明的路上去才是。可是我們的政府每常與諸言論機關狼狽為奸，一意欲驅台灣人回到黑暗的世界去。——我們參看既往的事，至少可以這麼說——他們的意見大概是：人類社會不可無宗教，所以政府有保護宗教的職責，言論機關有鼓吹的必要，所以對於如建醮這種事是值得贊助的、是值得鼓吹的。而且從政府說，是順從民意；從言論機關說，是輔佐政府的政策。

我們對於宗教和人類社會的關係，在這裡沒有工夫去討論。不過我們雖不敢輕易贊同，但也不敢輕易反對。然而對於這樣的迷信——違背真正的宗教的迷信——我們願喝破聲帶來大聲唱反對的（一般的人動不動便把宗教和迷信混為一起，這是極可笑的事。要記得，宗教和迷信是兩件東西。當然宗教裡頭含有不少的

迷信份子，然而這是那宗教的缺點，不能以此來證明宗教和迷信是不可離開的）。

建醮這事如前面所説，是一種迷信的行事，這我想高明如政府當局，智慧如言論界諸君，哪有不知道的道理。不消説，迷信於人民是毒藥。我們可憐的台灣在吞毒藥自殺，而我們的政府和言論界站在那裡拍掌喝彩。唉！他們是想坐看台灣人的血肉橫飛以為樂的，而一班愚夫頑民不能察其本意，倒反以為受寵若驚，洋洋得意，不自知其末日之將至，真是蠢得太可憐了！

原來這次的建醮還有一層重大的意義在其後面，是一班庸商的經濟方略。他們為發私財起見，不惜犧牲民眾的一注大金來弄這樣的把戲。他們還造口實説：為補救財界的不況計，最好用這種手段來吸取鄉間的金財，金融界得因而不凝滯。像這種算入不算出的經濟學，誰能首肯？稍有見識的人誰會上他的蠢當？然而如某大報的論説卻反而讚不絕口，我們雖不敢斷定那位記者是在喝倒彩，還是真的以為這種方法是上策，或是故意行其挑撥的手段，或是要拍庸商的馬屁。但我們看了他的妙論之後，至少可以説：他若不是近視眼者，便是資本家飼的狗。我們台灣的社會，認近視者和資本家飼的狗做指導者，無怪乎思想一直趨於惡化。

我最後要拜請政府當局和三大新聞和其它言論界諸君，半夜捫心自問：你們對於你們的天職，對於你們的良心，有愧沒有？而你們將來應取的路也請早早取決罷。

1924 年 11 月 12 日

原載《台灣民報》第 2 卷第 25 號，1924 年 12 月 1 日

聘金廢止的根本解決法

「……黃金的戰車，百萬的大軍，於今不留下片影，剩下來的不僅僅是這個廢墟嗎？可是男女間的戀愛有不因時代而變的永遠性、恆久性，隔離千年猶不滅的是兩性的戀愛，幾世紀間的呆傻和無用的努力，把那勝利和黃金都葬埋下去吧！唯有戀愛是至上的。」（《廢墟之戀》——勃勞寧）

一、戀愛是結婚的唯一條件

大詩人勃勞寧在他的詩中極力謳歌戀愛，厨川白村博士說戀愛是一切道德的根本。我們如果在這裡提出戀愛至上主義來謳歌，一班衛道先生們一定要驚得目瞪口呆！單只是現代人的結婚當以戀愛為唯一的條件，這大約是沒有人敢抗辯的了。假使有人情願否認他自己的人格敢提出抗辯，我們也只得認他為可憐的人罷了！

二、結婚與聘金

我們現存的結婚制度簡直是把人不當作人看的野蠻的制度，這是已有了許多先我而論的人，尤其是聘金制是一般已覺醒的人所痛斥的。然而斥的盡管斥，而這種惡因襲醜制度還深深地盤據於我們所處的社會上，為我們結婚的必不可缺的條件，在污辱我們青年男女的人格，這實在是我們所不能忽視的恨事！

我們現在已結婚的人，差不多是沒有享受著真的結婚的幸福的人，假使有人自以為十分地享受著，但若以冷静的態度來批評侚立剤可以知道那不是真的。假使有之，也是聊聊不足道的。為

什麼呢？因為結婚是人格與人格的結合，所以當互相尊重人格，所以當以戀愛為唯一的條件，而戀愛是自由的，是不受什麼強制和壓迫的。然而我們現存的結婚制度實在完全把前提弄錯，無視男女間的愛情，以聘金為唯一的條件，把女子不當作人看。獨對於女子特別與以身價，不但侮辱了女子的人格，男子實亦自侮其人格。所以不能造成美滿的家庭而享受結婚的幸福，這寧可説是當然的歸結。

匹無論怎樣解釋也是身價。以子女的身價為結婚的唯一條件，無異在說明現存的結婚制度是賣淫式的，是強姦式的，已覺醒了的人不能滿意於這種畜生道的結婚是有萬分的理由的。而自認為世界的文化人的漢民族的社會上都有這種獨特的陋習，道學者流以為如何？

三、男女的不平等與其由來

我們現在的社會上不承認女子的人格，這是一個很可痛的現象！女子明明也是一個人和男子是完全沒有分別的。若如生理上的分別乃是男女互相的補足作用，各有各的特長，決不能説哪一個應從屬於哪一個的，決不能説哪一方比哪一方重要，所以我們可以斷定男女本來是平等的。男子是人女子也是人，換言之男女都一樣是有人格的。然而為什麼這很久很久的中間，女子的人格不受一般人所承認呢？為什麼男子便是王者而女子便是奴隸呢？這一面是由於女子的無自覺，但一面是因為歷來佔著優越的地位的男子為自己的便利計，造出許多枷鐐銬扣，什麼三從四德啦，什麼女子無才便是德啦，明明白白地叫女子去做男子的附屬物，又怕女子反抗，所以不叫她們念書欲使她們無言忍從男子的侮辱。

家庭是社會的縮圖，又是社會成立的一單位（個人主義的社會雖在建設中，但私有財產制未廢之前家族制度是不能消滅的，所以現在的社會的單位還是家族，不是個人）。在家庭中的女子

既是男子的從屬物、奴隸，在社會上的女子的地位也就可想而知了。照現在的狀況，家庭是男子的王國，社會是男子的獨佔，而女子則在男子的重重的壓迫之下呻吟著，有的還在熟睡。而且因為習慣相沿既久，傲岸的男子遂以為天命自然的。而可憐的女子也不稍存怪異之念（現在除卻台灣的女子，大都已漸漸地覺醒過來了）。於是遂一任男子在家庭中、在社會上橫行，女子的人身賣買也由是而生了。

四、聘金廢止的根本的解決法

我在已把聘金制的誤謬簡單地說明了，現在要更進而討論解決的方法。

打破大家族主義。欲打破聘金制當然要待乎女青年的自覺，但打破大家族主義是目前的最大急務（欲打破大家族主義雖然不得不待男女青年的自覺）。

在大家族主義底下的結婚簡直是女子的人身賣買。從男家說是「娶入」，從女家說是「嫁出」，這正如商品自甲之手賣入乙之手，不過易買賣為嫁娶罷了。男家的家長欲生兒育孫以傳家，不惜出幾百塊錢娶一個媳婦。這樣的兩家交易後的女子便為男家之從屬人了，一切事都不得不服從男家的指揮。女家呢？二十年（結婚年齡假定二十）的心血所養成的一個女子，一定不肯平白地送給他家為從屬人，為他家生兒育孫，所以受男家的所謂聘金寧可說是當然的。我們如果承認我們是有人格的人，一定不能滿足於這種滅殺人格的、機械的結婚。我所以提倡打破大家族主義就是郤除這種弊害，叫人們向著創造的結婚的路上去。

創造的結婚是甲家族的男（或女）和乙家族的女（或男）出而組成一個新家庭，所謂第三家庭者。配偶的選擇要由當事者的自由意志，而結婚後他們生活的目的是在他們二人所組成的新家庭。他們對於甲家庭和乙家庭都不必負什麼義務，他們的義務不在對於以往是在對於未來，他們要共同維持他們所組成的新家

庭。這樣一來，男家沒有給與聘金的必要，而女家也沒有要求聘金的理由，所以大家族主義打破，聘金自然而然就會消滅了。

　　然而欲徹底的實行前面所說的話，必不可缺的是經濟的獨立。我們對於男子希望養成有經濟的獨立的能力，我們尤其希望女子能如此。因為從來的女子大都生活不能獨立，所以到處要受挾制，倘能自食其力則能自由行動這是不消說的。況且欲打破從來的惡習，欲反抗舊家庭的壓迫和強制，只有靠經濟獨立才能徹底的實行。

　　未婚的姊妹兄弟啊！何不起而實行我們的主張？何不起而反抗舊家的壓迫和強制，而打破大家族主義滅絕惡習慣？

　　但在現在的經濟組織底下，第三家庭對於第一家庭（即前面所說甲家庭）和第二家庭（即前面所說乙家庭）的扶養，如有必要時亦當負擔全部或一部，至於聘金則可完全廢止，這層沒有妥協的餘地。

1925 年 1 月 14 日

原載《台灣民報》3 卷 4 號，1925 年 2 月 1 日

田川先生與台灣議會

　　我們這次能歡迎田川大吉郎先生於台灣，實在有無限的光榮和說不盡的感慨！田川先生這幾年來，為我們三百六十萬被奴隸視的民眾，介紹台灣議會於日本帝國議會，這雖是應盡的義務，但對於他的特殊的精神和奮鬥，我們實在不得不十分地表示佩服和感謝之意！

　　近世殖民政策，大都採取自治主義，然而偶有採取同化主義的可以說完全歸於失敗，其結果不但陷新附的人民於水火之間，並且母國也不無損害。

　　我們有鑒於此，所以提出台灣議會設置請願於帝國議會，以求日本朝野的諒解。這樣的人民有自治之精神，乃是一種很可喜的現象，所以政府當局，如果是聰明，如果有天良，如果識時務，那麼應該立刻允許我們的請願才是。然而政府當局反視我們請願民眾如蛇蝎，甚而暗中明中用出種種惡劣的手段來破壞我們的運動——自治運動。其頑窮固陋之處，誠堪鄙斥，而其狼狽惶恐之情，實堪憐憫了！

　　請願運動的民眾，個人的所受壓迫，我們沒有一個個去列舉的工夫。

　　前年的大檢舉是公然的壓迫。和這前後的所謂「有力者」大會乃是暗中（或間接）的壓迫。然而請願民眾，都有願赴湯蹈火之志，所以壓力愈大其彈力也隨之而大。於是這二種事遂引起全島人民以及海外台人的公憤。如台灣有「無力者」大會，北京、

上海、廈門、東京等處的台灣人都出而開會，或提出抗議，或散出傳單，以糾彈政府之非。可見台灣民眾之志氣是不可侮的，雖有二、三所謂「有力者」，喪盡天良、利令智昏之輩，我們亦唯有待其悔過自新而已，而大多數的民眾，是有百折不撓之志的。

不可誤解！台灣議會設置請願蓋印的人，雖不上千人，然而其背後有三百六十萬島民的大部之事，不可不知道。尤其是我們的政府須睜開眼睛看透背後才好。

三好極察官長的論告有說：「不服同化政策的人儘可退出台灣！」啊！完了！喧賓奪主。台灣的俗語說得好：「乞食趕廟公。」這句話實在應該叫我們的子子孫孫記在心頭！我聽見這句話時是在北京。當時我氣憤極了，幾乎發誓不再回到台灣來。

1925 年 1 月 6 日

原載《台灣民報》第 3 卷第 2 號，1925 年 1 月 21 日

生命在，什麼事做不成？

一

台北青年體育會要開體育獎勵大講演會，要我去講演。我三日前把這個題目——《生命在，什麼事做不成？》交給他們。我的講演日正在今晚上，可是我因另有一件重要的事，不能去，實在對不住體育會諸君，故將要說的要點記在這裡，以代口演。

二

一般人每常安慰失敗的人說：生命在，什麼事做不成？這句話雖然好像很簡單，但實在有無限的真理，值得深味的。實在，人生在世想幹一件較完全的事業，非在短促的期間中所能做到的，故古人常有「一事無成兩鬢絲」之嘆。兩鬢絲還好，若「出師未捷身先死」那就完了。故我們如果肯定「人生」第一，就要保持我們的生命，而且保持得愈久便愈好。但要明白我們為什麼不可不保持我們的生命，而且為什麼保持得愈久便愈好？那是各人有各人的事業，有各人的理想，故欲完成各人的事業，欲實現各人的理想，生命愈長是愈有希望的。可見我們保持生命的目的是在完成事業，實現理想，那麼我們非有健壯的身體不可，這是很明白的道理。故我們要保持生命而且保持得愈久愈好之外，要把我們的身體保養使其健壯而且愈壯健愈好。退幾步論，假使如

一位哲學者所說：人生的欲望是無限的，人是盲觸的，一個滿足
會生出下次的欲望而沒有底止的。故人生不過是欲望與滿足的連
續罷了，人生究竟的事業，究竟的理想是無由完成、無由實現
的。但就是這班人總也不能不承認人生有剎那的目的，剎那的事
業，剎那的理想。這剎那的目的多達一個，便多快活一次，而且
欲達這剎那的目的又非有壯健的身體不行，故無論什麼人都要永
保其壯健的生命。

三

　　實在，世上沒有一個不希望多活一日的，而且沒有一個不希
望其有強健的身體的。現代各國也認定這事之必要，故把體育置
在與德育、智育同等的地位名為「三育」。然而對於這體育最先
覺醒的是西洋人了，三千年的昔日，古代文明國希臘每年在奧林
比亞山下開一次陸上競技，來獎勵體育。三千年後的今日，運動
最盛的、體育最發達總要算是西洋，這是不容疑的，而且是必然
的結果。因此，西洋人個個成為昂昂的偉男人，知識的發達也冠
乎世界上，這實在也是不得已的歸結。

　　然而我們東洋人——尤其是中國系的民族，自古便輕視運
動，置體育於度外，一味地咬文嚼字，把身體個個弄成蒲柳之
姿，種族的衰微已達極度了。難道我們的祖先就沒有希望生命之
長、身體之壯健嗎？並不是如此。他們之希望生命之長久、身體
之壯健並不減於西洋人，或現在的我們。可是他們不知道欲延長
生命、強健身體，須運動，須鼓勵體育，他們以為文人是應該個
個「蒲柳之姿」，況重文輕武的結果，「白面書生」的稱呼尤是
一般人所歡迎的。流弊所至遂個個弄成半死的病人，雖滿腹經綸
也不能舒展，或中道夭折抱恨千古，這實在是言之令人痛惜的！
蓋中國的衰微大半也是由於此的。

四

交通機關的發達使思潮的傳播急如雷電之馳聘，今日發生於西歐一隅的思想，不幾日或幾十日已傳遍世界各地了。故這體育的思潮早就傳到日本，中國最近也跟著興起來了。況近世來物質文明以「一日千里」之勢發達了的結果，生存競爭也一天烈似一天了。於是非有健全的身體不足以運用繁雜的知識，更不能參與激烈的競爭了。不能參與激烈的競爭就是落伍者、劣敗者。這種人生命且不能保何談及事業？故稍有覺悟的人都重起體育來了。教育家也以體育為教育的根底，大不像從前的書房先生厭惡學生的活潑、遊戲、走跳的。東洋現在體育最發達的可以推日本。中國現在還是很幼稚，不過因為中國的教育家也把體育置在三育之一，故我們可預料其不久之間，體育能大大地發達，而合乎現在的競爭舞台的人物也漸漸地會從那裡送出來的。

五

有人説體育的獎勵是軍國主義的表現，這話完全錯了。

近代的心理學多從生理學研究，那是因為生理和心理有很密切不可分離的關係。捨掉生理不能説明心理，和這一樣的，捨棄體育無從言智育。欲求活潑緊張的精神，欲求一切的知識，欲充分地活動，欲自由地運用知識，斷斷非有完全的身軀、強健的體格不可。欲求完全的身軀強健的體格則唯有賴乎運動。實在除運動之外無以健其體格，若如一部的人，靠些「人參」「補藥」就要健其身體，這未免太奢求了。若僅僅靠些「人參」「補藥」便能延年益壽壯健身體，那麼那些富翁們都可以與天地同老了。故我們不憚反覆叮嚀說，欲完成事業必先保持生命，欲保持生命必

先壯健身體，欲壯健身體必先有充分的運動。

1925 年 3 月 16 日

原載《台灣民報》3 卷 10 號，1925 年 4 月 1 日

孫中山先生弔詞*

唉！

大星一墜，東亞的天地忽然暗淡無光了！

我們敬愛的大偉人呀！

你在三月十二日上午九時三十分這時刻已和我們永別了麼？

四萬萬的國民此刻為了你的死日哭喪了臉了。

消息傳來我島人五內俱崩，

如失了魂魄一樣，

西望中原禁不住淚落滔滔了。

先生！

你在西紀一八六六年，

　　　帶著你超群的天才，

　　　滿身的愛國家愛人類的精神，

　　　革命思想和實行的毅力，

　　　深入我人類之伍以來，

　　　前後六十年了。

你年才弱冠，便委身於救國運動和革命事業，

你在四十年的中間，

　　　始終用了你的萬撓不屈的毅力，

　　　你的表示始終一貫的精神，

　　　來實行你千移不易的主義。

那專制橫蠻的滿清朝廷的迫害，
那無惡不為的軍閥的壓迫，
那野心勃勃的外國帝國主義的嫉視，
終不能奈何先生！

你的精神，你的理想，
雖未十分實現，
但是，你的毅力意氣，
已推翻滿清，建造了民國，
　　嚇壞了無恥的軍閥，
　　和殘酷的外國帝國主義，
　　喚醒了四萬萬沉睡著的人們了。

---

* 這首弔詞原載於台灣《傳記文學》第 6 卷第 3 期黃季陸先生所寫的一篇文章中。弔詞前之黃文如下：

　　台灣同胞聽到總理（按：指孫中山先生）逝世後，無不暗暗地灑淚，但他們在日人的統治下，又不敢哭出聲來。台灣的民眾團體有志社籌備了一個追悼會，訂於 3 月 24 日晚間七時在台北文化講座舉行。文化講座的地點在今日台北市的貴德街，靠近第九、十號水門一帶。是夜大雨傾盆，街道十分泥濘，到會無比踴躍，但會場只能容納三千人，在開會半小時以前即告滿座，遲到的人只得在場外敬禮默哀而去，大會從晚七時至深夜十時無一人中途退場者。台灣同胞舉行的這一追悼會，真是得來匪易，因為當時日本人是反對台灣同胞追悼總理的。開會的前一天就傳有志社的幹事到警察廳去訊問，命令他們把已經擬好的一份悼歌作廢，不准在會場唱歌，又不准朗讀弔詞，亦不准演講，控制刁難無所不用其極。而台灣同胞卻仍在日人高壓下，在暗夜的風雨中舉行了一個盛大的壯烈的追悼會，是怎樣的難能可貴啊！

　　這一份被日本警察禁讀的弔詞，是台灣同胞熱愛祖國、嚮往自由、崇敬總理的心聲。弔詞作者是在幾年前去世的張我軍先生，亦即是最近由美返國的本省學人在台大任教的張光直博士的尊人。這一弔詞雖然被日本警察署禁讀了，但它卻很快地就傳到祖國同胞的耳朵裡，凡是讀到這一弔詞的人，莫不為台灣同胞愛祖國、愛自由、崇敬總理的至誠而感動。

可是啊！
三民主義還未實現，
中國的革命還未成功，
大亞細亞聯盟還未實現，
前途正乏導師之時，
你殘忍刻薄的死神，
你竟把這位千古不獲的導師，
　　　奪到死的國度去了！唉！

中國的同胞喲！
你們要堅守這位已不在了的導師的遺訓：
　　　革命還未成功，
　　　同志尚須努力哪！

先生的肉體雖和我們長別了，然而
　　　先生的精神，
　　　先生的主義，
　　　是必永遠留著在人類的心目中活現。
先生的事業，
　　　是必永遠留著在世界上燦爛！

　　　　　　　　　　　　　　1925 年 3 月 26 日

至上最高道德——戀愛

　　一班可憐的人，對於兩性關係，只知道有性交和生殖作用，而不知有尊貴的神聖的戀愛。這班人實在是沒有生的價值的可憐的人，他們白過了一生極乾燥的無味的生活。然而對於這我還不忍罵他，若如一班道學者流，開口便誹罵戀愛，他們看見一些青年所做，而與戀愛無干的淫蕩之事，便拉戀愛來痛斥，說自由戀愛是畜生的行為，對於這班人已無須吾人去罵他，他已自認其為畜生為野獸了。

　　但我們一方面不得不知道學者流與受其所惑之人打戰，一方面又不得不防御一部份慣於掛自由戀愛的招牌，而行淫蕩的等於畜生的假新人的污濁戀愛。

　　我人深信戀愛是至上最高的道德，故不容不替它徹底的宣傳，使人人知道尊重它。

　　我人既知道戀愛之神聖，故不得不做個忠臣保障它以絕對的自由，而不容任誰的侵犯。

　　我人既有了以上的自覺和婆心，就不得不賣相當的「力」，而最好的方法就是徹底的宣傳真正的戀愛。我人的用意要使人知道戀愛，又要驅逐假戀愛。但我在上面所示的並不是我自己做的，是編譯自廚川白村先生的名著《近代的戀愛觀》。那是因為我明知現在的我不能做出比他好的文字，所以不敢冒昧。

一、戀愛的發生

人生是欲求的無限的連續。換言之，「生」這件事，已經是探求什麼的事。其所求的，不同其是異性、是真理、是淨土、是神、是知識、是黃金、是名譽，一樣是置著根柢在對於那物的熱愛。那是因為不能求沒有愛的東西。因此，不能夠由心底愛上任何物這件事，實在是做人的最大的不幸，最大的悲哀！

如此，生的欲求，旋則現為人間的各種的創造生活。這裡頭最大的最自然的、而且最強的欲求，是新的生命的創造。人欲創造新的生命，而以子孫的形式來永久保存自己，這事惟能成於與異性的結合。於是就生出戀愛來。沒有戀愛而行的生殖作用，不是野獸的喜劇，就是人間的悲劇。

二、戀愛觀的變遷

據奧地利的愛彌兒・盧加在數年前發表，引了學界和文壇注目的名著《戀愛的三階段》，說跟著文化的發達，兩性關係，自古來經了三個階段以至今日。第一是惟被動於性的本能的肉欲的時代，這算屬於古代。對於兩性關係，無論過了多少時，還不能認識性欲和生殖以上的意義的東洋的道學者流，就是彷徨於此階段的地方的。第二是戀愛觀結托了基督教的禁欲主義的思想的中世期。即目女性為超越了人間性的有神格的東西，旋即變成對聖母瑪利亞的崇拜了。

然而中世的「愛的宗教」的別半面，又有了駭人聽聞的肉欲生活。靈的女性被目為救苦救難的女神，同時，肉的女性被想作惡魔的手爪了。在靈肉二元的生活之間彷徨著、疑惑著、苦悶著的，是中世的人。

　　於是接著古代的肉的本能和中世的靈的宗教的女人崇拜時代
而來的，一定就是靈肉合一的一元的戀愛觀的時代了。這就是近
代。即是從一方面説，如古代，視婦女為為男子的性欲滿足和生
殖的器具的，是男尊女卑的動物待遇。又如中世，女人崇拜之
極，把她們安在九天的高處的，是因了承認神格而不認人格於婦
女的。把婦女認為一個「人」，確認個人的人格；同時，又現出
完全的靈肉合一的戀愛觀的，是盧加之所謂第三階段而屬於十九
世紀以後。發源於近代婦人的自覺的個人主義的思想，跟著破壞
了舊時的戀愛觀，遂又生出了新的戀愛觀。即是説，無論是男是
女，若單獨著，是不完全的。而兩性為互相補足的作用，所以靠
著二個的個人，相尋求相牽引，把自己弄新，使其完全、充實，
這就是戀愛——終於這樣想了。如生殖作用，不過只是兩性關係
的作用，戀愛無非是由於異性的二個個人的結合，互相充實，互
相完成做一個「人」的自己的兩性的交響樂。

　　把戀愛分為「精神的」之愛和「肉的」之愛，而愛的女神維
那斯有兩個，即前者為天上之戀，叫作 venus urania；後者為只是
肉感的，叫作 venus pandemos。這種看法是古代柏拉圖以來的戀
愛觀的根本。及到二十世紀，才撤了這種差別，而達到了一元的
之靈肉一致的戀愛觀。

三、兩性間的戀愛是發源於性欲

　　近來學者對於性欲的研究進了一步。如精神分析學一派的研
究，甚至主張：一切道德和其他的精神現象的根本是在性的渴
望。這確是對未來的幽靈道德的信者，痛快地澆下冷水三斗。

　　將人間的道德生活的根本之愛，想作是發源於性欲，這並不
是難事。人自舉呱呱之聲，同時，已經有著性欲，嬰兒自從抓起
母親的乳房時，性欲已經在發動了。及稍長，變作對於父母兄弟

的愛情去。精神分析學者這樣說，而舉著許多例證說明著。那種
學說的當否且置之莫問，單只是兩性間的戀愛發源於性欲的事，
是今人任誰都沒有疑問的。不過與動物不同，跟著人間的進化，
同時被淨化，被醇化，而變成了最高至上的道德，成了藝術。如
一談到男女間的事，便欲把這以色情啦、劣情啦……的名詞一筆
勾銷去的古風的道學者流，不過在表示他們自己的腦筋還未從畜
生之域進一步罷了。

　　人最初在其動物時代，求與異性結合的，的確是為性欲滿足
和生殖欲望的。然而隨著進化，那個欲望旋被淨化、被純化、被
詩化，終而至於生出所謂戀愛的至上最高的精神現象。戀愛也不
是無結果的浮草，也不是無根草。固然徹底的深而且強地種根於
「性欲」的泥田中，但那個旋即變成戀愛而開放高且美的花，及
至變成母性愛或近親愛而結實時，那根蒂已經在泥土中消失了。

四、戀愛的神聖

　　在完全沒有肉的接觸的經驗的少年男女的初戀，什麼性欲
哪、生殖哪……的問題，差不多可以說不在意識之上。他們是在
那時開始嘗真正的人生的滋味的。而最初出現的，也許是自己犧
牲的精神罷。若為了戀人則情願獻其身心而不惜——是這樣的奉
仕之心。歷來受了學校的先生什麼忠啦、孝啦、社會奉仕啦……
種種形式說教，尚且不能十分體驗的「自己犧牲」這件事，能夠
切身感得的，是開始識了「戀愛」之時罷。橫於一切道德的根柢
的自己犧牲這件事，多由著如燒地戀愛著的男女最痛烈地體驗。
單只說什麼是「人間之道」，開口就是仁義，談論就是忠孝，所
未曾夢想到的熱烈的自己犧牲的最高的道德性，只有在戀愛中最
美麗地出現。所以，這種戀愛，不消說是那些只獵色而求性欲的
滿足，或為欲讓其私有財產有子孫繼承的不良老年輩，以及或者

單為滿足青年時代的盛烈的性欲，追著女學生或女工吊膀子的不良少年輩，所夢想不到的心境。戀愛有著一種高貴，是心地純潔的人才能成的。反而說之，人的心，是到了曉得戀愛，才被弄淨，被提高。這樣說並不是過分的話。

我在上面已把戀愛的本質、發生、戀愛觀的歷史、戀愛之所以神聖的理由等等借廚川先生的話來說了。在這幾千字之間，雖則約略可以明白一二，但要詳細究說，實非在這些小小的篇幅上所能辦得到的。不過若有人肯平心靜氣地、徹底地來理解這篇文字，那麼，不知道戀愛神聖的人也許由此可以明白；誹罵戀愛的人也許會由此而緘口；污濁戀愛的人也許會膽怯；而戀愛的神聖也許由此會普遍地被承認，戀愛的自由也許由此會得到絕對的保障罷。

1925 年 7 月 26 日

原載《台灣民報》第 75 號，1925 年 10 月 18 日

看了警察展覽會之後

　　這次的警展，說是獲了最大的成功，我簡直不知道成功在哪裡，看得人多便可以說是成功了麼？我要問一問：為了這個「盛會」，究竟使民眾和警察接近了多少？再，究竟使民眾理解了警察其物？而且，所謂成功不成功也全視乎此呢！

　　我覺得非常地失望！我看了警展之後，不但沒有獲絲毫的利益，反而覺得有些憎厭警察起來，並且和我同感的人總也不少罷！這就是警展的第一大失敗。

　　關於全體的批評，已經有別的記者做去了，我現在只要將參觀中所得幾個寫下來，實在算不得批評。文字或者太散亂，但那因為是隨感隨錄的緣故，又內容或者有多少和別人說過的重複，這兩層須求讀者的原諒。

　　我人看了警展之後，第一的印象就是因矛盾而起的許多不快之感。在前面說「警察不是可怕的」，而在後頭卻又現了警察萬能的暗示。「螳螂振斧」一圖是什麼意思？國家豈僅由於警察便可維持嗎？警察的大輪，維持著國家的車身，什麼人付與了警察這樣大的任務？又警察萬能的一例，是台灣的警察，不如內地①的只有普通事務，而有六、七種的事務，當局與出品這樣的東西來誇示台灣警察的萬能，不如將警察的事務讓些給別的機關做如何？

————————————

①內地，指日本國內。下同。

　　鼓吹文化、提倡生活向上、宣傳「日台融和」的警察，卻在那裡暗暗嘲罵參加台灣新文化運動的人，參加政治、社會運動的人。全體台灣人的人格尤其為其所侮視。何所見台灣人的政治運動都是一知半解？又何所見台人的社會思想都是生吞活剝？何以台灣人的或謂文化生活便是錯誤的？台人的言論都是空中樓閣的言論？又何以台人所熱心要求的都是水中月影、都是非望？台灣人果是低劣的人種嗎？為何便須站上竹馬才能與內地人並肩？我們看了高等警察館之後，便立刻知道其大半是以某方面為其假設敵而畫而寫的。其舉動之幼稚，既堪憐憫，而其用意之壞，又可唾棄。倘能不存挑撥或嘲罵之意，而將眼光放大一點，即不致有這極拙劣的失敗罷。

　　欲求他人之尊重，須自尊重他人始。這話雖有點聽慣了，但警察似乎沒有知道。白人對我們存優越感是我們所痛恨的，況對於自國裡的人，明白地示以內地人的優越地位——如台人須騎竹馬，才得和內地人同位——這豈是應該的事呢？痛切地希望警察當局的反省！

　　權利和義務是要並行的。先義務而後權利？一分錢一分貨，盡了一分的義務，須給一分的權利，這才是正當的；我們決沒有奢望，決不想求權利大而義務小的便宜事。我們所求的，只是求權利能等於義務之大小。今日的台灣真是離我們的希望還遠啊！

　　一個台人拉著一輪大（中寫權利）一輪小（中寫義務）的一台車。是指台人的義務權利的現狀？這是完全相反的。是要教示我們，不可求義務以上的權利嗎？這是早就知道，並且絕對沒有這麼一回事。要教示我們說，兩輪是要一樣大才駛得走嗎？這是我們早就提過的。使台人永久義務重，而沒有絲毫的權利。而欲求治台的成績，實在是難於駛兩輪不平均的車。

　　看到西來庵事件②的地方，毛髮盡皆悚然！不忍多說了！

　　治警事件在警察眼中是等於北埔事件③、西來庵事件，警察

的眼睛太古怪了。到底不能脫離民族觀念的警察呀！……

　　文化和警察一圖，簡直沒有意思。假設敵又是某方面罷。心胸小似蟲豸。可憐！

　　民眾和警察接遇的今昔，最好改題為專制的警察和理想的警察。因為他們所指出的今的和昔的接遇狀況都不對。舊時的接遇也未必那樣橫暴，而今的警察更沒有那樣的親切。倘能把刑事的拷問室和種種拷打方法也畫出來給大家看，最好，可是沒有如此誠實。警察又自己說是佛，而手卻揶一把刀，正所謂「口念阿彌陀，手拿一把刀」的表象嗎？

　　　　　　　　　原載《台灣民報》第 83 號，1925 年 12 月 13 日

---

②西來庵事件，指 1915 年 5 月台南人余清芳等人舉行的大規模反日起義，起義者及無辜群眾一千餘人慘遭日本統治當局殺害。

③北埔事件，指 1907 年 11 月新竹蔡清淋領導的抗日暴動，慘遭日軍和警察鎮壓。

文藝上的諸主義

　　近代於文藝上、哲學上、教育學上、政治學上……等都起了種種主義。在古代各種學術都很簡單而且沒有什麼變遷的時代，不消說沒有什麼主義或形式。及至西紀十五、六世紀的文藝復興（Renaissance）以來，各種學術昌明而且變遷繁劇以後，才生了種種主義。但所謂主義，是大勢自然而然造成的，並不是一個人以至幾個人，憑空造下一種主義或說定一個形式叫大家去遵循的。

　　我現在欲單就文藝上的諸主義，來和諸君共同研究一下。文藝上的諸主義，可以說是近二世紀間歐洲文藝上的各種思潮。我想凡欲研究現代文學的人不消說都不可以不知道，便是欲研究中國文學的人，也很可以為參考。

　　查起於近二百年間的歐洲文藝思潮變遷之迹，大約可分為四個時期：

　　㈠十八世紀文藝復興之後，歐洲文藝界重形式、理智輕情緒，可稱為古典主義（Classicism 或譯擬古主義）的時代。

　　㈡十九世紀前半主觀的文藝思想勃興，浪漫主義（Romanticism 或譯傳奇主義）占了全勝。

　　㈢到十九世紀中葉即近代，便變成現實主義（Realism）、自然主義（Naturalism）全盛的時代。

　　㈣從十九世紀末以來，便變成新主觀主義即新浪漫主義（New Romanticism）的時代。

　　文藝思潮的變遷是極其複雜微妙的，而不能截然分開來說。

所以這不過是為方便，止於大體的分別，約略可以說是經過了這四個時期。而且文藝思潮的變遷，也是以有機的關係連續著。所以(一)的反動起了(二)的，(三)的反動起了(四)的。我們的研究也須從這個順序，自古典主義入手。

　　歐洲古代的一切學術，經過中世紀的黑暗時代（即基督舊教專橫的時代），完全為那頑固的教義所埋沒了。這個受了一千餘年間的埋沒的歐洲古代學術，及到 1453 年東羅馬滅亡以後，才得重見天日，蓬蓬勃勃地再生了。被埋沒於歐洲中世紀黑暗時代的一切學術，尤其是藝術，由歐洲人的先覺者猛烈地發掘了。這就是世上所謂「文藝復興」。「文藝復興」由廣義說是 1453 年東羅馬滅亡以後，互乎百餘年之間，起於歐洲人的自覺活動。所以近代精神的一切，可以說全是發源於這個「文藝復興」。退幾步縮小來說。也可以說是起於意大利而振蕩了全歐洲的藝術運動。這個運動在發動當初正如火山的噴火，如革命未定人們盡傾於狂熱，而沒有涼靜之心。所以諸般都亂麻似的，沒有一個歸趨。至將近十七世紀以後，近於盲目的熱狂才如雪後的空山冷靜起來，人們都想求一個歸趨，於是文藝上最古的主義——古典主義就發生了。

　　所謂古典主義是什麼？十七、八世紀的歐洲人，取希臘、拉丁為模型，造出一種文藝上的形式，如劇則非常希臘的愛斯基拉士（Aeschylus，紀元前 525—456，三大悲劇詩人之一）或尤里比地士（Eurypedes，紀元前 480—407，希臘的悲劇詩人，三大悲劇詩人之一）等人的不可。詩則非學希臘的荷馬（Homer，希臘的詩人，世界最古的詩人，被尊推為世界詩人之祖，紀元前 900 年）等人的不可——這就是古典主義的總稱。

　　原來 Classic 這個字在羅馬說是「貴族」的意思，現在文學上稱好的作品也叫作 Classic。當十七、八世紀時，歐洲人都稱呼希臘時代的傑作叫做 Classic。當時的人非常愛慕那些作品，景仰那些作家，所以文藝上的作品都擬仿他們的做法，唯肖唯妙不敢稍

達。正如中國舊文學家，下筆非摹秦漢則學唐宋八家。所以古典主義文藝的勢力就日盛一日，遂完全支配了當時的歐洲。這時代不但文藝上這樣，在一般生活上也極其因襲的。他們以為無論是宗教，無論是道德或政治，都是自古傳來的才是正的，才可做標準，而個人非絕對服從其權威不可。所以那時代的人的生活，所怕的是不能「入古」，所求的也只是「入古」（我台灣像這類的人現在還多極了）。他們以學古人為畢生職業，用全功於模仿古人。因此，欲寫一篇戲劇，也不得不遵守希臘的阿里斯多德所示的形式，或極力模仿古人的作品。當時的大批評家所取的態度，也完全這樣。如英國的伯逋、法國的瓦羅等人，對於不合那形式的作品全都貶棄了。如莎士比亞的天才，在古典主義全盛時代全為當時的人所埋沒，其聲名反不如當時的群小詩人。那是因為他的天才太高了，又不願屈服於既成的形式而飛翔於自由的天地。所以所做的戲劇既不模仿古人，又不合阿里斯多德的形式，因此當然也就不能使一般人以至批評家滿足，反而適合一百年以後的人的嗜好。可見古典文學的文藝是只要規矩守得正，古人學得起，就算功夫足了。

我在上面已經說過，他們所學的是希臘、拉丁的藝術。這希臘、拉丁的藝術，最尊重的是統一、均整、明晰、有規矩、堂皇……約言之，就是愛整齊的形式。又喜歡堂皇而莊重，故所取的材料都要規模廣大的。因此便不取材於瑣屑事件或馳於幻想，而只求形式之美於現實平明的事物。

我們將上面所說的話總括起來，古典主義有這幾樣特色：1.形式的；2.智巧的；3.現實的。

古典主義的藝術固然很整齊而堂皇了，但因為太傾於形式、智巧，其結果感情遂為其所壓抑，內容遭了形式的虐待，一味的用功於遵循既定的法則、標準，而專以模仿為務，遂造出個性稀薄的、缺少生氣而無熱情的作品。

　　古典主義的大體是如上面所説的。我現在再舉一個所謂希臘的古典的形式之例，就戲劇説有所謂三一致的法則，是説時候非起於一定的時間裡頭不可，比方從一日説，非發生於一日之間不可。即是：須要第一幕早朝，第二幕下午，第三幕明早。現在的戲劇即不如此，有的一幕一年前，二幕一年後，三幕二年後。這樣當然和亞里斯多德的規則不對，這是時間的一致。其次是地方的一致，譬如台北就非台北不可。若如第一幕在台北，第二幕在台南，第三幕在台中，這是不對的。還有一件，是事件的一致。即是説一篇戲劇只得料理一件事，而不得料二件或三件的事。

　　亞里斯多德對於戲劇所定的規則還很多，上面所舉的不過是其一例，叫作三一致的規則。倘若不遵照這個規則，無論你怎樣會寫，也不承認他是戲劇。所以如沙士比亞那樣神妙的戲劇，在當時也被視為異端，而為眾所棄。

　　古典主義的話就此簡單地收束起來，以下要説的是反抗古典主義而起的浪漫主義。

浪漫主義（Romanticism）

　　「熱極則風，擁極則通」這話實在不錯。大凡一種主張或事實，或極之後則必有一番反動。我們在前面已經説過，十八世紀是古典主義橫行的時代，為其極盛的反動，自從十八世紀末直到十九世紀初葉便起了浪漫主義的大運動。

　　最先，文學史上之所謂狂飆勃起（Sturm und Drang）的運動起於德國，而為浪漫主義的先聲。於是德國席勒（Schiller）、諾瓦里斯（Novalis）出，英國的華茨華斯（Wordsworth）、謝雷（Shelley）、基茨（Keats）等出，法國則有囂哥（Hugo）等的大天才、大詩人陸續出而為熱烈的活動。

　　原來古典主義文藝是文藝復興後第一期的，也就是人類覺醒的初期，故平常指此為啟蒙時期。由此運動雖然完全擺脱了基督

教專制的束縛，得自由地去研究，自由地去信仰，但是做事沒有徹底的他們，竟又為古典所囚了。我們在前面已說過了，所謂古典主義是一味的遵循踏守自古來的既成的標準法則的。所以一度覺醒了的人們，不消說不能長久迷於這種滅殺個性的境地，於是破壞的聲浪起於歐洲的一角而蔓延了全歐的天地了。叫嚷摒棄一切既成的法則、標準而打破一切因襲，主張個性的威權，這些以無拘無束的自由主義的呼聲，跟隨盧梭（Jean J. Rousseau）的「復於自然！」的一喝而起了。這樣鼓動起來的運動就是浪漫主義的運動。然則所謂浪漫主義者何？

　　第一、古典主義被束縛於因襲──既成法則標準，而浪漫主義則打破因襲，摒棄形式，重自由。

　　第二、古典主義只以模仿為本事，一味的腐心於知巧的形式之末，而浪漫主義則重獨創，貴清新，視人類自然的情緒為要，而以內容為主。

　　第三、古典主義只取材現實世界，而浪漫主義則奔放於超現實的世界，任意空想，任意取材於神秘的超現實世界。

　　第四、古典主義是貴族的，都會的，故都重堂皇、典雅、華麗，而浪漫主義則是平民的、田園的，所以只要純樸、要自然。

　　將這四類比較，再做表如下：

$$
古典主義
\begin{cases}
知巧的 —\!— \begin{cases} 情緒的 \\ 自然的 \end{cases} \\[1ex]
形式的 —\!— 內容的 \begin{cases} 理想的 \\ 自我的 \end{cases} \\[1ex]
現實的 —\!— 空想的或超現實的 \begin{cases} 中古的 \\ 神秘的 \end{cases} \\[1ex]
貴族的 —\!— \begin{cases} 平民的 \\ 田園的 \end{cases}
\end{cases}
$$

上面的比較是極其粗大的，至於微細的討論，實非這篇小小的文字所辦得到的。況將文藝拿來比較的一項一項來比論，實在是極枯燥無味的事，所以在下面要引一段廚川白村氏的話來說明浪漫主義的大體：

浪漫派的文藝是極端的主觀的文藝。是排擠冷酷的理智或形式，而重有熱烈的情感或情緒的文藝。無拘無束的空想之翼，如謝雷的詩中的雲雀「去了地上，不遺地翱翔如焰之雲，高而又高地翱翔碧空，且唱且上，且上且唱」這類的詩文。在這些地方，法蘭西的批評家卜林謙爾（Brunetiere）視浪漫主義和抒情詩的傾向 Lyricism 同類，這實在是頗得當的解釋。

一切浪漫派概認真地刺戟空想或情感使其興奮——以此為其根本的性質。再則，既然欲打破習慣的常套而造新的生命於文藝，自然而然的向來常有的題目是不合用的。任誰都不能滿足於耳所聽著、目所視著的日常平凡的題材。於是盡量地取虛誕的珍奇怪異的異常的東西為材料，不問多少，一味的欲更多更多的鼓動人的想像和情感。莫名其妙的東西、優美的東西，或無限的深的悲哀、恐怖、戰慄、渴仰……凡此等等都被此派的詩文所尊重。在這些地方浪漫主義既可以說是驚異的復活 Renaissance of wonder——這是英吉利的 Watts－Dunton 的話——自他方面說，又可以說是對於美的景慕 Sehnsucht nach dem schonen。

因此當其取材時，也不置重於現在眼前的世態，只置重於古代的神話傳說或古史野乘之類。尤其是最尊重真正的 Romance 的時代的中世其物。空靈漂渺的中世傳說的興味、封建的武士的俠勇、對於神的敬虔的信仰、或對於女性抱了一種神秘的意義的戀愛（即 Minne），這些東西集合而成的中世紀 Cavalry（武士道？）的時代最被尊重了。自這說，浪漫派的一面是 Mediaeva-lism（中古主義）。英國的彼得關於這點說了像下面的話：

「浪漫的精神的要素，是好奇之念和美的愛慕。其所以景慕

中世者，不過是做這些性質的代表者罷了。那是因為豐澹的中世風氣裡頭，有著浪漫的風格、奇峭的美之源，這些是能靠著強大的想像之力，獲自看不慣的、不可思議的事物之間的。」

由於只看重那些看不慣的、莫名其妙的趣味，自然而然的歡喜外國的東西過於自國的東西，一味地景慕像波多列爾的詩之所謂「異鄉的香味」。南歐意大利的美鄉是不消説的，甚至欲收集珍異的趣味到遠遠的東洋的諸國，難免變成這樣的－ Exoticsim（外國主義）的現象。又則有時將以現在眼前的事物為材料，也取有什麼超脫於俗的怪癖的人物或異常的事件，自好尋找不自然的時所來描寫。正如拉斯金所説，對於任何事都逸了常軌，於此存著浪漫主義的一特色。

浪漫主義欲以嶄新奇聳的趣味來聳動人心，因此便貴狂熱、愛妖艷、慕幽遠、喜神秘，這些是其特色。避平俗而趨於怪奇，忌明晰而傾於朦朧，這也是自然的結果。從背面説，浪漫派是非常隔離了現實的超自然的文學，是熱烈於空想情感的一面、而忘掉了理智和静觀的文學。

浪漫主義的話於此要結束了。最後我們不得不再説一句：浪漫主義本來是對於古典主義反動而起破壞的藝術，是將昔日的文藝破壞而建立新的，為了後日的自然派奠了礎開了源的。即是浪漫主義的一面，具著為一切近代文學的基礎的性質，這是大家不可不注意的。

這個浪漫主義跑到盡頭時，便自然而然地出現了反動的潮流，即是現實主義、寫實主義的文學。

自然主義

春夢雖好，但終於是要醒的。人們是不能永遠彷徨於夢幻之境，追隨於理想之鄉的，所以浪漫派總有覆滅的一日。

浪漫派的文藝，我們在上頭已經説過了，只是紀夢的生活，

浪漫派的文人一味的徘徊於夢幻間，翱翔於理想之鄉。不消說此派是日與實際社會的生活背道而馳的了。

　　然而浪漫派經過盛極之後，理想和夢幻逐漸朦朧渺然，敘情的源泉也漸行枯涸，當此之時科學的鐘聲響於西歐的一隅，於是他們的夢幻全為之驚醒了，他們的理想也不知道跑到哪裡去了。這個科學之鐘便是浪漫主義的葬鐘，浪漫派由此便沒落了。此時不但文藝上起了大變化，哲學方面的唯心論也一變而為唯物論、實證論。宗教方面即懷疑說出現，而信仰和神秘都為之大起動搖，這是當然的歸結。

　　西歐的這個文藝界、思想界的大變化，不待說是全由於科學精神的勃興，尤其是生活的壓迫，跟著物質文明的進步日甚一日，故此人們哪還有那些閑日月去追夢幻、去鬧鬼神呢？於是自從十九世紀中葉以後，歐洲文藝界就漸漸地斷了滾滾的熱情和虛無漂渺的理想，拋卻神秘的美的世界和理想的生活，歸復到現實的醜的社會來講究直接經驗的生活。總之，浪漫派的空想、理想、神秘、美、景慕……凡此等等全為科學精神所破壞了。於是取而代之的便是尊現實重物質的「自然主義」的新文藝了

　　浪漫主義的文藝和自然主義的文藝固然也有共通之點，如彼此都「自然的」即是都具有自由的體裁，而不受形式、格調的拘束。又「平民的」即是所取的材料不一定要堂皇，如古典派的「貴族的」。但是兩派文藝可以說是相反的──這也是當然的歸結。因為後者是為前者的反動而起的。下面試舉其重要的相差點：

　　1.浪漫派好求高遠的理想或者竟傾向於空想，終而至於把現實社會的一切的悲慘都忘卻，正如叫化子挨著餓躺在破牆下做遊仙夢似的。反之，受了科學精神的洗禮的自然派，他的眼中只有現實，所謂美一經其冷靜的解剖，無非是一個幻影。不但如此，自然派還愛打開臭皮顯露社會、人生的黑暗面，所以向來之以為

美者到此也變成醜了。總之，欲忠實地保持現實的真面目的是自然主義的一特色。

2.浪漫派的作品有加技巧而自然派則標榜無技巧。浪漫派的文藝家都先抱著一種理想，欲由是而創造「美」；然而自然派的文藝家則盡量地忠實以對「現實」，用盡所有的力量去找尋「真」。這樣，一方是創造，一方是找尋。創造一定要用什麼技巧，而找尋只須如科學者之分析解剖生物，平心靜氣點找尋一個真面目出來就好了，不必加以任何技巧。浪漫派為發揮其空想，用種種的技巧任意驅使自然，而自然派卻只是一個「自然」的忠僕。由此觀之，「無技巧」這件事也可以說是自然主義藝術的一特色。

3.浪漫派是極端的熱情的，而自然派卻置重於理智，這也是應有的事。不消說是受了自然科學的精神的影響的。然而我們不可不知道自然派的這個主智的傾向，和古典主義時代的主智的傾向是兩樣的。即古典主義的理智是盤算要如何來就古來的法則的理智，如木匠之量寸尺這一類；而自然主義的理智，則置重於智覺和感覺運用於發現事物的真相的理智。在前者為整頓形式的工夫，在後者變成徹於真相的努力。

4.浪漫派的態度是主觀的，反之，自然派的是客觀的。前者的藝術是欲吟詠的，而後者的藝術卻是欲觀察的。浪漫派的作家當他下筆時是「胸有成竹」，他想叫他的讀者哭，就先大哭一場給讀者看，以引出他們的眼淚；他想叫他的讀者笑，就先大笑一場給讀者看，以引出他們的笑聲。但是自然派的作家，當他下筆之時，他胸中全不敢有絲毫的成見，正如生物學者用顯微鏡檢視霉菌的時候的態度，只用著冷靜的態度，細心詳察事物的真面目。所以在前者，作家的主觀為其本位；在後者，作家眼前的事實——即客觀為其本位。

5.浪漫主義的藝術是精神的，而自然主義的藝術是物質的。

對於同一的題材，其見解或寫法不一樣。在前者的藝術盡視一切
現象為精的、靈的；在後者的藝術即反之，盡視一切現象為物質
的、機械的。正如前條，前者為主觀的，後者為客觀的。其道理
是一樣，是哲學上之所謂物質主義戰勝了理想主義的結果，其由
自然科學受了最大的影響是更不消說的了。

6.為藝術的藝術（Art for art's sake）和為人生的藝術（Art for
life's sake）的爭論。即是說藝術這個東西究竟是為他自己，超乎
一切現實社會而獨立、而存在呢？或者是為人生、為現實生活而
存在呢？在浪漫派以為在濁污的現實的人生，須另造一所清高的
藝術的理想鄉，如丁尼孫之所謂「藝術之宮」，或如聖勃之所謂
「象牙之塔」者，遺世而獨立，以避俗此的苦慘濁穢。即是主張
「為藝術的藝術」，藝術是只為藝術本身而存在，即世之所謂
「藝術至上主義」。

然而這樣的態度是在生存競爭還未劇烈、人們有閑工夫的時
代才辦得到。及至科學昌明，事隨世移，生存競爭日劇一日了，
生活的不安逐漸迫到各人身上了，於是人心便一時一刻也不得推
開現實人生，以悠遊於那些超世獨存的「藝術之宮」或「象牙之
塔」等等，而不得不心心念念於人生當面的問題。所以自然派即
將藝術驅出那些如夢的、美的、空想的世界，回到現實的、充滿
著濁穢苦慘的現實的世界，使其與現實生活的問題取密接的關
係。

7.浪漫派文藝常是求美，反之自然派只是求真。一個極平常
的、甚至一個極醜的女人，若經過浪漫派文人給她美化、醇化，
便成為一個仙女似的美人。在浪漫派的藝術世界，簡直沒有所謂
醜陋、沒有所謂厭惡。因為浪漫派的文人都帶上「美」的眼鏡來
觀察事物的緣故。其實，實際社會的現象大都是醜陋、大都是厭
惡。

但是自然派的文人，盡把從前的「美」的眼鏡摘下，再掛上

「真」的眼鏡，如科學家觀察一種事物，把事物的真相赤條條地暴露出來。實在的人生大都是醜惡，自然派的藝術又重「真」，故此自然派的作品大都是描寫醜惡方面的。他能把人生的一切穢污惡濁、可怕又可憎的現象，毫無忌諱地、放膽地寫出來，如中國的《金瓶梅》、《水滸傳》等就是此類的作品。但是舊派的文人一定又要罵它是誨淫之書而斥之了。

8.自韻文變成散文。浪漫主義時代是以感情為主，動筆就想慷慨悲歌以抒衷情，故作品是些詩賦歌曲，不消說是韻文。然而到自然主義時代，那些所謂 Romance，所謂空想，完全為實際直接經驗所驅。於是昔之慷慨悲歌遂一變而為冷靜的描寫。慷慨悲歌是以韻文為適用，若冷靜地描寫卻須用散文。故自然主義勃興，韻文就跟著衰退，散文也就跟著勃興了。韻文的衰退就是詩的退卻，散文的勃興就是小說的旺盛。這確是文學的進步。就大勢觀之如此，就一個人觀之也是這樣。一個研究文學的人，起初是先從韻文入手而後漸進而入散文之國。小說在近代歐羅巴確是佔最優越的地位。現在日本文壇也是這樣，新興的中國也是小說的成績最好。

9.浪漫派愛「異常」，我在浪漫主義的地方已特別示明了；然而自然派卻愛「平凡」，他們把人世一切的事情盡看作必然的結果，所以在他們絕無什麼駭目驚心的異常事，一切都是平平淡淡的。譬如一朵牡丹，在浪漫派文人看了一定要發出許多讚賞，說得如何華麗、如何美艷，但在自然派眼中卻不過是植物的一種器官罷了。又如一塊金剛石，在浪漫派文人看來是何等珍貴的東西，但自然派作家只當它作一種炭素化合物，和尋常黑炭並沒有什麼上下。浪漫派作家像斯各脫、囂歌等所著的小說中，男的便都是英雄，女的便都是美人。但是在自然派的小說中卻只有幾個「匹夫匹婦」，誰也找不出英雄美人來。那是因為自然派作家全不承認世上有什麼英雄和美人，只不過是幾個平凡的「人」罷

了。從前荷馬所做的叙事詩描寫 Troy 戰爭裡面的英雄和美人是何等地超群出眾，至若近代托爾斯泰所做的《戰爭與和平》記載拿破崙戰爭，把一個轟轟烈烈的拿破崙大帝寫得平淡無奇，同寫一個平常的農夫一樣。

　　自然派的代表人物是法國的左拉與莫泊桑等，由上面的比較，讀者大約已知會了自然主義的大概（極簡單的）了。以下應該再詳述自然主義的內容，以及最近發生的新浪漫主義的概況，但既有篇幅的關係，述者又淺學無能，況這篇文續了這麼久，讀者大約也看厭了這些無味的文字，故在這期要截止，待以後有機會再來和讀者見面。

　　原載《台灣民報》第 77、78、81、83、87、89 號，1925 年 11 月～1926 年 1 月

危哉台灣的前途

一

　　新年恭喜呢？新年悲哀呢？我人處此前途多難之秋，眼見許
多醉生夢死的人們在那裡見面齊聲道「新年恭喜」，不得不大聲
問：新年恭喜呢？新年悲哀呢？……我人覺得前途暗淡，暗雲密
佈於我們之前。

　　本來我的趣味是在文學，雖不敢說有什麼根底，但所得的知
識，大都是那方面的。我是這樣的人，所以平素極不願意談及政
治，何況去評論政治呢！然而人生在社會上 —— 在存在著國家的
社會上 —— 日日都不得不受政治的干涉，就是你不找政治，政治
也要來找你。所以為正當防衛計，不得不偶談一談政治。不消
說，我的政治談是沒有補於大局，至於有補於大局的大議論我是
沒有的，那須求之於政論大家。

二

　　《民報》在去年新年號（即伊澤總督①蒞任第一新年）社論，
表示了歡迎伊澤總督之意，並且寄託了很大的期待。固然，我人
也覺得有一段的光明橫於前途，那是因為他給我們帶了很好的消

_____

①即日本駐台第十任總督伊澤多喜男。

息來呢。時光易過，春去夏來，秋更冬易，倏忽過了一年了。我人現在欲在這裡，來試行考察過去一年間伊澤總督的政績，並且由此以推想台灣的前途。──不待說，在僅僅一年的短促的期間中，我們也不應該有過份的期待。不過在蒞任當初便宣佈欲為三百數十萬的全體島民謀幸福，欲盡量地聽納民意的伊澤閣下，至少也有多少──至少也應該比較歷代總督多一點──可觀的政績，能使小百姓滿足的地方。但是，可惜，當這新年，許多病菌的迎合階級正在極力歌功頌德──請看三日刊新聞和其餘島內雜誌──之時，我人的評語或者意外的逆耳，這層請原諒！

三

伊澤總督在蒞任之初，便宣佈欲為三百數十萬的全部島民謀幸福，欲盡量地聽納民意，但是試回首看這一個年間的政績，我人不得不失禮一點問：閣下到底替我們做了什麼事？所計劃的幸福在哪兒？又聽納了多少的民意？不幸！關於這些，我們無論怎樣也找不出夠使我們佩服感激伊澤總督的任何事物。這難道只因為執政的期間還短呢？抑或別有原因？我們當初以為伊澤總督是必極力為全台民造幸福的，然而，終於使我們失望了！完全失望了！無數的土地，由著他手中平白地送給退職官吏──並且只限於內地人[②]。台灣本來就有無數的失業者，千方哀求也求不到的土地，卻容容易易地落到那些平素富領著薪金，住著美麗的官舍，臨去職又受了很多的慰勞金的退職官吏手中。這就是為全體台灣人謀幸福的總督的第一著功勞罷！

台北師範學校的學潮，只因了極細微的事件，竟退學了三四十名學生，停學的學生也數十名。此事未完，又聞南師於糊裡糊

─────────────
[②]內地人即日本人。

塗之間又退學了五、六十的莘莘學子，這樣摧殘教育的大恨事，
不幸又發生於伊澤總督治下。

　　竹山竹林事件！唉！我此刻說起來心頭還一陣的酸！現在雖
然解決了，但是回想發生當時的事情起來，實在令人悲憤莫抑！
當時人民所用的是極穩健的請願方法，而當局對之，竟以高壓手
段，……我人不願多說了！況事件也已解決，而當局又禁忌……

　　芭蕉自由移出問題，這問題說起來，實在令人痛心疾首！當
局對於生產者所取的態度，簡直不容人說理，這就是專制國的好
模型吧！他們生產者，受了重重的壓迫，尚且不能灰心，可見他
們是怎樣的不得已啊！可是他們幾千籠的芭蕉終於腐爛於基隆埠
頭，不能出關門一步，而當局竟為一班遊手好閒的飯碗計，狂暴
地摧殘民生，一至於此！

　　又如在懸案中的「二林事件」，政府為顧全一會社的貪暴，
竟然小題大做，檢舉無數農民。關於此事，我人也不願多說，因
為還在預審中。

　　又如在醞釀中的台灣拓殖會社，我們無論如何也不能認為是
欲為全體台灣住民謀幸福的。何況有東洋拓殖的罪惡史可鑒呢！

四

　　上面所舉五層事，大約可以說是這一個年間的代表的重大問
題。對於這些重大問題，我們的總督所取的解決法，豈是站在全
台民的幸福的上面呢？又聽納了多少民意？不待一介書生來責
問，倘肯半夜捫心自問，必定有愧於衷罷。對於新發生的問題，
是這樣顛倒其辦法，至其對於年來的懸案，究竟取了如何的辦
法？我人考察之餘，不得不駭然失驚！

　　我們年來所切切期望著的義務教育案，是不能夠由著現當局
的手來實行，這是不消說的。就是最不合理的講習會取締法令，

也不肯聽納民意把這來廢掉。對於島民的教育、文化，是這樣的缺乏誠意，一方面卻又要開辦台民所不關緊要——在現狀之下——的大學，輕輕擲出二百萬大款。對於這種捨本逐末而且全無誠意的勾當，我們雖經勸告多次，但終被付諸不聞不問。

保甲制度和甘蔗買收區域制度的弊害萬端，這也無須再說明了。我人想不到所謂政治家，為何不得不違背著政治的原理——最大多數的最大幸福——來維持這樣的惡法。況且欲存在這兩條惡法當局又無任何理由！這兩種制度的罪惡最多，人民之怨恨這兩種制度，也最深刻，試看本報關於此兩制度的廢存質問的答案，便可知道民意之趨向。本報同人對於這兩種制度，不知費了多少口舌，但究竟也是馬耳東風。想不到立憲法治國的政治家，還這樣的糊塗。可嘆！

伊澤總督說，要聽民意於無形無聲，他的意思大約不是指有形有聲的民意他不願意聽取罷。若是指這樣的意思，那就大錯特錯了。但是看他不肯讓台灣人有一個言論機關，他的「尊意」是在哪邊，也就約略可以知道了。沒有尊重言論的政治家一定要失敗。然而台灣歷來的當局不消說，就是現當局也事事壓迫言論，所以欲其為政不失敗也難得。

任你說得怎樣天花亂墜，對於入版圖已三十餘年的台灣人民，不使其創設言論機關，除非台灣人都是些沒有靈性的動物，一定要大起不平的。我們今日欲發表一點意見，就不得不拿到台灣島外去印刷，其侮視民意以致於此。

我們年來還極力主張「外國旅行券」的撤廢。我人欲渡航到廈門，只須二十三、四小時，而取一通旅行券，卻須費去一個月或兩三個月。這個旅行券，除欲束縛台人的行動之外，實在沒有任何存在的理由，所以我們年來也極力主張撤廢，然而現當局還是奉行如故。

五

　　綜觀以上，沒有一件不足以使我人大大的失望。甚至一件差
強人意的事也沒有。倘在別位總督尚有可諒，至若伊澤總督，實
在就大有出乎意外了！看他初蒞任時的宣言，以為他是一位超俗
的、公道的大政治家，及至看了他的政績，立刻發見了完全相反
的結果。撫今追昔，抱憾殊深！有些人評他說他實在比內田氏更
酷。

　　但是上面所說的話，都是些枝葉問題，這裡還有最重要的問
題。大家是知道的，台灣人現在所求的是真正的自治、是解放。
然而當局卻依然取壓迫的態度，而統治台灣的方針，依然是同化
主義，和前代的總督毫無異樣。

　　　　　　　　原載《台灣民報》第 86 號，1926 年 1 月 1 日

《少年台灣》的使命①

　　此次和幾個朋友忽然想起要弄出一個雜誌，並且已見諸實現了。那一個雜誌，就是《少年台灣》。現在《少年台灣》總算要出來見見世面了，我想談談《少年台灣》的使命，也可以當作我個人對於現狀卜在台灣發表意見的態度的一斑。

　　我們不幸生作所謂萬物的靈長的人，又不幸生於病入膏肓的社會──尤其是野蠻慘酷的專制政治下的台灣；尤有不幸者，即我們又生而不是啞巴；這一大堆的不幸，迫得我們非說話不可了。《少年台灣》便是我們說話的地方。

　　既曰非說話不可矣，當然是不能空口說白話了。我們說話，多少總有一個目標以至目的。第一，我是不想對政府當局有所提議。因為對那班人說話，充其量，亦猶對牛彈琴而已耳。我們患得著浪費若干有限的工夫，彈那對牛之琴嗎？第二，我是不敢想替同胞造幸福求自由的。因為所謂自由幸福，並非可由他人「替」求「替」造的啦。倘有英雄豪傑之士，仁人君子之輩不值吾言，那只得恭請他們自去幹罷了。

　　我年來抱著一點小意見，即欲使社會合理化，欲冀同胞得到自由、幸福，第一非先叫醒同胞，使其在思想上行一大改革不可。

---

① 《少年台灣》月刊為 1927 年 3 月由在北京讀大學的台灣青年創辦。張我軍主編，後為北洋軍閥政府所沒收而停刊。

　　台灣同胞的辛酸淒苦，顛沛流離的慘狀，我們不但知得深切，並且正在親嘗其味哩！然而大家應明白，政府、日人以及他們的走狗，所以能任意宰割剝削我同胞的膏血，固因他們有許多軍隊、警察、法律等強權，然而同胞們生活中的孔教道教釋教以及各種因襲道德習慣，也很明顯地在那裡作祟，這是不可忽視的啊。試看他們——政府日人以及他們的走狗——在那裡極力禁遏新思潮的流入，拼命鼓吹孔教，提倡建醮迎媽祖拜城隍，默認扶乩畫符，也可豁然了悟了。所以今日，如欲冀同胞得到自由幸福，一面固須擊倒強權，然而同時亦須揭破孔教道教釋教之妄，芟除一切有礙社會人群進化的因襲道德習慣，而樹立合理的新的觀念，新的道德。不，寧可以說，孔教道教釋教之妄若不揭破，一切有礙社會人類進化的因襲道德習慣若不芟除，強權是擊不倒的。

　　揭破孔教道教釋教之妄，芟除一切有礙社會人類進化的因襲道德習慣，而樹立合理的新的觀念，新的道德，姑稱之曰思想改造。現在台灣，對著強權開火者，雖大有其人了，然而對於思想改造這方面下功夫者卻很少；這實在是他們的事業所以遲遲未易收效的一大原因。

　　例如台灣議會設運動[2]，可以說是台灣人在政治上最低級的要求了。但是尚有一大部份同胞，不但不敢參加，甚而以為太過激了，或者以為這無非是幾個人的夢想；輕則一笑置之，甚則視如亂臣賊子，避之惟恐不遠。他們所以如此者，並不是因為他們不知道台灣議會若成立，他們也能沾多少利益，實則他們還恐受不慣這樣的隆恩盛惠呢！對於台灣議會尚且如此，對於社會革命如何，就可推知之了。豈不是一件極可怕的事！這不消說是傳統的觀念，舊時代的思想在他們的腦袋裡作祟的緣故喲。

――――――――――――

②見《致台灣青年的一封信》。

　　這種怪現象並非台灣所獨有。中國何嘗不是如此！民國成立了十五年了，還有不少的人在盼望真龍天子的出現。可笑極了！難怪近來看透了這個不幸的怪現象的批評家，要起而絕叫思想改造了！

　　總之，在現狀下的台灣，不想說話則已，若想說話，似應由思想改造入手。所以我希望，如果《少年台灣》的出世，能收多少效果，就在這一方面。

　　不過讀者也不可太固執我的話，因為說話是要自由的，所以限題作文實在是辦不到，並且是不成埋的。因此，我不但不敢要求同人們專做這一方面的文字，即我自己也不受這個範圍的束縛。要之；我的理想，是以思想改造為土，其餘為賓罷了。這層是最後應求讀者明白的。

1927 年 2 月 24 日
原載於《少年台灣》月刊創刊號，1927 年 3 月 15 日

台灣閒話

一　弱小民族的悲哀

我想世界上，將來若有一日實行了無政府主義，應歸其功之一部於各國歷代的政府——尤其是野蠻慘酷的專制政府。因為那些政府——尤其是專制政府，最強有力地促進了無政府社會的實現故也。帝制時代的俄國，大約就是近世最慘酷最專制的政府了。當年有了那樣的政府，即成了今日所以出現了蘇聯共產政府的原因。而且無政府主義學說之發生於俄國，也正是一斤還你十六兩的最公道的交易了。

我們每每看了台灣政府對於台灣人那般慘酷野蠻專制，總疑心它是存意要促成無政府社會的實現。何則？因為它的一舉一動，幾乎無不令人民對於它發生疑慮，恐怖，厭惡而至於痛恨啦！

在台灣做過官吏的，或正在做的，除了少數之外，大都多少做過欺心昧良的事。他們吸飽了膏血，不想再做官了，為何還要送給一筆地皮呢？倘若想嘉獎他們治台有法，能盡量欺侮台人，故「合應優待，以資獎勵」，那麼他們平日所受過份的厚祿，退職時的慰勞金，以及退職後的年年的恩給，既已不為不多矣，為何又要硬奪農民們以血汗換來的土地，轉賜那一班厚臉人呢？

台灣人的自由，到此日已被剝奪殆盡了。現在更進一步想奪台灣人的生存權了！

無論如何無智的人，他的自由被剝去，已是夠難受的了，況

連生存權也要一併奪去呢！即使是一隻貓或一頭狗，如你想奪它的生存權，它也要咬你一口吠你一聲呀！難怪大肚的農民要「大呼冤枉救命」，說「青天白日有官府擁護強奪土地」了。

　　台灣的政府，為實行它的所謂殖民政策，為獎勵一班遊手好閒的退職官吏，竟不恤許多農民失掉飯碗，或藉口法律，或使弄軍警，一定要把大肚以及其他的農民以血汗金錢換來的土地奪取，而把他們的生存權結果了而後已。對這，全體台灣人應該如何的表示反抗啊！然而卻只見直接繫在生死關頭的大肚農民，表示得較為切實一點罷了。一哭！

　　據某報所說，對於政府的武力奪取土地，大肚農民數百人集到一個廟內，議決以下列四個方法表示反抗（各項卜是我代當局擬的對付法）：

　　1.學校兒童同盟罷課（正合愚民政策）

　　2.保甲役員連名辭職（再選政府的走狗）

　　3.實行租稅不納同盟（有的是差押官）

　　4.持久的開演講宣傳（中止解散）

　　這四條雖不是根本辦法，然而也可以算是他們的背水之陣了。而且如第三項，也可以於台灣反抗運動上劃一新紀元了。

　　「政府當局已經無視我們弱者農民的生存權，而奪我們的生活資源的土地，要生殺我們，故此，我們將瀕於死，豈得再盡公職嗎？因不得已左記連署辭職。昭和二年一月十六日大甲郡大肚莊大肚壯丁團長趙火旺甲長趙角外七十名」

　　這是保甲役員連名辭職呈文，因為說得簡而切，故特錄之以資參考。

　　說來說去，無非是弱小民族的悲哀罷了！唉！

                                                    2 月 25 日在北京

二　我們要求什麼

　　昨接台灣的消息説，最近台灣又興大獄，自陰曆除夕起到上元止，被捕者五十餘人，家宅被搜查者三百餘家；原因雖可推想一二，結果則尚未明；又被捕的都是活動於革新運動的青年。

　　一下手就是五十餘人，確實可以説是大獄。不過我們貴台灣，自從送給人家以後幾十年之間，比這大幾十倍的，也不知已經有了幾十次了；所以這類的事，已是「司空見慣」的了。區區五十多人，不但嚇不倒吾輩，當然也嚇不到全台灣人。

　　記得我還是童年時代，發生了不知道什麼事件，只聽大人們説是有人造反，被捕者不可勝數，吾村亦有被捕者，鄰村被捕的更多。那時真是鬧得鷄犬不寧，全島似乎入了恐怖時代，就是我的幼嫩的心兒，也受了不少的虛驚！據説吾村附近被捕的人，都逃得生命回家會妻見子，而未到枉死城與閻君算賬。——當然是受了一番打辱虛驚之後。是時的台灣人，大約都是膽小如鼠。這固是因了民智未開，然而殺頭槍斃之風尚盛，亦為其原因之一吧。

　　近年來台灣人的膽兒大了些了。這可證之於台灣議會期成同盟會大興獄事件發生時之人民的鎮靜。其後復經無產青年，二林蔗農，去年六一七等事件，台灣人的膽愈放愈大了。其原因當然正與上述膽小的原因相反。其結果呢？不但不怕警察的無風興浪式之大捕縛，並且「台議」事件發生時起，每一事件發生，都有人出來叫喊：人道主義者們要求人道正義的維持；法律家們要求合法的手續，未始不可謂非進步也。

　　我以為他們都是些空想家！對著強權要求正義人道的維持，何異與虎謀皮？至要求合法的手續的，更是自投羅網啊！法律家們，難道不知道法律是他們治者造來「治」我們的嗎？試問哪一

回事件發生，人道正義不被他們踩躪殆盡，而同胞們不被他們秘制的法律推入鐵牢嗎？

現在又把參加革新運動的青年捕了五十多人，其因果雖尚未明，但要不外是想把參加革新運動的人們一網打盡，而把正在覺醒的台灣人嚇昏的。

當此之時，一定又有人出來要求正義人道的維持和合法的手續了吧？然而我預料他們必定又要失敗了。然則我們應該要求什麼呢？即：他們的後繼者。捕了五十個，再出來五百個、五千個，這才是我們所要求的。

3 月 3 日北京
原載於《少年台灣》月刊創刊號，1927 年 3 月 15 日

少年春秋

陳逢源君因了在《民報》上，對於中國的改造問題下了一個結論，致惹了許乃昌君等人的冷嘲熱罵。許君罵得有勁極了。但是他那種輕薄無賴的口調，實在要令讀者作嘔三日！

我在這裡並不想直誰而曲誰，而且也做不到。一來當然是因為學識萬趕不上博雅的諸公，一來也是因為我壓根兒就不從頭至尾詳細去看他們的烏煙瘴氣的鳥文字故也。

不過有一點小事最引了我的注意，就是許公所引一段德文。沒有見過世面如我輩，一看了他迤出德文來，馬上嚇得屁滾尿流了！然而事事以疑為先的我輩，又立刻開始疑訝道：唔，原來許乃昌也懂得德文了！又是馬克思的資本論？並且能釋得正確？

「吓！吓！」我自己又嚇自己道：「士別三日，當刮目以待，況此刻現在飛機已被利用於各方面了，難道學問，就不可以坐飛機得來嗎？」

「哈！哈！」我立刻又哈哈說：「是！是！不過因為這個年頭兒，賣藥式的自己廣告家太多了，所以……」

2 月 23 日北京

原載於《少年台灣》月刊創刊號，1927 年 3 月 15 日

《賣淫婦》作者葉山嘉樹小傳[*]

　　記得是民國十四年，這時候日本的無產階級文學，正是第二次成了日本文壇論爭的問題。當時我所認識的無產派作家，只是前田河廣一郎一個人。不料又在反對無產派文學最烈的，菊池寬和芥川龍之介等人所辦的《文藝春秋》，新認識了一位無產作家，這位作家就是葉山嘉樹。《文藝春秋》是月刊雜誌，現在已經忘了是幾月號，而該雜誌又已不在我手上，所以記不清它對於葉山氏所說的話；不過意思大約是這樣：無產文學家也不必胡鬧，胡亂罵人，若能作出像葉山氏的《洋灰桶裡的一封信》，誰也不能不佩服。這是我認識葉山氏的最初。

　　但是葉山氏的作品，當時我卻沒有機會去讀。而葉山氏的名字，也漸漸從我的意識中消沉下去了。

　　今年春間，偶然在北平的日本書肆，看見了一本小冊子《没有勞動者的船》，因為我正在注意日本的無產派文學，看了這個題目，馬上就從書架上抽出來翻看了。在目錄上看出了《洋灰桶裡的一封信》時，我的心一時跳起來了，一如見了没有見過面的戀人。

　　過幾天我又得到了改造社出版的《新選葉山嘉樹集》，就在這本集子裡，我完全認識了葉山嘉樹；我在這裡，滿足了有生以來第一次的欣賞欲。老實說，歷來的文學作品，能像葉山氏的作

---

* 《賣淫婦》譯本 1930 年 7 月上海北新書局出版。

品這樣使我感到欣賞的快意的，還沒有遇見過。改造社出版《現代日本文學全集》第50卷《新興文學集》，在總序裡面關於葉山氏說道：

「葉山氏由於他的代表作《海上生活者》（長篇小說），一躍而為無產階級文壇的寵兒。《海上生活者》不但於葉山氏個人，實在是第一期日本無產階級文學永遠的紀念塔，他始終是個Proletariat romanticist。是把握由特殊經歷而來的特殊題材，而歌之以無產階級的熱情——是做這樣創作的勞動的詩人。」

這幾句話，很足以使我們知道葉山氏的特色和價值，所以我也不想再抄評論家們的批評，直捷就要把葉山氏的自傳譯在下面了：

「據說是明治二十七年（1894）三月十二日，生於福崗縣豐津村。」

「父親是九州人，母親是會津若松人。」

「在小學校時就愛讀書，在故鄉的中學校，從低班的時候就涉獵文學書。進了高班之後就覺得上學校之無用。記得在畢業考試的前夜，朝著路旁的斷崖喝酒一升，大醉而特醉了。」

「似乎是覺得沒有比考試再看不起人，再侮辱人的。那又是徒使學生受苦、疲勞的。」

「從中學校截止，我已不願再受考試了。後來不經考試入了早稻田大學文科預料，但是沒有上課去。而最初的季考，因為學費不消說是沒有交，所以大約是被開除了。」

「我把所有的東西盡送入當舖，到橫濱去。時候正是夏天的黃昏。橋的下流，浚渫船在吞吐爛泥。這情景在我是太寂寞了。」

「我就在掛著『海員下宿』的牌子的一家住下了。那裡過了幾月，還不叫我去坐船上伙，只想要我的宿費。」

「我於是做了山下町的Roller skate場的聽差，做著給客人的

鞋沿上『帶輪滑走鞋』的工作。」

「幾個月之後我就上了加爾各達航路的運貨船，做水手學徒沒有薪水。」

「風平浪靜之日，我一壁從肚子裡把一切雜物吐出，而終於吐出混血的粘液；一壁搬運水手們的飯具，而又燒洗澡水了。然而到了神戶，如其是風平浪靜之日就不暈了。」

「在加爾各達，迎了熱氣迫人的新年。」

「去了那船以後的生活，因了 Speed 之速和轉換之急，次序和年代都想不出來了。記得這中間還換了兩三次的船。」

「做了醫生的門房、出版業的外交員、學校的助手、洋灰工廠、新聞記者等等；不知不覺之間被捲入勞工運動的漩渦。」

「米騷擾當時（1918 年 8 月的事件），曾與學校的茶役們一齊罷工，而得勝利。自神戶的川崎，三菱造船廠的爭執時代，就在名古屋開始組織運動；而因了當時的治安警察法護了『前科』二犯。從 1921 年到 1925 年無一年不被押入刑務所。」

「這中間二兒喪失，妻不知去向，母親自殺未遂。只消想一想，就是憤人的時代。」

「《海上生活者》、《賣淫婦》、《誰殺了的？》、《山崩》等，是在獄中寫的。」

「那『投獄期』過後，就到木曾的水力發電所的工事場做工。」

「這以前在運動的關係上認識了青野季吉，故將《海上生活者》、《賣淫婦》請他看。」

「拿鐵錘子在岩盤開孔，做完了發破（用炸彈炸岩盤）回來一看，飯場有春陽堂寄來的信，說是『要把書出版』。其後約一年還留在木曾；最初的書《賣淫婦》出版頗久，才惴惴地到東京去。」

（1929 年 5 月 26 日）

　　以上是《現代日本文學全集》所載，葉山氏自己寫的自傳。我因為不很知道他的履歷，所以最近去了一信，請他給我的譯書寫一篇自傳，他回信叫我把這篇譯出來。我想作者的事跡，這樣已經可以明白了。他的自傳還有創作年譜，現在也把它譯出來；不過所舉篇名太多，故這裡只將本集所收者舉出，餘則略作「外幾篇」：

　　「叫我寫創作年譜，可是我完全不能把事物做得整整齊齊，所以知道的也是馬馬虎虎。」

　　「在名古屋刑務所寫的有《海上生活者》、《賣淫婦》，外二篇」。

　　「在巢鴨刑務所寫的有《離別》、《山崩》，外三篇」。

　　××事件以後，似乎是絕不能在獄中執筆的了。

　　「在木曾做工時寫的有《洋灰桶裡的一封信》、《沒有勞動者的船》，外十篇。」

　　「到東京之後有：《跟蹤》、《櫻花時節》、《浚渫船》、《天的怒聲》、《火夫的臉和水手的腳》、《捕鼃》，外二十八篇。」

　　目前作者來信自舉其最有把握的作品十二篇（因為我寫信去問他）中有六篇和我所翻譯的一致。他所舉的還有六篇（《海上生活者》是長篇）我沒有翻譯，而我所譯的有五篇他沒有舉出，這也沒有法子。因為譯者和作者地位既不同，眼光也未必一致，故能有半數以上的一致也就不錯了。然而作者的親切實在使我感激到極點！

1929 年 9 月 8 日北平

譯者記於野馬書屋東窗下，晨風之前

從革命文學論到無產階級文學

一　革命文學之發生

　　革命文學的聲浪，幾年來已傳遍全國，其聲勢之盛，不減於政治上的革命聲浪。近年來，文學上的作品以至論文，非屬於革命文學的，則不能得青年讀書界，尤其是青年文學愛好者的同情了。在政治上發生革命怒潮的中國，有革命文學的要求，這是極自然的趨勢，並且非此不足以表現少年中國的氣概。我想，這是無論贊成或反對革命文學的人，都沒有異議的。這種要求之發生，據不很明白國內文壇的我看起來，似乎也已經有七八年的歷史了。然而我們所聽見的要求，只是革命文學的名目而已，卻沒有聽見要求什麼樣的內容的革命文學。而且革命文學是什麼，也沒有聽到什麼具體的意見。於是革命文學的旗幟，儘管到處飛揚，而人們對於革命文學的意義，似乎都沒有弄清楚。有些人，甚至以為作品裡面，有革命啊，炸彈啊，暗殺啊，打啊，血啊一類的字樣，便算是革命文學的作品；而論文之類，只消大呼打倒非革命文學的文學，就大可以受文學青年的歡迎了。然而這不是正當的現象，這是任何人都看得出來的。這種現象，實在是要危害到革命文學本身的；事實上，近年來文壇上就發生這樣的怪事了：凡是揭上革命文學的旗幟的，即使內容是反革命的，也彼此大呼同志，而受人歡迎；凡是不顯然揭出革命文學的旗幟的，即使內容是道地的革命文學，也要在被打倒之列了。這種怪事，近

年來我國的政治、社會上，到處都可以看見。例如張宗昌的部下徐源泉，他一揭出青天白日旗，馬上就受了革命軍總司令的嘉獎，封官賜爵，而與其大呼同志了。這種實例太多了，我們没有功夫盡舉。

二　革命文學是什麼

那麼，革命文學是什麼呢？原來革命文學這個名，是極其籠統的名詞。歐洲十九世紀初葉的浪漫主義文學，十九世紀後半的初期自然主義文學，都是當時的革命文學。尤其是浪漫主義的文學（注意：不可與鴛鴦蝴蝶派文學相混），特別富於革命性。

革命文學的發生，最初是從舊形式之破壞入手，浪漫主義文學即從破壞古典主義的法則入手。陳獨秀、胡適之一班人的文學革命，便是革命文學的準備工作，其結果在文學的形式上得到解放了。然而革命文學的重心，是在作品的內容即思想。

革命文學的內容，是多方面的，極端複雜的，在這一層，顯然反映著使革命文學發生的革命初期的，混亂而複雜的社會情形。然而猶之乎革命初期的人心，雖各抱著五花十色的理想，而彼此之間卻有一個共同目標，革命文學也有一個共同的目標；那個目標，就是舊物的破壞。詳細地説，就是要革除舊思想、舊制度，以及社會上、生活上各種不自然的因襲、陋俗。所以我認為，凡是具有這種內容的文學作品，在廣義上都可以説是革命文學。

然而政治社會上的革命，經過一番混戰之後，革命原則之統一的要求發生了，於是國共分裂，共產派被清，國家主義派有的投降，有的被清，三民主義遂成了公認的革命最高原則。革命文學也達到要求統一的時期，於是和近年來盛極於俄、日等國的無產階級文學相關聯，發生無產階級文學運動了。而且認為，無產階級文學，才是真正的革命文學，這的確是文學界的進步。

　　我在這裡，不得不聲明一下，就是關於革命文學與無產階級文學的名稱。現在文壇上，似乎有這樣的傾向：革命文學即無產階級文學，無產階級文學即革命文學。我由於上來說的話，不能贊成這裡所舉的頭一個口號。我以為說無產階級文學是真正的革命文學，這是可以的，但是說革命文學就是無產階級文學，這可有語弊。我並且以為像革命文學這種籠統的名稱，在今日最好是不用，如果一定要用的話，就應該叫作無產階級革命文學。

三　無產階級文學之發生

　　無產階級文學的運動，的確已經成了現在我國文壇的中心了。什麼新興文學、普羅文學、科學的文學，都是無產階級文學的異語同義。這方面的叢書、雜誌、單行本之暢銷，在數字上證明著無產階級文學的勢力之大。暢銷雖不足以證明作品的價值之高，卻可以證明流行的中心。不但如此，我們還看見許多文字，直捷地告訴我們說，除了無產階級文學以外，已無另種文學存在的餘地了。在這班樂觀者們，以為只消這樣下一個斷言，無產階級文學就可以佔得最後的成功了。而近來無產階級文學之盛，使這班樂天主義者們更其樂觀了。而他們之批評作品，大都以人為標準，換言之，這個作家標榜無產階級文學，那麼他的作品就都是好的，反之者，其作品一定都非放到毛坑裡不可。我這段話，並不是牢騷，事實上我們並沒有看見什麼人，從理論上，又從事實上告訴我們說，無產階級文學是如此這般，為什麼要在我國發生，而將來應該朝著什麼方向走。我們除了看過幾篇不很好懂的翻譯文字之外，還能看見什麼呢？不客氣地說一句，現在的無產階級文學，不單是理論的適用，理論與實際的融洽做不到，就是介紹的工作，也非常之散漫、無秩序，而且生吞活剝；我想，樂天主義者們對於這一層，應該人大地留意。至於作品方面，此刻

我們還不敢有什麼奢望，所以暫不提。現在我要來說一說無產階級文學是什麼。

四　無產階級文學是什麼

　　無產階級文學是什麼？這是不能用「一言以蔽之」的方法來說，因為她的含義依然廣泛，而自發生到現在，也有相當的變遷。我們往往聽見望文生義的一部份自稱無產階級文學者，大言無慚地說，凡是描寫窮人之生活的，被壓迫者之生活的，都是無產階級文學。真正的無產階級文學者，自然是要否定這種淺薄的話。因為無產階級文學的重心，並不是在所描寫的生活屬於何階級，而是在描寫者的心理，要站在無產階級的立場說話。現在我來試舉幾個特色：第一，是無產階級站在自己的階級的立場上說話，第二是知識階級替無產階級說話，第三，是站在社會革命之前線的鬥士，利用文學的力量，宣傳社會革命思想，煽動革命行為。這三點或者不能舉盡她的特色，不過大略也就是這樣了。

　　自發達史上研究無產階級文學的人，大都將其分成「自然發生的」和「目的意識的」兩種。

　　自然發生的無產階級文學，就是受著資本家的壓迫的無產階級，將其不平、憤怒、憎惡之情，無批判地，無組織地發散，表露出來的。青野季吉說明目的意識的無產階級藝術說：「無產階級之政治、經濟的鬥爭，跟著階級鬥爭的尖銳化，急激地生長了。其生長，必然地出現成為鬥爭的意識化、組織化。入了這個階段的無產階級，明確地意識其無產階級解放的目的，而向其階級目的之完成，於政治上、經濟上、組織上，集中鬥爭。無產階級藝術也生長於這種鬥爭裡面，與此相照應，明確地意識階級目的，舉一切藝術的努力，於其目的之完成。於是自然發生的無產階級藝術，就生長、進展到目的意識的無產階級藝術了。」由於

這段話，我們可以明白目的意識的無產階級文學，其目的完全是
在期無產階級鬥爭之勝利的了。現在的無產階級文學，都是指後
者，且論者已經一致，認為這是一種進步。但是我國的無產階級
文學，是在哪一個階段呢？這可就說不清了。

五　一件文學上的根本問題

　　然而這裡有一件文學上的根本問題。目的意識的無產階級文
學，顯然是把文學當作一種器具用的，詳言之，是利用為宣傳思
想、煽動革命的武器，而以為這才是文學的目的，除此以外，文
學再沒有存在的餘地了。利用文學為宣傳、煽動之武器的，並非
始於今日，中世的宗教文學，便是利用為宣傳宗教的。前者是使
文學隸屬於政治之下，後者是使文學隸屬於宗教之下的，其主宰
者雖然不同，但其利用文學為武器則一。然而這裡有一群人，主
張為藝術之藝術，以為文學的目的是在文學本身，而利用文學為
別種目的之手段的，是文學之道。於是無產派與藝術派之爭發生
了；無產派說，除了無產階級文學以外，再沒有第二種文學存在
的餘地；藝術派說，利用文學為煽動、宣傳的手段，這是走錯了
文學之正途的，因為文學，一加入「目的意識」，就失掉文學的
本義故也。此兩派之爭，兩三年來盛行於日本，無產派說，勝利
為無產派所獲了，藝術派也說，獲得勝利的，乃是藝術派。這實
在是一個很大的根本問題，不得不加以相當的解決。但是我，膽
大不如現在我國的論客，所以想請平林初之輔先生來替我解決，
因為我對於他的話，完全同意，下面兩節，是選擇他的意見。

六　文學與政治（論目的意識的文學）

　　我曾經說過，文學的本質，文學的目的其物，也是會進化

的。從而我完全認識，文學作品可以有抱和政治一樣的目的——社會改革之目的——來寫作的事。但是我以為我們不應該提出這樣的問題：文學為什麼非這樣不可？文學她本身，絲毫也沒有非這樣不可的理由，而且這個問題，任你怎樣穿鑿文學其物，也是無可解決的問題。問題是在這裡：什麼樣的社會條件，使文學如此呢？

　　自封建主義到資本主義的過渡期之社會，一部份文學成了自由主義；從資本主義到社會主義的過渡期，一部份文學是「社會主義的」。這種說法，是將視野只限定於現象形態的說法，即使不是錯誤，也是非常不完全的說法。若想在理論上引一個正確的說法，我們就不能說「文學變成這樣」，不可不說「文學被弄成這樣」。什麼把她弄成這樣呢？自一般說是社會的條件，再直接說，「政治的鬥爭之必要」把她弄成這樣。馬克思主義的目的意識之所以在文學上被高倡，為的也是這種「政治鬥爭之必要」，這種目的意識，斷然是應該在政治的意味被主張的。「馬克思主義者之目的意識性和大眾之自然成長性」，這種說法是有意義的；但是，「作者之目的意識性和讀者之自然成長性」這種說法，是不成話的。因為作者和讀者的關係，沒有政治的意味故也。欲使後面這個對立有意義，便須將「文學作家」改成「社會主義的文學作家」。然則和目的意識有關係的，就只是「社會主義的」這種形容詞的部份了。於是文藝戰線第四卷第二號的 These 裡面的「社會主義文學之藝術價值」的前半所說，「我們在做藝術家前，不可不先做一個社會主義者」，這個提言有意義。可是後半的「社會主義文學，第一非是藝術的不可」這個提言，是社會主義文學之自己否定。社會主義文學，應該這樣修正：「社會主義文學，第一非社會主義的不可！」何則？因為一如同志的次號正當地指摘著說，規定之者為「政治鬥爭之必要」故也。

　　這篇 These 的筆者這樣說著：「這兩個命題絕不矛盾。何則？

因為社會主義的世界觀是在它本身裡面包含藝術觀的，而社會主義的藝術觀，是現在最完全之藝術觀故也」；但是這兩個命題果不矛盾嗎？如果是不矛盾，那就是沒有意義了。假如把這個提言裡面的社會主義，改成資本主義，作為「資本主義文學，第一非是藝術的不可」則怎麼樣？這個提言，在理論上不是也完全可以成立嗎！然則「社會主義的藝術觀，在現在是最完全的藝術觀」這句話，就只有說是獨斷的了。我們不必去管它是否最完全的藝術觀，則使去管它，也是無法解決的問題。社會主義文學的意義，只消這麼說就明白了：在從資本主義到社會主義的過渡期，政治鬥爭的必要，使文學成為社會主義的。

　　無妨多說一遍，使文學成為「社會主義的」，是社會的條件，是政治鬥爭的必要。而且我敢這樣說：這件事本身，在文學，既不是禍，也不是福。文學是否將因此而成為完全，這和「政治鬥爭之必要」，完全無關。即使社會主義文學，不產生歷來作品（例如左拉或托爾斯泰的作品）似的傑作，社會主義文學的存在理由，也絕不因之而動搖。

七　為藝術之藝術

　　我儘管反對「文學之機能，是意識之體系化」這種見解，可是我卻完全承認「政治鬥爭的必要，規定文學」了。抱著一定的意識來寫作文學作品，而利用之，這自政治鬥爭的必要說，實在是不得已的。社會的諸條件——而在進步的社會，最直接的是政治鬥爭的必要——規定文學，這無非也就是承認文學之歷史性、階級性的。

　　然則，為藝術之藝術這句話，是不能有任何意義的嗎？在考察此事之前，我不得不指摘一件事，即很有些人，誤以為藝術之藝術論，完全是從資本主義社會產生出來的，本質的理論似的。

但是這種理論，是在一定的社會條件，常常要反覆出現的理論，而在這種意思，是充分具有存在的理由之説。那是代表這種人們的藝術觀：不把握政治鬥爭其物的全面的性質，而以為政治鬥爭，是限定於議會、政黨，或社會之一局部的現象。在這班人物，若藝術文學而竟與政治鬥爭有一絲關係，便成了無法理解的東西了。他們確信著，文學是完全可以超然獨立於政治鬥爭的圈外的，而這種人們，最多是處在政治上相鬥的兩種勢力之中間層。在現在的社會條件下，這種理論之所以在小資本階級之間最得勢，就是為此。然而為藝術之藝術論，並非資本階級的特產物，在那以前的社會就有，到了社會主義的社會也可以有。何則？因為文學本身，既絕無非站在政治的指令下不可的義務，而文學者也未必是負有依據政黨的命令，經營創作活動的義務啊。單只是社會主義者是文學者時，如其欲最忠於社會主義，他的文學活動，便非是社會主義的實踐不可；反動主義者，如其忠於反對的目的，便非利用文學於反動的目的不可；而國家主義者，應舉其文學活動，為國家而服務罷了。

所謂某某主義，是指那些意識著一定社會中之客觀條件，以及必然地從那裡生出來的政治鬥爭之目的、意義的人。藝術成了目的意識的，這無非就是文學作者，意識了社會之客觀條件，以及必然地從那裡生出來的政治鬥爭之意義的——在如此刻的階級戰時，無非就是藝術家變成社會主義者。

但是這種意識，並不是一切的人都有的，只為站在政治的前線者所有的；若在社會比較地安定時，這種意識，在一切人們尤其要稀薄起來。在這種條件之下，藝術就依靠所謂「自然成長」，換言之即依靠藝術自己的自律性發育。而其藝術論，則使覆以「為人類之藝術」這件外套，那也要帶上濃厚的為藝術之藝術的色彩。那是必然的，既不是和資本階級社會有特殊關係，也不是藝術觀上絕對地幼稚的。

二、論著

　　這樣地我由於和承認目的意識文學一樣的理由，也承認「為
藝術之藝術」的文學。凡是站在科學的理論的，全盤否定存在之
事物的意義，而從那裡出發，這是不對的。應該承認存在之事物
的意義，而後研究使其如此的所以。如果在今日，無產階級的、
社會主義的理論（文學方面也如此）較之他種理論為優，為進步
（其如此，在後來者是當然的）那就不該出發自盲目無秩序的對
抗，盲目的敵本主義，應該開始自考究資本階級文學（只自文學
說），是由於什麼樣的社會條件所產生的。

八　結語

　　我在上面二章，總算借了平林氏的言語，把橫於為藝術之藝
術和目的意識的文學之間的根本問題解決了。其結果，我既承認
無產階級文學的存在，又不反對為藝術之藝術的存在。

　　革命文學在我國文學界，莫名其妙地嚷了一陣之後，結果，
並沒有產生什麼了不得的革命文學作品。然而革命文學之發生，
並不是憑空，乃是時勢使然。其所以產不出偉大作品，這或者是
因為沒有出現偉大之作家的緣故，然而文學界之缺少真摯的研究
精神，而批評家之缺乏指導能力，這恐怕也是一個原因。

　　現在，無產階級文學又應時出現了，而且我認為這是一種進
步。如果大家再糊里糊塗地嚷一陣，不加以真摯的研究，而批評
家若再一味只想搏得人氣，不加以正當的指導，我想，無產階級
文學的前途，就怕要壞在這班人手上的。我們所要求的是能夠表
現時代、環境的偉大的作品，並不是在文壇點綴些應時的新名
詞，就可以了事的。

　　關於無產階級文學，還有許多問題想加以討論，但是這只得
待到下文。

1930 年 6 月 1 日
原載《新野》月刊創刊號，1930 年 9 月 15 日

關於《中國文藝》[*] 的出現及其他

這幾年來的北方文壇，實在太消沉了。號稱文化薈萃之區的北京，近十年來便已有暮氣沉沉之象，這兩年來更是一蹶不振，整個文壇竟落到一片荒蕪之地！

然而北方之為文化都市，今昔理當不殊，而若干萬的文化人，如饑似渴地在需求文藝的刊物，也是不含糊的事實。在這樣的城市，這樣的情形之下，竟會找不到文藝的刊物（得罪得罪！有倒是一兩種，只因太少而又太小，所以一疏忽就看不見了）實在是怪現象。

原來，刊物的出現與存在，必須是「讀者編者作家」三位一體。讀者需要什麼，編者就找向作家要什麼，編排出來供給讀者，於是刊物便成立而出現了。若需要者的讀者，供給者的作家，和中間人的編者的結合緊密，換言之需要與供給的運行圓滿時，那麼這個刊物的存在，便成了根深蒂固的存在。

北方的文壇，並非沒有需要，只是供給的來源殆近於斷絕，所以中間人看這生意不好做，不敢開張罷了。然而無數的讀者層正在尋求文藝的糧食是毫無疑義的。當此之時，忽然出了幾位愛好文藝的朋友們，居然勇敢地掛起「中國文藝」的招牌，開起文藝的糧食店了。我們雖然不得不為糧食（稿件）來源的缺乏，對

---

* 《中國文藝》是 1939 年 9 月至 1943 年 11 月北京淪陷時期出版的刊物。前期的主編人為張深切（1904 － 1965，台灣南投人）。

這個新興刊物的前途懷著杞憂，但是猶不得不以滿腔的熱誠，希望其成為文壇的一支生力軍，使這個久已消沉的北方的文壇復興起來。

　　一個文藝刊物的編輯者，第一要傾聽讀者的要求，同時還要引導讀者於文藝的正軌，尤須羅致優秀的作家。

　　說到優秀的作家，首先要想到的，自然是老牌的人——既成作家。然而當此既成作家寥若晨星之時，即便總動員他們亦恐不易支持整個文壇；所以編輯者除極力設法請他們活潑生產以外，尚須努力製造新的生產機關——新進作家。須知歷來偉大刊物的編輯者，往往也是偉大作家的製造者——雖然也往往抹殺了不少的天才。

　　中國文藝編輯者的最大責任，是放出看澈紙背的巨大的眼光，從無數的無名作家群，好比從萬沙堆中掏撿一金，撿出天才的作家，使其共負支持復興北方文壇的責任。這一層辦得好，中國文藝存立的意義與使命，也許可以在這裡發見。

　　順便希望有天才而未成名的作家諸君，努力涵養，熱心創作。因為既成作家寥落之時，正是諸君出頭之日啊。而況復興中國的文藝，我們大家都負有責任的呢！

原載《中國文藝》1卷1期，1939年9月

答《中國文藝》三問題

㈠我國自從胡適之、陳獨秀一班人的所謂文學革命運動以後，就沒有再出現過稱得起「運動」的文藝運動。所以今後如果有文藝運動發生，當然是取一種新的路線。至於「應取」什麼路線，這卻無從說起。不過若把「應取」改為「將取」，或者還可以大膽地說一句：這路線大半將由世界的文藝大勢和我國的政治經濟狀況而決。

㈡國民所希望或所喜歡的「文藝」，不知道是指內容而言或指形式而言，所以不敢奉答。不過無論是指內容或指形式，也只能說出「個人」所希望或喜歡的是「什麼」——便是這，也未必容易說出。

㈢多發表與民眾生活有密切關係的作品，自然可以接近民眾而獲其支持。

1939 年 12 月 9 日

1940 年 1 月 1 日《中國文藝》1 卷 5 期

京戲偶談

開場白

看了這個題目，讀者或者以為小生是一個評劇家，要向諸位談些戲劇藝術，或者以為小生是一個捧角家，要來捧甲倒乙或捧乙倒甲的。其實這兩種推測都不對。

小生京戲，是個無緣的眾生。在這個有「當褲子聽戲」的奇癖的北京人社會混著，理應能夠「哼兩句」；然而小生連這兩句都不會，哪裡夠得上什麼評劇家？至於捧與倒，則小生一向和這個圈子裡的男男女女，一無瓜葛，二無恩怨，自然談不到捧，更說不上倒的了。

不過，小生平日對於戲劇藝術，多少有點關心，有時也就難免去蹭一蹭戲，尤其是戲報是每天必看的，這其間便難免有些礙眼的事，為專門的評戲家所談不到或不忍說不敢說的，跑來激起小生好管閒事的老毛病，於是信口開河，談他一談。好在小生不過是個評劇界的「票友」而又不想「下海」，顧曲有無周郎，卻是在所不計的了。

名伶滿街跑

北京的戲報，除了專門的戲報以外，舉凡日報以至其他一切定期刊物，幾乎沒有不兼出戲報的。真是汗牛充棟，反映著京戲

洪水的現象，這在有看戲報之癮的小生，夠過十足的癮了！

　　我國的報紙，向來有一種怪現象，凡是「教授」總得說「名教授」，「作家」總得說「名作家」，「閨秀」總得說「名閨」，以至「名什麼」，總要令人渾身起肉麻而後已。尤其是戲報，凡是登台唱的，必定冠以「名」字，好像漏了一個就有被誅九親之虞似的。於是一翻開戲報，遍地都是「名伶×××」「名票××」；凡是唱戲的，不是「名旦」「名花衫」，便是「名須生」「名淨」以至於「名武生」「名小生」。「名」，無所往而不名，造成無伶不名，不名非伶的怪現象了。

　　「名」，不消說是「著名」「馳名」或「有名」之意。難道凡是戲報上的伶人票友都是著名的嗎？恐怕未必如此罷？那些所謂「名」裡面，就有許多人們壓根兒不知道他（或她）是什麼玩意兒的，也有根本上沒有領教過大名的。對於這些人的頭上硬加個「名」字，不是不懂得「名」的意義，便是有意要侮蔑「名」字，否則免不了「媚伶」「媚票」之譏。

　　對於實在著名的伶人或票友，小生則又不曉得為什麼要再加一個「名」字在上面？譬如梅蘭芳或程硯秋之流，誰人不知道他們是「名旦」？馬連良或譚富英之流，哪個不曉得他們是「名須生」？何勞報人替他們冠一個「名」字？假如小生亦幸而伍於道地的名伶或名票，一定要提出抗議，禁止報人在小生名上加「名」。總之，戲報上所謂「名伶」「名……」，是一種廢字——真正的「名……」無須他特別提明，本不「名」而故「名」之的「名……」，只有使被「名」者自己滿足，而令讀者肉麻而已，大可以取消的。

挑　班

　　在百物昂貴的古都，據說只有戲票沒有漲價。小生近來不大

聽戲，即便偶爾聽它一聽，自己也没有買過票──慢著，自己没買過的意思，是朋友或其他的人請的，勿誤會以為是白蹭或是什麼名伶送的也──，究竟漲與不漲，不得而知，也懶怠去查考，現在姑且根據「據説」而信之。若然，則伶界諸君之「克己」也誠堪「嘉獎」矣。

不過善於打算盤的聽户，或者還有話説：這個年頭兒，貨色到底差了！總得聽個兩班或三班戲，才夠過早先聽一班戲的癮；所以不但無形中票價漲了一倍至二倍，並且浪費的時間和車資猶在其外。這話乍一聽來，似乎有點偏激不近人情，仔細想去卻也未可厚非。

前幾天在一個地方，三五個人在閒聊時，便有一位老先生不勝今昔之感地説：早先的戲班，角色齊整，戲碼又硬，一個是一個，一出是一出，真不含糊！那時候要自挑一班當老板，談何容易？没有真本事哪兒成？此刻現在則阿貓阿狗也挑起班來了。二路三路角自挑一班者固在所皆是，甚至乳臭未乾的小妞兒，只要有幾分姿色，有那冤大頭去捧她，即便才學會了三五齣戲的皮毛，就在形式上拜在一個名伶門下，也要挑班上台，猶當一面！試想一想，這樣的戲還能聽嗎？無怪乎唱蹦蹦戲的什麼喜彩蓮，居然能夠在新新賣「十足的」滿堂，而大戲班反而望塵莫及也。

小生恭聽之下，只有唯唯諾諾。心想兒即使是二路三路角以至有幾分姿色的小妞兒，如果戲藝到了家，挑班當然也大可以，何必這樣認真呢？小生很想替他們或她們叫屈，掐指一算，竟找不出一個值得抬舉的。不唯唯諾諾，還有什麼可説呢？

實在的，聽慣了好戲的再去聽那不三不四的戲，就好比似喝慣了白乾兒的人，忽然改喝發酸的黃酒，哪裡過得了癮？也只有拿錢買氣生罷了。小生於是乎對於現在的戲班不得没有若干感想。

這幾年來新組的戲班著實不少。這些組班的伶人，如果戲藝

已到足以自挑一班，猶當一面，那當然没有話説。然而仔細分析起來，没有不令人失望的！有的是實力僅足以充配角的，有的是在科班裡剛坐滿了科的，又有些只是在家裡請教戲的教了幾齣的。這一類的戲班，並且是越來越多，越來越没人領教！

這些新組戲班的老板裡，確有幾個前途有望的人材，若能稍安毋躁地在既成大戲班裡面，老老實實地當個二路角，力求上進，將來自有偉大的造就。只是為了眩於眼前的名利，急於過老板癮，不惜把將來當大老板的希望平白地犧牲下去，真是可惜可嘆又可噱。

對於這幫不知自愛的人，我們本可以置之不理，一任自然的淘汰；無如此事大有影響全體京戲的前途的可能，所以小生雖是圈子外的人，也不敢以京戲的衛道者自任，卻仍然不得不説幾句閒話，管管閒事。

本來是一個很好的二路角——三路角更不用説——，戲藝尚不足以獨當一面，而敢貿然自挑一班的結果，他這一班不會有多大的出色是可以斷定的，並且要影響到既成大戲班的成績也是無疑的，因為好的二路角都去當老板了，那些既成戲班便要鬧二路角的飢荒，於是只好降格以求，隨便湊合，於是既成戲班也每況愈下了。依小生的管見説來，目前這種表面似是全盛時代的京戲界，或者是已走到自滅的前夕，而表面的「全盛」正是「回光返照」；質之梨園界諸君，以為然乎？

捧　角

關於組班者之繼出，也許有個中秘密，為外行人所不知者。小生生性不好打聽秘密，所以一向不去打聽，也不想打聽。這裡僅就耳目所及，思索所到的範圍，妄談一點關於新班繼出的原因。

　　首先可以想到的，是班主的「利頭」太大，配角的分潤太少，用一個新名詞便是「分配不公」，現在的老牌名伶，差不多沒有一個不兼領富翁的頭銜，而二路以下的角色，所得充其量也不過夠養活妻口，降而至搖旗吶喊的角色，則能填飽他一個人的肚子就算不錯了。所以稍有一藝之長的，個個都想組班，以享老板清福，也是人情所難免。至於那些才學會了三五出戲的小妞兒挑班唱大軸，又是另有一番作用，知者自知，小生還想留一點兒口德，這裡姑且不說也罷。

　　第二可以想到的，是捧角家的造罪。最初小生以為捧角只是銷票置行頭，至多是設法向戲報投稿鼓吹而已；近來注意各專門的戲報和副刊式的戲報，才恍然大悟：原來所有的戲報所載的，居然清一色是捧角的文字！假如現在所出的戲報萬一能被留到十百年後給我們的後人翻閱的話，他們也許將敬佩此時伶界之濟濟多才，而嘆觀止罷。

　　戲報原來也可以帶宣傳的作用，而最大的作用應該是報導、介紹、批評以至於指導。但是不怕說句得罪朋友的話，我們所見到的戲報，除了捧角式的宣傳、報導、介紹以外，哪裡有批評與指導的文字？尤其是像某種書刊對於坤伶的捧法，真夠叫人肉麻十天，嘔吐三日！

　　當然咯，這個年頭兒，誰願意得罪人？誰不想多說好話？何況今天送個包廂，明兒來個請片，那些老板的後台的老板，是那麼善於迷人眼目，緘人口舌的，再加以小妞兒嬌滴滴地一聲乾爹，戲報之不一變而為衝鋒陷陣的捧角武器也胡可得乎？

　　小生以為挽近濫行挑班的風氣，根本的原因是在「利頭」上，而助成之者是戲報的墮落。倘若京戲評論界能出幾位包老爺，板起鐵面無私的面孔，一壁實行戲報的「自肅」，一壁嚴屬批評各班的戲藝，然則挑班者自然也會慎重些，不敢毫不自量地輕於冒險，以冀邀幸於一時也。京戲庶幾不走上自滅之途乎？

由所謂「本戲」談到所謂「四大名旦」

　　一部劇本而能公演到一百次以上，而且不為觀衆所厭惡的，總稱得起不世出的傑作了。世界上像這樣的劇本，也許沒有多少。然而京劇的劇本，隨便哪一齣戲，單說在北京一個地方，公演的次數，恐怕都要以百、千、萬計！假如劇本的價值是以公演次數的多少為標準的話，京戲的第十七八流劇本，它的價值便可以遠超世界上第一流傑作而過之了。戲曲批評家或戲劇院的宣傳部，往往以公演次數之多，誇耀一部劇本或證明其價值之高，這種批評與宣傳在中國是行不通的。

　　小生居京十有餘年，於京戲雖不像知堂老人*似的根本厭惡，平均起來，一年也只光顧了兩次之譜。因此同一齣戲不看，坤伶的戲不看，撒爛污的戲不看，沒有錢不看，沒有空不看：「不」的限制如此之多，一年兩度的光顧也就在乎情理之中了。

　　固執著「同一齣戲不看」主義，至多勤勤地看它一年，就不用再看了。因為任何著名的伶人，一年總得演唱幾回，不然，遇了一年只演一度的戲，為什麼要特別標出「一年只演一次」的標語呢？

　　然而同一齣戲，年年，月月，日日，夜夜，仍然在那裡演唱著，而北京的人們，年年，月月，日日，夜夜，仍然在那裡看著，聽著，說也奇怪！難道京戲的劇本都是有著「百觀不厭」的價值嗎？老實不客氣地說，這正反映著民衆對於戲曲欣賞的守舊性和欣賞眼光的低小。若說小生言之武斷，何以民衆欣賞眼光逐漸高大的近年，那些一味蹈襲前人舊轍的伶人，便慌著編排個人獨有的新戲以資號召呢！

---

*知堂老人即周作人。

　　個人獨有的新戲，據說行話叫作「本戲」，觀衆層的文化水準提高，對於戲曲的欣賞眼光也隨著高大起來，於是老戲中價值差些的，便逐漸被摒棄不顧了。即便是比較有價值的，也不大樂意一再欣賞了，伶人若不設法編排合乎現代民衆口味的新戲，眼看著就要砸鍋了。當此之時，負些時望的伶人，忙著編排「本戲」以資號召，這直接是為維持個人的生意，間接卻可以維繫京戲的命脈於垂危，可是說是一舉而兩得，小生甚為同情，倒願意捧它一捧。

　　據小生所知道的所謂「本戲」，似乎以旦行為多，不過編得好的卻似乎很少。這些「本戲」或是伶人自己編的，或是人家替他編的，但總以自己充任戲中主角為目標。編這種戲，本來是很容易討好的，因為主演者的性格和演技上的特色，自己以至替他編戲的人一定很明了，只消注意發揮他的特色，總可以編出相當有價值的戲。然而一向所見到的「本戲」，總覺得壞的太多了，而其壞便多壞在主演者的性格不合戲中人的身份，主演者沒有發揮其演技上的特色。

　　尚小雲的演技，當然以唱和打為特色，説到其他的演技，實在不敢恭維。他站在戲台上唱著的時候，簡直就是一塊木雕的人形似的，沒有絲毫動人的地方。所以為他編的「本戲」應該是避免做工，而以唱打為主，方為得計。然而數日前聽了他最得意的「本戲」摩登伽女，不但大大的失望，並且把一向對於這位四大名旦之一所抱的若干好感完全打消，而對於尚老板感到幻滅的悲哀了！

　　穿著西裝唱京戲已是不倫不類，再看那一雙腳——穿著大皮鞋的一雙腳——，走起路來像鴨子似的，醜到極點了，而況又來一個洋樂伴奏的跳舞！抹殺了一位行俠好義（據説）的四大名旦之一，於心著實不忍，然而小生自從欣賞（？）摩登伽女之後，不想亦不敢再領教尚老板的戲了。倘若尚老板不把這種本戲割

愛，不但要為本人留下污點，恐怕還要促短京戲的命脈也未可知道理。

　　類似的毛病，荀慧生、程硯秋似乎也難免，只是程度不同罷了。荀慧生是花旦出身，最好是演桃色的戲；況且打扮起來，確像個小家碧玉，加以兩眼一眨一瞪，富於魅惑力的嘴一縮，真令人完全忘掉他是男性，渾身飄飄然了。可是他的「本戲」卻很多是悲劇，如香羅帕、飄零淚之類，演起來固然很細膩動人，無奈他當哭泣之時，往往沒有忘掉嫣然一笑，而且置身慘苦之中，舉動還是那樣活潑，有點近於開玩笑，這是他最大的毛病，很足以抹殺他一切的美點。原因便是為了他的性格和演技不合於搬演悲劇，所以最好是編些喜劇的桃色性的戲，或者將毛病棄掉，如是則不難完成一個偉大的演員。若能將他那個×似的配角，改換一個俊俏的小生，則荀老板的戲是很可以看的。

　　程硯秋也似乎有「本戲」，然而小生所看的只是一齣鴛鴦冢，程老板的古裝戲確實不錯，他的身份最宜於去王寶釧、柳迎春、孫夫人之類。在現今，沒有第二個人可以和他抗爭的。然若去丫頭之類，程老板可就要露醜了。那個二百多磅的巨軀，包裹在短衣裳裡，渾身的肥肉幾乎蹦出來，怎能引起人的美感？可巧小生所欣賞的鴛鴦冢，他所去的女主角，恰是短衣裳──時裝──（行話叫什麼，小生不曉得），所以儘管佩服了他的表演，卻始終引不起美感！

　　可是這兩年來，程老板似乎沒有再演這齣戲了，也許聰明的他，自己也感覺到了。總之，編排「本戲」而不顧演員的個性、演技與身份，則不但不討好，反要抹殺了自己的好處，這是要注意的。荀、程二名旦比較聰明，這種失敗也能止於最小限度，尚老板則大吃本戲之虧了。老實說，小生所以寫了這篇文字，便是為了摩登伽女的醜惡，太令人難堪的。

　　四大名旦中的第一名旦梅蘭芳，究竟就不同了。或者是因為

他天賦獨厚，無所往而不宜；可是細察他的「本戲」，如天女散花、嫦娥奔月、太真外傳之類，都十分合乎他的身份，在在足以使他發揮個性與演技，所以演唱起來能夠動人，能夠使觀衆心滿意足，「大王」之稱當之無愧也。

原載北平《中國文藝》月刊第 1 卷 1 至 3 期，1939 年 9 月 1 日至 11 月 1 日連載

評菊池寬近著《日本文學案內》

　　一般人對於日本的文學，正與對於日本的文化一樣，以為明治以前是移植中國的，明治以後是移植西洋的；移植中國的，中國自己早已有之，移植西洋的，可以直接求之於西洋，所以頗有蔑視的傾向。

　　這種觀念的錯誤，出於近年來日本文學的介紹與翻譯，已逐漸為人們所認識了。日本之移植中國文學與西洋文學是無疑的事實；然而日本民族所特有的生活、感情、性格，卻非從日本的文學作品中去求不可，這是我們不可不知道的。即使是理論的文學，不但日本文學中有其獨自的系統，甚至我國的文學理論或西洋的文學理論，也可以從日本文學中大量而精密地發見，這由於挽近十年來我國的出版物，充分可以發見。

　　關於日本文學的介紹與翻譯，十年來我國文學界也很有過努力活潑的工作，只可惜沒有出過有系統的日本文學入門書，以致讀者方面總得不到整個觀念。我在幾年前就很想找一部適當的日本文學入門書來翻譯，但是日本國內也不易求得一部簡單而得要領的，所以也曾經想過，要發奮自編一部。無如這種工作，不是學識淺薄的我所能做得好的，加以年來為生活而奔忙，這種想望終於沒有實現。

　　去年正月，日本的文豪菊池寬氏，為了一部最通俗的日本文學的入門書，就是這裡所要介紹的《日本文學案內》，覺得內容簡而扼要，很適於我國讀者的需要，只因為當時我國的出版正陷

於全面的停頓的狀況，即便譯出來也無法送到讀者手中，所以不敢動筆了。聽説後來也有人著手翻譯，唯不知是否出版了，又不知道譯得怎樣；有必要時，我還想把它翻譯出來。

菊池氏的作品，產量是非常之多，在日本是數一數二的大量作家，我除了對這位大作家的文章和作品之量頗表敬意之外，並不想學一部份日本的人們，尊之為當代日本的大文豪。不過學識與經驗都相當豐富的他所寫的這部《日本文學案內》，我卻認為是最好的日本文學入門者——最少為我國人之有志研究日本文學者。

本書是三十二開本三百五十多頁，著者在這裡的內容非常之多，而且很扼要。在第一篇説了關於文學一般的問題，大作家的文學論是值得傾聽的。第二篇介紹日本古代至現代的必讀書，附帶還介紹了歐美的名著。我們在這裡可以簡單地得日本文學史的觀念，並認識歷代的名著與大作家。第三篇以下至第七篇，完全是為解説日本的現代文學而設的，舉凡文學上的思潮、派別，以至小説、戲曲，都有詳細的分析與介紹。

讀了這部書，不但可以明了日本文學的輪廓，並且可以得到做一個文學作家的修養，因為菊池寫這部書的一大半目的還是在這裡的。本書行文淺易，學過一兩年日文的人也對付看得懂，在翻譯本未出版以前，很可以買一部原書看看。

原載北平《中國文藝》月刊第 1 卷第 3 期，1939 年 11 月 1 日出版

一個聚會的雜談（摘錄）

張深切問：張先生，日文翻譯中文怎樣？

張我軍答：我未感覺有什麼困難，我大概都是用直譯的方法多，有難解的地方才用意譯，我以為這種譯法，才是忠實的翻譯。

原載《中國文藝》2 卷 3 期，1940 年 5 月 1 日

關於島崎藤村

一

　　去年 11 月初，我在東京頭一次——而且又是最後一次——會
見了島崎藤村先生；那時候他已經是 71 歲的老人了，然而他的精
神和肉體都沒有顯示著衰老的樣子。今年一月號的《中央公論》，
開始刊載他的大作《東方之門》，轟動了日本的文壇，人們眾口
齊音地說此老「老當益壯」，而對於《東方門》抱著莫大的期望。
不料他竟於今年八月，不待最後的大作完成，便遽然作古了。

　　我因為去年正月就開始翻譯他的大作《黎明之前》，所以會
見時，大約把著手翻譯的經過加以說明，然後求他的同意和指
教；他當時就表示同意，並且很誠懇地說道：「《黎明之前》裡
面有許多老古的事物現在不容易知道的，你若遇有疑問的時候，
儘可以不客氣拿來和我商量。」老先生這句話使我非常地感激。
我表示了謝意之後說道：「我譯完了大作之後，一定親自帶著譯
稿登門求教。」當時我是計劃用兩年的時間譯出，尤其切望趁他
健在之日刊行出來。豈料他竟也不待漢譯《黎明之前》出世，便
遽爾作古呢？

　　今年 8 月間，我又因事東渡，22 日上午到東京剛步入旅館之
時，在那裡等候著一個朋友，頭一句便說道：「藤村先生仙逝了，
你知道嗎？」我哪裡會知道他會在我的火車正在東海道上朝著東
京跑著的 22 日上午十二點半前後逝世呢？真是夢也做不到的。

　　本來，承方公紀生的雅意斡旋，已定藉今年東渡之便，由有
島生馬先生領我到藤村先生家裡去拜望他，順便請教他幾個問
題。哪裡想得到竟是這樣沒有緣分！自今而後，遇有疑問的時
候，我將拿去和誰商量呢！「藤村先生仙逝了」一句話，當時我
的耳朵裡震得比五雷齊下還要響！

二

　　藤村先生今年是72歲了。「人生七十古來稀」，論到歲數可
以說是高年，沒有什麼遺憾可說。論到著作，在五十年的文學生
活中留下了輝煌燦爛的藤村全集十二卷，和以後的圓熟的諸作，
在日本文學史上留下了千古不滅的金字塔，這也沒有什麼遺憾可
說。不過在後輩的我們，還是希望他至少在《東方之門》完成了
再走。尤其是我個人，特別希望他至少看到漢譯《黎明之前》出
世再走。然而在死神跟前，任何希望也不能攔住它的計劃的！
　　藤村先生一生的言行，處處足以令人感佩，不過聽說尤公平
白已在寫著島崎藤村先生的一生，所以我這裡不說，以免重覆。
便是他的著作，平白的文章裡面也一定有詳細的介紹，所以我在
這裡也只要簡單地說一說。
　　先生自從22歲那年，參與文學界的創刊，開始文學生活以
來，整整過了五十年的文學生活。他個人的文學歷史，正足以代
表五十年來的日本文學界的歷史，這是文學史家所公認的。他在
日本文學界，不但是完成了先驅者的任務，他的作品並且在現代
日本文學的各個時期佔了最高峰。
　　明治二十六、七年至三十五、六年（1893－1903），在日本
文學界是浪漫派全盛的時代；先生在這個時代是浪漫派的鬥士，
而且留下了《藤村詩集》，使日本的新體詩確立，在日本詩歌史
上印上了巨大的足跡。明治三十七、八年至四十四、五年（1904

—1912），在日本文學界是自然主義時代。先生在這個時期，由
詩歌轉到散文，為了長篇小說《破戒》、《春》、《家》等，使
日本的現代小說確立，而且成了自然派的巨作。

　　明治末年大正初年（1912）以後的日本文學界是反自然主義
的時期，這個時期，新浪漫主義、新理想主義、人道主義等等五
花八門的主義在日本文學界相繼出現，造成了現代日本文學的黃
金時代。先生遭遇了喪偶的悲劇，出洋在法國巴黎住了三年又碰
到歐戰。經過苦悶多難的幾年之後，於大正七、八年發表了《新
生》二卷，顯示了由自然主義轉入新現實主義的發展的階段。

　　大正十四、五年（1926）以後，是日本文學界陷於混沌的時
代，左翼文學和他們所謂的既成文學在混戰，弄得日本文學界摸
不著進路。這時代，先生在大正十五年發表了《嵐》，接著發表
了《分配》等比較長的短篇小說，寫出時代的特色，完成了他的
新現實主義。

　　這樣地由浪漫主義而自然主義，由自然主義而新現實主義，
隨著自己的年齡和時代的背景而轉變而進展。然而他一向就不談
主義，不尚空談，也不好奇，只一味地寫作，所以他的轉變，不
能與好出風頭的一流人並論。他的轉變是由內部的成長而來的，
而且不悖乎時代的潮流。

三

　　到了昭和四年（1929）開始寫作《黎明之前》的時代，他已
是將屆花甲之年，一切人生的修煉和文學的涵養已經圓熟的時代
了。這位文學上身經百戰之士，拿著五、六十年的人生修煉基
礎，揮起如椽之筆，寫出《黎明之前》，在《中央公論》一年發
表四次之後，全日本文學界的視線便集中於此老了，前後六年之
間，寫成了上下二部的長篇大作之時，日本的文學界都嘆了一口

氣說道：日本不怕沒有偉大的作品展示於世界了！

　　當他陸續在發表《黎明之前》的時候，人們看了他舉全力在寫作，都以為他大約是要拿這篇作為終生大作的了。這篇完成於昭和十年（1935），他也64歲了，所以人們的猜想也不為無理。哪裡想到他靜默了幾年之後，又開始搜集材料，至去年年底又開始寫作《東方之門》呢？又哪裡想到這篇最後的作品，只在今年1月和4月號的《中央公論》發表了兩次，他就病下去而至於一病不復起呢？

　　《黎明之前》是寫明治維新前後日本社會的變動過程的，寫到明治十九年（1886）11月29日作中主角半藏之死為止。至於《東方之門》，究竟他預定寫些什麼呢？根據已經發表的二章，可以知道年代上大體是《黎明之前》的續篇，然而所要寫的內容卻不易推知。

　　我最近在東京時，承一位藤村研究者龜井氏告訴我說，他在先生逝世前不久，曾與先生見過面，當時有一句話，意味深長，或者可以藉來推想《東方之門》的內容。先生說：「明治大帝的聖業是偉大無以復加的，然而當近代日本的黎明之時，曉天中有多多少少明星旋明旋滅著，我對於這些明星感到極大的興趣。」這些明星是指網倉天心一流的人物；據龜井氏的推測，《東方之門》大約是要寫這些人物的業績。我覺得這是很有力的推測。

　　總而言之，《東方之門》完成之後，也一定是一篇巨作，可惜只寫了一部份。可是過了五十年文學生活的藤村生先，結局是在最後的大作的執筆中與世長辭，在文人的立場說，是最光榮的一件事，和武將的陣亡是二而一，僅只這一點也值得我們崇拜。

四

　　蓋棺論定，藤村先生是現代日本文學界首屈一指的人物，已

經沒有疑問的。自從明治十五年至二十年（1882－1887）之間，
日本開始新文學運動以來，真正稱得起「文豪」的人，究竟有幾
個呢？森鷗外，夏目漱石以外並沒有多少，而自作品看起來，恐
怕沒有一個比得上藤村先生的。然而他的名氣在中國並不很高，
這當然是因為沒有得力的介紹者的緣故。他的作品，據我所知
道，只有「新生」在十四五年前由徐祖正先生給翻譯過來，其餘
即使有人介紹，也只是些零碎的作品。

　　然則他的作品，為什麼少有人介紹呢？我想這有兩個原因：
一是作品多屬長篇，在我國即使譯出來，也容易找不到出版的地
方。二是他的作品，文章和內容都淡得很，非多嚼幾口不能嚐到
滋味。唯其如此，他的作品也著實不好翻譯。我相信他的作品的
介紹和翻譯，將來一定會熱鬧中國的文壇。

　　最近，《日本研究》說是要出一個藤村先生紀念號，除叫我
寫一篇關於先生的文字以外，還叫我譯一篇作品。我想來想去，不
知翻譯哪一篇好。因為短的太短，不足以概觀先生的面目；長的太
長，在月刊雜誌上不易刊載，結果選了《嵐》，決定用「淒風」的
題目，把它譯成中文。我所以選了這一篇，有三個原因：一是長短
合適，譯成中文只有三萬多字，分為三期可以登完；二是這篇作品
也是他的代表一個時期的傑作；三是這篇作品很可以看出他的為
人。我相信目前要紀念先生，最合適的是翻譯這篇作品。

　　然而我所以選擇這篇作品，還有一個特殊的原因，就是想藉
它提倡「父性愛」，想藉它來教育為人父者。文學的作品雖不是
為教育而寫的，然而好的作品大概都是好的教育資料。我想藉這
篇文章，順便談一談我所以翻「嵐」的特殊原因。

五

　　藤村先生在 40 歲那年（明治四十四年，1921 年）喪偶，那

時長子才 6 歲，次子 4 歲，三子 3 歲，末子（女）才 1 歲。先生
為了子女前途計，忍耐了一切的不便，居然守了十八年，直至 57
歲時才再娶了現在這位夫人。本篇是大正十五年（1928）先生 55
歲那年寫的；內容是寫他自大正五年由法國回來以後至十五年前
後，他和他的四個子女的生活的。這個時期的他個人和他的家
庭，正是一個苦悶的時期，而整個日本的社會也正是「山雨欲來
風滿樓」的時代，先生把個人的苦悶，家庭中的糾紛，和社會現
象的混亂狀況連結起來，輕描淡寫地寫成的，就是這篇作品。

　　《嵐》的文學的價值和它的意義，自從在大正十五年九月號
的《改造》發表以後，論者非常之多，我這裡不想再說。我只消
說一句我很受了感動而認為那是一篇平淡無奇的傑作就夠了。不
過我前面所說的「特殊原因」卻必須在這裡說明。

　　我個人對於藤村先生的一生，最佩服的一件事是「做父親的
島崎藤村」。人世有所謂「慈母」，卻少見所謂「慈父」者；然
而我們試讀本篇，到處可以發見「慈父藤村」的面目活現著。我
讀了本篇，不知有多少次感觸於「慈父」之心而為之暗灑熱淚
哩！老實說，我對於自己的孩子的教育，受教於先生本篇的地方
著實不少。

　　《嵐》所以是我愛讀的作品之一，而至於被我譯成中文的特
殊原因就在這一點。發現先生的整個人格在那裡溫柔地浮動著。

　　我深信讀了本篇的人，為人父母者可以知道怎樣疼愛他（或
她）的子女，為人子女者可以知道怎樣敬愛他（或她）的父母。
至於作品的價值怎樣偉大，描寫技術怎樣高明，則還是在其次的。

1942 年 10 月

原載《日本研究》1 卷 2 期，1942 年 10 月

《黎明之前》尚在黎明之前

一

　　每個成年人都必須有個職業，大體上是沒有多少例外可以設定的。多少有知識的人，對於自己的職業，大都願意由自己選定，這大約也沒有什麼疑問可加。當一個人要選定自己的職業時，那標準可就不能一概而論了，因為各人的環境、天性、才能各不相同故也。不過我以為似乎可以拿「生活」與「趣味」兩個目標，把所有的五花八門的目標總括起來。

　　假如能夠容許我這個武斷的總括法的話，那麼一切人的職業，便又可以大別為四種了：一是既不足以生活（既稱職業，自然有進項，唯不夠維持生活耳）又不感趣味，略稱之為「無活無趣」；二是雖不足以生活卻感覺趣味，略稱之為「無活有趣」；三是雖足以生活卻不感趣味，略稱之為「有活無趣」；四是既足以生活又感覺趣味，略稱之為「有活有趣」。

　　也許有人說，「無活無趣」的職業誰也不會要的。事實卻大大地不然。例如洋車夫、糞夫之類，難道他們對於自己的職業會感到趣味？我想他們大約也願意坐在汽車上兜風，坐在抽水馬桶上看報的。然則他們能夠生活嗎？這一流人，養活自己就不是一件容易的事，說到養活妻小的，千百之中恐怕找不出一個。養活不了妻小，能說是足以生活的嗎？然而從事這種想來是不會有人要的職業的人，僅僅北京一市就有十幾萬！而說仔細想來，教

員，公務員，職員，店員等等等等，而處在與洋車夫和糞夫僅隔一紙，或者反不如他們的境遇的人們，正不知有多少呢！

然而總之，大凡有知識的人，沒有不希望求得「有活有趣」的職業，只是這種希望不易達到罷了。於是乎便降而求其次者。有錢的主兒就要「無活有趣」，等著米下鍋的，只好對付「有活無趣」，沒有什麼可說的。有錢的主兒自己可以掏腰包生活，兩相補足，照樣可以達到「有活有趣」的理想。

那麼窮人就該一輩子從事無趣的職業嗎？卻又不然。窮人而想達到這個理想，大約有三種辦法：一是直接去求「有活有趣」的職業；二是暫時抹殺趣味努力發財，先取得富翁的資格，然後如法炮製；三是從事「有活無趣」的職業，業餘再弄個有趣味的事情做。二、三兩種辦法，是窮餘之策，要浪費人生一半的時間，然而這也是不得已的。

不過這是就平時而論，若現在似的「非常時」，一個人都得從事數種職業，才勉強可以過得很克己的生活的時代，趣味的問題，恐怕只好「且聽下回分解」了。

二

拿我個人來說，所求的不消說也是「有活有趣」的職業；然而結果是只好降而求諸「有活無趣」的職業，幹了十年有餘，好容易才升格而達了「有活有趣」的理想的一半。我自己常在內心感謝我居然也有如此得天獨厚的一日，而且發誓要留下一點學問上的成績以報此恩。不料也就是一年的時光，「活」字不得不「加料」了，勢須再加個職業才足以生活了。於是乎話歸《黎明之前》。

這事說話快兩年了。那時候物價的昂貴雖然沒有這一年來的厲害，在薪俸生活者也夠吃力的。眼看著不濟了，我便找到知堂

老人①那裡，求老人家指示迷途。當時老人已是督辦，然而我所求的是周老師，並不是周督辦，因為我早已自知不是做官的料兒。而老人也似乎深知我不是找他要官做的，所以他指示給我的唯一的途徑，是日本名著的漢譯。

日本名著的漢譯，若放在生活沒有問題的時代，即便無利可圖我也樂意做的，但是現在的問題，首先必須解決的是生活，所以我除了表示同感以外，又要求老人推薦一部譯好立刻可以收到稿費的名著，結果是決定翻譯島崎藤村先生的巨著《黎明之前》（原名《夜明け前》）了。並且決定由老人以個人資格介紹譯文於華北編譯館了。

這部小說，最初在《中央公論》發表的時候，我是看過的；它是藤村的傑出之作，是日本文學史上可以留到後世的作品，這我也信而不疑。現在翻譯起來，既有趣味，又可以解決生活問題，所以雖然自知要翻譯老大家藤村的圓熟期的作品，我的筆力相差甚遠，也決計盡十二分的力量試試看了。於是一面製作全書漢譯的計劃，一面開始細讀原書了。

依我當時的計劃，自民國三十一年一月起每月交譯稿三萬字，至民國三十二年十二月止交完全部譯稿，計七十二萬字。也許是因為全書部太大，稿費既多，出版費用尤為浩大，所以編譯館方面似乎頗費一番。但是過了一兩個月之後，終於決定接受譯稿了。辦法是每月結算一次，每千字按八元錢計算，交多少稿子給多少稿費。這個辦法正合我的需要，當然沒有異議。於是開始了工作。

①「知堂」是周作人（1885－1967）的筆名，又名啟明。張我軍在北京師範大學讀書時受教於他。日本帝國主義侵華後，周淪為漢奸，曾任「日偽華北教育總署」督辦。

三

依當初的計劃，應該在今年 12 月交完全部譯稿，可是說也慚愧，截至現在，只交了全書的三分之一。——事實是截至去年 10 月，因為去年 10 月以後，始終沒有譯過一字，當然也沒有交出一字的了。

前年剛剛決定翻譯這部小說的時候，日本的各報便替我大吹了一陣了，鬧得許多朋友，有的寫信來鼓勵，有的當面恭維，大抵都說：當此生活紛忙之時，雖然有這樣沉著的毅力，要和這麼一部人書幹下去，實在不易！他們恭維我的話「實在不易！」到而今竟成了懺語，現在只剩不到半年的光景，我怎能如約完成呢？

去年十月下旬，被幾個朋友約到東京去的時候，在帝國劇場碰見了藤村先生。我想，我要譯他的著作，在禮儀上應該徵得他的同意，便藉這個機會向他說明經過，求他同意和指教了。老先生很爽快地就表示同意，並且慰勞有加地說：書中許多古老時代的事物，足下的翻譯一定煞費苦心；有不易明白的地方，儘管不客氣來找我，咱們研究研究。

到底東洋民族的性格和西洋不同，要是蕭伯納，大約總要先問你給他若干版稅。這且勿說，老先生的簡單一句話，使我感激，使我興奮；我當時決意按期譯出，然後專程把譯稿送到東京請他過眼，有不明白的地方還要請他指示了。然而十一月中旬回到北京以後，直到現在竟沒有動筆翻譯一行一字。我自己還相信自己是一個不肯爽約的人，可是這一回《黎明之前》卻把我「坑」了——即使現在立刻趕去，趕到今年十二月也無法交卷。事到而今，我只有說幾個「對不起！」罷了。頭一個對不起藤村先生的美意。第二個對不起那些鼓勵我的朋友。第三個對不起知堂老人。他唯其相信我不會爽約，他才肯決然介紹我的計劃到編

譯館的。第四個對不起兌之②館長。因為他毅然應允收買這麼大部的譯稿，而且譯了譯稿之後，對我的努力格外稱許。屢次予以激勵之詞，使我衷心銘感。

　　現在讓我在這裡，分別對這些老師、老前輩、朋友說過對不起之後，再讓我來談一談為什麼八個月以來沒有翻譯《黎明之前》的道理。

四

　　八個月的時光雖然不長，但是這八個月在我卻有著相當重大的意義。第一我為要覓得吃飯的候補地，曾經下過一次別來十年的江南。第二，迎接了 42 歲所謂「厄年」的新年。（「厄年」即多災多厄之年，乃日本民間的迷信。日本人以 25 歲，42 歲，60 歲為男子的厄年，事屬迷信，而且是外洋的迷信，我們中國人原可以不介意。）

　　再說去年 11 月中旬回到北京之後，一直忙了兩個月，始終沒有執筆的工夫。心想，不妨等到寒假多譯些。可是等到寒假一看，物價已經漲到使我感覺危機重臨，甚至決計下一次江南以便覓得一塊吃飯的候補地了。可巧舊曆年底出版了一部書，進了若干版稅，又是年終的加俸雙雙到手，結果過了陰曆年，打發了債務還剩下三百元，便拿它做盤纏下了江南。

　　在京滬住了半個月，不得要領地回來了，結果可以說是「賠了夫人又折兵」——白花了三百元和二十天的時間，雖然也會了不少老朋友，勉強可以說是收穫。回到家來一看，老母已經病臥了兩三天，物價狂漲了數倍，一切一切都只使我感到更大的狼狽。

---

②兌之即瞿兌之（蛻園）。

　　學校是開課了，然而物價這樣地狂漲，怎能不開足馬力譯書呢？無奈老母病勢不減，接著妻也病了，兒也病了，弄得我不但沒有時間和精神動筆，這回連自己也病倒了。這樣糊里糊塗過了兩三個月。——雖然除了老母以外，妻兒和我自己的病是陸續地好了——，居然負起債來了，數目在一千五百元之巨。「厄年」之說雖屬迷信，今年開春以來，我確乎多災多厄，於此可見。

　　到了這個地步，我更不得不努力加油了。然而這回我卻不能翻譯《黎明之前》了。因為像《黎明之前》這樣的書，用我的餘暇，平均每日只能譯出一千字，所以當初和編譯館約束每月交三萬字。現在情形十分迫切，努力加油，至多也只能譯到一千五百字，再多就沒有把握了。

　　可是依目前的情形說，即使債務暫時擱下，為補足不敷的生活費，每日平均要譯二千五百字至三千字，這事，天理良心和我自己的能力絕不容我做到。所以我便下了一種決心，寧可暫時不譯《黎明之前》，以免悔之於將來了。可是除了譯、作、編以外，我一向是「生財無道」的。

五

　　上面關於八個月來沒有翻譯《黎明之前》的原因，說來說去，頗有辯解的嫌疑。其實我並沒有想辯解，而且也沒有人來迫我辯解。只有許多朋友常常問起這事，而社會上也許有想知道《黎明之前》的消息的人，所以我把這事拿來談談罷了。

　　不過，我就是現在也沒有完全把《黎明之前》擱開。大家也知道，這部小說是以明治維新前前後後的日本社會的動向為主題的，為徹底明白起見，非有若干江戶時代的歷史知識，知道江戶末年的政治、經濟、社會等等各方面的狀況不可，所以我現在正準備著要極簡要地寫一篇這方面的文字，藉以補助讀者的理解。

其次，明治維新史也是這部小說的讀者應有的知識，所以我也準備著要寫一篇簡要的維新史，以備讀者對照。最後，這部小說的翻譯，最使我頭痛的，是官職名，器具用品名，這我也決定設法統一決定。

這些工作，現在的我還可以每天抽出一點時間做去，不過物價要是再漲，可就保不住了。僅僅用一點剩餘的精力和時間，要來做這煩難的工作，當然是不易的；究竟要做到什麼時候，現在也很難說定。至於什麼時候再動筆翻譯，更是不敢說的。——也許很快，也許還得等些日子。所以漢譯《黎明之前》，若容我自己開個玩笑，可以說尚在黎明之前！

但是，猶之乎這人世的暗夜過後，黎明一定會來到，漢譯《黎明之前》也一定會出世的——雖然或許要演個「九更天」。

1943 年 7 月 12 日

原載《藝文》雜誌第 1 卷第 3 期，1943 年 9 月

北原白秋的片鱗

小引

　　去年十一月二日，現代日本詩壇的巨星北原白秋氏與世長辭了。這也不知是哪一世的宿緣，生前和他未獲一面之緣的我，居然為了意想不到機會恰好旅居東京，得參加於五日舉行的追悼會，瞻仰遺容。這個追悼會的盛況，只看當日為維持交通的秩序臨時派出四、五個交通巡警一事也可想而知了。居住東京的文學家，尤其是詩歌界，幾乎總動員出席拈香，由各地方奔來的弔客也不在少數，不過外國人似乎只有我一人，僅是這件事，我也覺得非常榮幸。

　　白秋這個詩人，還沒有被介紹於我國的文學界，所以當時我想藉這次的機緣把他介紹一下子，還想選些作品試譯問世，而日本文學界的朋友們也這樣勸我。然而老實地說，我一向對於白秋並未下過研究的工夫，他的作品也讀過不多；以我微乎又微的知識要來介紹這位著作等身的大詩人，何只如俗語所謂的坐井觀天？所以本來打算回國後先下一番功夫研究，等待有把握再說。無奈《留日同學會會刊》的編者作雲兄，急於要紀念日本這位不世出的詩人，不管我寫得好寫得不好，現在叫我擠出來，連日一再來電催迫。今日是舊曆除夕，「年關難過」在往年只是經濟上的債主在那裡攔著，今年多出了文字上的債主攔住去路，使我雙料感到年關的難過。

　　閒話先不説，會刊不日要付印了，編者非迫我立刻擠出一篇
文字不可，而且我自己過了舊年又要出外旅行，連手續也辦妥
了，於是乎我也只好開足馬力擠，擠！然而我已經説過，我對於
白秋沒有專門的研究，而且在匆促之間執筆，所以這篇文字説不
上是我的白秋論，也説不上是介紹白秋的全貌的文字，不過是聊
作紀念白秋之死的短文而已；倘能傳出白秋的片鱗於我國的文
壇，已屬萬幸了。至於白秋的正式介紹，還須稍假以時日，先讓
我自己再研究研究，這並不是客氣的話。

白秋的一生

　　白秋姓北原，本名隆吉，白秋是他的號，但是人們大都只知
其號不知其名。明治十八年（1885）一月二十五日生於福岡縣山
門郡沖端村。福岡縣在九州，在日本本土屬於南方，沖端村地近
水鄉柳河町；家業釀造。這些鄉土和家業等等，和詩人白秋的作
風與為人，都不能沒有關係。

　　明治三十年（1897）他 13 歲的時候入了中學傳習館，據説由
二年級要升進三年級時，為了幾何一門不及格而留級了，這竟成
了他發奮攻讀文學的機會。這時候日本的文學界正是浪漫主義全
盛時代，新體詩已經確立，以島崎藤村為中心，新詩作家陸續出
現；而舊和歌改革的聲浪也日見其大，以與謝野鐵干為中心的明
星這個雜誌，起而倡其「新派和歌」了。這種新體詩建設與舊和
歌改革的運動，首先便激動了全國文學青年的情緒。白秋也在這
個時潮中，在明星和其他新派和歌運動的影響之下，開始作歌
了。這是三十三年的事，他才 16 歲。三十五年（18 歲），河井
醉茗主編的文庫採錄他所投寄的短歌，明年又採錄了他的長詩。

　　當時文庫是全國新進詩人的登龍門，又是新詩作家的一大集
團，世稱之為「文庫派」，還是一個中學生的白秋，短歌和新詩

都被選錄，當然不得不大感興奮。所以三十六年，不待中學的畢業文憑拿到手，便跑到東京進了早稻田大學英文科預科。到東京以後的他，先是和文庫派，隨後又和明星派同人做詩友。三十七、八年之交發表繪草紙店等長詩於文庫，為主編者醉茗所賞識，居然成了文庫派新進詩人的健將。從此他便專心作詩，早稻田大學也沒有等到畢業就退出了。

三十九年（1906，22 歲）白秋不滿意《文庫》的典型和聲調，終於脫離《文庫》，加入鐵干主宰的新詩社，在明星發表了《思ひ出》（憶）的幾首詩作為見面禮。從這時候起，他又開始發表了有象徵詩風味的新短歌。但是四十年十一月又退出新詩社，四十一年一月起在《新思潮》和當時的大詩人薄田泣菫、蒲原有明並駕齊驅，發表了新詩。

四十二年（1909）一月刊行第一部詩集《邪宗門》，這位詩人的存在便大為文學界所承認了。接著，一家的人搬到東京居住。大正二年（1913）又移居於相州三浦三崎，第二年他曾到小笠原島滯居達半年之久。當他在東京時，曾於明治四十二年十月與木下杢太郎合辦雜誌《屋上庭園》，但只出了四期就停刊了。四十四年五月刊行第二詩集《思ひ出》，搏了整個詩壇的好評，他的詩人的地位完全確立了。這一年的十一月又創刊雜誌《朱欒》（ザムボア）。大正二年一月刊行第一部歌集《桐の花》，六月《朱欒》停刊，移居三崎就是這一年。

由小笠原島回來之後，又在東京創刊雜誌《地上巡禮》、《アルス》，但是這些雜誌的生命都很短。大正五年（1916）移居東葛飾真間，創立紫煙草社。六年回東京，七年二月又移居小田原，秋間搬入該地天神山傳肇寺借住，在那裡寫了著名的散文《雀の生活》，並且替鈴木三重吉所辦的雜誌《赤の鳥》擔任了童謠的部份。白秋是從這時代起，開始兼作童謠的。他的第一部童謠集《蜻蛉の眼玉》（蜻蛉的眼珠）便在九年問世了。這期

間，他也曾發表過小說葛飾文章等數篇，然而這方面沒有多大的成功。到了這時候，白秋的詩人歌人和童謠作家的地位，算是牢乎不可動的了。不但如此，並且全可以冠上「第一流」的形容詞。

這樣地在文壇佔了牢乎不動的地位之後，於大正十年（1921）白秋36歲那一年，他才結婚，由普通的慣例看去，也可以說是晚婚罷。結婚後，他又和同志創刊雜誌《詩と音樂》、《日光》，不過這種純文藝的雜誌，照例是活不長的。十四年曾與友人遠至樺太北海道旅行。十五年才離開小田原的家，攜同妻子永住於東京。

昭和以後的白秋，比較地沉靜下去了。然而還是不停地在寫他的詩歌和童謠。不但如此，他還努力於各地民謠的整理與寫作，在民謠方面也成了第一流的作家。晚年的白秋，尤其著力於復活古代日本的精神於現代，這自時代的環境和他個人的年紀說，是理所當然的。

白秋的詩

白秋在詩的方面，歷史沒有和歌方面那麼長。他正式開始作詩，是明治三十七年（1904）他20歲的時候。白秋在他所著《明治大正詩史概說》有這樣一段話：

白秋於三十七年由短歌的投稿轉向於詩，試作春湯雜詠及其他；於那年四月上京前，投寄長篇《林下之雜想》，稍獲自信。明年一月至四月，接二連三發表了長篇《全都覺醒賦》、《春海夢路》、《繪草紙店》等。文庫記者加以一種誇大的讚辭，說什麼韻文界的鏡花（按：泉鏡花是當時在小說界最紅的作家）出現了。這樣地他的第一步進發頗為堂皇，但是就詩論詩，則不過是一如旁的評者所說，只是美辭麗句的羅列罷了。他的第一部詩集

《邪宗門》所以一篇也不收這些作品，是因為自己深惡而痛絕之的緣故。

明治三十七年的日本詩壇，是承藤村晚翠時代之後，屬於所謂後期抒情派，而漸漸步入象徵派詩的時代。這時候在詩壇最有勢力的刊物，是醉茗主宰的《文庫》和鐵干主辦的《明星》。白秋後來自己雖然不滿意當時自己的作品，但是一經《文庫》發表那些作品，予以極高的讚辭之後，他的名字便成了青年們注目的中心了。人們知道文庫末期的新進群中有白秋這個新詩人。

三十九年（1906）白秋由《文庫》轉入《明星》，自他個人說，是他的詩境的大轉機，自詩壇的大勢說，是文庫的時代已成過去。四十年（1907）十一月和二二同人退出明星之後，他的詩就分別在《新思潮》和鷗外主辦的《スバル》發表了。三十九年至四十一年這三個年頭，是白秋打造他獨自的作風的時代。四十二年刊行的《邪宗門》，是這三年之間所作的詩的一本總賬，白秋在詩壇的地位，大有由是而確立之概。這時他才 25 歲。

明治四十年前後，日本的詩壇正是一個大轉變期。此事可以由內容和形式兩方面說。內容是抒情詩走到末期，象徵詩漸漸成了詩壇的主潮；形式方面是口語自由詩，隨著打倒文語定型詩的提倡而出現。

象徵詩在日本是明治三十八年確實取得了存在權的。西洋象徵詩的介紹，於三十八年由上田敏的《海潮音》而集其大成；日本第一部象徵詩集是蒲原有明的《春鳥集》，也是三十八年刊行的，自是以後，一時日本的新詩人幾乎沒有不帶多少象徵的成份，白秋尤其受了象徵詩的影響。

再說日本的新詩，自從明治十五年新體詩抄發出創始運動的第一聲以後，一直到四十年，所有的新詩都取五七調（五音七音）或七五調以至八六調等等定型的新詩體，而所用也大都是文語，四十年以後才群起而提倡定型的打破，主張自由不拘音節而

用口語寫作的詩。

白秋在這個詩壇動搖之間，本土著象徵的詩技，同時又運用獨自的印象的詩技，吟詠新的感覺了。第一部詩集《邪宗門》，是最濃密地表現了官能的無邊無際的追求，和豐富的官能的交織的。那裡又具有所謂「邪宗門」（指天主教）者所有的南國長崎的一種異國情調，這也是這部詩集的特色之一。集中所收的詩可以分為兩個種類：一是樸直地表現了來自大自然的官能的交織，一是表現了幻想的心影的。

白秋的第二詩集是《思ひ出》，四十四年（1911）二月出版。這一集雖然出版在《邪宗門》之後，所收的詩卻有些是在那以前所作的。正如他自己標著「抒情小曲集」，大都是回憶少年時代與家鄉的優美的抒情詩。白秋在詩壇的地位，由於這部詩集才牢乎不動了。

《東京景物詩》是白秋的第三部詩集，大正二年（1913）出版，最大的特色在描寫東京。據白秋自己所說：「這是異國情調和江戶情報竹交織時代。這一時期，既與《思ひ出》的詩風溝通，復開了小調或童謠的機緣。」此集後來補訂改題為「雪と火花」。

《白金の獨樂》是白秋的第四部詩集，大正三年十二月出版。據白秋自述，全部作品在三天三夜的狂熱中寫成；自作風說是屬於旁流的，然而他自己卻很喜歡這些作品。據日本文壇的朋友告訴我，白秋常常是幾天幾夜不睡覺的寫詩。

以上四集是白秋在詩壇的全盛時代寫作的詩，除《東京景物詩》以外，大都是定型詩，而且用的是文語。其次，四集中只有《邪宗門》可以說是象徵詩——在日本是找不出前例的象徵詩。可見白秋在這個動搖期的詩壇，雖然難免於蒙受環境的影響，卻很能夠打出獨自的一條路的了。除此以外，有當時未單獨刊行，直至大正九年刊行白秋詩集時才作為第一卷刊行的《畑の祭》，

主要的作品是大正二年至三年滯居三崎時寫作的。

　　白秋自大正七年（1918）開始寫作童謠，就很少寫作純粹的詩，所以大正三年《白金の獨樂》出後，很久不出單行的詩集，直至大正十二年六月才又出了《水墨集》。據他自述，中絶了許久的詩的創作，是十年十月寫了《落葉松》等幾首詩之後才獲得更生的。《水墨集》的量極大，內容也複雜，除詩以外還有歌曲，民謠，童謠之類，可以代表當時的白秋的創作態度與範圍。白秋的詩至此已入了圓熟之境，他自己也說在這裡確乎建立了終生的作風。初版卷首有他的「詩論」《藝術の圓光》，於研究白秋的人是一篇極重要的文字。

　　出了《水墨集》以後的白秋，詩技日見圓熟，詩境日見蒼老，至昭和四年（1929）八月又刊行《海豹と雲》。據白秋自述，他在這裡想要在這個時代從新再現日本古神道的精神；又說，他在本集，以新的花鳥的幽玄和環境的閒寂為作風之一。日本的古神道的精神，換句話說就是日本魂，這是現時日本文學家詩人所努力想表現的。記得白秋在昭和十六年（1941）刊行的《白秋詩歌集》（八卷）的序說，他比別的詩文人早十年著手於這方面的工作，時至今日，頗覺欣慰。

　　白秋生前最後出版的單行詩集《新頌》，昭和十五年（1940）為紀念日本紀元二千六百年而刊行，收集《海豹と雲》以後的作品，作風也可以認為是《海豹と雲》的延長。

對於白秋的批評

　　以上很簡單地介紹了白秋的詩。然而白秋一生的業績並不只是詩，還有和歌、童謠、民謠和散文，所留的業績都不下於詩。這裡我應該向白秋之靈和本刊讀者抱歉，恕我待將來的機會再講，因為我現在確實沒有完成這種工作的精神和時間。其次，没

有引例的介紹，既感索然無味而且不易達到目的。所以我本打算多引幾首代表作品，然而這次也因為精神和時間都來不及翻譯，所以這也容我改日另行選擇白秋的作品以補本文的缺陷。現在趕緊說幾句大家對於白秋的批評。

日本的小說家和劇本家，大都不執批評之筆，而小說和劇本，都有專門的批評家或研究家。至於詩，則不易發見專門的批評家或現代詩人旳研究家，所以現代詩的批評和研究，都是詩人的兼業。「同行」雖未必都是「冤家」，但個性比常人特別強烈的詩人，總難免於俗語所說的「文章是自己的好」，所以欲求公允的批評誠非易事——尤其是對於同時代的詩人。

對於白秋的批評也不失此例。白秋這個人自負很高，也許是因為這個緣故，大概的詩人對他的批評都多少有故意貶抑的痕跡。至少可以說，人們對白秋的批評，和他自己的批評相差著實太遠。還有一幫白秋的門生們，又是把白秋捧得比天還高，令人看了有點肉麻。我覺得日本文學大辭典中一段對於白秋的批評，比較地可以說是公允，現在引譯出來：

論其精力，論其天資，互明治大正年間殆可以說沒有超出他的詩人。他的業績中影響最大的是童謠的新興。他的童心和藝術結合起來，墾拓了未墾的新園地。他的功勞無疑地應該傳留於後世罷。而且他不只是以一個童謠作家終其生的，他的長詩短詩自不消說，在民謠，短歌，散文等等各方面也發揮了優秀的作技。他的民謠，到了大正的後期，和童謠一起廣行於世，到現在可以說是成功的了。他酷愛短歌，也足以令人窺見這位詩人的一面；他的散文也極精巧之至，往往有容易得不到的名品。他著手於詩人所應當做的一切工作而行拓荒了。雖有主張卻不參與黨派，有主義而不趨於理論，只知一意專心於創作。要而言之，可以說像白秋那般能夠十足發揮了自己的天資的藝術家是少有的。（《日本文學大辭典》卷一第七三四一五頁「北原白秋」條）

　　執筆者是河井醉茗。醉茗是當年主編文庫的人，是最初賞識白秋的人，當然是詩壇的老前輩。

結　語

　　白秋是死了。享年58，原不算短命，然而據熟悉他的人說，白秋如果會保養的話，還可以多活幾年。

　　這事和他的家業未必有關係，也未必沒有關係，據說白秋不但好喝酒，酒量並且很大。白秋好喝酒，酒量大，作起詩來，往往幾天幾夜不睡覺，一邊喝酒一邊構想。這事據說很損壞了他的健康，很促短了他的壽命。其然豈不然乎？

　　然而活了58歲，過了四十年的詩人生活，留下了將近百卷的著作，這樣還不夠嗎？四十年的詩人生活，聲望不但不衰下去，反而一年高似一年，除了白秋還有第二個人嗎？我寫了這篇文章之後，十分羨慕這位詩人的壽命之長，並且相信他的藝術的生命一定是更長的。

　　附記：本文自舊曆除夕日寫起，寫到正月初三為止。這中間會了至少有三十位以上的拜年客，又要陪小孩們玩一玩，陪親朋喝喝酒，所以總沒有較長的時間執筆。因此思想或者缺乏統一，行文或者難免不一致，實在不應該拿出去發表；然而明後天就要起程做一個相當長途的旅行，再也沒有時間和心神修改了——只好就這樣送去。

1943 年 2 月 7 日

原載北平《中國留日同學會季刊》第 3 期，1943 年 3 月出版

武者小路實篤印象記

一

「最能代表白樺派的作家是武者小路實篤。」這是同屬於白
樺派的作家長與善郎氏說的。我對於這句話是完全沒有異議。志
賀直哉氏確乎是白樺派的重鎮，日本的文藝界對志賀氏的評價，
無寧說是超乎武者小路氏，但是我以為至少在特色的顯明一點
說，武者小路遠在志賀氏之上。白樺派之成為一派固然有許多因
素，然而武者小路氏所具有的特色，無疑而構成白樺派的最大因
素；由這一點說最能代表白樺派的作家是武者小路氏，這是毫無
疑問餘地的論斷。

我在這裡並不想批評白樺派以至武者小路氏的藝術，不過為
了行文的方便起見，勢須舉出他們的若干特色。

日本的文藝界，普通都稱白樺派為新理想派或人道主義派；
但是這種稱呼未免太籠統，抓不住確實的特色。因為他們雖然懷
著理想，卻沒有確定的理想的目標，只是為了當時的自然主義是
偏向物質，他們卻注重精神，所以被稱為新理想派。至於他們為
什麼被稱為人道派呢？頭一個原因是他們信奉托爾斯泰的人道主
義，還有一個原因，這可以借武者小路自己的話來說明：

「他們（指白樺派）拿整個生命來生存。那又是要使自己生
存得更加有勁。大約人們是在那裡感到所謂『人道的』事物
的。」

他們自己並未曾標榜任何主義，可是他們卻不但不是沒有特色，簡直可以說他們的特色太鮮明了。依我說來，白樺派的特色——同時也就是武者小路氏的特色——可以分為內容和形式兩方面說。自內容方面說，他們極端尊重整個的性命和人的精神力，信賴人類的本性和良心，所以他們忠實於自己的個性，同時又尊重他人的個性。假如說他們的理想也有個目標，那便是徹底地一味盼望著每個人的個性成長。自形式方面說，可以一言以蔽之，是文藝上的徹底的自由主義。他們不願以往的一切藝術上的制約，他們只知道「拿自由的毫無束縛的心情，把想要寫的事一樣一樣寫下去」（武者氏的話）。這種態度尤以武者小路氏為甚。日本的純粹說話式的白話詩，可以說是由武者小路氏開端的。他的劇本人都置舞台的制約於不顧，有時甚而全篇只是對話。他的小說，是不顧「物語」的形式的。他的文章，才真可以說是「天馬行空」所向無阻。我們讀著他的作品，正如讀《三國誌演義》中趙子龍在長坂坡那曹兵的千軍萬馬之中橫行直撞似的，不由叫我們喊道：武者小路的文章渾身都是膽！

二

武者小路氏也和其他白樺派同人一樣，是學習院出身的貴公子。我們中國，一提到貴公子，不是聯想到油頭粉面的紈絝子弟，便要聯想到文質彬彬的公子哥兒。然而武者小路氏，介乎他的文章使我聯想的，是一個生於自然，長於自然，野性十足的自然兒。

一向在我想像中的武者小路氏，約莫是這麼一個人：他的面孔極冷酷，心腸卻又極熱，換句話說，他是嘴硬心軟的人，他的性情一定極倔強，然而卻是富於幽默；他可以拚命和人打架，有時也會叫人發出會心的微笑。他的一顆心　　是的，他只有一顆

心——是純真的，所以一定不肯阿諛權勢，不屑與環境妥協。他是有良心的人，任何場合都一定會主張正義，主持公道，所以這個人可以信靠，可以親近。

大正十年（1921）以後，日本的文壇的中心勢力漸漸為普羅文學所佔據，一直到昭和六年（1931）前後，普羅文學才一落千丈，終於被埋沒於無何有之鄉。當普羅文學全盛的時代，日本「既成」作家所取的態度，大體可分為三派：一是參加普羅派，一是與普羅派抗戰，一是索性不寫作了。然而白樺派，尤其是武者小路氏，他是既不參加又不抗戰，也不停止寫作，仍然繼續著他的作風寫著他的作品。由此可以知道他的意志是怎樣地堅強，自信是怎樣深的了。——和那些隨便標榜著什麼主義，而朝三暮四隨風轉舵的人們比較起來，真不只天淵之別。

僅僅這一件事，也足以叫我們感到武者小路氏和他的一派是值得信靠的，值得交個朋友或者不妨拜之為師的。由於我一向由文字上所得的印象，我對於武者小路氏和他的一派，總懷著如師如友的關心，雖然和他們素無一面之雅。

三

這是去年 11 月的事。第一屆大東亞文學者大會①在東京大東亞會館舉行的第一日，有一位穿著和服，瘦長條的身材，沒有鬍子的老頭兒，戴著一副小眼鏡，那樣子頗像一位老太太的人，站起來說話。這正是武者小路先生。他拿著蒼老微弱而沒有抑揚高低的聲調，很急口地，一語挨著一語，一句挨著一句，沒有急慢之別，也沒有間別，一口氣說了幾分鐘，坐下去了。

注：①第一屆「大東亞文學者大會」於 1942 年 11 月 3 日至 10 日在日本東京舉行。為「日本文學報國會」主辦。

　　在第一次看見他，第一次聽到他說話的我，覺得和我一向所想像的並沒有出入多少。他在這種場合說話，面部的表情仍然是那樣的冷靜，聲調仍然是那樣的平板，可是我看見他的嘴唇在發顫，透過兩片玻璃板發見他的眼珠在輝煌。他這種狀似冷靜而平板的說話，比起那漲紅著臉，脹著脖筋，拍著桌子表示激昂的演說，不知要動人多少倍哩。我覺得第一次見面的武者小路氏，和我所想像的並沒有多少出入，只是覺得他的面容和他的年歲比較起來，稍微蒼老些，稍微瘦些。——恕我不敬，拿他的姓「武者小路」來設想，也應該是一位雄赳赳的人才是。

　　過了幾天，承紀生②的雅意，約了武者小路氏和幾位日本作家，在神田的大雅樓和我們幾個人小聚。在第一次見面時得不到談話機會的我們，這一次卻給了我們痛痛快快談話的機會。我們在那裡歡談了幾小時，並且交換了紀念的題詞。這個第二次的見面，使我更加覺到他是可以親近的人。我想：要是這個人，說話絕不會撒謊，而且我們對他也可以——不但可以，無寧說應該——無話不談的。

　　在大雅樓一別，匆匆過了五個月。我在日本會過的作家也不在少數，然而使我最不能忘記的一位是武者小路先生。今年正月，聽說他不久要到中國來。我一面不相信這話能成為事實，一面又希望它成為事實。到了四月，果然他做了文化使節團的團員之一，先到南京，又到北京了。載著他的火車開到北京站的時候，我彷彿抱著一顆去迎接別了多年的最親愛的朋友，最尊敬的老師似的心去迎接了。下車見面後的他，對我也顯著極親近而隨便不客氣的態度，這很使我高興而至於感激。

　　武者先生下車時，把一卷紙交給我，我問他這是什麼，他說

②即方紀生（1908－1983）廣東人，早年留學日本長期從事中日文化交流研究工作，建國後任河北師範學院講師。

是畫紙。後來到旅館時，他說想要買幾支畫筆；第二天我就領他和同來的谷川澈三氏去買了畫筆，逛了天壇和琉璃廠的字畫古玩舖。第三天再到北京飯店看他的時候，已經發見在一面靠窗的小桌上放著一張未完成的寫生畫了。他的畫癮之大，由此可見一斑。

這一次，我們見面和談話的機會比較地多；不過他這次來到北京，和我們到東京去的時候一樣，宴會，演講，參觀，會客，忙得不可開交，所以也不便糾纏著他說話。我們大都是在宴會席上隨便談談罷了。

有一天，武者先生遊了三天的大同回來，第二天我們就請他到北大文學院講話了。約定的時間將到時，我到北京飯店去接他，可是他出去了，眼看約定的時間已到，他卻不見回來。我想他是不會失約的，或者是沒有約妥罷？正著急著，他卻提著一筐子北京特有的青菜回來了；我一看便知道他是要拿來寫生的。這時，拿手錶一看，正是所約的時間——下午三點。我們立刻坐汽車到文學院去，在車上他告訴我，下午七點還有講演會。我看他滿面風霜，倦容歷歷，便告訴他說，要是疲倦了，對學生的談話可以短縮時間。他說回頭看罷。可是一談下去，竟談了兩小時！我問他疲倦不？他說，不但不疲倦，而且很快活；自從到中國旅行以來，今天的談話最痛快。

談話的題目是「作家的修養」，是武者先生最樂談的，所以他說最痛快的心情，我可以了解，那是樂而忘倦。就在這種小節目上也可以看出他的性情。

1943 年 6 月 19 日寫於北京

原載《藝文》1 卷 2 期，1943 年 8 月

關於德田秋聲

日本小説作家德田秋聲氏，於11月18日逝世了。今年8月，日本文學界損失了一位老而益壯的老前輩藤村先生，為時未及三月又喪失一位孤壘獨守達四十年之久的老前輩秋聲先生，真是令人無辭以表哀悼之意。

藤村和秋聲，都是過了五十年純文藝生活的大作家，然而藤村的一生是堂皇的，秋聲的一生卻是冷落的，前者始終受人歡迎，後者雖然也紅過一時，卻總是不得志的時候居多，有時甚至生活都發生問題。一個早已成名的作家，而且一生之中產生了不少大作的作家，竟會這樣不得志，原因固然很多，但最大的原因，還是他始終堅守自然主義的壁壘，不肯改變作風。——他自從明治四十一年（1908，38歲）發表成名作「新世帶」以來，三十多年間始終沒有脫離自然派的作風。

時代的風潮，隨著社會環境的改變，隨時在變動推移，明治四十一、二年登峰造極的日本自然主義文明，旋踵間便被推進後台去了。明治四十四、五年，大正初年（1911～1912）是反自主義的聲浪從四方八面風捲雲湧而起的時期。於是新浪漫主義由永井荷風、森鷗外、谷崎潤一郎等人倡説，新理想主義或人道主義由「白樺」的一派志賀直哉、武者小路實篤等人揭出義旗，隨後又是芥川龍之介等人的新理智派或新技巧派等等等等，大正年代十五年之間，造成了日本近代文學的黃金時代，在這中間，堅守自然主義壁壘，而產生了不少傑作的，便是秋聲先生。然而時勢

已經離開他的作風不只十萬八千里了，所以他雖然努力寫作結果
是不討好的。要說他是頑固也可以，要說他是落伍的作家也未嘗
不可以。

　　然而秋聲並不是自然主義文學的提倡者，也不是奉之為主義
的人，只是他的作風和自然派的主張多所合致罷了。在這種意味
上，他是殉於自己的作風，並不是殉於自然主義的。像藤村先生
雖然也不主張也不倡説什麼主義，卻會隨著社會的環境和時代的
風潮，清算自己的內部，使自己的作風步步推進，這和秋聲先生
正是很好的對照。藤村的一生所以堂皇，秋聲的一生所以冷落，
最大的原因之一或者就在這裡。

　　可是藤村的轉變，並不是一班政客式朝三暮四的作家所可以
比擬的。他不是好新驚異的作家，不是什麼主義走運就趨附什麼
主義，正如前面所説，他是隨著社會的環境和時代的風潮，先行
清算自己的，然後在作品中表現新的作風的。和他比較起來，三
四十年之間不發生內部的發展，始終守著一種作風的秋聲，要説
是頑固或者落伍是可以的。然而缺少平面的發展的秋聲，卻有立
體的發展，他的作品，一篇比一篇深刻而老練，這也就是他所以
能繼續五十年純文藝生活的一個大原因。這種作家，他自己雖然
吃虧，以整個文學界來說，卻也非常需要。

　　尤其是在空談主義而朝三暮四的作家佔多數的時代，像秋聲
這四十年如一日孤壘獨守的作家，著實值得我們痛惜他的逝世。

　　我接到秋聲逝世的消息，覺得彷彿像是看見一棵老松的凋
落。

　　秋聲本名末雄，姓德田，明治三年（1870）十二月二十三日
生於金澤市，昭和十八年（1943）十一月十八日卒於東京都，享
年七十有三。他的學校教育只讀到高等學校預科三年，但是一方
面又在私塾修習漢學。在校時代，代數和幾何都不佳，英文和漢
文的成績卻非常之好。

明治二十二年（1889）他 19 歲時喪父。這時代正是日本新文學的曙光發出之時，頗煽起了青年的文藝熱，許多青年都以為學校教育是多餘的，而想直捷去修習文學，秋聲也是這裡面的一個。再加以數學成績不佳，家計不甚富裕，便藉喪父機會退學了。

秋聲最初是在 20 歲時到東京，但不久便離開，第二次上京是在兩年以後。這回他在東京一直住了十年。這中間，他做過英文的教員，做過博文館（最大的書籍雜誌發行所）的職員。24 歲時拜入當時名氣最大的作家尾崎紅葉門下，修習小說的寫作，最初在《文藝俱樂部》發表《藪柑子》，獲了不惡的批評，從此也漸漸替地方的報紙寫了新聞小說。

當時紅葉山人的門生很多，比較出人頭地的有四個，稱為紅葉門下四天王，秋聲是其中的一個，其餘三個，一是泉鏡花，一是小栗風葉，又一是柳川春葉。但是秋聲的存在還是微之又微。及至明治三十三年（1900），他 30 歲那年，入讀新聞社任英文記者時，雖然為了胃擴張所苦，卻發奮寫了長篇《雲の中へ》在該報陸續發表，文名乃稍舉，這篇小說，遂成了他的出世作。自是以後，連續在《新小說》發表了「怠けもの」桎梏「前夫人」等個人主義傾向的作品。但是為了生活，幾年來他儘寫著無聊的外國文學的翻譯作品，所以沒有什麼力作發表。

明治三十五年（1902）年底，他又一度離開東京，到大阪找他長兄，又經由瀨戶內海到別府靜養治病。這一次的旅行，在他的心境發生極大的影響，所以翌年春回到東京，便放棄公寓生活，自賃一所小房子，獨立一戶，夏間並且結了婚。紅葉山人就在這一年逝世了。三十七年（1904）秋生長男。三十八年在《萬朝報》發表《少華族》，是一部戰爭小說，因為三十七、八年日俄戰爭中，小說非關乎軍事的便不為讀者所顧也。三十九年（1906）夏生長女。四十年寫《おのが縛》，四十一年寫《二十

七八》，都在《萬朝報》發表。

是使秋聲成名的作品，無論如何應推中篇小説《新世帶》。這是四十一年（1908），他 38 歲那年，依國民新聞文藝欄主編高濱虛子的雅意叫他試作的。他的自然主義的、人生派的傾向，最初在這裡表現出來。正是自然主義文學高潮的時代，這篇作品一出，各方面都極大恭維，秋聲的文名才大顯，被推為日本自然派的作家。

一個作家要成名，不是那麼容易的，成名之後，要確保他在文壇的地位尤其不易。秋聲自 24 歲時發表《藪柑子》，直到 38 歲努力奮鬥了十四年，好容易才成名，又於翌年接連出版了短篇集《花束》出產《秋聲集》，發表長篇《焰》、《凋落》，他的地位才算決定及至 41 歲發表長篇《霉》，他在文壇的地位才永固了。

《爛》是四十四年（1911）由夏目漱石的推荐發表在《朝日新聞》的，當時已極搏好評，翌年由新潮社印行單行本，更為各方所推崇。四十五年又發表《足跡》於讀賣新聞，田山花袋説這篇是超乎《霉》的傑作。翌大正二年（1913）又在《國民新聞》發表長篇《爛》描寫愛欲之技入神，筆致極簡潔精致。大正四年他 45 歲時，接連又發表了《ぁらくれ》。自 41 歲到 45 歲的五年間，是秋聲一生的黃金時代，他在這時一躍成了第一流作家，而在僅僅數年之間，竟產生了這麼些足以代表日本自然主義的大作，在整個日本文學史上，也是足以紀念的人物。

大正四年（1915）以後，隨著自然主義的失勢，秋聲的地位也一天不如一天，大有每況愈下之概。他雖然也繼續寫著長篇短篇小説，但是日本的文壇中心已經離開他很遠了。直至大正十二、三年（1923～1924），日本的文壇於百花爛漫之後，現出疲倦狀，在左翼文學異軍突起的一面，所謂既成文壇的一角盛行著以身邊瑣事為題材所謂「私小説」「心境小説」的時代，秋聲才以這方

面的首屈一指的作家東山再起。《花が咲く》《風呂桶》（大正十三年）《未解決のまくに》《籠の小鳥》（十四年）《折範》《元の枝へ》（十五年），都是這個時期的佳品，《元の枝へ》獲得尤其好的批評，和同時期發表的藤村的《嵐》並稱。

但是這也只是幾年之間，到了翌年昭和二年（1927）四月發表短篇《春來る》大受文壇的非議以後，秋聲的文運便又一落千丈了。不過像《町の踊り場》《死に親しむ》和《勛章》，還不失為昭和年間秋聲的佳品。

秋聲是享了 73 歲的高齡的，對於他的逝世，我們有什麼可說的呢？只是他的業績，在我國並沒有介紹，所以我本打算寫一篇長文詳為介紹以代悼詞；無奈近來心緒不佳，只能寫出這麼幾個字，不過另外還譯了《洗澡桶》（原名《風呂桶》）和《勛章》兩短篇，也是出於介紹與紀念這位一代大作家的微意。尤其是《勛章》（昭和十年十月《中央公論》五十周年紀念號所載），據我所知道，是他的最後一篇傑作，所以特別譯來發表在《藝文雜誌》。至於他的作品，收集最完全的是昭和十一年至十二年（1936～1937）之間由非凡閣出版的《秋聲全集》，選集如改造社版《現代日本文學全集》第十八卷《德田秋聲集》（1928，11）是很好的。

1943 年 12 月 10 日記於北京

原載北平《藝文雜誌》月刊 2 卷 2 期，1944 年 2 月 1 日出版

日本文化的再認識

一

　　年來「中日文化交流」、「中日文化合作」的聲浪甚囂塵上，而且往往聽到未曾認識中國文化的日本人和未曾認識日本文化的中國人，也在那裡大倡其交流而主張其合作，其熱心誠然可嘉，卻又難免有無的放矢之譏。提倡的宗旨我是極贊成的，不過在彼此沒有充分認識以前，既缺乏前提條件，所謂交流，所謂合作，也只是空口說白話，喊喊口號而已，沒有實現的可能性。目前當務之急，是互相認識清楚對方的文化。

　　日本人研究中國文化已有一千餘年的歷史，所以他們對於我們中國文化自然有相當普遍而深刻的認識。可是我們中國人，一向誤於自大的思想，不但對於日本的文化，對於其他各國的文化也不肯虛心去研究。自從清末一再吃了外國的敗仗，一部份人士才漸漸睜開眼睛，開始熱心研究外國的文化。然而那也只限於歐洲的物質文明，至於歐洲的精神文化已被認為不足予以一顧的了，何況是日本的精神文化？我們的先人曾經教給我們說：「滿招損，謙受益。」尊重本國文化的精神誠然是極應當的，可是不應該自滿，應該謙虛受教的，這樣才能受益，才能使本國的文化更加發揚光大。這個格言是孩童都知道的，然而當接觸外國的文化時卻是連大人都把它忘記了。

二

我們中國人，對於日本的文化一向太過於冷淡了。和日本人研究中國文化的熱心比較起來，更其令人覺得這樣。即自清末國人開始研究外國的文物以來，也沒有多少人真正熱心研究過日本的文化。自從許多青年相繼出洋留學以來，留日的學生雖然始終佔著最大多數，可是有的只是去鍍金而已，而熱心讀書的留學生也大都以求得歐美的物質文明為目的，並沒有聽說有多少人為的是研究日本的文化。這是為什麼呢？

我以為這至少可以舉出三個原因：一是留學生大都抱著功利主義。拿壞的來說，是為升官發財而留學，拿好的說，是懷抱重建新的國家以救祖國之垂危的青年，眼看日本之強盛基因於明治維新，而明治維新的大業多半受賜於歐美物質文明，所以認為非儘先輸入歐美的物質文明不足以成中國維新的大業。為了這原故，不免疏忽了日本固有的文化。二是政治上的原因。自從凡爾賽和平會議以後，中日兩國之間，屢次發生糾葛，弄得兩國的感情日趨惡化。人是感情的動物，感情往往壓倒了理智。大多數的人即由於感情的作用，對日本的文化不願予以一顧，除了特殊的研究家以外，一般留學生也就不願意研究這種費力不討好的學問了。三是由於輕視日本文化。這也不知道是誰說起的，對於日本文化竟造成了一種機械的公式說：日本的文化，從前是模仿我們中國的部份，我們研究自己就可以知道；模仿歐美的部份，我們不如直接研究歐美更為地道，所以日本的文化，沒有研究的價值，從而也沒有研究的必要。這種皮毛的日本文化觀，使國人輕視了日本的文化，大家就索性不去研究它了。

三

　　在日本留學的青年既然這樣冷淡了日本文化，國內的大衆當然更加不關心日本的文化了。加以兩國的政治上屢次發生的糾葛，使國人在感情上也不屑理會日本的文化。然而二、三十年來，兩國的感情也有緩和而比較接近的時代，而國人中也有比較冷靜的人，所以想知道日本文化的時代和人也出現過不少。無如除了直接會看日本書的人，幾乎沒有法子接觸日本的文化。

　　我在兩個月前曾經在一個日本新聞上發表過一篇文章，裡面說過這樣的話：

　　「歷來和中國的一般大衆接觸下來的日本文化，具體說來，是日本的商品尤其是工業生產品。工業的生產品在某種意味上確乎是具體地表現了一國或一民族的文化的，此事徵之考古學者、土俗學者想依靠先人遺物闡明古代文化一事也可以知道。這工業生產品盛行運到中國和中國一般大衆接觸，記得是第一次世界大戰發生以來的事。到了中國大衆手上的日本的工業生產品，東西既美觀價錢又低廉，一時不用說是大受歡迎的了。然而用起來一看，卻是脆弱不堪，再加以政治上宣傳的關係，「劣貨」終至於成了日本的工業生產品的代名詞了。這時候，正是日本的商人乘著大戰的景氣，一陣兒把粗製濫造的商品送到中國把持了中國的市場，所以有這樣不幸的結果。

　　這種由於唯利是圖的商人製造出來的粗製濫造的商品，被拿來做日本文化的標本，日本人尤其是日本文化諸君，也許要說豈有此理而惱怒罷。那是當然的。然而事實上，除了這工業生產品以外，中國一般大衆並沒有具體地和日本文化接觸的機會。所以中國人輕視日本文化的傾向，日本的商人應該擔負一部份助成的責任。」

　　事實上我國一般大眾，就是想要認識日本文化也無從認識。
所接觸的，除了商品以外就是飛機、大炮和軍艦而已，難怪乎前
面所說的皮毛的日本文化觀會橫行於中國一般大眾之間也。

四

　　日本在距今一千餘年前，確乎大規模地輸入了中國文化，而
於文物制度確乎模仿過中國；千餘年來和中國交通的結果，確乎
隨時受到中國文化的影響。然而這並不成其為使我們中國人輕視
日本文化的理由。須知現代的我們的文化便是繼承了前一代的中
國人的文化而模仿之而受其影響的。前一代的中國人和前前一代
的中國人的文化關係也，和現在的我們與前一代中國人的文化關係
相同；再往前推也照樣可以這麼說。然而現在的我們的文化和三
代以前的文化所以不會完全一樣，是因為這中間有變化、發展、
進步或者退化的緣故。

　　假如說，從前日本的文化是模仿中國文化的，所以我們不必
研究，而且認為這是合理的話，那麼當我們研究本國文化的時
候，就可止於夏、商、周三代，秦漢以後的文化便可以不要了。
或者更進一步，止於研究夏或更以前的文化就可以了。然而誰也
不能以為然的罷。何況日本在未接受中國文化以前當然已經有了
日本固有的文化，而且他們的民族的構成，地理的環境、歷史的
傳統，都和我們不一樣。所以當初他們怎樣接受中國文化，後來
怎樣消化怎樣改造中國的文化與本國固有的文化調和下去，而又
怎樣發展變遷而成了日本文化，都是極有趣味的研究對象。

　　我以為唯其日本人曾經接受了中國的文化，我們更有研究的
必要與利益。因為我們由於這種工作，不但可以了解日本文化，
並且可以幫助我們了解本國的文化，例如由於日本人讀漢字的發
音，可以幫助我們了解我國的古音，便是一個最明顯的證據。又

如我們已經失傳的學問，由於日本文化的研究可以獲得頭緒的也
不在少數。

日本的文字，除了四十幾個「假名」（字母），所用的便都
是漢字；不但如此，連那四十幾個「假名」也由漢字造出來的。
受中國文化影響最深的，可以說無過於日本的文字了。於是居然
也就有一部份中國人，以為中國人都認得漢字，所以只消學會四
十幾個「假名」就可以看懂日本文；甚至有人把「假名」置於不
顧，只把句中漢字的位置換一換看就以為可以看懂日本文了。日
本文和漢字之差，難道只是幾萬字中的四十幾個「假名」嗎？須
知日本語的構造、語法、句法，都異乎中國語，不過是借漢字為
外殼罷了。不過在單語以至表現法，難免受到中國語的影響，這
是無可奈何的。然而影響還只是影響，並不能因此而認為日本語
便是中國語，懂得中國文便懂得日本文。

受中國文化的影響最大的文字尚且如此，其餘的文化部門更
可想而知了。然而國人中尚有以為從前的日本文化和中國文化之
差，只是幾萬字中的四十幾個，而以為無須乎加以研究的，所以
我不得不在這一點特別提醒一下，希望國人從新下一番決心研究
日本的文化——把日本的文化也看作外國的文化認真研究一下。

五

現在的日本文化，確乎是模仿歐美文化而來的。明治初葉的
所謂「文明開化」運動的猛烈，真是現在的我們所設想不出的。
日本人在這個時期，著實輸入了不少的歐美文化。亙明治的四十
五年和大正的十五年，雖然中間曾有數次反動，但是大體上可以
說是朝著歐化的一路走的。結果在這六十年之間，走完了歐美人
走了一、二百年才走完的路程，精神和物質兩方面都達到世界最
高的水平線了。

　　然而這並不成其為輕視現代日本文化的理由。我國也約略和日本同時，曾經想藉歐美的物質文明的輸入而改造國家，使我國強盛起來而免於滅亡的。為什麼人家做成功，我們就偏不成功呢？其中自然必有緣故。這是值得我們下一番研究功夫的問題。所以我以為現代的日本文化，唯其模仿過歐美的文化，唯其受過歐美的影響，所以更不得不加以一番認真的研究。

　　大家都迷信著以為物質文明是歐美的專利品，所以如果欲藉物質文明之力使我國強盛，與其間接學之於日本，不如直接學之於歐美。其實物質文明，我們亞洲本自古已有之，只是歐洲方面由於動力的應用進步得快罷了。我們也認真學去，如法炮製，自然也可以進步得很快；並不在乎學歐洲或學日本，要在認真不認真而已。

　　所以學之於歐美，或學之於日本，我覺得都不成問題。不過，我以為假如我們能夠認真研究近代以至現代的日本文化的話，我們便一舉可以三得；一可以認識現代的日本文化，二可以明白日本人當初怎樣消化了歐美的文化，三可以得到一般現代文化尤其是物質文明的知識。尤其是日本人消化歐美文化的能力真正值得佩服，不然的話，為什麼歐美人之間會反轉過來在那裡熱心研究日本呢？

六

　　總而言之，我們中國人一向是過於冷淡了日本文化的。其原因，最初是由於自大，這不只對於日本文化如此，對於其他各國的文化也如此，總以為外國所有的我們中國都古已有之，不足為奇。然而這種自大的觀念由於事實的教訓已經漸漸消失了。

　　可是這回成了崇拜歐美的觀念，而造成冷淡日本文化的第二個原因。第三是由於感情的作用。為了感情的作用而冷淡了日本

文化，這種舉動未免太幼稚。須知研究人家的文化是我們所享的權利，並不是我們所負的義務；你不研究人家的文化，人家並不吃虧，吃虧的是你自己。局限自己的眼界，這虧吃的自然不小，所以這種感情作用，已有自然消滅之勢，往後對於日本文化的研究可以斷定必然會超越了感情的好惡是無疑的。最後的原因是由於皮毛的日本文化觀——從前的日本文化是中國文化的模仿，現代的日本文化是歐美文化的模仿，所以沒有研究的價值也沒有研究的必要。本文前面所說的話，大半是為指摘這種日本文化觀和日本文化無用論的誤謬的。

不過這種誤謬，由於接觸日本文化的機會日多一日，自然會日較一日由事實給糾正的。這些原因消滅之日，我國人對於日本文化的研究自然而然會盛行，從而對於日本文化的認識自然會深刻而正確起來。

七

我前面所說的話都是站在肯定的立場說的。例如說，近年來許多人在提倡中日文化交流或合作，我極贊成，而以為欲談交流與合作，必須先行互相認識對方的文化，並且指摘了以往冷淡了日本文化之非。這都是站在肯定之立場說的。

現在我們站在相反的立場，頭一個問題：中日文化不交流不合作便怎樣呢？我的答覆很簡單：如果自願局縮本國文化的內容，自願使本國文化孤立而至於落伍而至於受人征服，那就沒有話說，否則便須與任何國的文化交流合作，而況是和我國最接近而關係最密切的日本的文化呢？

第二個問題：我們不認識日本文化不成嗎？並且有人說道：我並不認識日本文化，然而照樣活著，而且我國人在以前幾乎全不認識日本文化，然而我們的國家照樣生存著，並沒有什麼不

便。這個問題稍微複雜一點，待我分條答覆如下：

(一)不認識日本文化，便無法實行中日文化交流和合作，其損失已如前述。(二)個人不認識，或者不會蒙受直接的損失，若人人不認識，國家全體就要受到損失，從而個人間接也難免蒙受影響。(三)國家全體，從前可以不認識，現在卻不然了。因為從前交通不便，各國閉關自守的時代，不認識外國的文化，誰也無妨夜郎自大；但是世界的交通已經開通至於像現今這樣方便，各國都競爭著研究外國的文化而取彼之長補我之短，藉使本國的文化豐富起來了，所以我們也不能落人之後。日本之前後研究中國和歐美的文化而取為己有以致今日之盛，便是很好的他山之石。

第三個問題：不談中日文化交流與合作，我們不是就可以不認識日本文化了嗎？這個問題由於上面的話已經予以答覆了，現在我拿極端的保守主義者的話來研究一下。極端的保守主義者說：外國的文化都是異端，我們研究它便要被外國同化而隸屬於人，所以應該保持本國的文化發揚而光大之。保守而光大本國的文化，當然是極重要的，然而研究外國的文化，不見得就被同化而隸屬於人，不信為什麼日本不為中國和歐美同化而隸屬於中國和歐美呢？我以為惟其欲保守本國的文化而發揚光大之，更須研究外國的文化。

八

處在現今的世界，任何國家，單獨都不能存在下去。這並不限於經濟與軍事，一切文化部門都照樣可以這樣說。所以我們除了研究本國的文化，還須研究外國的文化而認識之，然後取彼之長補我之短，這樣才能發揚光大本國的文化，才不至於成了落伍的國家。

研究外國的文化而認識之目的，並不止於想取長補短，還有

一個目的是便於交際接觸。現在的國家，沒有一時一刻能夠不和外國接觸；倘若對外國的文化一無所知，或知道不徹底，接觸起來是很不方便的，而且往往自己要吃虧。不然的話，為什麼野蠻民族的文化也有人在那裡研究呢？

研究外國的文化而認識之，這還有一個目的，就是可以幫助究明本國的文化。本國文化中某一部份的來源去處，非待外國文化的研究往往不可得而知。

研究外國文化，大體上有上述三種目的，而遍觀現在各國的文化，最能使我們達到這些目的的，正是一向最被我們冷淡的日本文化，所以我不得不在這裡提倡日本文化的再認識，希望國人認真研究日本文化而認識之。

我們不必承認日本文化比我們高，也不必認定它比我們低，因為這並沒有絕對的標準。然而地也不大物也並不豐的日本，居然能在競爭激烈的世界上爭霸稱雄，它的文化一定有足以供我們參考的什麼。

日本和我國同建國於亞洲，地土相接，由任何方面說都可以說是兄弟之情，彼此接觸的機會尤為繁多。我們對這個兄弟之邦的文化如其沒有相當深刻的認識，勢必特別不方便，而且難免發生齟齬。以往兩國之間時時發生問題，原因誠然很多，我們沒有認識日本的文化，也可以數為原因之一罷。

日本在一千餘年前曾經大規模地輸入了我國文化，那些文化之中有一部份在我國已經失傳而尚存於日本。我們由於日本文化的研究可以知道那些失傳文化的內容和去處，必要時還可以恢復。

由於這些理由，我雖然認為任何外國文化都應該加以研究而認識之，卻特別主張應該從新認識日本的文化。

日本人對中國文化的研究，自天文地理以至人事百般，真是無微不至，有些事項研究得比我們更加清楚徹底。他們的學者將

研究所得的結果發表出來，或者寫成通俗的文章使國民普遍認識，所以日本國民，對中國的文化多多少少都有認識。

回顧我們中國人，對日本文化加以研究的人根本就寥若晨星，至於供給一般國民認識日本文化的刊物，就更鳳毛麟角了。現在就是想介紹一部日本歷史或日本地理的書給學生讀都找不出來，其餘就可想而知了。實在是可嘆的現象。

文化的範圍非常之大，一個人當然不能研究全部的。不過國內不乏好學之士，而留學過日本的同胞或對外國文化的研究具有興趣的同胞也不在少數，希望大家發奮起來，就自己的專門或有興趣的方面，加以研究而介紹於同胞，使國人從新認識日本的文化。舉凡歷史、地理、宗教、哲學、文學、藝術、法制、經濟，以至人情、風俗，都是我們研究的對象，都需要介紹於國人。

同時希望我們的同胞，更加關心於日本的文化。

1943 年 12 月 31 日

原載北平《日本研究》月刊第 2 卷第 2 期，1944 年 2 月 20 日出版

三、文學創作

詩 歌

寄懷台灣議會請願[1]諸公

故園極目路蒼茫，為感潮流冀改良。
盡把真情輸北闕，休將舊習守東洋。
匹夫共有興亡責，萬衆還因獻替忙。
賤子風塵尚淪落，未曾逐隊效觀光。

鷺江春水悵橫流，故國河山夕照愁。
為念成城朝右達，敢同築室道旁謀。
陳書直欲聯三島，鑄錯何曾恨九州。
從此民權能戰勝，誰云奢願竟難酬。

原載《台灣》月刊[2]第 4 年第 4 期，1923 年 4 月 10 日

---

①指二十年代在台灣和日本開展的「台灣議會設置請願運動」。
②《台灣》月刊，1922 年 4 月 10 日由《台灣青年》改名創刊於日本東京。1924
　年 5 月 10 日停刊，共出刊 19 期。該刊對促進台灣新文學運動的繁榮起過重
　要作用。

詠時事

如此江山感慨多，十年造劫遍干戈。
消除有幸排專制，建設無才愧共和。
北去聞鵑空躑躅，南來飲馬枉蹉跎。
天心厭亂終思治，忍使蒼生喚奈何。

原載《台灣》月刊第 4 年第 6 期，1923 年 10 月

席上呈南都詞兄[*]

僕僕燕塵裡，韶光逝水流。
逢君如隔世，攜手共登樓。
痛飲千杯酒，難消十載愁。
他時歸去後，極目故園秋。

原載於陳逢原著《新中國素描》一書，1939 年 4 月台灣新民報社出版

---

[*] 陳逢源，別號南都，台南人，為 20 年代台灣文化協會成員。1938 年任台灣
《新民報》記者時，曾至北京遊覽。宴席上原韻奉和上面一詩：眼底兵塵滿，
思潮久逆流。燕雲迷落日，荊樹怕登樓。美酒因知己，詩多詠旅愁。都門天
一碧，不負菊花秋。

《亂都之戀》詩集*序文

人生無聊極了！苦悶極了！
僅僅能夠解脫這無聊、安慰苦悶的，
只有熱烈的戀愛罷了。
實在，沒有戀愛的人生
是何等地無聊而苦悶呀！
然而，戀愛既不是遊戲，也不是娛樂啊，
真摯的戀愛，是要以淚和血為代價的！
我曾經過了熱烈的戀愛生活，
而且為了這傾了無數的血和淚。
這小小的本子裡的斷章，
就是我所留下的血和淚的痕跡。
我欲把我的神聖的淚痕和血跡，
獻給滿天下有熱烈的人間性的
　　　青年男女們！

原載《台灣民報》85 號，1925 年 12 月 14 日

---

* 1923 年初張我軍先生來到北京，在升學補習班讀書時與同學羅文淑女士相愛，
但為女方長輩所梗並迫羅女士另嫁他人。在關鍵時刻，兩人奮力掙脫封建禮
教羅網，雙雙遠去台灣成婚。1925 年創作出版的新詩集《亂都之戀》，就是
反映當時他們爭戀愛自由和婚姻自主鬥爭時的種種心情。

沉　寂

在這十丈風塵的京華，
當這大好的春光裡，
一個T島[*]的青年，
在戀他的故鄉！
在想他的愛人！
他的故鄉在千里之外，
他常在更深夜靜之後，
對著月亮兒興嘆！
他的愛人又不知道在哪裡，
他常在寂寞無聊之時，
詛咒那司愛的神！

1924 年 3 月 25 日於北京

---

* T島指台灣島。

對月狂歌

這樣黑暗的世界，
在這沉寂寂的夜裡，
殷勤地展開著你慈愛的眼睛，
熟視破窗裡的窮人，
我感謝你！我讚美你！
啊啊！月裡的美人喲，
你是我僅有的知己！
你是我永遠的伴侶！

1924 年 3 月 26 日於北京
原載《台灣民報》第 2 卷 8 號，1924 年 5 月 11 日

無情的雨

一

天是還未明的。
我的睡魔已經跑去了。
哦哦！夜來監視著
不願它繼續落下去的雨，
因了幾小時的貪眠，
聲勢越發猖狂了！

二

聽一滴滴擲在屋瓦上的雨聲，
如一根根的針在刺我的心房。
天呀！你忘了麼？
今夜的月底下，
是我們要造我們的甜蜜的歷史的一段呀！

三

唉！唉！唉！這時候，
怕伊也被那如針刺的雨聲

叫醒過來了！
雨呀！快點兒歇息吧！
莫要把伊的柔腸剌斷呀！

四

雨已歇了。
太陽似乎怕什麼，
羞澀澀地不敢露面，
雲縫裡，
偶爾射出來的一片微光，
強調了我無限的希望！

五

可是懶洋洋的雲，
老是不肯飛散，
哦！原來不是不飛散啊！
四面望到天盡處，
倒是沒有容他的空地。

六

黑的雲，灰色的雲，
糾作一團團，
只在這近處亂滾，
我不安的心兒也跟著
在局促的心房裡，

滾來！滾去！

七

一會兒，昏濛的世界，
又下了一場翻天覆地的大雨，
街道上，
剩下幾個没了半身在水中
拉著車兒走著人力車夫之外，
已没有行人之影了。

八

傍晚的時候，
不耐煩的雨又歇了。
約束的時間也早到了。
可是這樣滿街道的泥濘、水窟，
怎得伊出門？

九

哦！哦！屋角上的白雲。
扶擁著初罷晚妝的月姐，
姍姍地步出雨後的天街了，
忙忙在趲路的月姐呀！
你是不是會你的愛人去？

十

本來是該和伊共賞的今夜的明月，
卻為了這早晚的無情的雨，
強教人各在一方，
望著光艷艷的月光、夜色，
思量著甜蜜的夢，
過這無聊的一夜！

1924 年 6 月 12 日於北京

原載《台灣民報》2 卷 13 號，1924 年 7 月 21 日

附：這 10 首詩送與回到故鄉去了的甘振南*君看

---

* 甘振南，原名李金鐘，台灣彰化人，1922 年曾就學於北京朝陽大學。

遊中央公園雜詩

一

小山上，
綠草又長了幾許了。
不錯呀！
相別已兩度月圓啊！

二

草兒煩悶著，
似乎在問我：
前回那位少女
別來好麼？

三

月姐冷笑著，
似乎在問我：
前回那位少女
沒有伴你來嗎？

四

蟲蛙們圍繞著我，
熱心地奏起它們的夜曲，
似乎在催我：
重理舊日的夢。

五

── 小草兒偷聽了我們的細語，
月姐照徹了我們的心田，
蟲蛙們為我倆奏了和諧的曲，
我倆陶醉在自然與愛的懷中，
相對著微微地笑！

六

草兒，
月亮，
蟲蛙們，
在微涼的晚風中
互相禮讚了。
我悵悵地說：
「再見！」

1924 年 8 月 8 日於北京
原載《台灣民報》3 卷 6 號，1925 年 2 月 21 日

煩　悶

一

每到黃昏時，
我的心兒便在狂跳、淒酸，
心兒狂跳，心兒淒酸，
都是因了屋後的那株老樹，
滿臉浴在斜陽裡，
現出憂愁抑鬱的金黃色，
無氣力地、悄悄地，
漏出人生寂寞的消息！

二

我站在老樹的背後，
沉思復嘆息！
默默地，
偷聽了它帶來的消息：
它說我故鄉的風景如舊，
只多著一個年老的母親，
日日在思兒心切，
一會兒太陽沉下去了，

它也把憂愁抑鬱的臉收起，
我也無從再探消息！

三

每到月明時，
我的心兒便在狂跳、淒酸，
心兒狂跳，心兒淒酸，
都是因了那在屋角探首的月姐，
現著她怪無聊而冷淡的臉色，
無氣力地、悄悄地，漏出人生寂寞的消息！

四

我坐在紙窗下斜仰著首，
沉思復嘆息！默默地，
偷聽了伊帶來的消息，
伊說我的愛人依舊
被一個牢圈把伊牢住，
故不能和我長談蜜語，
一會兒烏雲密佈，
月姐也藏起伊怪無聊而冷淡的臉色，
我也無從再探消息。

1924 年 10 月 4 日於北京
原載《台灣民報》3 卷 7 號，1925 年 3 月 1 日

秋風又起了

一

秋風又起了。
故鄉的慈母啊，
不知道您老人家，
怎樣地緊念著
海外的孤兒！

二

給母親的信，都說兒子身上好。
但是啊，其實這身兒，
是向著憔悴，消瘦！

三

去年的初冬，
在陰沉沉的鷺江江上，
一隻船送了母親
回到故鄉去，
一隻船載著我，

向了流浪的旅程。

四

母親呀！故鄉的母親！
其實兒不該送您回去，
而獨自飛奔到天外。

五

如今呢？
身兒病，
心兒也病，
又一無所成，
唉！何處是我的前程？

六

夜已深了。
窗外蟲兒聲甚哀，
二年前奔喪的光景，
歷歷現出眼前來：──
銀色的朦朧的月光，
映照著了父親的墓碑。

1924 年 9 月於北京病中作

前　途

半夜破了夢醒來，
伸一伸手摸索了沒有伊在。
環顧是黑漆漆的，
屋外可怕的夜的聲，
是將落的樹葉兒挺在秋風裡，
做最後的悲壯的雄呼。
我的心兒忽而一陣陣地酸痛，
嘴裡念著伊可愛的名字。
腦中浮出伊怪可憐的形容，
胸兒緊緊地靠著被兒做抱擁。
莫名其妙的熱淚從眼窩角，
一滴滴地直滾下來。
唉！茫茫的宇宙，
短促的人生，
青春將去了，
前途！前途！
可怕的，可詛咒的前途！

1924 年中秋節前 1 日於北京

我　願

一

我願做個碗兒，
日日三次給伊蜜吻，
吻後還留下伊的口味。

二

我願做個鏡子，
置在伊的房裡。
大清早伊起來，
便和我相視而微笑。

三

我願做個牧童，——
倘伊是個浣衣女。
暮暮朝朝，
我牧著牛而伊搗著衣，
在水流淙淙的水河畔，
從容地，自在地，

和伊交談蜜語。

1924 年 10 月於北京

危難的前途

　夢醒來，
枕布和袖口怪濕著。
確是剛流的熱淚哪！
但是這卻為了什麼？
我仔細重尋路：
分明是伊淒慘地
告訴我伊的苦情，
所以引起我
想起我倆的前途，
想起我倆的危難的前途！

1924 年 10 月 4 日於北京

亂都之戀*

　　「亂都」是指北京，因為那時正值奉直開戰，北京城內外人心頗不安，故曰「亂都」。

一

　　不願和你分別，
　　終又難免這一別。
　　自生以來，不知經歷了
　　多少的生離和死別，
　　但何曾有過這麼依戀，
　　這麼憐惜的離別！

二

　　亂哄哄的北京，
　　依舊給漫天的灰塵籠罩著。
　　我大清早就拿著行李，
　　衝著雜沓的喧囂，
　　冒著迷濛的灰霧，

---

*這一組詩的前7首，刊載於1925年12月31日出版的台灣《人人雜誌》第2期。

獨向將載我走的車中去。

三

秋朝的天空，
半晴不晴地，
散射著很微弱的朝暉。
微光裡，愁慘中，
火車載我向南去了。

四

火車縱無情，
火車縱萬能，
也載不了我的靈魂兒回去，
我已盡把他寄託在這裡了。

五

唉！昨日在先農壇的樹蔭下
話別的一對少年男女
今朝一個在家中嘆息，
一個在轆轆地響著的車中含淚！

六

陶然亭惜別之處，
今朝牧童和樵女，

定必依舊在那裡
交他們的蜜語，
然而昨午小崗上的
一對少年男女，
今朝何曾有個影兒？

七

火車漸行漸遠了。
蒼鬱的北京也望不見了。
啊！北京我的愛人！
此去萬里長途，
這途中的寂寞和辛苦，
叫我將向誰訴！

八

你知道嗎？我的愛！
我把你的小影兒揣在懷中，
正如和你並坐而抱擁。
一站站車停時，
我都把你拿在掌中，
默默地向你訴說：
我的離情淒楚！

九

噯唷「再見，兩年後」麼？

況是萬里長途呢！
我不願歸去了，
但又不得不歸去啊！
我只得把我的靈魂兒，
交給伊管領在亂都。

十

秋柳！鐵路旁的秋柳！
春去了你憔悴嗎？
但是，你何須憔悴，
春不是也在戀你嗎？
明年暖風吹時，
春又將跟他來了。

十一

旅店的孤燈暗淡，
窗外的明月淒慘。
呀！月又圓了，
人已散了。
我獨坐孤燈下，
深深地嘆息復嘆息！

十二

長途的旅行，
是何等地辛苦！

身疲困而心淒愴的旅人，
連夜又提著行李，
奔向船上去了。

十三

海上的明月分外皎潔。
海水微微地波著，
涼風徐徐地吹著；
這樣月白風清之夜，
愛人喲！幾時才能叫我不感著
如今夜的孤獨無聊！

十四

晚風微微地吹著，
好像是行人在嘆息。
夕陽剛剛沉下去了。
西山上的天空，
染著半天的金黃色；
呵呀！萬種憐戀之情，
盡漂浮在這黃昏的空中！

十五

威海衛的連山一直向後退了。
船底下漸漸地發出沙沙之聲，
雄赳赳地向著茫茫的大海去。

去呀！去呀！
遠了！遠了！

1924 年 10 月 14 日於黃海之上

哥德又來勾引我苦惱

一

「……我欲緊緊地抱住伊，
好把戀愛的苦惱來脫除；
然若不能脫除這苦惱，
則情願死在伊的胸上！……」（哥德句）
我獨自在田疇徘徊之時，
哥德又來勾引我苦惱！

二

我跑到小河上，
佇立在一條木橋當中，
馳想萬里重洋外的伊。
萬千愁緒湊成一根尖銳的針，
一直把我的心兒刺！

三

唉！白雲依依飛向天外去，
故鄉的山從四面把我圍住；

望眼連天，何處是伊——
我的愛人的居處！

四

往事盡是不堪回首，
將來更是不堪設想，
此刻呢？
更是萬分難受！

五

我把盡有的熱淚，
灑到小河裡，
吩咐小河的流水，
把我的熱淚送到伊的心湖去。

六

但是，小河的流水呀，
倘你能流入北方諸海，
也流不到伊的心湖罷！
然則，我的淚滴將打發誰送？
我今日的苦惱，
怎能得伊知道！

1924 年 11 月 11 日在台北板橋

春　意

温暖柔和的春日下，
春草青青，
春水盈盈，
柳條兒嫩綠地吐著微笑：
遠方的人呀！
為何到此，
我的心潮便高漲？
哦！這就是春意嗎？

1925 年春日在台北板橋

原載《台灣民報》61 號，1925 年 7 月 19 日，發表時註明寫作日期是 1925 年 3 月。

　　說明：以上各首詩凡未注明原載出處的，均錄自 1925 年 12 月 28 日在台北出版發行的《亂都之戀》詩集。

弱者的悲鳴

樹枝上的黃鶯兒啊，
唱吧！盡量地唱你們的曲！
趁那隆冬的嚴威，
還未凍結你們的舌，壅塞你們的嘴。
唱呀！唱呀！唱破你們的聲帶，
吐盡你們的積憤。

青空中的白雲啊，
飛吧！盡量地飛向你們的前程！
趁那惡熱的毒氣，
還未凝壅你們的去路。
飛呀！飛呀！無論東西、無論南北，
任意飛向你們的前程。

原載《台灣民報》61 號，1925 年 7 月 19 日

台北板橋國民小學校校歌

北台名鎮，板橋國小，我的母校，教育我做人的基礎。
努力攻讀，吸收知識，將來要做模範國民。
北台名鎮，板橋國小，我的樂園，養成我合群的生活。
互相扶助，涵養德性，將來要為人群服務。
北台名鎮，板橋國小，我的道場，鍛煉我如鐵的身心。
健康肉體，堅強意志，將來要做社會先鋒。

                                              1949 年 3 月 13 日作詞

附錄　羅心鄉*的文章三篇

請您放心

L.W.女士

請您放心！
我也不會忘了你，
或拼棄了你，
只要我存在人間一天，
我的精神就圍繞你一天。
我相信就是離了這人間，
我也不會棄了你，
我的靈魂兒終是圍繞著你！

原載《台灣民報》第 3 卷 9 號，1925 年 3 月 21 日

---

* 羅心鄉原名文淑，1907 年生於湖北黃陂。1911 年隨父母遷居北京，畢業於北京第一女子小學、尚義女師及國立女子師範大學。1925 年 9 月 1 日與張我軍在台北市結婚。

憶亂都之戀

　　我十歲喪父，同寡母幼弟過著寄人籬下的生活。幼時就讀於北京第一女子小學，後跳級升入尚義女子師範學校。我發憤讀書，一心想在畢業後當一名教員以供養母弟。十七歲那年，為了盡快提高學業，利用課餘到北京師範大學夜間部補習功課。

　　一天我開箱找衣服，突然從箱子上掉下一封信和一張照片，信上只寫了一首白話詩：

　　「……一個T島的青年……在想他的愛人！他的故鄉在千里之外，……他的愛人又不知道在哪裡……」

　　看到這封莫名其妙的信，心中納悶，就拿去給魏姊姊*看。魏姊姊說這個青年很不錯，還會做新詩，我替你查看查看。過些日子魏姊姊告訴我，這位青年就在你們補習班裡，可是我們夜間部人很多，並不會留意到這個人。有一天這個青年主動來找我攀談，才知道他叫張我軍，他說自己不是來這裡補習功課，而是來學北京話的。就這樣，我們彼此相識了。我在魏姊姊陪伴下，每星期到他住的泉郡會館去一次，說些話，借幾本雜誌回來看。

　　當時社會上青年男女還不能公開交往，我們只保持這樣的接觸。他還要同我通信，我告訴他我家是封建舊家庭，不允許同男孩子來往。他說可以用女人的名字寫信，於是就用「娥君」的名字每周給我來一兩封信。還時常約我去公園，來去都各走各的路，躲躲藏藏地到沒人的地方才談話。經過交談，彼此才有了日漸深入的了解。

　　這樣來往了大半年，他忽然不辭而別，接到來信後才知道他回到台灣在《台灣民報》社工作。就在這時突然發生了一件事，

---

* 即魏瓏華，夫黃公健。

是在我同魏姊姊常去泉郡會館的時候，會館裡一個福建人通過他的朋友，對我一個叔叔說了張我軍許多壞話，還自稱是大富商的弟弟，要求同我結婚等等。我那個叔父同這個人見面後，聽信了他的讒言，認為此人富有，可以養活我們母女三人，就決定包辦這樣婚事。還說一個女孩子竟敢獨自在會館和男人來往，要趕快給她訂婚，免得生事出醜。於是這位叔父並未向我了解事實和徵詢我對婚事的意見，使我根本無從分辯。

正當愁雲密佈之時，有人把這些消息電告我軍；他立即從台灣趕回北京，約我會面。他說事已至此，只有一起去台灣避難，否則前途將遭危難。我想家裡沒有父親為自己做主，也只有外避一途了。就在這種情形下，只穿一身學生服，沒有攜帶任何物件，同我軍一起坐火車到上海，再乘船到廈門鼓浪嶼，住在他堂兄家，然後寫信給母親和三叔。他們接到信後，立即寄錢和衣服給我，並要我們盡快正式結婚。得到這個消息，我們非常高興。經過商量，遂一同乘船去台灣，住在《台灣民報》社，請林獻堂老先生做證婚人，王敏川先生做介紹人，在台北江山樓擺了兩桌酒席，舉行了婚禮。

羅心鄉

1986 年 8 月寫於美國紐約寓所

戰雲瀰漫了我的故鄉

　　我從我的生地隨著我的父母家人搬到北京，已足十年了。我們雖是南方生長的，在這苦風揚沙的北國，已經把我鍛成強健的抵抗能力的身軀。而況首都的文化，比較我的生地——第一故鄉開化得多、文明得多。由天真爛漫的兒時到現在，給我不少的「知識」「智慧」，我在北京的生活簡直一向浸在樂園裡啊！小學和中學的甜蜜的生活，現在再想也不能了。因為那是多麼天真爛漫的生活呀！這樣一味沉迷在「愛」「美」的生活裡的我，簡直不知什麼是人生？什麼是煩惱？誰知在這當兒，人生大不幸的事臨到我呢。我的慈父見背了呀！這是多麼不幸啊！幼年喪親，把我天真活潑的心靈失了一半，天地都變成灰色了。由那樣圓美的生活，一變而成孤子的生活，使我幼稚的心田裡，才知道了什麼是人生？什麼是煩惱？也隨著知道我的前途已伏著不幸。我想世人同我一般度著孤子的生活的人，正復不少。你們知道嗎？稚子失了慈親的愛護，就像花兒失了甘露一樣，哪裡會像愛護得完全的、欣欣向榮的呢？我從此生活暗淡而不幸了！據美國有名心理學家說：孤子和雙親愛護的童兒大有差別。咳！不幸而度著孤子生活的人們啊！

　　使我最不能忘記的是：當五年前，我們的家庭是充滿了慈愛和幸福。我父在公務閒暇的時候，教我們讀書。有一次講到墨子的《兼愛》一文，正值京中戰霧難撥，我讀到「天下兼相愛則治，交相惡則亂」時，我力引當時戰爭來談論，我父大喜，獎勵一番，並出「辟戰」一文命作。那時全家就兢兢戰戰的，全家惟我母最怕戰爭，每常講述「長毛」故事給我們聽。我父不准講，以為幼年人當驚恐時，不宜聽驚恐的故事。我父對於童兒家庭教育，於此可見。我母不甚識字，每日我父報告戰事新聞給我母

聽,當戰爭吃緊時,京內炮聲隆隆,大有飛鳥不群之概,我母驚甚。我父力為安慰解說,戰後城內幸無損害,我們全家方從恐怖中還復原狀。

現在從京中消息傳來,北京附近又起戰事,京中時局紛亂,我不禁心如亂箭鑽來!暈迷、恍惚。昨夜入夢,我竟回到了故鄉,一切依舊。只見正陽門矗立雲霄,從那邊傳來一片人聲炮聲,又聽殺呀!殺呀!殺成一片。嚘喲!不好了!我的母親呢?眼見一群著柿色軍服的,佩刀持槍,向我殺來。本來驚恐萬狀的我,此時還知道往復跑。跑得上氣不接下氣,頭昏眼黑,一跤跌醒,义疑又驚看看四周灰黑,置身床上,方知是神經過敏,演出南柯一夢。夢也罷!事實也罷!反正夢是想像的象徵。故國的同胞呀!你們認為你們是萬能的動物,動物中最高尚的,為什麼白相殘殺呢?世界的同胞呀,為什麼虎視著、殺來殺去,殺的不同是人類兄弟嗎?──思來想去輾轉反側,想到人事變遷如此之快,曾幾何時我又來在千里外的海外孤島上,現在戰雲瀰漫了我的故鄉──

我的慈父呢?──

故鄉的母親誰去安慰?

L.W.女士

1925 年 12 月 5 日於台北

原載《台灣民報》86 號,1926 年 1 月 1 日

小　說

買彩票

一

照老例，每到星期六，午飯後不一會就有兩三個朋友來找他談天。身邊富裕點時還可到遊藝園去逛一夜，不然就在他的寓所大家滿口濺沫地大行論戰，有時還要打打鬧鬧，玩到半夜才上床準備睡覺。但上床後還要談笑半天，什麼你的愛人如何，又是他的未婚妻怎麼樣。這樣你送我一句，我便還你一句，互相取笑到夜深了。大家乏極了，這才心平氣和地閉眼熟睡起來。好在明天是星期日，沒有功課，故此放心睡到太陽曬屁股，大家才各破夢醒回來。直到午飯用了，朋友們才又結伴回去。這種手續，在他們幾乎成了一種定律了。

二

那日正又到了星期六，他用過午飯，即眼巴巴地望著他的朋友們。時間不斷地移過去，眼看已是三點一刻了，朋友們還沒有個影兒。他覺得非常的寂寞，忽而自言自語地說：「我正想他們今天來解我的苦悶之圍，為什麼他們偏偏不來呢？」說到這裡，他的心又塞起來了。昨日他故鄉的朋友給他的信，一句句地重浮

出來，他愈發坐也不是立也不是了。不得已由書架上拖出一本
書，想要藉書解悶，但是無論如何也看不下去，略略翻了幾頁，
又停而不看了。他忽又異想天開，把精神奔向他愛人身邊去。然
而他不想他的愛人還好，一想到伊，心裡愈禁不住酸痛起來。想
起他不久學費將絕，學業暫時停止還可以，只有這一事，不得不
和伊遠別這一事，在他是最難受不過的！

「陳先生有人找你！」伙計站在窗外大聲嚷著，他好像在睡
夢中被澆了一杯冷水似的猛然醒回來，心裡想，大約是他們來
了，然而他們為什麼遲到現在呢？看一看錶，正是四點半，剛開
口要問是誰來找他，已有人在窗外叫他，連嚷帶笑地來到房門
口：「老陳，珍客到了怎麼不出去迎接呢？」他聽了這聲音已知
道不是他們了。然也有意無意地站起來：「失迎！失迎！老林
嗎？請進來！唷！老李也來了，請坐！請坐！」

林天財與李萬金雖是他的同鄉，但卻不常與他來往。在北京
的留學生，學費的多少正與讀書的多少成個反比例：學費多的，
因為忙於花錢，就無暇顧及讀書了；學費少的——少者是指學費
剛剛夠用而無餘裕而言——因為無餘裕之錢可花，就只顧學業。
不消說例外是有的，且這種現象也不只限於北京罷。林與李在留
學生中算是學費豐富的分子，所以學業是荒廢的了。而他呢？學
費少，少到將不能維持生活了，所以他與林、李系既有異，道尤
不同，因此他們平常不很相與。這日忽地來找他，陳哲生實是珍
奇的事。他先開口道：

「二位今天是什麼風吹來的？真是珍客！近來怎麼樣，依然
快活吧？請用茶，客氣什麼，我沒有煙卷請你們。」

兩個客沒有等他說完，各捧起茶杯，輕輕喝了一口。還是林
天財開口接著說：

「一向失候，大失禮！唉！說什麼快活，這幾日來窮得要
命！倒是你著實比我們安閒得多了。」

「別拿我開心了！你們逐月一二百元學費還嚷窮，像我每月只二三十元，還不餓死？得了，嚷什麼窮，你們穿的不是新嗶嘰袍子嗎？」

「因為我們穿的是新袍子，正可以證明我說窮是實話哩！」

「你的話我不懂。」

「哈哈！別裝傻了！老實告訴你吧，我們上星期各輸了二百多塊的麻將，索性又連在八大胡同*闊了幾天。到這幾日來，衣服都當完了，這幾日又著實涼起來了，不得已叫熟識的衣舖來，賒了二身灰色嗶嘰袍子，你想可憐不可憐？」

「算了，別儘著賽窮了，咱們上城南遊藝園去逛一逛吧，老陳，去不去？我們是特地來邀你一塊去的。」這卻是守著沉默的李萬金說的。

「遊藝園嗎？我不去。」陳哲生拒絕說。

「老黃他們邀你，你就去。而我們邀你，你卻拒絕，不成，一定要你去。」李說。

「不行，不行，我去不得！第一，你們都穿的是新亮亮的嗶嘰袍子，你看，我這樣子，藍布大褂，又破了二個洞，要不被人誤作你們的跟班才怪哪！還有一層，我今夜有點事，實在不得不失陪！」

「你總是愛排道理，不去就不去，反正我們是不配與你同道。也罷，你不去我們倆自去逛，可是我們今夜是要在這裡借宿一夜，可以吧？」

「那倒可以。但是你們須早一點回來，不然怕外面的大門關了就不好叫。怎麼樣，吃完飯再去如何？」

「晚飯可以在遊藝園吃。謝謝！老林，走吧，早一點去

---

*八大胡同為舊北京的妓院集中地。

附記——這篇是我的處女作。

好。」

「走吧。」林說。

「失陪！失陪！」陳說。

三

他吃完了晚飯，獨自背靠在藤椅上，心裡悶極了，再也不能排遣。看書吧，看不下去。寫情書吧，心酸手軟。睡吧，睡不著。寫一點稿子吧，心思昏亂。想來想去，終於想不出妙案。最後還是把燈吹滅，側身躺在床上。外面似乎刮起小風來了。這時正是仲秋時節，風打樹葉的聲音，白有一種特別淒切的哀思。八分圓的月色正斜照在白紙窗上，四圍無人聲，但聞蟲聲雜在風聲，月色映著紙色，他愈發不白在了。

他忽地想到他的愛人，想起伊近日不知道怎麼樣，病了沒有？看了今夜的明月不知有無也在想念他……唉！伊，伊，天真爛漫的伊，哪裡知道他有這般的苦悶？想到這裡，不禁又聯想到分手遠別的苦情。他不禁滲出熱淚來。他又決意不再去想那封信，然而那封信偏纏住他──哲生！你寄存在這裡的錢快完了，我很替你擔憂！倘我辦得到，我是很肯幫忙的。然而就乏一個「辦得到」，這你是知道的，如何是好？……吾鄉 L 君是個樂善好施的善人，你如其肯寫一封信給他，說句好話，他是知道你的勤讀的，所以或者肯助你的學費吧。這是我替你想的辦法，並且是僅有的辦法。但不知你的意思如何？──

唉！唉！學費將完了……樂善好施！樂善好施之人肯供人家的學費嗎？……說好話！說好話不就是搖尾乞憐嗎？辦不到！絕對辦不到！完了！就完了，輟學回去不就得了嗎？但北京有伊在，我實是萬分不願回去的！自己積了六七百元，拿來留學、養活母親，錢花完了就回家去。這本是預定行動，然而為什麼中途

生一個「伊」來推翻了我的預定呢？世人若知道了我是留戀一個女子，一定要罵我不自量，生活還顧不上了，講什麼戀愛？況既然熱心於戀愛，還有心念書嗎？其實，他們勢利之徒，哪裡知道天下間的妙諦？試問兩性之愛何時無之，何處無之？我以為戀愛之重要，世上是無出乎其右的。何況我的生活苦又可藉戀愛來慰安，我的向上心又可藉戀愛來增進呢！世之勢利之徒，我何必向他們置辯呢？——他愈想愈興奮，愈昏亂了。他想排解他的苦悶，慢慢步到院子裡，從樹枝縫兒可以分明看出明雪雪的月亮。萬籟靜寂中，外面房的鐘鐺！鐺！鐺的一車打了九下。餘韻裊裊，在微風中震抖。他覺得有些涼意，怕凍出病來，一會又重進去了。

　　他胡思亂想，累得腦筋乏極了，回到床上想睡，但還是睡不著。手錶得得的聲響，非常擾人。過了一會兒，聽見腳步聲，又似乎有人說話，他想大約那二個荒唐鬼回來了。側耳細聽，原來是屋後行人的聲響。他想想李萬金與林天財，又興奮起來了。他想大凡富人之子，儘有充裕的學費，卻一點也不用功，一天到晚只是跑八大胡同、打牌、喝酒……用功的，卻不得不為生計而焦心，唉！在這種經濟組織之下，不知道滅殺了多少天才哪！如李萬金與林天財正是富家子的好標本，每月一二百元的學費還嚷窮，試問他們所學什麼？看過一頁書沒有……他漸漸入於半睡狀態了。

四

　　「砰！砰！開門呀！老陳！」他在昏睡中聽見打門的聲音，知道是回來了，立到跳起來，掌燈，開門。

　　「你睡著了？這麼早就睡！」林與李齊聲這麼說。

　　「早嗎？幾點鐘了？」

「才十二點鐘哪！」林天財笑著說。

「好，早不早用不著爭論，我給你預備的舖就是那個，將就睡一晚吧。」他說著又爬回床上，又說：「我睏了，要先睡，你們慢慢地坐吧。」

「無須客氣，睡你的吧，不是生客。」林與李不約而同的齊聲說。

其實他怎麼睡得著？翻來覆去，又開始幻想了：他想，這兩個荒唐鬼原來是因為錢包澀了，八大胡同的窯姐不能收留他們，要不然他們逛完了遊藝園還不到八大胡同覓臨時宿舍去留連呢！他們今天來找我，正是為的利用我的寓所宿一夜，省得半夜跑回北城，唉！可惱！他在床上幻想，他們卻在書桌旁坐著談話，自己倒茶，大抽其煙。他們談話的聲音雖不大，但也時時傳到他的耳鼓中。他聽見林天財說：

「老李，咱們這幾天錢很澀，多不好過日子？明天咱們去買二張彩票，你一張，我一張，看誰運氣好，或者碰巧獲得頭彩，從天上掉下萬千塊錢，你我都可不愁了。」

「這倒不錯，沒有你提醒，我倒忘了這條發財的捷徑。」他也不管有人在睡沒有，大鼓其掌贊成林的意見。

「咱們再算一算吧，咱們的月錢才到一星期，故此非待三星期後是不會有錢來的。昨日我雖打了一個電報回家，說病重叫快匯錢，但我父親未必相信，所以他這一筆也不能靠的。只有給我母親的密信，向她老人家要三百塊。她是很痛愛我的，一定立刻偷偷給我寄來。然而來回信件須在二星期以上，這二星期之中若不想個辦法，你我都糟了！你不是說你也沒有法子湊錢嗎？所以我想現在就只有這法子。你既贊成，明日可要記得……」

「唉！」聲音又沉重又響。

「老陳，你在做夢嗎？」但是沒有回答。

其實陳哲生沒有睡覺，卻是故意不答他們。他聽了他們的談

話，心中暗暗咒罵他們。逐月一二百塊錢，還用得當衣典褲，並且夢想要買彩票發僥倖財來揮霍。想起彩票來，他由直覺上感到中國人的可鄙，不想發奮做事，卻只望著買彩票發橫財。即是想要坐著收利的，實在是可咒詛的根性。他不忍再想下去，只「唉」了一聲，嘆了一口氣，慢慢地睡著了。

五

　　他請林、李吃過午飯，送他們回去了以後，獨自回到房內，繼續著昨日的苦悶。彩票！彩票二字驀地浮現出他的意識界。他想，我正沒有法子弄學費，昨日他們給了我這個暗示，我雖鄙棄它，但這也是一種絕無僅有的辦法。買彩票固然是一件可恥而傻透的事，然而，……我何妨去偷偷的試一試？反正錢包裡還有兩塊多錢，買一塊錢賭個運兒吧。或者碰巧當了頭彩，豈不是馬上可以得到數千塊嗎？如果，我的學業既得因之而繼續，又可不與愛人遠別，豈非兩便？他愈想前途愈有一線的光明，終於決計要買了。

　　他走過一家彩票店門口，再也沒有跨進去的勇氣。來來去去的走過了二、三次，他總是沒有進去的勇氣。他終於走入青雲閣的一家書舖子去摸書，說摸書似乎有語弊，本來是應該說去看書。然而這也不過是形式，實際上他只是摸，並沒有看。他在那裡躊躇了一會，突然決意道：買彩票雖然可恥，但是這事又沒有害及他人，且強勝過向富人去搖尾乞憐百萬倍，而況我所以甘冒這種恥辱之名，為的是人生最重的戀愛與學業呢！他一步出那家書舖，即看見對角有家彩票店，門面貼著許多黃紙，寫著黑字，打著紅圈：「湖北正券──頭彩二萬元──後天開彩。」他鼓了勇氣踏進去，問湖北正券怎樣賣。掌櫃說：「大張三元大洋，小張三毛。」他問：「怎麼樣叫大張，怎樣叫小張？」掌櫃很輕侮

地說：「這你也不懂！告訴你吧，大張可以分作十小張，你若買了一大張，當了頭彩就是二萬元，若買了一小張，當了頭彩就只分得二千元。他想：一大張是買不起的，但買一小張未免太失了禮統。得了，就買兩小張吧。倘若當了頭彩，也有四千元。——雖然不大滿足，然而倘若沒有當彩，犧牲卻只六毛。

「買兩小張吧。」

他交了六毛大洋，接了兩張彩票，一溜煙跑回寓所，躺在床上，描寫了許多許多當彩後的快樂情形。他雖明知九分九九是空想，但是僅僅六毛大洋能使他延一線的希望於三日之間，他何樂而不為呢？

六

匆匆過了兩日，這日是開彩之日，他一早上就溜到青雲閣，一看沒有一家彩票店貼出當彩的廣告。他猛然醒悟了：開彩雖在今日，但是當彩號碼一定不會這麼早就傳到北京，怎麼樣早也得等到下午吧。這樣想，他沒精打采地回寓所去。

等時間是一件難事，他好容易等到午飯，午飯後又等了二三個鐘頭，他想此刻大概是發表了，便又跑到青雲閣一看，還沒有，一個影兒也沒有。想要上前去問又不好意思，欲不去問，又怕他發表在自己所不知道的地方。然而終於決定再等一天靜候消息了。他鬱鬱地回到寓所，好容易坐到天黑，吃完飯，又坐了一會，躺在床上，描寫了許多許多當彩後的快樂的情形。他雖然明知九分九九是空想。

好容易睡著了，又過了一夜，一早上他就跑到青雲閣。遠遠看得見湖北正券頭彩以下五彩的號碼。他的心跳起來了，跳得很急。但是他不敢接近，只在遠處若無其事的站著，從衣袋內掏出彩票，偷偷對了一下，噯！完了！差得遠！但他還極力守著平常

的態度，不敢使其失望之情露出。旋即若無其事的走到青雲閣後
門，雇了一輛洋車，垂頭喪氣地回去了。五等以下的他是決意不
去對了，因為便使中了，也不過三五元。這些少數目，和可以使
他住京而不回家的數目還差得多咧。

　　他回寓所之後，即決意歸鄉了。自己積下的學費用盡了，既
無父兄親朋供給，又不願意向所謂樂善好施的善人搖尾乞憐，即
使向其乞憐，亦何異向石頭說經？況在京又沒有法子弄錢，若不
早作歸計，恐不久要餓死於他鄉了！金錢魔王是不管你什麼「愛
人呀！我不願別你而去喲！」的。數日後歸鄉的盤費一到，他就
要放下學業，別去最愛的人，遠遠離去北京了。

1926 年 9 月 6 日於北京
原載《台灣民報》103～105 號，1926 年 9 月～10 月

白太太的哀史

一

「白太太死了！」A君的母親於談話中，突然以沉重的聲音，嘆了一口氣說。我與A君都瞠目呆然了！固然白太太的死，運命是早就決定的，因為我們於一星期前就已聽到伊死的預告了。這也是A君的母親送給我們的消息，說白太太白米飯已送不入口，終日呻吟於被褥之間，抽幾口烏米飯①，吃些生果度時，總之，伊已是看日了的人了。這消息之傳來是在一星期之前，當時我和A君也為伊嘆了不少的氣——A君說不定在暗地裡灑了幾點熱淚。我並且由直覺上，覺得伊是將旅行那冥冥之國，打扮完竣了，只等著死神來引路的了。

我雖然和白太太只見過一回面，而又沒有絲毫交情，但因為我知道伊死得淒慘，而且伊的後半段的哀艷的身世，也十分引了我的同情，所以這日得了伊的死訊，格外的為伊暗暗傷心！我雖然假裝鎮靜，但是兩個眼眶卻不客氣地漲得熱騰騰，險些兒掉下淚珠來。這時靜默無言的A君，忽自言自語地道：「唉！我正想病好了再去看一看哩，誰料得到伊就死得這般快！」A君的眼睫毛似乎濕得發光了。

———————————

①烏米飯即鴉片煙。

二

　　這是去年冬天的事。我重到北京才幾天。一日，正在Ａ家談
閑天，突然進來一位年在30左右的婦人，面浮著苦笑，懶洋洋地
略與Ａ君招呼一下，便一屁股坐在床緣。我由於伊的年紀以及熟
識的舉動，又由於伊那一副白菊將萎般的面龐，炎日下的柳條似
的懶容，推定適才進來的婦人，大約就是Ａ君常對我提的那個白
太太了。過了不一會，Ａ君就給我們介紹了。伊正是我所推想的
白太太。

　　白太太知道我會說日語，便使日語和我談起來了。伊的話是
斷斷續續的，聲音帶著淒味，像是懶得說話似的。伊的眼球是眼
空六合似的時時轉上轉下。我一來是因為初見面，二來看伊十分
疲乏似的，因為我雖則深知伊的心是萬分哀苦，但伊既未嘗親自
對我訴說，所以我雖有一大堆預備要安慰伊的話，也終於沒道出
半句。所以這一次就只說了些無關緊要的應酬話而別了，卻想不
到這一次的會見，竟成了我和白太太見面的最初而且最後的一次
了。

　　但是從此次以後，我便常常想起蒼白的、瘦削的、面龐中央
掛著一副棱棱的鷹子，而懶容可掬的白太太，又因此而聯想到伊
年輕時代的芳姿。但是伊的病況也很使我時時介念著。

　　現在白太太的一生總算結束了。而伊的心的痛苦也不除而不
除了。然而我——不是伊的三親六戚，也不是伊的朋友的我，卻
時時為伊的哀史而悲傷。我雖明知這也許等於痴人，但是我的心
要如此，有什麼法子呢！我現在想把伊的哀史全盤吐出，這是消
除我對於伊的悲傷的唯一的方法。

三

白太太的原籍，說也慚愧，我到現在還沒有弄清楚，只模模糊糊地知道伊是日本東京的人。伊還未做白先生的太太以前，是叫作水田花子。我提起筆來欲寫伊的哀史之前，最引以為憾的，便是伊的結婚前的身世，以及結婚前後的情形，全無從稽考。其實也是因了這個緣故，致使我這篇白太太的哀史，到今日始能出世。要不是幾日前，於無意中從料想不到的方面，獲了一册破舊的日記本子，這篇拙劣的東西，恐就永無與世人見面的一日了。那一册破舊的日記本子，便是白太太在十年前寫的。這本日記可斷定是結婚前所記的，因為最後一篇記著結婚前的決心、感想之類的話。並且字跡也有些模糊迷離了。我現在把它譯在下面，以為這篇哀史的開章：

我昨晚一夜翻來覆去沒睡好。這不消說又是為了照例的結婚問題。但我總算得了一個結果，因為我已經決意同他結婚了。

我和他的關係，究竟不知道有沒有合於世人之所謂戀愛，然而我既然很愛他，而他又盡其能力愛著我，所以我想，我同他結婚，可以說是無憾的了。實在，他是十分愛我的！要不然他為什麼要做那麼些合時的衣服給我呢？還有一個手錶，二個指環——一個是我最心愛的紅寶石。帝國劇場他也帶我去過了，大菜是吃了好幾回的。況他這三月就要學成回國做官了。至於他的家道，看他的生活那樣闊綽，一定也是不錯的吧。年紀雖則大些，但待人是極誠實的。我能得這樣的人做丈夫，想起來不得不喜由衷來！我並不是有什麼虛榮心。我所求的只是愛。他現在既然如此愛我了，與他結婚之後，不消說是一定更要愛得了不得罷——這是無疑的。

　　況我今年已經 19 歲了。又沒有父母照料我，所以更不得不找一個人依靠哩。還有一層說起來怪不好意思的。這也不知什麼緣故，自從到東京以後，或在路上，或在公園，或在戲館、茶店，每見人家一對一對的形影相隨似的手拉著手說說笑笑，羨慕極了！

　　為了這種刺激，在孤燈單枕之下，不知使我灑了多少淚珠咧！尤其是自與他們一班人熟識之後，愈覺單獨一個人的生活毫無意思。所以雖然我來到東京的本意，是想一面做工，得生活的安定，一面求些學問，但是相形之下，還是與他結婚為妙。所以決意、決意、決意、決意與他結婚。

　　然而我實在太沒主意了。我為什麼要遲疑了這些日子呢？他不是過年請我看帝國戲場那天向我求婚的嗎？現在已過了一個多月了，他催我答應他幾次了？──是了，共是五次。這當然也不能全怪我沒主意，實在，像這種終身大事，我怎能不再四斟酌呢？還有他的那班壞同鄉從旁破壞，也是使我遲疑的一個原因。他們說：老白跟我來往，始終使弄著引誘的手段。又什麼他是色中餓鬼啦，他是如何的滑頭奸詐啦，他為行使他的引誘手段，致負債滿身啦，他是怎樣不用功，成績壞極啦⋯⋯等等。這些還可以，使我最難堪的是說：老白家鄉不但已有老婆，並且已有了 10 歲的孩子。凡此等等，都是使我遲疑不敢答應的了。但是幾經白先生對我剖明，以及我自己反省之後，這才明白他們這一大堆話，盡是破壞的話頭。由嫉妒而破壞心，竟欲把人家的姻緣打破，可惡極了！然而他家中有老婆、有孩子，我既然最怕的是這個，所以對於這個的疑慮也最深而不易解釋。我雖十分信用他的人格，並且眼見其對我的愛是毫無偽情，但我終不能十分放心。直至三四日前──那日他很急切地懇求我答應他。我心裡七八分想乾脆答應他，好叫他喜歡，但無論如何，為了那個總說不出來。──他為解釋我那個疑慮，很沉重地賭誓道：「倘我家中有老婆有孩子，願給五雷轟頂！」我想受過教育的男人是不胡亂賭

咒的，所以當時就已決意嫁給他了，但當未敢輕易說出。現在我已決意嫁給他而無後悔了。等一會兒他來，我告訴他，他不知要如何雀躍呢！

四

這是民國七年的春天，白先生學成歸國了。他不但得了外國的學士文憑歸國，並且帶著年輕貌美的外國女子回來，那個女子便是水田花子。世之所謂衣錦還鄉，也許是專指白先生這次的歸國吧。

白先生並沒有帶這位新結婚的白太太回到故鄉省親，而一直來到北京。這當然一半也是依了白太太的要求，而一半卻是因為他的朋友已在北京替他謀好了位置的緣故。然而最重要原因，還是白先生著實有不能帶著新娘子回家的所以。

白先生在北京雖然不很闊，但是每月有二百元左右的進款，也夠他們兩口子過得很可以的生活。而白先生對於白太太，著實盡了能力愛護她。每星期六聽戲，星期日逛公園或訪問朋友，或上館子，這似乎已成了他們的習慣了。不但如此，白太太到北京未過半年，所有在北京城內以及附近的名勝，都被伊看完了。白太太在這樣愛與歡樂的生活中，不消說是感著十分的快樂、滿意。這樣的生活，大約繼續了有三年之久——不消說前後有輕重之差。

然而好夢易醒，舊歡難再，白太太的愛與歡樂的生活，在結婚後三年，終於發生挫折了。家庭的和平，也從此時生危險了。白太太的悲哀序幕，也從此掀開了。

五

逛窰、打牌、吃酒，這大約是中國官僚所不可缺的事情。寧

可以説，若不懂得這些事情，簡直在官僚隊中沒有他的立足地，而在交際場中更沒有他的地位了。這種風氣，在北京尤其猖獗。

白先生對於這方面的事情，本已有興趣，加以身在官僚隊中，因此，於不知不覺也就染成了這種習氣。他從何時染起，實在無從知道，但是看他同白太太那般要好，總不是在歸國後的一年半載之內罷。不過被白太太看破的，據説是歸國後三年的民國十年。這年他又兼了某部的差事，進款也加了不少，正是他炙手可熱的當兒。他的逛窰熱跟著進款的加增，日見其高了。對於那一方面熱心，對於這一方面當然就要冷淡了。他對於白太太，便沒有如從前那般殷勤了。

他起初的逛窰，對於白太太，還是隱隱瞞瞞的，但是後來卻是公然去幹了。白太太不消説是極端不以他的行徑為然。對於他的冷遇，更是愈想愈有氣。伊想起白先生在日本時同伊發誓的事，以及先前對伊那般的殷勤的情形，便禁不住常常要規勸他，終而詛罵他了。於是這個小家庭的風波，便層見疊出了。

他們起初還是口角，後來暴戾的白先生竟至用武了。但是日本的女子是最能服從的，所以伊雖受了丈夫的極大的侮辱以至打捶，也未嘗對第三者提過——其實伊在北京也沒有多少朋友可以使伊去訴苦。再則，伊實在也不敢對任何人訴説，因為嫁給白先生是僅有的慰安，也只有在背地裡暗哭罷了，病魔便乘機來襲伊了。

六

1923 年 9 月，日本關東地方的大震災，不知道使那邊的居民，演了多少幕悲歡離合的人情劇！白太太也是這裡頭的一個角色。

伊自從失了白先生的愛之後，便好像被推到另一個世界似

的，久未想到的故國河山也常在夢裡隱現，而棄若草芥的故鄉親友又格外可戀！況一想至白先生當初待伊之厚，以及結婚前的甘言蜜語，伊便禁不住要大罵白先生沒天良了。伊的心是熱烈而單純的，加以未曾嚐過失了愛情之苦，於是悲憤、憂傷的結果，病魔即隨而至了。

　　白太太在如此家庭多風波，悲憤、憂傷、痛苦的當兒，忽傳來故鄉大震災的消息，伊立刻決意回家走一趟了。一來，伊去國至今已五年了，尚未回去一趟，正好藉此機會回去探視親朋的安否。二來，在無可奈何的憂傷病苦中的伊，藉此可以解悶養疴。三來或者因暫時的離別，能夠挽回已失的愛情。有這三事，伊所以決意回國了。白先生對於伊的回國，當然沒有異議，唯看伊那種來時得意、去時狼狽的情形，心裡也著實難過。出發前幾日，白先生對於白太太的殷勤，實在是一二年來所未有的。

七

　　光陰是很容易過的，記得白太太才回國不大一會，已是半年多的工夫了。白太太雖然很憤恨白先生，但究竟是夫妻，況逛窯的毛病並非絕對不可改除的，所以也時時想念白先生，而想再到北京來。這其間忽然接到白先生的一封信，打開一看，寫著這樣的意思的話：

　　「花子愛妻：自你回國之後，我便體驗了一日三秋之感，我的想戀你之情，大約是你所設想不到的！

　　我知道你是在憤恨我，但是我又知道你是最能原諒人的，所以我以前也許有對你差錯的地方，但是我現在已悔過自新了，你一定能原諒我吧？

　　你回國已經有半年餘了，我日夜想你，恨不得你即刻回到咱們的老窠。倘你事體辦完了，千祈即日離家來京，以慰余懷，是

所至囑！」

信裡夾著一張五十元的匯票，這當然是要給伊做路費的。

白太太接了這封信，喜出望外，立刻把以前的憤恨打消了。伊心裡復預期著愛與和平的家庭的許多快樂，不遲疑地去了故國山河了。

八

但是世事多半是出人意料之外的。如白太太抱著滿腔的熱望，本打算再找白先生重過歡樂的生活，及到得北京一看，不但是舊歡難再，並且受了一場大氣，竟把舊病氣出來了。

原來白先生從日本回國之後，便承了某局長的提拔，在局內充當科長之職。某局長因與他有同鄉的關係，又同是留日學生，所以待他很不錯，他也常出入某局長之家。年久月深，他竟與局長的姨太太發生醜關係了。這種關係發生自何時，實在無從探知，唯可推想白太太回日本之後三四個月間，是他們的關係達到白熱點的時期。據說局長的姨太太，甚至有好幾次白天親自去找白先生，於此也可見其熱度的一斑了。

他們這樣大膽公然的行動，終不能永久瞞過局長了。消息傳到局長的耳中之時，正是白太太回國後四個月之後。這個活忘八的局長，登時氣得目瞪口呆，馬上想出一個口實，把白先生從局裡攆出去，姨太太也被監禁了。

一場短夢過後，白先生失了差事還不算，最難堪的是孤獨之苦！姨太太是無法再會了，八大胡同②之路，無錢是走不通的，花子又還在日本，想起來是萬分的懊悔。大約他是回頭一想，覺得妻子才是永久的，所以苦悶了不久，便籌得五十元，還寫了一

---

②見小說《買彩票》。

封信，去日本促花子快來了。

　　白太太接了白先生的信與盤費，馬上起程，過了五六天的工夫便到北京了。白先生也很老實的把差事已丟的事告訴伊——但是丟了差事的原因，卻不敢說是因為偷了局長的姨太太，並安慰伊說：

　　「無妨！我已有把握了，於咱們的生活絕不會發生危險。」

　　白太太也沒有表示什麼失望，只勉勵了他幾句。

　　但是不過了二三日，白先生那場短短的喜劇，便被白太太從伊的朋友的口中探來了。伊於是恍然大悟了：跟這樣的獸性、虛偽的男人，豈但自己歡樂的期待，絕無實現的希望，就是生活的前途，也是十分危險的。伊的悲憤、憂傷、痛苦的生活，又重覆出現了。

九

　　究竟白太太的病，是什麼一種病，到伊死了我還沒有弄清楚。不單是我，便是醫院也沒有弄清楚。不過伊第二次到北京後，病痛確實比從前沉重了。雖然也常常好些，但若一與白先生口角，便復發作。

　　他們的生活，確因為白先生謀不到好差事，大不如從前了。所幸白先生也因此而不再到八大胡同，也沒有偷人家的姨太太等事，只是有時因為錢借不到，便回家找白太太發些丈夫的脾氣而已。這樣平淡無奇的窮生活，他們大約過了二年。白太太的病，到後來也有些起色了。

　　然而事情是這麼湊巧的，真是一波未平一波復起！白太太經過了這一番的悲憤，大約伊的運命是決定的了。

　　這是民國十五年的初夏，白宅忽然來了一位年約十八九的妙齡少婦。這日白先生一早就出門找朋友去，留著白太太同老媽子

看家。

「白老爺在家嗎？」少婦問。

「不在家，你是誰？找他幹麼？」白太太疑訝地又答又問。

「我是白老爺家裡的人，剛從四川來的。」伊也不等白太太再說話，便命車夫把行李搬到屋裡去了。白太太聽說伊是白先生家裡的人，便就招呼伊，又叫老媽子幫伊收拾行李、倒茶……等。伊復同那少婦談起來了，彼此的話，是半通半不通的，但白太太也終於聽清楚了。

原來這位少婦，是白先生的大兒媳婦，這次上京為的是要進女學校。據伊所說，白先生家裡有三個男孩一個女孩，大的今年已二十一歲，去年畢業於師範學校，現在任小學教師。家中太太尚康健，今年三十八歲。又據伊所說，白先生娶了東洋人做姨太太的事，是二年前就知道了。

經過這番話之後，白太太好像受了死刑的判決，從腳跟一直冷到頭髮，也不管他三七二十一，撇下少婦，徑自溜回自己的房裡，關上房門，嗚嗚咽咽地哭起來了。傍晚時分，白先生回家，一入門便碰了兒媳婦，彼此雖未見過面，但是照像是看過的。兒媳婦趕快過去給公公行禮，並遞交了一封家書。白先生看過家信，知道事情不妙了，但是有什麼法子呢！他到了房裡一看，花子已在床上哭得不像個人了！白先生實在也沒法子勸伊了，只得由伊去盡意哭。

這天晚上，白太太什麼也沒吃。等到半夜，忽然對白先生道：

「原來我是你的小老婆了！你在東京對我說了什麼話？可惜那班人忠告我的話我不聽。唉，就怨我自己瞎了眼睛……」

伊又哭起來了。白先生無言可對，只是跪在床前求恕。這時似乎所謂人類皆有的良心，已出現了。這一晚上，白先生所受良心的苛責，我們應該想像得出來。

十

白太太自從白先生的兒媳婦從鄉裡來了以後，就復大病了。白先生雖然待伊較前好得多了，但是差事既謀不著，又加了一個人的用費，生活便非常地困難起來。因此，白太太也不能常到醫院拿藥。伊的病雖然有時也好些，但是病根是愈種愈深的。還有難堪的，是兒媳婦常常背著白先生同伊賭氣。伊起初病好些時，還常常勉強找朋友談天出氣，但是到了那年臘月，伊便終日倒在床上了。過了新年之後，伊竟吃不下去飯，而以水果、鴉片以代三餐。

上元燈節那日，白先生有點事情，吃完午飯就出去了。他臨去時把病人交給兒媳婦看護。兒媳婦雖然答應了，但是伊看護的，竟是外邊的熱鬧。伊從午後四時出門，一直到晚間九時才回家。白太太氣不過，也就說了伊幾句，伊竟大發脾氣，把白太太罵得狗血淋漓。白太太登時氣昏了，恰好白先生趕回家，看了這番光景，不遲疑地打電話請了一個熟識的醫生，救了一陣，才甦醒過來。但是這也只是伊的生命多延長了幾個鐘頭而已，翌日午前四時，白太太便和我們人類永別了。

白太太臨終時，別無遺言，只叫白先生拿一面鏡子照著伊，伊以微微的聲音嘆息地說：

「白先生！我嫁給你之時，是這樣瘦得像鬼的人嗎？前後才十年哩，你竟把我弄成這般。是運命的惡作劇呢？還是人類的殘忍？」

原載《台灣民報》第 150、151、152、154、155 號，1927 年 2 月 27 日至 5 月 1 日

誘　惑

一

　　來今雨軒的鋼琴，不知什麼時候，磅、磅、磅地響起來了。

　　正是盛夏的過午，熱鬧過於天橋的中山公園，這時候人還是很稀。太陽拼命地曬著，樹木因為一點風絲都沒有，靜得像墨水畫中的墨跡，四圍寂寞極了，只有幾個小鳥，不知是在唱歌，或是在啼饑地叫著。茶役們也都在藤椅子上打盹，茶客是除了他以外，一個也沒有。

　　他坐在來今雨軒後面的亭子上，既喝茶又抽煙，並且想著些零碎的事情。這些零碎的事情，反反覆覆地在他的心頭滾上來滾下去，小鳥兒的歌唱不能打斷他的思路，從亭下走過去的兩個三個遊客，更不能打破他的沉思，只有從來今雨軒室內，遠遠傳出來的鋼琴的磅、磅、磅，卻把他的思路打斷了。

　　「唉，好久沒有聽見了！」他聽見鋼琴的聲響，心裡有點慨然了。

　　「也許是女人吧？漂亮的女人？女學生？我的候補愛人？」——他一想到這裡，鋼琴的磅、磅、磅，就格外地響得有勁兒；並且他那空想中的纖纖玉指所彈出來的聲音，響一聲，他的心就一跳，好像那彈琴的女郎的指頭，並不是在打鋼琴，卻是在敲他的心；他有點飄飄然了。

　　驟雨般突如其來的鋼琴的聲響，又驟雨般突然而停了。但是

為那彈琴之指敲亂的心，卻還是繚亂著。他由鋼琴的聲響聯想到時髦得可愛的女人，又由時髦得可愛的女人聯想到金錢，由金錢又聯想到……不，絕望了。

這種絕望，他是受夠了；因為要避免這種絕望起見，凡是熱鬧的處所，他是不大敢挨近的——尤其是女人多的處所。推而廣之，連大街上，沒事時他都不敢去走；看見時髦得可愛的女人時，他是避之唯恐不遠——儘管他心裡是無時不想趕到熱鬧的去處，挨近時髦得可愛的女人，冀得一點快樂。然而這一日，他居然走入熱鬧的中心地，美女聚會的公園，並且坐在茶桌上大喝其茶，大抽其煙，這自然是因為他今日，皮夾內居然有了二十元的緣故。

二

照例，經了這種絕望之後，他是站起來，一溜煙地跑回家中的；但是他只有這一次卻破例，依然若無其事般在那裡抽一口煙喝一口茶。自然他也並不是以為有了這二十元就可以得到時髦得可愛的女人之愛，也並不是不知道假如因了這二十元的開銷，可以快樂一時，而快樂過後，因了這二十元開銷，所受的痛苦是怎樣地難過；但是他因了這二十元在自己身上，卻無理無由地壯膽起來了。

他依然在煙霧與茶氣之中，繼續他的思索。遊客似乎漸漸多了，小鳥兒依然在綠蔭中歌唱，但是他依然沒有理會那些。

他想起這幾個月來的失業之苦：母親的煩惱與怨言，弟妹的哭鬧，在在使他傷心而憤怒！然而他對於自己這幾個月來的耐苦與努力，也十分地滿意；尤其是今日所得的二十元，完全是這努力的結果；照這樣做下去，自己的理想，未必不能實現——想到這裡，他忽而喜從中來，好像自己的理想，立刻就可以實現，時髦得可愛的女子，自己也可以分一個來愛，其餘更不用說了。

　　但是他忽然又黯淡起來了。他想：假如靠自己的力量，僅養
活自己一個人的話，那自然是沒有問題，自己的理想或者可以達
到；然而自己背後，還有母親，還有弟妹，都張著大口要吃我要
穿我哩！怎麼說是努力已經有了結果，但是想靠賣文字來養活，
已是不大靠得住的事，而況自己的理想，還有什麼實現的希望？
在這種情形之下，我只有二條路可以走，一條是犧牲我自己，去
養活他們；一條是棄掉他們，走向自己的理想。論理，他們雖有
生活的權利，我卻沒有養活他們的義務，然而我不養活他們，叫
誰去養活他們呢？結局我還是只有一條路可以走的了——犧牲自
己。想來這都是我父親的不是：遺產沒有分到我，卻把一輩子還
不清的債留給我去對付！我想努力往前走，他們卻在背後把我拖
回去……

三

　　他在那裡所想的，也不過是那一點事情，反反覆覆地出現罷
了。但是他的思路終於為一群遊人打斷了。他抬頭一看，品茶之
客，已經填滿了空桌的一半。亭子上，自己的背後，隔二個桌位
的桌子，也已圍著一群遊客了。茶役也一個個活動起來了。有銜
著炮台煙的，有傾著啤酒之杯的。有女性，有男性，有成對的，
也有孤單的。

　　遊客愈來愈多了，男性來得不少；女性呢，他覺得更多，有
女學生，有闊人的小姐，有孩子，還有太太。茶桌都坐滿了，亭
子上的茶桌也快坐滿了。只有靠他背後那一個桌子還未有人光
顧。他也很想叫茶役送一包炮台煙、一瓶啤酒來，但是終於沒有
說出來，因為他覺得大聯本來也可以過癮，龍井茶也無妨當酒
喝。他也很羨慕而嫉妒那些一對一對的，而同情那些孤單的；並
且還想請一位孤單的女性過來一塊兒坐，藉以互傾同病相憐的

話。然而這也為顧慮被送入瘋人院起見，而止於「想想」了。但是他希望至少在自己背後那個空著的桌子，來光顧的是一個孤單的女性——時髦得可愛的女性。

居然來了，並且是女性，但是兩位，極時髦的兩位女性。他只希望一位，卻來了兩位，這已經使他不大滿意；不料還有更使他不滿意而至於大失所望的，是後面跟來了一個第三位的男性！

「茶役！來一包炮台煙！兩瓶啤酒！」那個男的開口先要了兩樣。茶役去了以後，他就客客氣氣地向那兩位女性說：「蜜斯高、蜜斯林，請你們兩位點菜吧！」這兩位蜜斯，也很不客氣地點了好些菜，吩咐茶役去了。一會兒婉轉的笑聲、談話聲，就從這個茶桌發出來了。接著是煙酒之香氣——對了，說掉了一件事情：剛才這兩位女性，走到他背後時，就帶來一陣香水與脂粉的強烈的香氣；這香氣就和煙酒的香氣，混成一種刺激性強烈的味兒，一陣陣地撲到他這邊來。

他興奮極了，一種絕望的悲哀，不客氣地湧到他的心頭！他心裡罵道：你這受祖父之蔭和社會制度之蔭，享受著萬惡的遺產的東西！你老子一個也沒有，你卻一個人佔了兩個女性！他興奮極了，興奮得抽起煙卷了。

四

兩個女性和一個男性，於嘻嘻哈哈的笑聲中，動起刀叉了。笑聲、喝酒嚼菜聲、刀叉皿盤聲，混成一種衝動的聲音，一陣陣送入他的耳鼓。同時，肉香、醋香和香水、脂粉、煙酒之香，又混成一種刺激的味兒，一陣陣撲到他的鼻孔內。他為這種聲音與味兒，攻得幾乎開步走了。然而他衣袋裡的洋錢，卻替他叫了菜又叫了酒，並且叫他把大聯珠收起來，換了一包炮台煙了。

說也奇怪，喝了兩大杯酒之後，他的悲哀、絕望、憤怒，一

切都消了，好像一切塊壘，盡在於這兩杯酒没有到口。但是接著
又來了一種寂寞之感，他覺得一個人吃、喝，實在太無味了。一
樣的酒菜，看人家吃來是何等地甜甜蜜蜜？自己一個吃來，卻覺
得和吃家常茶飯，没有多大分別。這原因他也知道，並且也未嘗
不想隨便拉一個異性來白請她吃一頓，但是這種佛腳，臨時是抱
不到的。

　　他醉了、飽了，但是他的心的空虛，卻無法可飽。背後的三
個人，嘻嘻哈哈的笑聲愈來得緊，他愈寂寞了，他的心愈空虛
了。對於這種寂寞，心的空虛，他衣袋裡的洋錢也無可如何。結
果，只有悵悵走回家的一法了。他還了帳，置嘻嘻哈哈的笑聲於
腦後，寂寞地走出了亭子，復步出了中山公園。

　　在涼爽的晚風中，他在公園口徘徊了一會兒，心裡想，回家
呢？唉！太寂寞了！太空虛了！到八大胡同①解決去？但是，此
事不但是袁大頭②不答應，並且和自己平常的言論太矛盾了。不
但如此，萬一將來自己也居然有談戀愛的機會，這事豈不成了一
個歷史上的污點？

　　他想來想去，結果終於移步走向他一個朋友Ｂ家去了。

五

　　大約是在晚上八點的時候，Ｂ家有兩個時髦得可愛的蜜斯在
叉麻將，陪打的是Ｂ和Ｂ太太。他們四個人正打起來的當兒，忽
然來了一個醉客，這個醉客便是他。他一走進去，四個人的手都
停了，八隻眼睛的視線，都射到他身上。Ｂ並且站起來，喜形於
色地説：

①見《買彩票》註。
②袁大頭即銀元。

「老吳，你來了剛好，正差一個手呢！」

「不，你們打得了，我看著。」他嘴裡雖如此說，心裡卻勃勃然，手心也癢癢然了。因為他一進來，就瞧見了那兩位時髦得可愛的蜜斯，而且似乎是從這位蜜斯發出來的一股香氣，也早已從他的靈敏的兩鼻孔，奔入他的心窩裡了。這種奇遇，在他是一種千載一遇的機會，而這種氛圍氣，他是愛不忍釋的了。況且正在空虛而且寂寞得無可如何的他，怎能不認為一刻千金，而造一個機會，多多坐一會兒呢？要這樣，最好是跟她們坐在一個桌上打牌的了。而況一打上牌，既可以加緊地挨近她們，從她們發出來的香氣，也可以聞得親切；有時還可以碰碰她們那豐潤的手，其結果，或者可以由自己手掌上帶一點香氣回去——啊！這是有生以來的盛舉，無論如何不可錯過啊！

但是，輸了牌的結果的慘狀，又朦朧地走到他的意識上了。心裡想：唉！不行，家裡有三四個人等到要吃我身上這幾個洋錢呢！銅子麼二的牌雖然並不大，但是大輸起來，說不定要輸個五六塊錢啊！萬一輸去五六塊錢時，將如何應付明天的事呢？可是這種念頭也只是煙似的無力的東西而已；等到Ｂ的第二次讓位，和一位年大一點兒的蜜斯的勸駕：

「吳先生，您來打吧！他們夫妻倆不願意一塊兒打哩！」他完全把打輸了牌的結果之類的念頭打掃乾淨，回復到先前的興致勃勃的心理狀態了。他終於打上了牌，和二位蜜斯，一位太太，這是他第一次接近女性的機會。

六

在嗶嗶剝剝的嘈雜聲中，四圈牌已經打完了。這中間，他除了碰了幾下蜜斯的手，和踢了二下腳……但這都是在無意中，並非故意。之外，什麼話也沒有說……除了牌上的話，心卻是一直

跳到牌打完。最享福的,應該算他的眼睛與鼻子了。他偷偷地引
了幾十個深呼吸,又偷偷地瞧了幾十次──自然所瞧的是那兩位
蜜斯。他覺得這兩位蜜斯,除了香氣襲人,臉上紅白之外,並不
覺得怎樣美。但是在無言之中,卻覺得挨近蜜斯們之甜蜜!

　　算帳了,他一共輸了三塊大洋,還有一點零頭,據說可以不
算了,他也就不算。他從衣袋裡掏出三張鈔票之後,臉可紅起來
了;輸幾塊錢本不算什麼,可是在蜜斯們之前打輸了牌,頗顯出
自己牌術之不高,實在大失體統。B太太也輸了,但是沒有他輸
的多。

　　「咱們再打四圈吧!」B太太很知道他的洋錢來得不容易,
所以想使他撈回來。他不敢言語,怕顯出自己之戀戀不捨那三塊
大洋,可是蜜斯們答應了:

　　「好吧!再打罷!」時候已經不早了,已是十點鐘零一刻。

　　於是打起來了,這回他卻不大注意蜜斯們,一味地想要撈
錢;一來輸了三塊錢,已是非同小可,即使不能撈,也再輸不得
了;二來再輸錢,豈不是愈要在蜜斯們之前獻醜嗎?

　　但是這四圈打完之後,他又輸了,這回少一點,輸了二塊
半。他雖然裝著好漢,把兩塊半拿出去,但是心裡是萬分的著
急、慚愧。一晚上輸了五六塊錢的牌,在他是空前……絕後則不
敢說。況且這種敗績,使他慚愧得幾乎想鑽進地裡。什麼蜜斯不
蜜斯都不敢看,不敢聞,不敢觸了。他一溜煙就走了。

七

　　時候雖然正是盛夏,但是晚上過了十二點鐘之後,一陣陣從
臉上拂過去的風,卻是涼爽得可以。街上的行人也不很多,只有
幾輛洋車,在拐角處徘徊。月亮正在中天發出銀灰色的光亮,四
圍頗有一點白天所看不到的寂寞氣味。

　　他在寂寞的月光下走著，一步步地、慢慢地。洋車夫也向他招呼了幾次，但是車錢說不好，他們都是漫天說價，而他又捨不得給，於是決意走回去了。

　　灰白的月光，涼爽的微風，和寂寞的空氣，使他完全清醒了。他想起今天一天的事，覺得實在太無意義了——這種無意義的生活，雖然是不由自主地，好像運命似的東西在推著他做下去似的。本來今天走到公園，為的是想得到一點休息，呼吸一點新空氣——快樂是不敢想的。然而偏偏得到這樣的結果！蜜斯們的香氣，早就跟著喘息，從兩個鼻孔吹出去了。自己的手掌上也沒有帶回一點來。此刻腦海裡雖然還淡淡地留著同桌打牌的兩個蜜斯的映像，但是她們似乎又早已不把自己放在眼中了，她們不把我放在眼裡，即使我還記著她們，有什麼意思呢？不但如此，為了這樣毫無代價的事，竟然破了一筆大款，豈不是一件可悲的事！

　　一無所得還可以，若想到明日的事，就簡直苦於啞子吃黃蓮了。我今天出來領了二十塊錢，母親是知道的，然而，這二十元之中，已去了多少。——他想到這裡，已無伸手拿出餘剩的鈔票來點點的勇氣了。但是他卻在心裡暗暗地算了一算，大約已經破了八元了，所餘的只有十二元。他想：對付母親的方法，卻是很多，但是一家四五個人的生活，卻就不易對付了。本來二十元已就不很夠，而況又減去八元？……

　　他後悔了——唉！自己為什麼做了這樣的糊塗事？為什麼竟不思前顧後？而況想到自己這八元錢來路之不易，就悔恨得心都痛起來了！然而這說來說去，都是為了女性，倘若沒那兩個女子在公園陪一個男性喝酒，叫自己看見，刺激了自己，自己也不會在公園破費二元錢。倘若沒有那另二位蜜斯在B家打牌，自己也不會在B家輸了五六元錢的牌。而且最初使自己陶醉的，卻是公園裡的磅、磅、磅的鋼琴聲。

　　然而為什麼許多人，左一個右一個地帶著女性，也於生活上

不發生問題，而自己僅僅聞了幾個鐘頭的香氣，聽了幾個鐘頭的鶯聲碎語，看了幾個鐘頭脂粉打成的臉，就於生活上發生問題？難道我就天生不配享異性之樂嗎？想來想去，還是家裡三四口人在帶累我！倘没有他們，自己一個人還有十二塊錢，有什麼問題可發生呢？啊！萬惡的家族制度！在撲殺個人的家族制度！然而我不養他們，在這種社會制度之下，叫誰去養呢？我，我只有自認倒楣罷了！但是那些偏受遺產之蔭的人們，是怎樣該殺的呀！……

　　然而究竟女性是可愛的，尤其是時髦的女子！而況錢已經拿出去了，後悔有什麼補益呢？錢是人賺的啊！我明天以後就加緊努力，也不難於幾天之內賺回來啊！——他想到這裡，一切問題好像都得了解決似的，精神完全恢復原狀了。不過還覺得自己今天一天的行動，好像做了一場惡夢，而夢後使他身體與精神都有點疲倦罷了。

　　他走到家裡了，偷偷地走入自己的卧室，躺在一個小床上，想盡量地不打動他母親及弟妹們。但是他翻來覆去，總是睡不著，一二三四五六地念，念了幾百幾千，也還是睡不著。此時口裡雖然念著數字，但是在閉著的兩眼，分明看出一個時髦得可憐的女郎，在來今雨軒打鋼琴——磅、磅、磅地——兩個不知是何職業的女性和一個可惡的男性，在自己背後發出嘻嘻哈哈的笑聲，和刀叉皿碟聲——還有一陣陣的脂粉香、酒煙香、肉香——，兩個麻將桌上的時髦的蜜斯的臉兒、氣味兒、豐潤的手臂——還有牌聲、笑聲；總之，這一日所經過的情景，歷歷現出眼前來。

　　啊！這種情景，在今日下午以後，是怎樣地使他不由自主地陶醉，不顧前後地陶醉啊！

1928 年 2 月 26 日脫稿於北平
原載於 1929 年 4 月 7 日、14 日、21 日、28 日《台灣民報》

元旦的一場小風波

我想寫一點關於祖母的事，已經有好幾年了，然而始終未曾動筆寫過一字。最近《藝文》雜誌社來兩徵求關於新年的文字，不由得又想起此事來；因為我和祖母之間，曾於三十多年前的一個元旦發生過一場小風波故也。

那時候，我大約不過只有 6、7 歲的樣子；照這樣算起來，祖母當時已經是 70 歲的老人了。窮苦人的子女，素常時間父母要來的零錢只是幾個小制錢，多亦不過一個銅板而已。過年時所得的壓歲錢，記得大概也不過是兩三毛錢罷了。但是那一年，大姨母上我家來過年，她彷彿比我家富有，一下子就給了我一塊洋錢。我是怎樣地高興，現在還可以設想得出來——雖然當時應該是不懂得怎樣去花那一塊洋錢的。

第二天便是大年初一了。興高采烈地抱著那一塊洋錢，一清早便跑到祖母那裡去拜年、祖母是過了一輩子窮日子的人，素日連一個銅板都看得很大，何況是一塊錢呢？這是我長到十幾歲才明白的，老人家怕我把洋錢玩丟了，記不清是用了什麼方法，竟把一塊洋錢騙到她手上去。

玩了一會兒，我忽而想起我的洋錢來，迫著祖母還我的錢。祖母當然是不給的，於是乎我就拿出小孩子唯一的法寶，大哭起來。哭了還不給，於是乎亂撞亂跳連哭帶嚷了。這樣還是不給，於是乎我就破口大罵起祖母來了。

大約這是全中國的習慣，哪一家子新年不忌哭？尤其是罵人

最要不得，因為挨罵的人是絕不會答應的。然而我，一來因為太傷了心，二來因為素日受著祖母的溺愛，所以竟大發頑童的本性，大年初一便在祖母那裡大哭大鬧並且大罵起來了。和祖母同院居住的三伯父雖然大不高興，但是在十二分溺愛著我的祖母面前，究竟是一點辦法沒有。

　　再看祖母是怎麼樣呢？不管我怎樣哭鬧怎樣撒潑，老人家一點也不改素日那一份慈愛而且鎮靜的態度，極力安慰我，一再只是説：「孩子孩子你別哭，回頭一定還你錢！」直到我真急了，破口大罵起來，老人家還是那麼樣的，臉上毫無怒容，只説了一句：「你罵奶奶，小心雷響！」

　　冬季沒有雷，就是六、七歲的孩童也知道的，但是辱罵長上是不孝大逆，雷公專為管教這種人而存在的。因為從小就受了這樣的教育，所以經祖母一提醒，童心中也真有些害怕似的，記得就是那麼樣，我就不罵不鬧也不哭了。祖母坐在板凳上，我站著讓老人家摟在懷裡，這情景，此刻還歷歷如在眼前。那時，我對於祖母一句雷響的應酬是「雷把我劈死，你不用哭才好哪！」我對於祖母對我的溺愛是怎樣地意識著，是怎樣地自願沉於溺愛之中，由於這句撒嬌的回答便可以概見了。

　　元旦祖孫之間的一場風波，結果由雷公充了魯仲連和平解決了。後來那一塊洋錢究竟怎樣地發落了，還始終沒有想起來。

　　我自從20歲前後以來，不曉得為什麼，竟是和夢結了不解之緣。夜夜一人睡鄉，同時便入了夢鄉；睡個午覺也夢，打個瞌睡也夢。而夢中邂逅的次數最多而且最真切的人物，除了我的父親便是我的祖母。這幾年來，也許是因為日日的生活切迫無暇追憶往事，也許是因為死別的年數過久，心目中的祖母的映像褪淡了，已經不常入夢，夢也不那麼真切了。

　　然而我對於祖母的感情，隨著年齒加多益發濃厚起來。17歲那年祖母去世的時候，我摟著屍體足足哭了一天一夜；直至現

在，一想起當時的情景，還阻不住兩道熱淚由眼角奔湧出來哩！

祖母活了80歲，她的一生為人可以拿「刻苦耐勞謙和慈愛」八個字概括。她在我們張家，據我所知道，並未曾享過幾年福。然而她從未有一句怨言，對人永遠是那麼謙和，對子孫始終是那麼慈愛，而對我這麼一個頑皮的孫兒，最是無條件地疼愛。我常常地感著不能由我的力量使老人家享受幾年人世的幸福，實在是一件終身的憾事！同時又常常想著，隨時隨地老人家的靈魂都像生前疼愛我那樣在保佑我。所以自從我成家以後，每逢有得意的事或悲哀的事，頭一個便要想起祖母來。而得意時感著悵惘，悲哀時可以得到安慰。

我那可憐的，慈愛的祖母，如果還活著的話——事實上我此刻還想著如果還活著多好呀——今年該是106歲了。她去世至今已經二十六年，換言之，已經過了二十六個元旦了。每逢元旦，我總要想起三十幾年前這場小風波，覺著萬分的難受和懺悔！

今天是冬至日，我家照例要供祖先，所以二重地使我勾起懷念祖母的心情。祖母在世時嗜魚甚於肉，所以每次供祖先時，供品中只有魚是不能缺的——雖然結果還是一樣嗜魚的我自己受實惠的。今天除照例多備了兩條魚以外，還寫了這篇短文記念祖母。

1944 年 12 月 22 日

原載《藝文》雜誌第 3 卷第 1 期，1945 年 1 月

散文

南遊印象記

漫　言

　　我這四五年來，南船北馬，所印足之地總不下萬里。但是這萬里之路，統是在島外跋涉的，至若島內呢？諸位請勿笑，我活了二十幾年，只北至小基隆，南至新竹而已。若北至小基隆，這倒可以自慰一二，若南只至新竹，這我實在感著無限的慚愧了。

　　然而我並不是惜足的人，或是留戀故鄉之人，我對於漂泊他鄉這件事，恆感著很大的興味，所以就是蟄居故鄉之日，也時景慕異鄉，幻想一種異鄉的情緒。根究起來，我不到新竹以南之地的最大原因，就是經濟問題吧。或者是為沒有「不得已」的事情，所以不去吧。但是這確是次要的原因，倘使我沒有經濟的關係，就是沒有什麼「不得已」的事情於中南部，我也早就去了。

小人物的旅行

　　在現代的經濟組織之下，大約沒有不受經濟的牽制的人——無論他是有產階級或無產階級。不過些小的三五十元的旅費，在有產階級確實不成問題，而在無產者又確是一個大問題。倘在大人物，即使他是個無產者，花費多少旅費也不至於發生問題。若

如我這無產者兼小人物者，雖三五元的小旅費，尚須躊躇，何況
三五十元呢。

　　這次以《民報》①的頭銜，領來一張免費票，於是立刻決定
南下一遊了。可是我的女人 L 女士，是遠自北京來的，伊沒有到
過我的故鄉板橋以南之地，故我有帶伊同去的義務；加以我近來
覺得孤獨是無限的悲哀無聊，於是便下了一百二十分的決心，帶
伊同下台南。——雖然知道須多花二、三十元。這樣的，無產者
兼小人物的我，以一張免費票和一百二十分的大決心，遂帶伊出
發旅行中南部去了。

車中

　　我們的旅行，當然是以紅票為標準，而所預算的旅費也是紅
票（我雖然不要車錢，但是 L 女士卻要車錢）。

　　十二時四十分的海岸線經由的快車將到了，我們到台北車站
時，以為已經先回去了的獻堂②先生以外五六位文協③幹部諸君恰
巧和我們同車。他們有的是資產家，有的是大人物，所以出門不
用說是青票——不搭一等車還是他們的客氣。他們若肯不理我們
還好，可是他們卻都很好意，叫我們同他們坐一個車，途中好說
話。其實他們的好意，倒使我多花了三塊錢。我咬緊牙根，買了
一張彰化的二等票。賣票的說：「來，六元一角」，第一次的預
算翻了。

　　本來我們都帶著雜誌預備路中看，但是因為想在途中找出什

---

① 《民報》見本書《揭破悶葫蘆》一文注。
② 林獻堂，台中人，台灣文化協會主席。
③ 「文協」即「台灣文化協會」。在祖國大陸五四運動影響下，於 1921 年成
　　立。創立人和專務理事是蔣渭水。本部設於台南市，在台灣各地設有支部。
　　該協會於 1927 年宣告分裂。

麼好風景來鑒賞，所以只靠著車窗往外看。沿途我問 L 女士有沒有新奇的景致，伊說沒有，我自己也覺得太平凡。

車過了鶯歌將近桃園時，培火④氏問我沒有指鶯歌石給 L 女士看，我陡然感著很失策，因為這一站只有這個鶯歌石最出色，而我卻忘了給伊說。我表著很失望的臉色說：「唉！沒有！」培火氏也無可如何，L 女士只是愕然，莫名其妙。

車將到新竹了，培火氏又站過來，指著右邊一面的田園說，這是新竹平野，台灣四大平野之一，你又不給 L 女士說明，你這個嚮導者未免太不親切了。其實我自己也不知道那就是新竹平野，培火氏太冤枉我了！嚮導者北京話普遍叫「領導者」，式穀氏主張說「嚮導」，因為他的北京音有些古怪，「嚮導」說成近於「強盜」，大家大笑一場。

培火氏又指鐵橋下一條古鐵路和左邊一條舊鐵路的址跡給我們看，說那是一個古跡。那個就是清朝時代的鐵路，確是一個難得的古跡。那時代台灣的火車只自台北駛到新竹。據說，當時李鴻章計劃在北京天津舖鐵路，從外國定了鐵軌、火車等器後，經京津人士的反對，這位大偉人、大勢力家也奈何不得。後經劉撫台引受到台灣鋪設，台灣遂比較早有火車。

火車過了新竹，便漸漸看得見碧藍的海。我每次看了海，似回到故鄉，遇見愛人似的。實在，海是我的故鄉，是我的愛人。我看了海，就有無限的感慨。

我不是海濱生長的，何以和海有這樣的感情呢？讀者啊！原諒吧！使我說些閒話——

自今五年前，我從基隆搭船到廈門，這是與海接近的第一次。自是，在廈門、鼓浪嶼輾轉過了兩年。這兩年之間，我受了海的感化和暗示不少。早上，太陽將出未出之時，我站在岩仔山

---

④蔡培火，台南人，台灣文化協會常務理事。

腹的洋樓的欄杆之傍，兩眼注視那蒼茫的大海，一直到盡處——
是海是天已分不出的地步——凝視著、放歌、馳想……晚上，月
亮剛上了山頭，照得一面白亮亮的銀海，我站在山腹，兩眼注視
那白茫茫的銀世界，一直到盡處，凝視著、放歌、馳想……

　　自從領略了海的感化和暗示之後，我就不想回到如在葫蘆底
的故鄉了。後來再奔波各處，數年之間，不斷地與海相親。現在
不得已在狹的籠內過狹窄的生活，還時時想乘長風破萬里浪，跳
出台灣，到海的彼方去！——所以此刻看了囂囂撼著岩石的大
海，便和別的人不同其感了。坐著火車跑海岸倒不錯，雖然沒有
什麼出色的風景，但是一種沉寂之感，時時撲到心頭。涼風陣
陣，倘在盛夏，左邊的矮山，若再傳出蟬蟲們的音樂，或海上再
加一個明月，一定更加有趣。

　　在海岸走著的時候，覺得很像坐在電影裡常看見的美國的海
岸鐵路上的火車，又感著一種異國的情調。

　　自台北搭車以來，陰晴參半，以後，天氣愈變愈壞，到大甲
溪之北，還是陰鬱。及至溪之南，天氣一變，太陽曬著萬物，回
首看那溪北的天氣，又是一樣。這在我確是大奇而特怪了。但是
其實自古來就如此，就是某氏在車中告訴我的。

　　車近彰化了，一行的人四散，只剩下我和培火氏、L女十三
人了。培火氏突然指著窗外一個矮山說，那個就是八卦山。

　　唔！那個就是八卦山！我這幾年來所景慕的八卦山現在已顯
在我的面前了。並且，明天一早上就要看它去呢！我覺得元氣加
倍了，心身都跳起來了。

　　我在海外交了不少的彰化的朋友，他們每次齊聲對我誇獎八
卦山怎樣好，怎樣美。他們又說彰化的女界有什麼八美，又有什
麼三傑。所以我若想到八卦山，便聯想所謂八美三傑，終而至於
聯想到彰化是許多美人的產地。不但如此，八卦山又發生了兩回
大事件——一回是王字事件，這事件是一個驚天動地的大事件。

一回是彰化女學教師調戲女生，致惹父兄的公憤事件。所以八卦山和我的腦海，便結下了不離之緣。

天近黃昏了，我們和培火氏握別，跟著幾位來接的朋友出了火車站，一直到文協支部休息。

八卦山麓的一夜

很多人說彰化是台灣文化運動的中心地。是不是中心地且不說，許多新人物是從彰化產生出來的，這是不能諱的。我在廈門、上海、北京所看的台灣留學生，也是彰化最多，東京的彰化學生也很多罷。

我知道彰化有個好看的八卦山，是在上海之時。彰化的朋友每和我談起故鄉的事，他們便說八卦山怎樣好，他們的故鄉又有八美三傑。以後又交了不少的彰化朋友，他們都一樣向我自誇。於是我對於未到的彰化，遂發生了無限的景慕，時時描寫了各種的幻想於腦海中——八卦山、八美三傑、許多新人物，文化運動的中心地……。

現在已酬宿志，來到八卦山麓了，可是第一印象實在不大好。從前因種種好印象的聯想，遂造成一片很乾淨、很幽雅而美麗的彰化市街於腦海中。但是現在所看的市街，卻是很錯雜不潔，最討人厭的是道路中舖著一條輕便鐵路。路政尤其不好，屋子也不整齊。我有些失望了！幻想已被拆去一部。

晚上受七、八位青年同志的招待，本來想和他們談些話，可是我們遠來之客太疲乏了，只談了幾句便休息了。——衡秋君說，他最討厭台灣的所謂詩人，台灣的所謂詩人每日無所事事，只在那裡無病呻吟，每日說一樣的話，專攻偷竊古人的詩句。懶雲⑤君說詩人固然討厭，但是他尤其深惡的，是台灣的所謂文人。台灣的文人，無論論的是政治、是社會，開口一律是「世風不

古、道德沉淪」之類。他們完全沒有批評眼，說得牛頭不對馬面，實在討厭！對於此二位的高見，我大約可以無條件的贊成。

最引起我的興味的，是懶雲君的八字鬚。他老先生的八字鬚，又疏又長又細，全體充滿著滑稽味，簡直說，他的鬍子是留著要嘲笑世間似的。和我想像中的懶雲君完全不一樣。

遊八卦山

八卦山麓的一夜，在施（至善氏）⑥宅度過了。早上七點鐘起床，踱到前面的書齋，把窗打開，呀！大好的天氣，好似春日之來訪。窗外一個竹架子，置著十數杯花草，過了院子的那邊，幾樹紅花，隔牆外一所芭蕉園，前天施先生送我們吃的美味的香蕉，說是產於這園。

吃完了飯，收拾完了，清波⑦氏、石麟氏相繼而至，於是出門遊八卦山去了。

八卦山的好處，是在眺遠，一層有一層的遠景。至於它本身，卻沒有什麼出色。自風景上說起來，八卦山實不值得我那樣的景仰，然而它的可貴卻是在它的歷史。山頂上──雖說是山頂上，僅僅二百多尺的山，也沒有什麼不得了的事──有北白川宮親王的遺跡，那裡有一個親王的紀念碑。就在這裡發生了大事件的──所謂「王」字事件。後面是舊炮台，廉清君曾將他的「登舊炮台的感懷詩」給我看。雖然無非「故壘危危……」，什麼「……照夕暉」之類綴成的，但是當時（在北京時）我讀了也有些感奮。現在自己印足於這危危的舊炮台上，遠眺對面一帶的山川，撫今追昔，感著一種莫名其妙的悲哀，心頭一酸，眼淚險些

⑤即賴和，台中人，台灣文化協會理事。
⑥施至善，台南人，台灣文化協會評議員。
⑦吳清波，台中人，台灣文化協會評議員。

淌下來。

　　行過舊炮台，有一片的平地，接去是一大塊一大塊的高丘，這卻是一片頂好的運動地。在舊炮台後一片平地，這裡也發生了一件大事：一個先生，帶了好幾個高女的學生曾在這裡捉迷藏。……中略……「王」字事件與「彰化高女」事件，統發生在八卦山，所以它的歷史可貴。八卦山也是由這兩件事件給介紹於世間的。

到台南

　　彰化遊了一遍之後，即到花壇，在李（山火氏）宅擾了一夜，翌早便從那裡搭火車上台南了。這回是和吳清波氏同行，清波氏與我是同階級的人，故不用說是不約而同的買了紅票子（三等票）。可是，三等車是非常擁擠，幸虧我們是久經出外的人，各人還爭得到一個位子。說起爭位子，咱們東洋人還是非常地野蠻，——一個人常常要占二人以上的。對於這個真理，我是日在車中曾經聽了一個村婆的高論。

　　我們的車過了兩三站，搭客愈來愈擠。一個村婆也跟大家擠得臉紅耳熱，擠到我們斜對面的板凳上，發現了一個空位，一屁股就要坐下。旁邊一個人拒絕說：這個位子是我們的，待一會有人要坐。那村婆憤憤地說：誰先來誰先占，一個人只得占一位，這個公例，便是警察大人也破不得，何況是你呢！對於這位口如懸河的村婆，那人終於無言可對了。

　　中部到南部，這中間狀況便與北部有些不同了，北部是一面的水田，中南部則大都是芭蕉園與甘蔗園。專門吸農民的膏血的製糖會社，在中南的晴空之下，處處豎著摩天的煙筒，如妖怪似的，冒著一道黑煙。這個四面點綴著噴黑煙的煙筒的中南平野，雖然覺得雄壯，但也感著很淒涼似的。在蔗園裡做工的農民，個

個都漂著哀愁的氣色。

　　由著芭蕉移出，惹起問題的員林，和久想一到的嘉義，因時間的關係，不得不變更計劃，讓下回再去了。所以自花壇搭車，一直到台南才下車。

台南的第一夜

　　台南在昔是台灣第一都市，是一個府城，所以該地的人很自傲，對於凡是外來的人，都一律稱作「草地人」這個習慣到現在還存留於一部人士之間。我們三個「草地人」（意思是鄉下人），是日傍晚時候，下了車，入了赤崁城。

　　台南這個地方，是一個沒有脫掉田園氣味的中古式都市。這裡正存留著它昔日的面目，和台北的「窄促的」不同，它是「悠然的」都市。這固然有歷史的關係，但是，台北也是因為吃了太多的現代文明的糟粕，而台南卻少吃一點。總之，台北住長了的人，一到台南，一定如魚入水的悅樂。

　　一月十八日，晚上七時起，在台南某樓，將大開「台灣議會請願委員」[8]壯行宴。我們恰好「躬逢盛會」。我們跟著陳逢源[9]氏到會。會場裡所談盡是台灣議會的事。一時充滿著政治氣氛。我得識了幾位朋友，又碰見了滑稽元師、謝星樓新學士。代表蔡培火氏和陳逢源氏兩位的議論都有動人的地方，會眾某君似乎起立說：請二位代表將我們台灣同胞的苦慘，訴給帝都人士知道。王受祿氏的開會詞有一句：「田裡的稻子、園裡的甘蔗，也將在

---

[8]「台灣議會請願委員」指「台灣議會設置運動」的代表。該運動先由林獻堂等人於1921年發起，徵集台胞簽名，向日本帝國議會提出設置台灣議會的請願書，遭日方拒絕，林等被迫退出該運動。以後蔣渭水等人又於1923年發起組織「台灣議會期成同盟」，並親往日本東京請願，於返回台灣時被捕入獄。
[9]陳逢源，台南人，台灣文化協會理事。

路上歡送君等……」堪稱傑作。只可惜田裡還沒有稻子，所以似乎有些缺少寫實，不過其意味深長之處，當能感動兩代表也！

　　散會後跟芳園氏、培火氏到文協本部。文協本部實在整頓得很不錯，大非寥落破散的台北支部可比。台南的第一夜，於這樣匆忙裡過去了。

他鄉送故人

　　十九早，蔡培火、陳芳園二氏，帶著請願議會的重大使命，受了近百民眾的歡送，在火車站和我們舉手分別了。昨夜才喜「他鄉遇故人」，今早即不得不「他鄉送故人」，這在我是何等地寂寞而無聊啊！

台南的古跡

　　據說台南的古跡不少，因為彼是台灣的古首都。韓石泉氏非常的好意，特地為我們包了一輛摩托車，帶我們遍遊台南古跡。韓君是流行醫，每日進款著實不少，所以我們就不客氣了。

　　開山神社有一株古梅，說是鄭國姓親栽的。這株古梅，在一星期之前，大約正是盛開，所以現在，白玉枝頭，已呈多少憔悴的顏色了！有些多感的詩人，不知於何時，在梅花枝上結著紙條題上詩了。可惜！我們這班俗人，竟沒有詩句與它應酬！

　　孔子廟這次是第二次的賞鑒了。因為早上我已經私自和清波氏去賞鑒一次了。往年在北京參觀國子監之時，還有一點嚴肅之感，現在看了台南孔子廟，竟無絲毫感動。冬烘先生請不要破口大罵我小子無知！——

　　吳海水氏：諸君！（指著去摩托車後丈半的地方，兩個女學生）那位高的是韓君的 future wife。

　　大家被吳君這樣一嚷，全都回首往後看。從斜身看得見一位
羞紅著臉的女學生，在那裡大踏步的走，一位同伴的女學生，在
旁邊一面走一面笑，似乎是在和伊鬧似的。──

　　韓君呵！請寬恕我和你開了這個玩笑！

　　安平燈樓也去看了。這個才能算是一個古跡。看了一片蒼古
頹然的古城壁，以及穿著窟窿的傾頹的古牆，立刻使我聯想到數
百年前荷蘭人的故事。

　　回頭來再訪了開元寺。剛才踏入荷蘭人的遺跡，此刻又訪到
我們台灣人的開基祖鄭成功之廟。荷蘭人正和鄭國姓的兵馬在我
腦海中打起仗來了。

原載《台灣民報》91～96 號，1926 年 2 月～3 月

秋在古都

一

　　假如有人問：一年四季哪一季好？大概的人便一致地答道：
春秋二季好。固然，天下之大，無奇不有，説不定也有若干特嗜
那冰天雪地的嚴冬，或獨愛那炎日焚空的盛夏的奇人也未可知；
可是依一般的人情説，自然都愛好那不冷不熱的春秋二季吧。

　　然若進一步問：春秋二季到底哪一季好些？於是答者就難免
不一其辭了——有些人根本就説不出，有些人稍加思索之後答道
是春季尤其好，又有些人，便不遲疑地説他偏好秋季。

　　嚴寒與酷暑，自人類説都是一種束縛——嚴寒可以把人類凍
得個個縮成一團，酷暑可以把人類蒸得無處逃避。所以自嚴寒之
冬轉入和暖之春，是把人類解放自束縛；自酷暑之夏移入涼爽之
秋，是使人類逃脱其束縛。這是首先可以舉出的，人們愛好春秋
二季的理由。

　　然而除了這個共同的理由以外，春秋二季似乎再没有共通的
地方；愛春或愛秋之別，由是而分歧了。

　　春秋二季都是可人的，為什麼又各有所偏愛呢？我想這是由
於人的年齡、性格、環境等等的。例如年歲稍大的，喜愛清静
的，環境清淡的，大都偏秋天；年歲小的，好趕熱鬧的、環境優
富的，則大都歡迎春天。然而還有一個不能忽略的因素，便是風
土性之不同。有些地方，確是春色壓倒一切，有些地方又是秋色

超於春色。例如北京這個古都，她的秋色便勝過春色，這恐怕不只是我一個人的偏見吧。

　　生於古都的住戶，沒有不特別歡迎秋季的，便是偶爾遊歷此地的旅行人，也都交口讚美古都之秋。可以說，秋在古都而益見其可愛，古都入秋而愈顯其價值。

二

　　這個古都的氣候很有些特別——至少生在近海的我們南方人看來是這樣的。嚴冬冷得凍死人，固是司空見慣，盛夏熱得炙死人也不算稀奇的事。過了一個長冬，好容易盼到那不冷不熱的春天，卻又是那麼短短的幾天又要熱起來了。便是這短短的幾天，也不好好地讓你過去——好個萬丈黃塵的京華！那老遠從蒙古的沙漠刮來的黃土風，比燕子鴻雁一類的候鳥還守節候，到了古都的百花爭艷之時，恍惚等不及似的必定陣陣而來，把個美麗的古都，刮得翻天覆地。杜甫的詩慨乎言之說「年來花似霧中看」，其實霧中看花還不失風雅，像古都的人們那樣年年花在塵中看，那才可嘆哩！

　　一年四季在古都已有了三季要不得，可是人們仍然都說古都好過日子，甚至於死了還願意埋在此地，這當然有許多理由；不過如其沒有這麼一個可人的秋季，她的聲價一定會減少大半吧。然則秋在古都，好在哪裡呢？這麼一問，可就不好說了。大概的人，多只曉得秋是好的，卻不容易道破秋的好處。

　　我在古都住了十多年，一向也知道秋是好的，卻從未思索過好處在哪兒。這兩三年來，倒是偶爾加以思索過，但總是得不到什麼結論。今年夏天比往年熱得厲害，盼望秋之來臨的心尤切，於是特別想出她的好處較往年為深切。這裡將其記錄出來，作為我對古都之秋的欣賞錄——不敢說是思索的結論，因為渺小的一

個人，實在不能對那偉大無邊的大自然，和若干萬年的文化結晶而成的文化城，加以解剖而獲精確的結論故也。

三

今年的夏天，實在熱得可以，入伏以前，日中的寒暑表已就天天升到華氏一百二三十度；入伏以後，更是不得了——甚至不大怕熱的我，都熱得自恨當年沒有拜土行孫為師，學得鑽地之術，以備今夏好往地皮裡鑽進去涼快涼快！當我寫這篇文章的時候，真是不含糊的汗流浹背，因為時在三伏之中的中伏。

可是當我一邊揮汗一邊寫這篇文章的時候，一邊卻抱著一件很有把握的希望。因為立秋已近在三天之後，以我的經驗，立秋一到，任是什麼剛性的暑氣，也立刻會從古都退出的——固然立秋以後尚有所謂秋老虎，為夏季回光返照，還有幾天餘熱。

這個古都的氣候真有些特別，一百數十度的伏天——溽暑的最高峰——將過而未過盡，涼爽的秋風便陣陣而來。當立秋將至的頭幾天，雖在伏中，早晚就有徐徐的涼風偷襲暑天的堅壘；到了立秋之後，就大搖大擺地實行全面的攻襲，把個逞猛威武的暑天一舉而滅之了。所以僅隔數日，古都的氣候便十分明顯地真實差一季了。當此之時，人們恍惚就像老獄囚忽奉到特赦令，一旦被釋，重回自由的天地，精神為之一振！感覺為之豁然開朗！

我們身處嚴冬之時，不消說也渴望春之來臨；然而寒冷，究竟較易忍耐，防禦的方法也較多，所以期望究竟沒有那麼迫切，而實現之後的歡悅也就不會達到那樣的高潮。何況古都的春，又來的那麼不痛快而污濁呢！至於人們對於溽暑著實不易忍耐，而防暑的方法也少得幾乎沒有。除了像闊人似的溜到海濱整天納涼。所以當三伏之天，熱到最高潮的時候，人們期望秋之來臨，真是不只一日三秋。而古都之秋，又是那麼得人心，望著望著就

颯然來臨了，人們怎能不歡喜若狂呢？

四

歸根結蒂起來，古都人士之偏愛秋季，不外四個理由：第一是若在江南原是最可人的春天，在古都竟是那麼不得人心；其次是古都的夏天熱得令人叫苦；第三是夏秋的轉移來的迅速；這些在前面都說過了。第四個理由，便是輕易不陰不雨。我覺得「秋晴」二字，用在古都之秋最為恰當。

除此以外，像「天高氣爽」啊，「月色分明」啊，「蟲聲唧唧」啊……這一類的「秋」的好處，恐怕是各地風光多屬如此，不能說是古都所特有的。

秋風秋雨愁煞人——古都的秋也不盡是那麼爽快的；到了暮秋時節，那冷颼颼的秋風，的嗒嗒的秋雨，世上能有幾人不為愁煞哉？如果說「春雨如膏」，「秋雨」便是「如淚」；你說「春風似笑」，我便說「秋風似哭」。這要說是秋在古都的一個特色，也似乎沒有不可以的。我們凡夫俗子，雖然不反對這暮秋的氣候，卻禁不起她那種景味，不過若在詩人，也許反而是最好的詩材罷。

1939 年 8 月 5 日，立秋前 3 日

原載《中國文藝》創刊號，1939 年 9 月

病房雜記

小　引

　　是冬已脫掉那付冷笑的面孔，開始大肆虐威的一個午後。北風陣陣捲著砂塵在怒吼，天色是那樣陰慘的；雖然還在日中的午後一點鐘，卻已大有黃昏之意了。本已憂鬱的我們的心情，不由得更加憂鬱起來。

　　就在這個時候，我和妻各坐上一輛支著棉棚的洋車，朝著××醫院走去。我的車上還放著一件行李，不知者還以為是出門去旅行，其實是準備在醫院住下的。經醫生診斷的結果，妻的病確有住院的必要，我們便在被指定的病房，隨遇而安的住下了，這一住，足足住了十七天。

　　病房的生活，在我是破題兒頭一遭的體驗。所謂頭一遭的體驗，總有什麼新奇的事體足以喚起好奇心；何況我是為看護病人而陪住的，所以更有若干餘裕去探尋足以滿足好奇心的材料。

　　我一向對於病房生活，始終懷著一種淡然的神秘。關在病房裡的神秘，不是別的，那是發生於男患者和女護士之間的形形色色的羅曼斯。我們從小說裡面往往可以看到，從朋友的嘴裡也常常聽過這一類的羅曼斯。從前，我也曾經想過，假如有了住病房的機會，一定要探探這個神秘的究竟，機會終於來到了！只是現在的我已非十幾年前的我，這種神秘不待探究，當我進入病房的一剎那，便幻滅得無跡無影了。

住在病房的病人，大都是彷徨於生死線之間的。病房的世界，是人生戰線的最後一線，耳聞目睹，盡是痛苦的呻吟和掙扎的慘狀。死神時時刻刻伸出魔手來，要把每個人的生命奪去；我們在沒有病痛的時候，是無意識地和死神抵抗，一旦負了傷——病了，便有意識地和它反抗起來了。病而至於住進病房，那便是焦頭爛額的人生的勇士，他們此刻是據病房為背水之陣，眼睜睜地瞪著生死的界線，拿出所有的餘力在和死神抗戰的。那裡只有淒壯的情景，並沒有什麼羅曼斯的神秘。

人的反省與思索，大都不用在喜樂的時候，往往只傾注於慘苦的當前。這十七天的病房生活在種種耳聞目睹的事件之中，叫我這個旁觀者也嘗了辛酸苦辣的滋味，結果，並沒有什麼新奇的事件，足以滿足我的好奇心，然而，卻很足以促我對於病和死有所反省有所思索了。現在我想把這些事件拉雜記下來，作為我涉世過程的一段紀念，並留下我對於病和死的反省與思索。

死過人沒有

女護士來試體溫，躺在病床上的病人第一句問她的話是：「這屋子死過人沒有？」

睜著眼睛瞪著護士，等著她的答話，護士微笑著，然而態度很莊重，口氣很誠實的，慢慢地答道：

「沒——有，這棟病房是新添的，您進來還是第二位哩。」

神經質的病人似乎放心了，我也放心了，其實我總以為凡是病房都死過人，至少，這樣想比較沒有錯的。即如此刻護士所答的話後來我就證明它未必靠得住。因為我們住了不幾天，東鄰就死掉了一個，再不幾天西鄰又圓寂了一位，東西兩鄰和我們住的是一棟，不也是新添的病房嗎？我所以放心，並不是放心沒有死過人；放心的是護士的答話似乎足以使病人放心。

病人所以打聽自己住的房子死過人沒有的理由，我是明白的。俗語說得好「好死不如歹活」，人，即便不怕死，也沒有不希望活的，所以罵人說「貪生怕死之輩」這就等於罵自己。不過話又說回來，活的東西，總有個死；希望活，也終於不能永遠活著；怕死，也終於有死的一日。號稱萬物之靈的人類，對於這一層，到底還是看不透，所以個個不願意死；要是辦得到的話，還希望永遠活著。尤其是遇著有死的危險的時候，為了死的威脅的切迫，對於生的留戀，活的希望，更加熱烈，更加迫切起來。死的問題固執地在病人的腦海中盤旋不離的原因就是為此；賢明的醫生，醫治病第一方，便是對病人宣佈道：「你的病不礙！」

人死了變成鬼：這個觀念，可以說是起源於所謂野蠻蒙昧的原始時代，一直到所謂科學昌明的時代，還盤據於人類精神之一隅的怪物。鬼是什麼樣的東西，雖然有些人，說得畫形畫聲，言之鑿鑿，其實恐怕是壓根兒就沒有人看過。然而這怪物，居然被人類當作可怕在事物之尤者，想來人類也夠可笑的了。妻便是信鬼的一分子，當然也怕鬼。尤其在病了的當兒，「病——死——鬼」形成一個三角形，在腦海中不停地旋轉著，那是無可疑的了。她第一句問話的理由，豈不甚明？

不過，平心而論，縱然是不信鬼的人，若想到自己此刻躺著的床上曾經有人在那裡躺著死過，心裡也不會好受的吧。

這屋裡的病人哪兒去了

我們搬進病房，在緊張的生活中過了四個晝夜。妻受醫師的手術，也已經過了一個晝夜，但是因為身體衰弱到極點，熱度忽低忽高，生與死還放在天秤的兩端秤著，說不清哪一邊要沉下去。

這天早上，時間總在十點的光景，我正在護士室旁邊打電

話，瞥見一個中年的日本婦人，慌慌張張地走來走去，形似在尋找病室的號碼。她忽然站在我的前方，瞧著我，用日本話問了她所尋找的號碼，也不管我聽懂聽不懂。我因為正在叫電話，無暇顧及，所以手指旁邊的護士室，意思叫她進去打聽。一會兒，我打完電話要回病室去，又碰見她還在那裡伸長脖子，不得要領似的東望西瞧。

「您找多少號？」

「我找二十四號。」

二十四號正是我們的病房，怎麼會有素不相識的日本婦人來找呢？我心裡非常納悶：

「您找哪一位？」

「我找姓鈴木的。」

我明白了，她一定是記錯了號碼的。我便帶她一室挨一室找下去，原來是我們的旁鄰——二十三號，很清楚地寫著「鈴木」二字。我手指半開著門的二十三號病室說：

「就是這個屋子。」

她道了一聲謝，敲敲門，可是沒有人應。她推開門進去，立刻又退出來，疑訝地問：

「怎麼沒有人呢？」

說著又望望門框上掛著的牌子。

我也探頭望了一望屋裡，果然沒有人，心想大概是到前面手術室去手術了。可巧來了一個護士，我想，問她總可以知道：

「這屋裡的病人哪兒去了？」

護士毫無表情地答道：

「死啦。」

這個意外的答覆，使我愕了！也顧不得轉告那位婦人，又問道：

「什麼時候死的？」

「今兒一清早死的。」

「搬回家了嗎？」

「還沒哪。一死就得搬到屍房去的。」

　　她説著，手指病房外院子一隅的一間屋子，那個屋子就在醫院後門的一旁。我立刻把護士的話轉告那位婦人了。她一聽説，立刻回轉身子，嘴裡叨嘮著「來晚了！來晚了！」走出病房，朝著屍房那邊走去。雪片紛紛地飄著，院子裡已經積了將近一寸，那人匆匆走到院子裡，才回頭向我道了一聲謝。

　　我目送了那婦人半天，才回頭瞟了二十三號這個失掉了主人的病室一眼，再仔細看那名牌上寫著的病名——「耳鼻喉科」。「又不是傳染病，為什麼耳鼻喉科也會死人？」這樣想著，默默不動聲色地踱回我們的病室。

人生與死

　　我始終沒有把這個事件告訴妻知道，只在心裡不斷地想這個事件：「鈴木」這個人是男性呢？是女性呢？是老人？是青年？或是小孩？是孑然一身呢？是有父母姊妹妻子的呢？假如是孑然一身，臨死的一刹那該多麼可憐啊！倘若有父母兄弟姊妹妻子，臨死的一刹那又該多麼凄慘啊！

　　這個未謀一面的芳鄰之死，使我想了幾天幾夜。時而設想，假如死了的，是自己或者是自己的親屬和至交，是什麼一種情形，而感到心酸。時而想到幸而死掉的不是自己，也不是自己的親屬和至交，而覺得自己的幸運是足以寶貴的。實在的，人是看到人家的死，才恍然悟到自己的生，而浸潤於幸運的歡悦之中的。然而同是人類，誰能免掉一死？對於大自然替人類安排下來的唯一公平的死，誰能反抗？所以雖然悟到自己的生而浸潤於幸運的歡悦之中，依然難免聯想到自己也有這樣的一日，而為一抹

愁雲罩住。在平日只貪生而不怕死的我，處在現在的情形之下，卻不由得為死的問題所威脅了。

貪生，是人的本能，誰也不用嗤笑誰。怕死，卻有點近於痴。不過我以為有條件的怕死，卻也是人情之常，例如怕死不得其時，怕死不得其所，這是常人的正當的要求。話雖如此，怕盡管怕，該死的仍然免不了。比如今晨死掉了的芳鄰，也許是正在顛倒眾生的絕代佳人，也許是行將旋轉乾坤的未來英雄，若然則本人和周圍的人，當然都怕她（或他）死掉的了；然而一經死神染指，一切一切都完了，怕又將奈何？

想來，人生是自始至終無處不矛盾的。既然要他生，就不該叫他死，既然要他死，就不該叫他生。「既欲其生又欲其死」這個大自然的定律，可以說是矛盾之尤。那麼假定有個時期——最好是從我們的現在起——天從人願，地球上的人類只有生而無死，這總算是不矛盾了。可是倘若人類不能不衣不食不住，到了那個時候，人類自己就要希望多多死掉幾個了。再假如有一個時期——最好還是從我們的現在起——地球上的人類，把生與死都打住，也不再生也不死掉，這便是最理想的了。然而幾十百千年之間，盡是一樣的這些人在一樣的地球上蠕動著，又該多麼乾燥無味？那個時候，別的人不用說，頭一個我便活膩了！歸根結蒂起來，或者是生者必死才是不矛盾也未可知。貪生者盡管貪生，怕死者盡管怕死，大自然自有它的老主意，我們只好服從它還可以省些心。

怕　鬼

本來，我是每到夜半必上廁所一次的，但是自從芳鄰死後，上廁所也發生問題了。問題是在廁所正對著二十三號病室。我是不信鬼的，而且自以為不怕鬼。可是說也奇怪，自從這一天，夜

半醒了，照例要上廁所，卻又躊躇起來，往往就憋到天亮。有時實在憋不住了，便抖擻精神，壯著膽子出去，走到二十三號門口時，便不由自己地瞪一瞪那個門，然後使勁推開廁所的門，定睛望望內部之後，才大踏步邁進去。辦完事要回去，也照樣使勁拉開門，站穩了瞪一瞪二十三號的門，然後大踏步邁出去，一股氣邁到我們的病室，回頭再瞪一眼才開門進房。

這種情形，當然是怕鬼無疑的了。不信鬼又怎麼會怕死呢？這是不錯的，我也嗤笑我自己矛盾。其實我還是不信鬼，也不是怕鬼。只是天下事總有個萬一，所以雖然不信有鬼，若萬一真出了鬼，便該怎樣？若萬一跑出來的鬼，是個像聊齋所談的風流儒雅的鬼，當然是不但不必怕，並且可以談談。可是倘若是個凶惡獰猛的鬼，便難免嚇壞了。於是為防萬一起見，我總避開萬一有見鬼的可能的地點和時間。遇到無法避開之時，總要預備和它苦鬥一場，所以行動特別慎重。

然而想來實在好笑，對於虛無飄渺的鬼，既不信其有，又不敢斷然信其絕無。這都是我們祖先的罪過，誰叫他們教給我們說「人死了都變成鬼，而且都會吃人」呢？

出院別走後門

在病房生活，大有與人世隔絕之慨；不過病房的世界，隨時自有病房中發生的種種新聞，真叫作別是一般滋味，為人世所嘗不到的。所謂病房的新聞，例如是今天又進來一個新患者，獲病的經過是怎樣特別，病狀又是怎樣出奇之類，尤其是生產的新聞特別地多。例如有一位太太，四十多歲才產頭胎，非常的難產，婦產科的醫生、助產士、護士總動員，忙了一夜，好容易安然下地的，是個男孩子，她的丈夫樂得嘴都合不上來之類。然而只有死亡的消息是輕易聽不到的，這些新聞，大都由一位護士練習生

捎來，她是個十六七歲的、好說話的女孩子。我們管她叫「包打聽」。

這一日，漫漫的長夜過了一大半，時候約莫在五更前後。我們的房外，忽而發出嘈雜的人聲、腳步聲。被這聲音吵醒的我，直覺地以為這大概又是難產的事件發生，醫生、助產士、護士們又總動員了，所以壓根就不去揣摩那聲音是哪裡發出，迷迷糊糊地趁著聲音沉靜下去，又重入睡鄉了。

天亮了，「包打聽」來了。我想，昨夜的難產事件，也許又有什麼特別的新聞可以從她口裡傳來，於是便出了一個題目：

「昨兒晚上有人生產啦？」

我想，我的「消息通」很足以叫她驚訝。然而她似乎並不驚訝，只是很平凡地答道：

「是的。」

按老規矩，是出一個題目，她便做一大篇文章的，多半的時候，不出題目她也要指手劃腳地做一大篇。可是今日的情形，太不對勁兒了；我想，關於這個消息，她大約還沒有到手，所以對於我的問，只好漫應了。

下午，有事到護士室，可巧她們都不在，我便在桌前一個椅子坐下，一邊等著她們，一邊瞧瞧桌上的雜物。這時候，在桌上發現一張紙條，有意無意地瞧瞧寫著什麼。

「二十五號出院。」

「唔，西鄰的病人出院了！」我一面為這芳鄰默祝，一面想「我們不知道哪一天才可以出院？」這樣想著，把紙條拿起來一看，在「出院原因」欄內寫著死亡二字。

我怔了一下，然而立刻恍然大悟了。原來出院，並不限於痊癒出去，死了抬出去也是出院。想來這是當然的事，可是我們向來聽說病人「出院」，總以為是「病好了」，不得不為其祝福，所以乍看「出院」與「死亡」連在一起，便不由得一怔。

　　昨夜五更時分，把我從睡夢中打醒的嘈雜的聲音，至此出典已經大明白了。旬日之間，同一戰線內，東邊倒了一個，西邊又躺下一個，死神的魔手步步伸出，真有些叫人戰慄！

　　我為了好奇心的驅使，走到蓋著「屍房」的院子站了一會兒，希望看出一個究竟。但是那裡，並沒有形似死者的遺族的人，也沒有什麼特別的情況，一切一切都與平日無異，便是那陰沉沉的天，也和昨日一樣仍然是陰沉沉。

　　「大概是一早上就從後門抬出去了。」心裡想著，望望後門，兩扇大門，緊緊閉著，和往日無異。只是這會兒，露出獰猛而冷酷的面孔向我痴笑著，好像在說「你不用瞧我，朋友，我今天又吞一個了」。當時打了一個寒顫，咬住牙關在心裡說：「無論如何，我是不走這個門出院的！無論如何！」

　　從此以後，我總不敢正眼看這個魔鬼的嘴似的後門。

初聞哭聲

　　我們住到病房，忽忽已過十二三天了。在這並不算短的十二三天的病房生活中，一回也沒有聽過哭聲。依常理想來，哭聲與病房，應該如形影相隨。因為病痛的時候，往往是難免因肉體的痛苦而呻吟，而至於哭泣的。同時也難免因家族病亡而遺族環繞著哭泣。可是說也奇怪總沒有聽過。——不過，哭也許有人哭，只是礙於面子，不好意思嚎啕大哭，而且都關在房裡，所以聽不見也說不定。

　　然而這一天，忽而一陣哭聲衝耳而來。是個小孩的哭聲。那聲音，斷斷續續，淒慘而無力。也許因為是小孩的哭聲，我總聽著是喊著「媽呀！媽呀！」

　　哭聲不一刻就停了。我心裡很納悶，好奇心又叫我獲得一種希望——大約本病房今日又有一段特別消息可以送到我們的耳中

了。「包打聽」來量體溫的時候，我立刻把這個破例的事件向她詢問。這回她卻應答如流地說了：

「唔，那個孩子嗎？他今年才十二歲，還是個孤兒哩。」

「他害的什麼病呢？手術啦嗎？怎麼難受得那麼哭？」

「病可多了！耳、鼻、喉、肺、胃、腸，都有病！」

孤兒，又一身都是病，不哭還是個人嗎？我不敢再問了，也不想再聽了。我並且悔不該打聽這件消息。然而她的嘴，好像轉動了唱片似的，不停地說下去了：

「這孩子已經住院一個月了，是孤兒院送來的。——病太複雜了，並且太厲害了，恐怕快完了。」

孤兒！老天待他已是夠酷了，還叫他受這個罪！不過，話又說回來，他如果不是孤兒，也許不至落到這步田地。

病，是人人害過的；病的痛苦，是人所知的。人類雖然自詡為萬物之靈，事實上則天地間的生物，再沒有比人類再沒出息的了。喝一口生水，也許就鬧肚子，少穿一件衣服，往往就感冒，弄到肚子疼腦袋暈，躺在床上哼哼。在動物的世界，我們就找不出這樣的現象。

一個人害了病的時候，除了肉體的痛苦以外，還有一種精神上的難堪，這大約也是動物界所沒有的。所謂精神上的難堪便是「怕病好不了」。青年而未婚的，病勢沉重些的時候，當然「怕死」，因為覺得沒有享到人生的真正滋味便與人世長辭，未免辜負此生。結過婚的男女，病勢沉重時，當然更怕死，因為對於夫或妻以至子女，未免牽情。只是知識未開的孩子，害了病的時候，似乎只有肉體上的痛苦是難堪的。歸根結蒂，那個孤兒的慘哭，雖然嘴裡似乎喊著「媽呀！媽呀」，卻未必是在留戀他的母親——他早已沒有母親叫他留戀了，而是為了肉體的痛苦而叫喊的。

人死，本是一件最悲慘的事，然而我對於這個孤兒，卻默祝

著他能夠趕快來個「原因死亡」的「出院」。他是沒有三親六戚
以至其他的人在熱望他活下去的，而且便是勉強活下去，也是個
殘廢而無依無靠的，活下去又有什麼意思？一個人而無人希望他
活下去，而活下去又沒有什麼意思的時候，實在是生不如死。何
況他的病是沒有希望的，這會兒又是那麼痛苦。更何況若是真有
所謂「陰間」的話，在「陽世」是個無依無靠的孤兒的他，到了
「陰間」還有他的親爹親娘可以看顧他，不會再聽他弄到一身是
病，也説不定呢？

當舖頌

　　回到台灣最感不便的，是到處找不到當舖。在大都會的不一定哪一個角落裡或許有一家兩家，但我終於不曾發現。沒有錢而且沒有地方借錢，或者不敢以至不屑向人借錢的人，對於當舖，必定會感到這種生意的可愛可親無疑。當你旅居在一個陌生的地方，不定為了什麼，忽然需款應用的時候，尤其會感激那位當舖的始作俑者為人開了這麼一個方便之門的功勛。拿現在的世界人情來說，怎能單純地以「高利貸」三個字罵倒一切開設當舖的人呢？

　　這當舖在北平卻是非常普遍，平均起來幾條街就有一家當舖開著方便之門。這裡的當舖著實利人方便，上自珍珠首飾下至舊被破棉襖無所不收。所以在北平這地方，利用當舖的人也非常地普遍，分類起來，大體有四種人。

　　第一種人是窮人，這是不用說了。平常一提起當舖便必定會聯想到窮人，尤其在台灣社會中一般觀念裡的當舖，總以為是專為窮人開設用以吮吸他們的膏血的。其實並不盡然。第二種人是商戶，他們遇到周轉不靈的時候也會找到這個方便之門。第三種人是旅行人，他們或者尋親找友尋找不著，或者等候差事過久，盤纏用罄，無法打發房飯錢，回不了家，便可將隨身所帶之物送到當舖換錢來應付。

　　而且二次大戰前的北平，當期很長──滿二十個月才期滿「死當」，所以即便離家萬里，甚而遠至歐美，更甚而周遊世界

一遍再拿錢來贖當也還來得及。若在沒有這種方便的地方，遇到這樣的時候，那麼無論你是唯一愛人的唯一紀念品，或是任何心愛的東西，也只有賣掉的一條路了。

不用説是唯一愛人的唯一紀念品，即便是普通一件隨身應用的物件，例如一管自來水筆或一個錶，用久了，在人與物之間也會發感情的。這東西送到當舖去換錢，是還可能回來的，不過是一時的「生離」，若將它賣掉，那便成永遠回不來的「死別」了。

我回到台灣以來不夠二年，為了始終處在半失業的狀態，既未帶回金鈔之類，老家又沒有穀子可收，所以只好把自己對之有些感情的東西陸續「死別」淨盡了。好在我對之只是有些感情而已，並沒有什麼執著可言，所以每次大都處之冷然，那些「死別」的東西如果有靈性，也許將怨我無情的吧。

可是後來賣到太太心愛的東西，就難免躊躇一番了。結果雖然還是賣掉，但這種時候總不由得想起北平生活的二十餘年間，當舖的方便對我的恩惠。這種時候，使我忘掉了高利貸的一切罪惡而不得不禮讚當舖了。

閒話少敘，再説第四種人，這種人是有錢階級的一部分。他們有的是好皮襖，到了春回大地已經穿不著皮襖的時候，便把它送到收藏設備周全的當舖去，當頭越小越好，因為目的不在換錢用，只是讓當舖代為收存，所以付些利息，在這種人看來只當是保管費。這樣一來，那些皮襖既不怕蟲蛀，又不會受潮而至掉毛，且不致為小偷所覬覦，真是一舉數得。

北平的當舖是這樣利人方便的，上中下各階級都利用得著，即使利息大些，似乎也不宜單純地以「高利貸」三字輕輕勾銷它的好處也。

不過話又要説回來，當舖的氣也不是好受的！當你踏進當舖的門檻，迎面撞見那一座隔斷內外的高至普通人鼻梁的長城般櫃

台，大概的人都會把渾身的反抗的血潮掀騰起來的。舖伙們危坐在櫃台內側的高凳上，在台面露著上半身，一對賊眼集中掃射著邁進門檻的人，渾身上下打量，使得頭一次走進當舖的人抬不起頭來。

談判開始了。舖伙當了法官，居高臨下，顧客成了被告，伸出兩手把東西捧上去，仰著脖子答話。價值的判斷只好一任法官，不用爭講。在那裡，最值錢的是黃金，其次是皮襖，若是鐘錶類至多押到原值的二成，西服則只值一成。你若爭價，舖伙便會板著面孔勸你說：也不是賣給我們，反正多押多還，少押少還，少押些還可以省些利錢哪。再爭，他就會把兩張上眼皮一齊拉下來給你一個不睬，況且這套話也言之成理，於是便成交了。

在北平生活的二十餘年間，我也數不清走了多少回當舖了，論理應該是司空見慣的，然而始終無法「見慣」。每次走進當舖，都要感到一種難以忍受的侮辱——那種防賊似的構造，舖伙那副倨傲的面孔，把自己送去的東西褒貶得一文不值的口氣，都恨不得伸出老拳揍塌那傢伙的鼻樑！然而究竟還是吞下去了。其實這些還是可以忍耐的事，因為加以侮辱的人是陌生的人，與我本無面子關係，當出去的東西有朝一日可能贖回，而且贖當的時候還本付利，我成了顧客——這時候才真正成了顧客，舖伙又是一付面孔，笑瞇瞇地把錢接過去，恭恭敬地把我的東西遞過來，趁這一程子，我也無妨還他一個倨傲的顏色。所以，若比較找自己的親朋去告貸時所受的冷淡和教訓的難堪，或將自己心愛之物賣掉的難堪，那又是大可以忍受的了。

再說北平的當舖是怎樣地把顧客送去的東西褒貶得一文不值呢？例如我們送去的明明是足金戒指，它給的當票上面一定寫著「沖金戒指」，「沖」就是「冒充」或「不純」。明明是一件整好的皮襖，票上卻寫的是「缺領短袖蟲蛀破皮襖」，缺點應有盡有，簡直成了一件廢物！這是一般當舖的不文律，權力在他們手

上，所以法律也只好由他們自定。而況開設當舖的也是人，所以
一朝權在手也會專替自己著想而置他人的立場於不顧。好在贖回
來的時候還是原來的足金戒指和整好的皮襖，並沒有依照明文執
行；這一層比較一班遇到於他有利的時候必定依照明文執法如山
的某一種人類，卻又天良多多了。

1947 年 11 月 23 日
原載《台灣文化》第 3 卷第 2 期，1948 年 2 月 1 日

山歌十首

　　話說那一年老童生逃出了日本治下的老家台灣，遠遠到了北方故都之地，住了二十有餘年之後，回到了光復不久的故土一看，真是一草一木都覺得可愛可親！連他過去以為是極鄙俚的「歌仔戲」，聽起來也覺得新鮮有味，不過經過若干時日以後，他卻又覺得這確乎是不高明的了。

　　有一次，這是老童生回台不久的事，他南遊訪友，在台中很盤桓了幾天，就在那時候，無意中在一家酒家聆了一位客家籍姑娘唱的山歌，那婉轉悠揚的聲調，使他飄然欲仙了。他從小就知道客家部落有一種山歌是極富情調的音樂，但是親耳聆聽，卻是破題兒第一遭。於是他進而要求那位歌者講解歌詞，那富於詩意的內容更使他感奮了。

　　依那一天所得的知識來說，山歌有獨唱的，有男女唱和的，每首七言四句，形式和內容類似竹枝詞。台灣全省究竟有多少首山歌流傳在民間，那是無人能夠說得出的；因為用的是俚語，又不是出於士大夫之手，所以沒有記錄，其傳播是由於口授相傳。至於作者，那就更無從查考了。那恐怕是從山鄉部落的大眾之間像泉水般湧出來的，唯其如此，那又是無掩無飾一絲不掛的真情的流露。

　　顧名思義，山歌當是山鄉的俚歌，不登大雅之堂的。但是老童生一聽之後竟大感興趣，放著正經的事業不做，一心一意總想著到處去找山歌來聽，甚至起了把它用文字寫下來的野心。這或

者就是老童生雖「老」而猶是一名「童生」之所以也。

　　閒話少説，言歸正傳話説老童生當日聆了幾曲山歌之後，滿想把那歌詞寫下來，無奈不懂客話，那位歌者又目不識丁，問她怎麼寫，她也説不出所以然，於是乎只好割愛暫時以待來茲了。後來又自忖道：山歌和都市紅燈綠酒間本來應該是不調和的，唱來尚且如此婉轉動人，倘若在大自然懷抱中的山鄉唱起來，更不知道要怎樣使人陶醉哩！於是後來回到台北以後，幾次三番計劃著要到客家部落去實地欣賞欣賞，卻為了窮忙的關係總不曾去成。只有一次得了一個機會，去倒是去了，本想藉參觀採茶之便飽聽採茶女的山歌，不料到得茶山一看，正趕上春茶摘盡而夏茶尚未開摘，撲了一個空，只好乾瞪著眼空望那寂無人聲的茶園，徒念著「無緣眾生」！

　　最近為要給季刊《台灣茶業》寫一篇文章，便又聯想到山歌。因為老童生平常抱著一種神秘的見解，總以為在採茶作業中唱的山歌諒必最自然而有味，從而以為山歌和採茶、採茶和山歌有如形影之相隨，便也認定山歌和茶業難免有些瓜葛，於是關於茶業沒有什麼可説的老童生，便決定以山歌為題了。

　　但是關於山歌，一如前面所説僅有一聽之緣，所知的事也不夠湊成一篇文章，不得已只好臨時抱一回佛腳，拜託台灣茶業界老前輩北埔姜瑞昌先生選集幾首錄成文字，老童生則加以自家流的講解，聊以塞責。不過這是現批現賣，講得好與不好，解得對與不對，總得請諸君多多原諒！

　　這裡還有一句話必須聲明：下面所錄的十首是隨便集來的，未必首首都屬於上乘。然而老童生的全部資本只有這些，若再嚴選，三除四扣便可能只剩一半，未免寂寞些。況且雅俗共賞，也有助於識廬山之真面目，所以索性全部刊載出來了。

　　　山歌緊唱心緊開，泉水緊打泉緊來；

阿哥可比泉水樣，越開越使越發財。

「緊」和末句「越」同義。「心開」即「開心」，「高興」
也。「打」即「汲」。「開」、「使」即「開銷」、「使錢」。
全首大意好比似：山歌越唱越高興，那井裡的水越汲就越源源湧
出來；郎君好比似井裡的泉水，越是花錢越會發財。這首歌雖然
比喻得不錯，但這是妓女的生意經，動機不純，沒有絲毫感情。

　　　摘茶愛摘嫩茶心，摘好頭家發萬金；
　　　總愛頭家人意好，摘茶俺苦也甘心！

兩個「愛」字都作「得要」、「須」解。「頭家」就是「東
家」，閩南語亦然。「人意」即「待人」，「人意好」就是「待
人好」。「俺」有「很」和「怎樣」二義，這裡屬於後者。全首
大意：採茶得採嫩茶的芽心，如果採了好茶，東家就會大發其財
了；不過東家總得要好好待遇摘茶的人，若能如此，採茶的工作
怎樣苦，大家也心甘情願的。這首歌好像一首勸善歌，平凡得
很，不過作為一種獎勵採摘好茶的歌卻是不錯的。

　　　種茶愛種好茶秧，連妹愛連有情娘；
　　　好茶做來味道好，有情阿妹順親郎。

「茶秧」即「茶苗」、「茶種」。「連」就是「姘」，即男
女發生非正式的夫妻關係。「妹」、「阿妹」都是「娘子」。全
首大意好比似：種茶得要種好的茶苗，要姘女人得要姘個多情的
娘子。因為猶如好茶樹的葉子，製成的茶味道好，多情的娘子會
事事依著郎君的心呀。這首和前一首一樣是在茶園裡唱的，雖然
沒有蘊蓄，但即景生情，也還有可取的地方。

　　　　大樹俺高未突天，兩人俺好不得前；
　　　　阿妹恰似河邊水，口渴不得到河邊！

　　「俺」即「怎樣」，「突天」即「頂著天」，「不得前」就是「不得近前」。全首大意：你我二人無論怎樣好也無法接近，那情形就正如大樹無論怎麼高也頂不到天是一樣的；處在這種情形之下，娘子好比是順著河邊流著的一泓清水，我渴了想喝總是無計得到河邊去！

　　相愛的一對男女無法接近，原因何在？這只好一任想像。用大樹雖高無法頂天來比喻「無法」的程度，大有無可如何的絕望心境也。一個人渴得不得了，好容易發見了一泓清水，恨不得馬上下河去喝一口解渴，卻被那大約是通著電流的鐵絲網團團繞住，無法近前，只好眼巴巴地望著水乾焦急！全首結構緊湊，比喻奇好，況且哀而不怨，自該合聖人的脾胃，這種情歌，即冬烘先生也不會皺眉的吧。

　　　　食酒愛食竹葉青，採花愛採牡丹心；
　　　　好酒食來慢慢醉，好花緊採緊入心。

　　「食」通用於吃與喝。「竹葉青」紹興酒的一種，性清淡而醇。全首大意：喝酒得要喝竹葉青，採花就得要採牡丹花的心；像竹葉青這樣的好酒喝起來總是慢慢地醉，而像牡丹這樣的好花，必須一步一步地慢慢採到花心。

　　這首歌的結句看來像是粗野，實則大有含蓄而且富於哲理，俗語說得好：「急紡無好紗」，尤其是愛情的事總得慢慢地進行，醉時慢慢地醉，醒時也自然慢慢地醒，那個滋味是急色兒所領略不到的。

　　　　臨江楊柳一條條，拿起槳仔等來潮；
　　　　阿哥系船妹系水，船浮水面任你搖！

　　「槳仔」即搖船的槳子，「系」即「是」。全首大意：江岸柳枝一條條垂著，手扶槳子只等著潮水漲滿好搖船；娘子對郎君說：你我兩人好有一比──「郎是船來儂是水」，你這條船浮在我身上，你愛怎樣搖就怎樣搖吧！

　　真是一首好極了的竹枝詞！有景有情，有景生情表現樸素而又細膩，情景調和恰切。若有人說這是淫詞，那麼一定是他心裡不乾淨，老童生不屑與其爭辯也。不信的話，請一位國民學校的小朋友來解說，是不是也說這是淫詞？

　　　　同哥聊到月三更，聽到雞啼就著驚！
　　　　手推窗門看星鬥，如何閏月無閏更？

　　「聊」就是「談天說地」、「說東話西」。「著驚」即「驚嚇」，「窗門」即「窗戶」。「閏月」是有兩個同一月，例如「閏五月」就是同一年有兩個五月。「閏更」是俏皮話，世上本無此事實而仿「閏月」造出，意即同一夜有兩個同更；倘能如是則可以延長夜的時間，猶如一年過十三個月，一夜可以過六更了。全首大意，與郎綿綿蜜語到半夜三更時分，忽聽雞鳴之聲才知道夜已過了大半，嚇了一跳；然而心猶未信，伸手推開窗戶一看星斗的位置，果然不錯；驚愕之餘乃想入非非；為什麼世界上有閏月來把一年拉長為十三個月，就沒有閏更來把一夜拉長為六更呢？

　　自古以來，人同此心，心同此理，真虧他居然會搬出一個閏月來帶出閏更的傻念頭，真是異想天開！天公如有意，似應為這些痴男怨女多來幾個「九更天」也。

> 一人撥扇兩人涼，一樹開花滿園香；
> 柑仔共皮無共捻，兩人各姓共心腸。

「撥扇」即「搖扇子」。「柑仔」即「蜜柑」，「共皮」即「共一張皮」。「無」作為「不」解。柑、桔、柚一類的果子在一張厚皮中，再用薄皮分包著，那一小包一小包就稱為「捻」，也稱為「瓣」。「各姓」即「各有各的姓」，就是「各自為一人」。全首大意：你我二人是這樣扯不開切不斷的——一個人搖扇子兩人都涼爽，一棵樹開花滿園子都香。你我二人身子雖是兩個，你姓你的姓、我姓我的姓，然而心腸卻是共一條，好比柑皮裡各瓣的蜜柑，彼此雖不同瓣卻是共一張皮。

為表現兩人異體而同心的親密勁兒，所用的比喻頗為新奇而恰切。

> 柑仔跌落古井心，一半浮來一半沉；
> 愛沉沉落井底去，莫來浮起弄哥心！

蜜柑落井，為了重量不大不會完全沉下去，然而究竟有些重量，也不會完全飄在水面，所以是半浮半沉。「古井」就是普通的水井。「愛沉」的「愛」是「要」，「莫」是「勿」，「弄」即「捉弄」。全首大意：蜜柑掉進水井心，半身浮出半身沉著；要沉你就索性沉到井底去，不要浮著半身來捉弄我的心！

這是什麼意思呢？因為前三句純用隱喻，所以結句雖表明了這首歌的感情的焦點，但那動機和對象不容易抓住。這關鍵應該是在「柑仔」所象徵之物。台灣閩南籍住民之間往往以「柑仔」喻女性的乳房，如果客家籍住民也有這樣的比喻法，那麼意思就了然了。夫女性之所以為女性，從外表看去只有乳房天生的特徵，其餘的歧異，大體都是人工的。從而女性用以吸引男性的最

天真的武器便是胸前隆起的乳房。

　　把隱藏在衣裳裡的乳房喻為跌落井心的蜜柑，也可謂異想天開，「一半浮來一半沉」確是事實的描寫。然而干卿底事，偏要叫人家「愛沉沉落井底去」？原來它「浮起」會「弄哥心」呀！把男性共通的心理表現得天衣無縫，豈是士大夫階級的所謂詩人也者說得出來的嗎？而且這是多麼巧妙的隱喻法呀！

　　　　十七十八正當時，今不花來等幾時？
　　　　等到幾年年紀老，等到月來日落西！

　　「花」就是「花錢」，有拿金錢買快樂的意思。全首大意：十七十八歲正當青春少年時，這會子不來花錢玩樂還等何時呢？人生須及時行樂，若再等幾年，年紀老了，那時候月亮出來，太陽就得下山，晚了！這首歌也不過是「花開堪折直須折，莫待無花空折枝」一類的意思，恐怕是遊女唱來誘惑青年的。

　　以上只講歌詞未及歌調，有如畫餅不足解饞，十分抱歉！然而老童生既唱不來又不懂樂理，是不能也，非不為也，還是一句話：請諸君多多原諒！

1948 年 10 月 1 日

原載《台灣茶業》第 2 號，1948 年

採茶風景偶寫

在北平一住住了二十年的我，故鄉的風物在我的記憶中漸漸地迷糊下去了。然而童年時代的若干記憶反而一年比一年的明顯起來，或者可以說是美化擴大得全非本來面目了。那些經過美化擴大的童年時代的記憶，往往突如其來地使我憧憬故鄉，使我萌起一種酸中帶甜的鄉愁。台灣的採茶風景便是那些記憶之中的一個。

當那春色正濃的時候，丘陵上一排一排茂盛著的茶樹，翹起綠油油的嫩芽，等待著採茶女去一朵一朵的採摘。

相思樹的蔭影底下，三三五五的採茶女，低著頭指尖不停地在和嫩綠的茶芽接吻。她們都帶著竹葉笠，衣服樸素，但也有花花綠綠的。有中年婦人，有年輕的少女少婦，也有老婆婆和女孩子，個個活潑而忙碌。

茶園裡除了採茶女以外，還有男的茶工，大都是年青體壯的；他們手把著鋤頭在茶樹下除草鬆土，也有在接收採茶女送來的茶菜（生茶芽）的。

忽然一陣清脆的歌聲在微風中抖擻起來了，大家都知道這是對自己的歌喉有把握的茶工開始向採茶女挑戰的。不期然地便有女中音接著前歌唱了一句應戰，這樣地男一句女一句，歌詞針鋒相對，歌喉一句緊湊一句，煞是熱烈而幽閒，比管弦齊備的音樂會還夠味。這就是所謂「相褒」，是唱歌的連句，詞句豐富或有天才的，可以唱個半小時以上而不至「詞窮」。

在從各地方離鄉背井集到這沒有任何慰安和娛樂的山鄉工作的年輕男女，這便是唯一的慰安和娛樂。聽著這歌聲，令人深切地感到天下太平的幸福！

這是我記憶中的採茶風景，真夠淨雅而甜蜜！但是三十年前僅僅看過一次而印在心坎中的記憶，究有百分之幾的現實性，我自己也不敢擔保。或者大部分是耳聞而來的資料，經過長期間的整理，而且加以想像化而成的也說不定。

此情此景已經足夠令人嚮往了。何況這裡面還有許許多多的神秘哩！

太陽下山了，山鄉更加寂寞了。居住近鄉的男茶工和採茶女各自回家去歇息，剩下的打從遠處集攏到這裡的，只好在茶寮裡合宿。裡面自然少不了曠男和怨女。

山間的春宵餘寒料峭，炒茶的炭火倍覺可親。白天採摘的茶芽陸續在那裡炒製，男的製茶師和茶工，利用那炭火招誘採茶女來談天說地，繼以打情罵俏，來解悶度此寂寞難遣的春宵。年輕的曠男怨女，春宵的寂寞難遣是人同此心，心同此理，解悶是彼此所必須而且兩不吃虧的。

試想一想，熱火近乾柴，哪有不燃燒起來的道理？於是乎有情人盡成眷屬，雖然是短頭夫妻，露水姻緣，卻也是彼此情願的。從遠隔自城市的茶山傳出來的五花八門的羅曼絲，大約便是這樣造成的吧。

春茶和夏茶，夏茶和秋茶之間各有短期的惜別，新的情侶便約定後會之期，勞燕分飛。秋茶到明年春茶之間為期最長，惜別之情也最為濃厚。但是新婚不如久別，明年春天來到，更有另一番滋味是不消說的呀！有一班採茶女，時候一到便舊地重遊惟恐不早，據說與其是為謀餬口，不如是為會情侶。

這種神秘，這些羅曼絲，都是耳聞的，甚或是想像的，所以究有百分之幾的現實性，更不敢擔保。然而無論是過甚其詞的傳

說也罷，或是無中生有的想像也罷，我想這也不是不可能的事。
總之，這種局外人不得而知的神秘，實在耐人尋味。

當我還在北平的時候，常常這樣想：假如我有一天能夠回台
灣去，我一定要上茶山去看一看採茶風景，探一探茶寮的神秘！
然而回到台灣將近二年了，卻始終不曾實行，一來是為了忙於餬
口之計，二來是為了青春已逝沒有那股子勁兒了。

今春以來由於偶然的機會和茶業發生了一點關係，又湧起上
茶山看看的念頭。春茶開始採摘以後就念著要去，直到五月上旬
才借了一個機會，到竹東北埔去拜訪姜氏昆仲。我想這是很好的
機會，因為我知道客家人的採茶歌特別好聽，而瑞昌兄有的是很
好的茶園。哪裡想到春茶會那麼早就採完，到那裡才知道已是
「尋春去較遲」了！此行得與別了二十七年的瑞金兄會晤，可謂
「不虛」，然而看不到採茶的實景，究竟免不了有些悵惘！

初夏將終的一個星期日，待望多年的採茶實地參觀終於兌現
了。地點是台北縣海山區土城鄉大墓公附近，是我童年時代常常
去遊玩的地方；三十餘年前看過一次的採茶風景，大約也是那一
帶的茶山，因為那時候我不曾離開過故鄉板橋，可能看到的茶
山，除了那裡是沒有的呀。

同行的是茶商公會理事長而兼畫家陳清汾氏，茶業界元老劉
宗妙氏，茶商公會理事王水柳氏，茶商公會總務林章恩氏，新生
報記者王振濤氏。幾個月前就約好同行的畫家李石樵、楊三郎、
郭雪湖三氏，因為正忙於寫作台陽美術展的出品大作，終於作罷
了。

在大墓公旁邊的永有茶葉生產合作社紅茶工廠參觀粗製和精
製設備之後，終於被永有的老板張祥傳氏領上丘崗了。同行的人
沒有人會知道我的心裡懷著什麼鬼胎，更沒有人會知道一路上我
的心在跳。

一帶丘陵起伏，野趣醒人。我們越過一個滿種著枝葉茂盛的

黃柑種茶樹的丘崗之後，到另一個丘崗，便有人在採茶了。新蟬
在嘶嘶嘶的叫，靜的場面和我的想像大致差不多，只是採茶女僅
有四五個，有老婆婆，有小女孩，那種的場面卻完全反乎我的想
像。我的眼前是幾個老老小小的婦女，為著生活在那強烈的日光
下，彎著腰低著頭動著兩手。在這種現實面前，無論從哪一個角
落裡也翻不出我所想像的採茶風景，以至神秘的羅曼絲的蛛絲馬
跡來。永有自備的茶園相當廣大，據說他們準備擴大到二百甲，
完成之日茶菜足以自給云。主人發現我有失望之色，便又領了我
們到另一個茶園去看。這裡，採茶的人數比較地多了——約莫有
十個左右。我問：人數為什麼這樣少？主人答；夏茶芽葉本來就
少，加以雨水不足，芽葉更少，所以不需要很多的人。

　　然則這一塊茶園有十個採摘，總算不少了，確乎熱鬧多了，
於是乎大伙兒合拍了一張相片，帶回來充了本文的插圖。

　　採茶的風景是實地參觀了，但是和我的想像化的記憶相去何
止十萬八千里。我忍不住了，便坦白地向主人告白了。永有的老
板祥傳氏笑著說：你說的採茶風景和茶山裡的神秘羅曼絲或者不
是沒有的，然而現在是要到深山沒有新式製茶工廠的所在才可能
找到的。是的，製茶的機械化，把採茶的情調俗化，把茶山的神
秘羅曼絲驅進深山去了！當我一邊這樣默唸著一邊走出永有茶廠
的大門時，廠內的五台揉捻機一齊咆哮著。

1948 年 6 月 3 日

原載《台灣茶業》第 1 期，1948 年

在台島西北角看採茶比賽後記

　　確實的日子是忘記了，總之是 7 月中的一日，早晨熱氣就迫人，近午則烈日當空，熱不可耐。在這以前幾天，文山區在景尾舉辦採茶比賽大會時，把參觀的機會失之交臂的記者，一想到四十個採茶女散布在茶園中的熱鬧場面，便有些感到茫然若失！所以這回接到淡水區採茶比賽會的消息，立刻決計排除萬難，前往參觀了。

　　規定比賽開始的時間是上午十時，從台北到淡水的火車需一小時，從淡水到三芝乘載貨卡車是一小時半，再從那裡到橫山又需半小時，所以非乘上午七時的火車從台北出發是來不及的。

　　此行除了想參觀採茶比賽會以外，還有一個附帶的目的，就是想看看別了將近四十年的小基隆，希望在那裡喚起一些兒時的回憶。小基隆現在改稱三芝了，記者 8 歲時曾經跟著母親到過一次，去省視年老的外祖父。那時候是從台北搭小火輪到淡水，再從淡水乘轎子爬山越嶺而至小基隆。後來淡水雖然再去過一次，但那也已是三十幾年前的事了。小基隆則後來記者和母親都不曾再去，不知過了幾年，外祖父去世了，又不知再過了幾年，那一年領我們去省視外祖父的那位唯一的舅父也去世了，於是乎這一門親戚終於連消息都斷絕了。

　　時間的消逝和時勢的推移實在是可怕的！兒時挨著母親的懷中乘轎子行經此地，事如昨今，而捏指算來卻將近四十年了。往年的山間小徑，今已變成了康莊大道；尤其令人驚異的，是沿途

一片雜木荒草的丘陵，全拓成了美麗的梯田。大大小小數不清有多少的丘陵，在這三、四十年之間，由於農人們的兩隻鐵腕，竟然一鋤一鋤的全部掘成了水田。啊！人力是多麼偉大呀！

記者一面感嘆於人力的偉大，一面欣賞那迎送著我們所乘的卡車的，遠遠近近的梯田美景。可惜這是在白天，又是在早稻剛剛收刈之後；如果在稻苗抽長或在稻子成熟之時，那一環一環一層一層圍繞著山丘的稻田，在月光下來看，一定會有置身桃源仙境之感是無疑的。

卡車行盡群山來至海濱時，忽然一陣林投摻雜海水的腥味撲鼻而至。這一陣腥味叫醒了兒時的記憶，因為這種氣味確乎聞過一次，而且恍惚記得是兒時行經此地時聞到，因為氣味特別所以留下了深刻的印象。回頭一看，果然，在那緊挨著平靜如鏡的海水岸邊，數行林投樹東倒西歪立著。這情景頗似原始時代的遺影，也許就是原始時代以來不曾改變的風哩。來到這裡，直覺地知道離開小基隆不遠了，記者鶴首望著遠處的村落，有意無意地想尋找外祖父的家。然而這自然是不可能的，因為外祖家的坐落方向已經完全忘記了。

預定十時開始的比賽會，直到將近十二時才開始，開始前僅由審判長說明了比賽規則。儀式非常簡單，三十七、八個選手是由淡水區各鄉鎮召集來的採茶女，其中有的是爬幾座山嶺，走了幾個鐘頭來的。但是個個摩拳擦掌等著大顯神手，毫無倦容。

鑼聲一響，七十幾隻手便一齊動起來了，好比似一群蝗蟲在嚙食禾苗，抱著茶叢摘採嫩芽。剛剛十分，鑼聲又響了，大家一齊停手直起腰來，個個面露不足的神氣，彷彿是說：剛一動手，怎麼就完了呢？這是後來才知道的，最多的摘了九兩餘，少的卻只摘了二、三兩。

採摘時間原定四十分鐘，卻為了準備的茶園太小，茶叢又小而茶芽不多，所以最快的選手把劃分給她的茶樹，只費十分鐘就

摘完了，於是不得已鳴金收軍。幾位選手望著鄰接的茶園，多麼
羨慕似的說：再往前摘去不好嗎？那邊的茶芽多哩！然而物各有
主，那邊茶園的主人早已派人在交界處把守，豈容越雷池一步？

　　總之，籌備了幾天的淡水區採茶比賽大會，僅僅十分鐘就賽
完了。與賽者和參觀者没精打采地下山去回到海岸的休息所吃中
飯。但是記者並未失望，因為三、四十個採茶女在一個茶園裡採
茶的情景，究竟是有生以來頭一次看見的。雖然只是曇花一現的
情景，而且缺乏悠然的情味，但遠眺海外，水天一片，片片歸航
點綴其間，在住慣了都市的人，無疑是至好的養神的環境。

　　記者看完了採茶比賽之後，因為目的已達，叨光了一碗肉絲
炒飯，不曾等到給獎，便溜之大吉，偷偷「失陪」了。但是看了
一場比賽之後，不得不冒充內行，拉雜地說幾句似是而非的感想
給台灣茶業補白。

　　茶是製造農業的產品，必須有優良的技術然後能夠製成優良
的茶是不消說的。在相當複雜的製茶過程中，採茶是邁出第一步
的出發點，但其好壞卻是決定茶品的基本條件。其他技術任是怎
樣優秀，如果在這個基本的出發點失敗，則難望制成優良的茶，
這也是不消說的。

　　採茶技術的好壞不但是決定茶品的基本條件，對於茶葉的收
量和茶樹的生長，並且有極大的影響。換一句話，胡採亂摘，不
但制不出好茶，並且會減少次回的數量，阻礙茶樹的生長經營茶
園的茶農應該是明白這種道理的，但大多為了貪圖眼前的利益，
一味要多採，不論葉之粗細，不顧樹身的虧損；而採茶女也樂得
多採藉以多獲工資了。

　　錯誤的採茶法，後果是很可怕的，所以為全體茶葉的前途著
想，必須迅速設法加以糾正。糾正之法大體可分為兩方面來說：
一是施用經濟力，二是施用教化力。

　　一、茶廠收買茶菁時特別注重「質」，甚而拒絕收買不按規

矩採摘的茶菁，使茶農在經濟上獲得好茶菁的實益。這樣一來，他們自然會限制採茶女的胡採亂摘。

二、要使茶農徹底明白：不按規矩採摘，茶樹生長會緩慢，從而次回的收量一定減少。同時還要使茶農和採茶女了解：台灣的茶是全部運到海外去銷售的，若不製造好茶，勢必失敗於世界市場，台灣的茶業者都活不下去；但是好茶的第一步在好的採摘，他們的責任最重大，所以個個人要為全體茶業者著想，憑良心採摘。

上面所説第二種糾正的「施用教化力」，實施方法很多，而「採茶競技會」，即採茶技術比賽會便是一種很好的方法。七月中台北縣便有文山和淡水兩區各舉辦了一次，這是很有意義的事。可惜文山區舉辦時記者無緣參加，經過情形不得而知，但是淡水區這一次比賽會，説句得罪人的話，記者實在不知其何所為而舉辦。若説是單為比賽而比賽，則籌備也未免太過於草率了。試想一想，僅僅十分鐘的採摘能比賽出什麼來呢？若説是為鼓勵純正而迅速的採摘，那麼怎樣才是純正而迅速的採摘法，主辦人並未加以説明。

任何一種比賽會都要勞民傷財的。若未因此而獲得補償的效果，則何異迎神賽會空熱鬧一場，有什麼意思呢？所以採茶的比賽會，主辦人應該藉這種機會運用教化力，詳細向選手們講解純正採茶的方法及其重要性，並授以技術，利用這短暫的時間訓練採茶的幹部人材，使她們回到各自的茶園去傳播純正的採摘法。

我想，採茶比賽會的意義應該是這樣的，這種意義的採茶比賽會，任何產茶地區，每年至少都應該舉辦一次以上。在茶質大有日見降低之概的今日，尤其是應該熱烈舉辦的。

原載《台灣茶業》第 2 期，1948 年

埔里之行
介紹本省第一個阿薩姆種茶園

　　一天忙到晚，一年忙到頭，尚不足以溫飽五口之家的如今現在，哪裡來的那麼多閒情逸致想去遊山玩水呢？假如不是公會叫我利用這新年三天的假期去看看茶山，暫時我是和旅行沒有緣分的。

　　埔里，有阿薩姆種茶園，是台北所沒有的。況且據說風景極佳，還有日月潭、霧社，離開那裡不遠，都是響往久矣而無一遊之緣的地方，所以便決計往埔里去了。這樣便在除夕之日和同事章恩兄，從台北搭火車出發，忙中偷閒做一次短程的旅行。

　　名是元旦實與平時無異的 1949 年 1 月 1 日，是一個風和日暖的上上旅行日子。早晨八點二十分我們搭乘的長途汽車從台中出發，駕過霧峰、萬斗六、草屯這些許多老友住著的舊遊之地。但是不遑下車一一訪問，只好從車窗望望他們的山居，默示了懷念之意。

　　離開草屯不遠，我們的車便鑽進萬山叢中了。前後左右盡是山峰，車繞山腳沿著溪流走。行行重行行，從一個山湖（四面山阿抱擁一片地如一面湖，中有田園有人家）轉兩個大彎就走進另一個山湖，真是峰迴路轉又「一湖」。這樣約莫行經十個山湖，繞過數不清多少個山峰，車忽在溪左忽在溪右，總之在亂山中鑽了將近兩小時，好容易才到了埔里。從台中到埔里，車行兩小時另三刻。

　　沿途風景沒有想像的好。山不高而溪不深，誠然是不夠構成美景的條件，但凡深山而林不密，尤會大殺風景。許多山，露出一片片赭土種植著香蕉，遠遠看去整像人頭上的癩瘡疤。這樣的癩瘡疤到處可以看見，有些是從山麓連到山峰。在幾百尺的山峰也上去耕種的這些墾荒的勤苦耐勞的象徵，我們只有對之肅然起敬，不應有所議論，然若自風景美的觀點來說，山地還是以植林為宜。

　　車到埔里時，遠遠看見幾座山露出一條一條的肌肉似的赭土，彷彿像是巨人的淚痕。全山的樹木被砍戈淨盡，只剩些雜草，大雨一沖，處處山崩土裂便露出肌肉而構成了巨人的淚痕。人們這樣亂砍樹木，終於把身上所披的大衣被人剝掉的山大約也會流眼淚的。

　　最後而且最大的一個山湖便是埔里了。真像一口平底大鍋，市街在鍋的中心，是一個意外大的市街。車到市街進口處，前面有兩個兵士站著，一個手拿紅旗伸出擋住去路。心想：這地方為什麼由兵士整理交通呢？正想著，車停了，上來一兵士說是要看身份證，原來是一個關卡，照例要停車受檢的。但是兵士態度和藹，只看了一個後生的身份證就放行了。

　　我們的目地是東邦紅茶公司的製茶廠，向同車的人一打聽，立刻得到一個極親切的回答：

　　「郭少三的茶廠我知道，隨我下車一道去好了。」是一個中年農民模樣的人。

　　車在市街中心停了，跟著他下車，抬頭一看，拐角處一所規模不小的建築物，額上的文字告訴我們那是「能高區署」。這使我忽然想起幾個月前還是這所建築物的主人的，那個一身都是熱情的作家張文環來。如果他還坐著埔里社王的寶座，對於我們今日之行多少總有一些方便。這是入夜才想的，至少也不致使我們今夜過了這麼寂寞的一夜。

這樣一邊想著一邊跟著那個人，走不到十分鐘便到東邦紅茶廠了。主人少三兄回台北不在，但我們不客氣地進去打擾了。茶廠後方隔了一重山的地方，大規模地冒著煙，剛才在路上就問知是火燒山，此刻還掛在心上，看完了茶廠便溜到後面去望了一會。

據我所調查，台灣有阿薩姆種茶樹是始於郭少三氏，他可以說是台灣阿薩姆種茶樹之父。他在 1934 年畢業於東京帝大農學部農藝化學科時，畢業論文就是關於茶的。畢業後繼續在台大和台灣中央研究所研究土壤和紅茶製造法二年，於 1936 年到南方產茶國實地調查，並由暹羅帶回阿薩姆種茶苗。因為據他研究的結果，台灣的紅茶非改良茶種，前途是很有限的。而最好的紅茶原料阿薩姆種茶樹是可以移植於台灣的。依當時的法律，外來的樹苗非經消毒不能過關，然而一經消毒，嬌嫩的樹苗勢必喪失其生活力。為使他那些當作命根般帶回來的樹苗平安過關，他著實費了九牛二虎之力。

這一批樹苗平安過了關之後，就被送至土壤和天候適宜的埔里附近的山上培養，成了台灣阿薩姆種茶的開基祖。他從此埋頭苦幹，不問外事，專心闢設農場，苦心孤詣地培養，至今十二年才繁殖了六十甲地的茶園。日據時代的政府看見他的移植成功，也在埔里附近魚池這地方設置紅茶試驗所，移植阿薩姆種茶樹，接著三井製茶公司也在那裡培植該種茶樹，設廠製造紅茶。

郭氏帶回來的樹苗，三年以後就漸漸供給他製造紅茶的原料了，以阿薩姆種茶葉製的紅茶，也以他的東邦公司的出品為天字第一號。我並沒有替東邦紅茶宣傳的任何義務，事實上至今每年僅製一萬幾千斤，外商爭以三倍於他種紅茶的高價搶購的東邦紅茶，壓根兒就用不著宣傳。但是我站在負有改進台茶任務的《台灣茶業》主編人的立場，對於郭氏這種做事的精神和他對於台灣茶葉的貢獻，卻有宣揚之以資鼓勵的必要。

　　郭氏不但對於優良茶品種的培養繁殖傾了那麼大的苦心，對於製茶方面也熬費苦心的。他為徹底實行「一心二葉」的採摘法，雇用採茶女工都「以工計資」而不依「論斤計資」的常例。在茶樹少而茶叢不大的時候，非有不計盈虧的精神，這是做不到的事。起初幾年他一定賠了不少本錢，這是可以設想的。還有，他做一個茶業者，首先下功夫研究茶樹品種和土壤，根據研究所得自己闢設茶園；接著研究製造法，憑學理與良心自行設廠製造好茶。最後調查世界市場，準備自行推銷。這種一貫的作業乃是茶業的正途，不是獨力經營的業者容易做得到的事，實在值得我們為其宣揚。

　　郭氏的茶園分散在三處，最近一處在後湖。我們決定參觀最近一處。下午將近三點鐘，離開茶廠，坐上了輕便車四十分鐘到了小南埔，從那裡步行入山，走了三十五分鐘，穿過幾片樹林，還穿樹林中的農家，遠遠就有犬吠聲，迎接了遠從數百里外來的不速之客。

　　走完了竹林間小徑，最先入眼的是一排累累掛著熟透了的暹羅白柚，接著是幾畦茶苗；上了台階，看見一條黑狗在橙子樹底下叫著。幾棵廣東種的橙子樹，枝頭一串一串的金黃橙子使人垂涎欲滴。抬頭往高處一望，是一座梯式茶園，遠自暹羅渡海過關而來的阿薩姆姑娘，一棵棵含笑，彷彿在招手歡迎我們。我走到她們腳底下抬頭望了一會，把目光移到右邊另一個山峰，在那半山腰發現了一大片茶園。

　　這一片山是郭氏的農場的一部分，除了茶園以外，有白柚、橙子、檸檬的園子，還有植林，所植的樹是油彬和梧桐，非常茂密蒼翠，只有梧桐已經脫光了衣裳在做冬眠。這些樹木大約是臨時借住的，因為茶樹的繁殖很慢，一時用不著那麼廣大的地皮，十年或二十年後再來的時候，大約這一片山都要變成茶園了。

　　在台北，橙子一斤賣到二千元以上，白柚也要千元左右，是

水果中的寵兒，然而這裡的橙子和白柚盡管熟透了，卻還累累掛在寒風中抖擻，無人理睬！問那領路的人：為什麼不摘？他說：埔里沒有人要。問他：為什麼沒有人要？他說不出所以然來。我也不再去研究他，但覺可惜，並且不勝同情這些生不逢辰的珍果。

我們在山寮吃了幾個又甜又鮮的橙子解渴兼解饞之後，很想摘一包下山帶回台北，但想到攜帶東西走路的不便，也只好割愛了。

因為時間不早，不敢留戀，僅草草看了一下便下山趕歸途了。來時一心只想著茶園，不覺得怎麼樣，回去時心有餘裕，況且時近黃昏，山中格外陰暗，樹林的陰影從前後左右壓下來，四圍寂無人聲。路旁是長得比人還高的茂密的茅草。兒時聽說生蕃「出草」，都是隱身在茂密的茅草叢中等候過往行人，待到切近才一躍而出，冷不防給一刀或一槍。埔里早先是埔里社，是蕃社，是這些壯士出草之地，雖明知高山兄弟已開化到不會這般魯莽了，然而此時行經此地仍然難免瞪眼聳耳有意無意地警戒著。循原路回到茶廠時，夜幕已經初張了。這時，白天僅僅看見火煙的火燒山，已經伸長了火舌舔著夜空，淒絕壯絕！無言的巨人一任火焰在它身上飛舞。不知何日才會下一場傾盆大雨，像最近八仙林那樣把火澆滅呢！

埔里的大自然的夜景是那麼幽靜可愛的，這我們是親身領略了。據說埔里鎮上酒場的夜景也別有風味，這可惜因為沒有領港，只好留待後日再考。這一夜就在茶廠和同伴章恩兄對酌，足足喝了兩小時，但是酒則僅僅傾了一瓶和午飯時剩下的半瓶，適可而止，挺身一覺睡到清晨，一日奔波的疲勞都消散了。

久住都市的人，有時到山鄉走走，不但可以增加不少見識，對於身心也有很大的裨益。我是多年起早慣了的人，但在都市清晨起來，從沒有這樣清醒而輕鬆。六點起來，就走到外面廣場環

山四顧，欣賞那欲明尚未盡明的山景。有些山頭的密雲還在酣
睡，有一兩個山頭的似紗輕雲卻已在慢步出岫了。火燒山的火焰
漸漸褪色，煙卻越濃了。山鄉的清晨和夜間一樣的幽靜，一樣的
可愛。過了兩小時之後，辭別了茶廠，索性離開了這個可愛的山
鄉。為了時間的關係，日月潭和霧社只好留待以後的機會，魚池
之行也作罷，仍循舊路搭了長途汽車，再鑽一次萬重山回到台
中，繼續未完的旅程。

原載《台灣茶業》第 3 期，1949 年

春　雷

　　小時候喜歡養蠶玩。常聽大人說：春雷一響，密密地粘在紙上的蠶卵就都會裂開，鑽出一條一條的小蠶來。所以每年過了農曆年不久，新年的樂趣淡了下去，就會焦躁地等著春雷響，好去問人家要新生的小蠶來養。那時候，彷彿一切希望盡繫於春雷的一響。

　　當初是由於養蠶的樂趣而寄希望於春雷的！久而久之，希望與春雷竟直接聯繫起來，所以在國民學校畢業以後雖然再不養蠶玩了，每年聽到春雷一響，總還是現實地覺得有什麼希望就要兌現了似的。這樣地久而久之，春雷和希望也就漸漸脫節而至於兩不相干，而我也漸漸不注意春雷了。

　　少年時代匆匆地過去，到了青年時代，在許多青年從台灣湧到日本去留學的潮流中，我獨自渡海而至大陸，遠遠地到北方去工讀了。生長在所謂「常夏」的台灣人，一下子跑到冰天雪地的北方去生活，雖然正在體壯氣盛的時代，要熬過一年總有幾個月是在冰點下的氣候，確實是一件難堪的事。尤其在最初的幾年，一入嚴冬便凍得手腳都癱瘓了似的。那凜冽的北風會使人窒息，嚴寒的冰雪會使人顫抖。

　　為要擺脫自悠長的嚴冬的束縛和威壓，日日盼望著春的來臨，憧憬著煦和的春晴，懷想著靈活的手腳。最初把這些一切希望繫於立春了。然而立春也只是日曆上的名目而已。事實上並未能驅走冷酷的嚴冬，使人們解脫自它的魔掌。

　　大約是北方生活的第二、三年起，我在無意中發現了一個大原則，那就是春雷響處天氣就暖和起來。這也許是雷神的威力太大了，年年在北國大地上肆威達一年的三分之一時間的嚴冬，對它也不得不退避三舍的。這事使我追回了失去已經多年的對於春雷的印象，從此，每至立春以後，便將一切希望寄在春雷的一響，而焦躁地等著。這樣地脫節已經十年的春雷和希望的聯繫，又在我的感情上緊密起來了。

　　不過這也只是北方生活開始以後幾年間的事。後來漸漸過慣了北國的冬天，對於嚴寒的威壓也慢慢地麻木起來，而且防寒的衣具也逐漸整備，對抗有方了。於是北風和冰雪於我已非難堪的威壓，從而不再焦躁地等著春雷的一響，這樣的春雷和希望又漸漸脫節而至於兩不相干，春雷雖然年年響著，久而久之，我卻未曾注意到它還在那裡響。不料事隔二十年，我忽又在今年的清明日，切切實實地聽到一聲春雷，並且立刻又和一項希望聯繫起來了。

　　真想不到我的家鄉是這樣雨水多得令人起煩的地步。記得二十多年前的台北並不是這樣的，光復後回到家鄉也有四五年了，還覺得和以前一樣，雨雖然不斷地下，卻還不至於沒完沒了地下到令人起煩。然而這是怎麼一回事呢？去年12月間開頭下起來的雨直下到今年4月初還沒有下完。這期間，雖然也有幾次放過晴，但都只是一半天，至多也不過兩三天，便又下起來了。有時候，睡前天還好好的，半夜一夢醒來，彷彿置身鐘錶舖裡，好像幾十個座鐘同時擺動著，滴滴達達滴滴達達這樣交響著，原來放了一天晴的天又下起雨來了。同時，「或者可以晴下去了」的希望也幻滅了。

　　衣帽和皮鞋都長霉了，每個人的周身毛孔甚至五臟六腑也都長了霉似的。半個冬天和整個春天在愁雲苦雨中度日，幾幾乎不見天日，空氣是那麼沉重的，街道是那麼泥濘的，真夠叫人鬱悶

得喘不過氣來！尤其是一年只有一度的大好春光竟慘遭雲鎖雨打，使台北的人們都來經驗一個沒有春天的年，這真是哪兒來的話！這又使我想起了自己的一生——我便是為了環境的關係，在愁眉苦臉中匆匆度過了一人只有一度的青春時代的！

　　不過這已是明日黃花的事，想也無用，現實的問題還是下個不停的雨。這些日子，大家一見面便都不約而同的埋怨天公一番。「不曉得要下到哪一天？」這是大家一致急於要知道的事。於是便有博古通今的坊間氣象專家斷定這雨要下到清明日，接著就是晴天了。這話一傳出去，大家也就姑妄信之而引以為慰了。晴雨原是不由人的，既然有人能夠斷定這個沒完沒了的久雨的截止日期，在苦雨已久的無可奈何當中，也只好如此。

　　好容易熬到清明日了，然而雨還沒有要「截止」的模樣。清明和雨本來就結下了不解緣，所以可能是下到這一日才會打住的，我也頗以為坊間氣象專家的斷定不無道理。約莫是冒雨下鄉去掃墳的紅男綠女陸續回到家了的傍晚時分，忽然一聲清脆的春雷！一向下著的毛毛雨忽然變成了聲勢壯大的驟雨。據說雨要下到清明日，果然如此，而且那麼巧就在清明這一天響了春雷。這春雷和久雨放晴總不能沒有關係，而且春雷響後，毛毛雨忽成了驟雨，依過去的經驗，驟雨過後便是晴天。這樣推論的結果，是一道希望——明天起準可以解脫自淫雨的苦悶重而見天日了——的閃光，立刻在我的眼前閃現了！

　　童年時代和青年時代曾經給我帶了希望來的春雷，現在又在苦雨已久的今天給我帶了晴天的無限希望來。入夜，雨越發下大了，然而我仍然由衷心相信明天是可以一親久別了的陽光的。

1951 年清明節之夜

刊載於 1975 年台北純文學出版社的《張我軍文集》

北京《當代》雜誌 1985 年第 5 期

城市信用合作社巡禮雜筆

遊歷者的心情

　　筆者平生嗜好遊歷，尤其喜歡匹馬單槍閒遊他鄉異域，無奈環境不許，不但談不上什麼足跡遍天下，連小小一個台灣，足跡未至的地方都還多得很。不過一有機會暫離定住的地方，到外面走動走動，無論路程的遠近，無論是為公事或私事，我一定懷著遊歷者的心情，澄清耳朵，睜大眼睛，盡量多收一些和自己日常生活環境不同的事物。

　　此次為《合作界》季刊事遍訪全省都市信用合作社，雖然在短短的一星期走了十幾個地方，無異走馬看花。但南至東港、北至淡水，地域相當的廣，尤其有幾個地方是初次的訪問，所以在我確是一個難得的、稍可滿足遊歷者心情的機會。

　　台灣全省設有信用合作社的大小都市一共有十七個，我這次所走的，自南數起是：東港、屏東、高雄、台南、嘉義、員林、鹿港、彰化、台中、新竹、桃園、基隆、淡水等十三市鎮；豐原因為今年二月底才走過一趟，所以這次沒有去，此外澎湖、花蓮、台東則因時間和交通的關係也沒有去。

　　這些地方在我，除了東港、嘉義和員林，都是曾遊之地，然而我一向未曾把我對它們的印象留在文字上，所以這次趁這個難得的機會，在出發以前就準備寫日記，拉雜地把印象記下來。不過時間既短而身又有公事，所記只是一些零零碎碎而且不大可靠

的印象，現在將這整理起來，作為此次巡禮全省都市信用合作社
的雜筆。

南行途中

　　12 月 2 日是星期日，台北的街上刮著頗大的正東風，天空雖
然浮動著不少雲彩，陽光卻也不弱，是近乎小陽春的天氣。我因
為顧慮南部的天氣，身上不敢穿冬季的內衣褲，只穿了冬季西
裝，套了一件雨衣。時在清晨，搭上了八點半南行的對號快車坐
靜了以後，覺得兩條腿還有些冷。但是車到新竹以後天氣漸熱，
車過大安溪，紅日當空，熱得把我的雨衣剝掉，接著把西裝上衣
也剝掉，到了台中，連背心也穿不住了。車行僅四小時，同是一
個小島上，氣候竟相差如此之多。

　　下午五點十九分準時到了高雄。在車中的時間是八小時五十
分鐘，這段時間我幾乎全部遊目騁懷於車窗外。許多人，當他要
搭乘比較長途的舟車時，總要帶本書或者找個伴兒解解途中的寂
寞，我以為這是大可不必的。書，在家裡隨時可以看，外邊的風
物景色則非在旅行中見不到，所以我每次旅行總以不帶書為原
則，即便帶書也是準備在夜間睡不著時看的。至於伴兒，則「四
海之內皆兄弟也」，到處都有，又何必特地找著去呢？

　　同是一座山，台北的山和台中台南的山各有不同的特色，同
是一條水，新店溪和大安溪有異趣，大安溪和濁水溪又是兩樣。
甚而一草一木的風趣都是隨地而異的。不但如此，我們從鐵路兩
旁的田畝間，可以看出各地不同的產物，可以看出地土的形勢肥
瘠。由各地的農家房屋可以推想地方的貧富勤惰。況且點綴田野
間丘陵上的草木花鳥，四時各異其趣，變化萬端。所以我旅行樂
趣的大半是在遊目騁懷於沿途的風物，歷久而不感其厭。只可惜
幾次車過嘉義時屢想望望中央山脈的高山雄姿而終不可得，這次

也照例被密雲遮住，往返都不曾露面。

屏東之夜

　　且說東到高雄即換乘五點四十五分的火車走向屏東。火車開動時天已昏黑，六點半抵達目的地時，夜幕已深垂了。因為是星期日又在夜間，所以下車到了合作金庫屏東支庫時，除了一位少年值夜員以外，整個辦公室冷清清的，一盞大約是二百燭的電燈映著新刷的白壁，顯得特別清輝。

　　今夜宿何處？這且不管，眼前不可不先解決晚餐小酌。早年經濟尚不如現在這樣枯涸的時代，每到一地便先找一家時興的酒家，一邊解決酒飯，一邊看看社會的黑暗面。然而現在，這樣的地方是花費不起了，只好走出支庫朝著熱鬧的街上慢慢走去，打算找個既省錢而又多少可以達到這種目的的所在。結果找到車站前的露店群，走進一家專賣日本飯菜的露店，吃了生魚片、白片海蟹、湯麵，又獨酌了一瓶特級清酒，開出賬來是新台幣拾伍元，物價較台北便宜百分之二十之譜。

　　酒醉飯飽之後，又慢慢地繞了幾個彎回到支庫去，同時又解決了住的問題。因為值夜的少年同事很誠懇的留我住在那裡，而且我又曾在一次的旅行中，在一家旅館被查店的警憲，一夜之間叫醒了兩次，這種經驗使我不願再住旅館了。

　　支庫有一個神秘的廁所，放著小便池的那一扇壁開著一個大窗子。入睡前上廁所去，我在便池前站住了抬起頭來一看，窗外不到五、六尺遠處有一群年青的男女圍著一面圓桌在喝酒，這光景像電影般閃現在我的眼前，使我嚇了一跳，趕快低下頭去，因為剎那間我以為那裡是大戶人家的飯廳。

　　然而慢著！這飯廳的佈置好面善呀——彷彿常常見過似的。可是，屏東以前只來過一次，也未到過人家的飯廳，這是靠得住

的。我一邊走出廁所一邊想著，直到走進值夜員的寢室（支庫獨身宿舍亦設於此）還得不到解決。末了還是那位少年同事告訴我，這才知道那是一家酒家的後廳堂，怪不得布置是那樣面善。我們正在談論之間，熱烈的猜拳聲和笑聲陣陣迫進來了，並且是男女合唱。我睡了不久之後又被男女合唱的歌聲吵醒了。據說夜夜如此，有時還要夾雜少女的哭聲哩。值夜員是輪流的，還好些，然而獨身的少年同事們恐怕受不了這種夜夜的桃色困擾呀！

晨奔東港

12 月 3 日晨六時起床，搭乘七點四十分的長途汽車往東港去。屏東到東港的距離是二十多公里，公路除了部分小有破壞外，是一條尚屬平坦的柏油路。沿途耕地。靠屏東方面旱田居多，大都栽種甘薯、甘蔗、花生之類；靠東港方面則水田占多數，這裡的牛車都是水牛車。過東港溪橋時，遙望這座沿著水邊設在河流出海處的市鎮是相當美觀的。這股出海的河流據說是下淡水溪和東港溪的合流。

八點四十分，車到東港鎮。初到的市鎮，我照例要在街上繞幾繞，看看菜市，尤其菜市是必須參觀的，因為從那裡可以看出當地約莫有多少人口，有什麼土產，住民的生活程度以至民風民俗。我參觀了市場之後就去繞街，順便尋找合作社的所在。在我眼中的東港鎮市街約莫有桃園鎮大小，但二次大戰中被毀的許多樓房至今完全沒有重建起來，頗有荒涼之感。據說當時這裡是日本空軍重要基地，所以曾受了慘重的轟炸。

終於走到東港信用合作社門口了。一看，距河岸不過一、二百步。這時正想小解，便朝著河岸走去，找個没人看見的地方，望著河裡撒了一大泡尿。我的視線跟著往河裡去，順流而下，一直跟著去到出海處，把我身上排泄出來的東西送到南海去。我感

到一種無以名之的興奮和愉快！

東港正如其名所示曾經是一個通商要港，帆船進出非常之多，但因年來陸地交通發達，加以關稅關係，貨物多不經由這裡，所以現在是蕭條下去了，一些大商戶都搬到高雄等地另尋出路。也就為了這個緣故，被炸毀的許許多多樓屋至今尚未修復。不過這裡還有漁業，據說全鎮人口二萬七千餘人中，漁業人口占三分之一，其餘三分之二是商業和農業各占半數。金融機關則信用合作社之外尚有第一、華南、彰化三家商業銀行的分行。

我對東港的這一點知識，是訪問當地信用合作社時，由該社理事兼經理林邦要先生口授而來的。年紀五十六、七歲的林先生，是足以代表敦厚樸實的東港的好人物，在合作界服務三十餘年了。他說我不遠千里而來，一定在留我在東港吃一頓飯。我雖覺得卻之不恭，但因時間不夠分配，只好辭謝了。

辭別林先生來到長途汽車站一看，尚須等候半小時才有車班。這時，晨間空著出來的肚子咕嚕起來了。可巧就有一家不大不小的飯館，走進去想吃他一樣富有地方味的菜，看來看去只有「西施舌」（土話稱「獅豬舌」）比較特別，就要一盤炒飯，一碗西施舌湯。飯二元並不便宜，湯三元卻實在真不貴。

未完成的大高雄

十一點二十分返抵屏東，即訪屏東信用合作社。這個合作社設在市中心，自建的大樓房相當宏偉，雖挨在屏東數一數二大建築的台灣銀行分行的一旁，仍不顯得相形見絀。因為合作社正忙於社員代表的選舉，所以見了理事主席兼經理蘇嘉邦先生表示敬意之後就辭出了。此地有人口九萬餘，是本縣農產品集散地，但是信用合作社只此一家，銀行則應有盡有。

中午叨光了支庫陳經理天階兄一頓西餐之後，下午一點半就

搭乘長途汽車折返高雄了。在汽車中我回顧屏東的一切，留在我印象中的屏東，是一座椰樹高大而且多的，富有南洋風味的小都市，但除了椰樹以外，屏東的街市並不整齊而且不美觀。

車行一小時就到高雄了。高雄我在二十五年前去過一次，那時候我是周刊《台灣民報》的編輯記者，同行的是當時《民報》營業部主任先烈吳清波先生。因為逗留僅僅幾小時，所以印象很淺，只記得是一所舊式市街的小港，還不及當時的淡水。還記得午飯時在一家小飯館吃的蝦仁湯味道非常的鮮，如此而已。後來聽說日人把這個港口計劃成「南進基地」，既築港又改建市區，規模之大數倍於基隆，但因我一直不在台灣，所以不曾一睹改建後大高雄市偉容。直到去年夏間舊地重遊時一看，確乎使我嚇了一跳！頭一樣火車站便是全省首屈一指的美觀而雄大。遼闊的市區中有許多空地表示著建設尚未完成，又有許多在大戰中遭炸的破房屋，有的正在修建，有的尚是原原本本的斷壁殘垣一任風吹雨打。

但是今年 2 月三次來訪時，遭炸的房屋大都修建起來了，新建的樓房也不少。這次是第四回來訪，新樓房似乎又添了一些，然而許多空地仍舊空著。大高雄還是未完成的交響樂，建設雖然不算慢，但其完成尚需若干年，唯其如此，前途是極有望的。

高雄是和基隆遙遙相對的台灣二大良港之一，是對外貿易交通的要衝，工業也很發達。這裡的金融機關除了台灣銀行、省合作金庫和土地銀行各設有分支行庫外，各商業銀行也都各設有一兩個以上的分行。平民金融機關則有第一、第二、第三信用和高雄建築信用等四個合作社，並且多有深固的根基，尤其是第三信用和建築信用的自建樓房是非常雄大的。我下午一到高雄就訪問了第一和第三信用，第二信用和建築信用則因時間關係，留待翌晨續訪。

二十五年前高雄的蝦仁湯的味道此刻還記得，但是去夏以來

的二次訪問，雖然也一樣在高雄吃了一樣的蝦仁，卻總是吃不出二十五年前那個味道來。這天晚飯承支庫許副理請了一隻足肥的海蟹，味道也夠好的，然而二十五年後能否還記得，卻是大有疑問。

晚上在支庫樓上和一位少年同事擠在一架單人床上睡覺，晚飯時一瓶酒的力量使我從八點起就入了睡鄉，所以也不覺其苦，只怕後睡的這位少年同事被我的鼾聲吵得没有睡好也說不定哩！──雖然翌晨他不曾對我提過此事。但是夜來的北風打得百窗齊鳴，上午四點的時候終於把我打醒了。這時睡也睡足了，所以怎樣也不想再睡，便起來燒水泡了壺茶，寫記昨天一日的事。

上午九點走出支庫要去訪問第二信用社和建築信用社的時候，正趕上劉經理從岡山搭長途汽車到高雄來上班。我匆匆訪問了兩社之後，趕回支庫辭別劉經理、許副理和各位同事，搭上九點四十五分的特快汽車折返台南了。

古香古色台南市

自高雄至台南就如自基隆至台北，不過前者距離遠些，公路雖然也略似，但仍以後者為佳。高雄到台南的公路局特快汽車，行車時間一小時正，上午十點四十五分抵達台南。找到支庫時一看，辦公處內部正在改修，同事們都擠在後面的幾間小屋裡辦公，因為地方小，辦公桌也有排在塌塌米上的，也有排在院子裡的。怕住旅館的我看見這種情形，知道今夜就想在支庫和少年同事兩人擠一架單身床也已不可能了。可巧總庫研究室一位同事劉君在兩三個月前調到這裡，他一見我的面就邀我晚上到他家吃飯住下，好像是猜著我的心事似的。於是今夜住的問題也解決了。中午被黃副理邀往西餐館解決肚子，我覺得台南的西餐比台北的好。

　　台灣有句俗話叫「一府二鹿三艋舺」，這是依序指出過去台
灣三個最大的城市，府就是台南，鹿是鹿港，艋舺就是現在的台
北市萬華。台灣在清末尚未升格為省以前是隸於福建省，設府治
於台南，所以那時候台南是台灣的第一都市自屬當然。後來台灣
的政治中心移到台北，商業也隨而北上，台南市面因之而逐漸蕭
條。然而一、二百年的首府傳統根深蒂固的留在那裡，我在二十
五年前第一次到台南時，也覺得那裡的建築、服飾比較近於大
陸，人們的舉動也較為雍容大方。

　　現在的台南市雖已不是首屈一指的大都市，仍是與高雄爭第
二位的大都市，金融機關則除六行庫均設有分支機構外，信用合
作事業特別發達，計有第一、第二、第三、第四、第五等五個專
營信用合作社，和建築信用、倉庫利用等兩個兼營信用全作社。
而且這些合作社的大部分一社的存款餘額較一家商業銀行分行的
餘額為多。各社又都有自建的辦公大樓，尤以第一、第三、第四
等三家的大樓為雄偉。

　　下午由黃副理陪同歷訪這七家合作社至三點半，即承劉君同
行前往遊覽古跡名勝。這些古跡名勝是和一、二百年的首府傳統
相呼應，使台南市成為古香古色的。但是赤崁樓和延平郡王祠，
除了叫我喚起一些歷史的憧憬以外，對於那些建築和室內陳列的
古物，在看慣了北平的古跡名勝的我，說句得罪人的話，那實在
是太渺小了。倒是安平港確具一種別致的風味，而沿途的魚塭是
我頭一次見到，使我增長了不少南部特有的養魚設備的知識。

　　回到支庫時已經五點多了，但是支庫的同仁們還在忙得不能
停手。據說因為事多人少，同仁們幾乎天天都在六點以後才下
班；這種情形，高雄支庫也約略相同。

　　晚上，雖有第三信用社洪經理邀往欣賞當地著名的土味，而
我自己也很想獨自一人前往鬧市獨酌，但因同事劉君盛情難卻，
結果就在劉君的快樂家庭接受了家屬的溫暖的款待。翌晨也不遑

前往支庫辭行，就從劉君家徑赴車站，搭乘九點的對號快車到嘉義了。北風自昨日以來大肆其威，溫度降低到和台北差不多，我這才覺得台灣究竟是一個蕞爾小島。

玉容憔悴的嘉義

12月5日，十點二十分車抵嘉義，較預定行程提早了六、七小時。嘉義是台南台中兩市中間最大的都市，我雖幾次乘火車經過此地，但是足履其地卻以此次為破題兒第一遭。據說戰前市街的建設相當偉大，而且日本菜的可口和日本藝妓的娟美，可與台北媲美。但在戰爭中受過幾番轟炸後至今無力修復破損，規模雖在而玉容已是憔悴堪憐了。而日人被遣送回國以後已無復昔日繁華，連日妓的剩脂殘粉都無處尋覓了。至於日本菜，據中午和嘉義支庫王經理同進的來說，已有五成是台灣味了。

嘉義經濟的靠山是阿里山的木材和糖業，市面並不見得怎樣繁榮，然而銀行則六行庫均設有分支機構，信用合作社有第一、第二信用和建築信用三家，都有自建房屋。其中第一信用是以前的羅山信用，歷史悠久，業績勝過一家商銀分行，辦公大樓堂皇富麗。這三家，在午前中都由王經理領我去訪問了。

也許是由於連日奔波的疲勞，午飯時一瓶葡萄酒就使得我回到支庫坐在沙發椅上睡了一個午覺，做了一場爬登阿里山的夢，連地震也不曾把我打醒。一覺醒來，和文環*君約定的時間將到，便站起來抖擻精神，然後請楊副理領我上樓看看。支庫的樓房是三層，據說在嘉義全市是最高的建築，站在上面，天晴時可以望見新高山，然而今天又是陰天，除了可以鳥瞰全市以外，什麼也看不見。今夜宿處決定在支庫三樓。

---

* 張文環，1909 － 1978，台灣嘉義人，日據時期著名作家。

　　下午三點，文環君如約來訪，並且告訴我：他已吩咐家人宰了一隻鴨子，晚上一定要上他家吃飯。我只好絕了他人的邀約，並且和他出去走走。他帶我到公園去散步，路上他告訴我這裡的公園簡直是一座森林。到那裡一看，果然不錯，但因時在冬令，幾乎沒有遊人。落葉滿地無人掃，景象蕭瑟，然而我們兩人都喜歡這個環境，所以在園內繞了半天，可惜園內只有茶座的招牌而無賣茶之人。

　　我一邊和文環君且走且談，一邊斷斷續續地想著文環君的事。在台灣光復以前，他是台灣的中堅作家，做一個文學作家正要步入成熟的境地。就在這當兒，台灣光復了。台灣的光復在民族感情熾烈的他自是有生以來最大的一件快心事，然而他的作家生涯卻從此擱淺了！一向用日文寫慣了作品的他，驀然如斷臂將軍，英雄無用武之地，不得不將創作之筆束之高閣。光復以來雖認真學習國文，但是一支創作之筆的練成談何容易？況且年紀也不輕了，還有數口之家賴他謀生哩。目前他的國文創作之筆已練到什麼程度我不大清楚，但是他這年來所受生活的重壓和為停止創作的內心苦悶我則知之甚詳。我每一想到這裡，便不禁對文環君以至所有和他情形類似的台灣作家寄以十二分的同情！

　　論到這一點，台灣的美術家和音樂家是萬分幸福的。文學所用以表現的工具是文字，這有國文、日文、英文等之別，但他們所用以表現的工具是色與音，大體上可以說是世界共通的。因此，他們在光復之後，仍舊能夠用原來的工具繼續表現下去，無須停頓，更無須另學一副工具。

　　在文環君的家，除了尚須顧慮他的經濟能力以外，我是敢於隨便要吃要喝的。現在他雖然坐上了一個大公司嘉義分公司經理的椅子，生活安定些了，但是始終不改書生本色的他，收入仍是有限得很，所以今晚他請我一隻鴨子一瓶酒，我受之如一桌宴席，吃喝得非常痛快，乘著酒興把他家所剩的半瓶酒也喝光了。

飯後再和文環君到城隍廟去看熱鬧的夜景。忽然想起曾與楊副理約束要去拜訪他的家庭，立刻趕回支庫，他已在那裡等我半天了。他的家就在支庫左近，走幾步就到了。楊副理本來要我在他家吃飯，我因為與文環君有約在先不得不辭謝，但他還不肯罷休，一到他家就叫了幾樣菜，兩人對飲起來。酒，我實在喝夠了，只好胡亂喝幾杯，趕快溜之大吉。楊副理是一位老好人，他在總庫時代，遇有宴會時，我們倆總是同桌對飲，今天這樣逃席，心裡覺得萬分對不起他。

靠蜜柑著名的員林

12月6日清晨起來，顧不得向支庫同仁和文環君打個招呼就趕到車站，搭了七點四二分的火車北上，九點三十分抵達員林。

員林鎮的人口只有三、四萬，是一個著名的產米地，尤以蜜柑馳名。然而在經濟上並不是什麼重要的地方，只為了在縣市區域改劃前台中縣設在這裡，所以五行一庫都設有分行支庫，信用合作社只有一家。因為這裡是初到之地，所以和洪經理訪問過員林信用合作社之後，就在街上繞了一個圈。我覺得員林的市街較桃園和東港似乎大些。

回到支庫，託支庫同仁買了兩小簍蜜柑，一簍寄給總庫研究室同仁，一簍寄回家裡，所謂千里送毫毛，聊表「分甘」之意罷了。下午一點半搭乘公路局班車前往彰化，行車半小時就到了。三點轉往鹿港。

現代化了的鹿港

正如「一府二鹿三艋舺」這句話，鹿港在清末是台灣最繁盛的通商港口。這裡和閩南各港最接近，日有大群帆船的來往，俊

來因為首府搬到台北，而淡水、基隆兩個海港相繼繁盛起來，加以這個港口海淺，新興的大火輪開不進來，於是這個昔日曾是全省第二繁盛的鹿港便日漸落伍了。然而現在還有將近五萬的人口，差一千多人就可以由鎮升格為縣轄市。

鹿港我曾到過一次，也是在二十五年前，搭小火車去的。到那裡的時候已近黃昏，只記得風很大，鎮上街路非常狹隘，而且兩側房屋的房簾展到路上把街路蓋住，行人抬頭不見天，和閩南一帶的舊式市鎮一模一樣。翌晨一清早就返回彰化了，所以留在我印象中的鹿港不過如此而已。

這次再到鹿港一看，情形完全兩樣了。寬闊的馬路，兩側蓋著新式的樓房，走到哪兒也找不出古老鹿港的一絲影子來，鹿港是現代化了。只是盡管擁有五萬人口，市面卻是意外的蕭條，銀行也只有商業銀行兩家分行。此地人情敦厚，信用合作社的理事主席和副理以異乎各地合作同仁的熱情，迎接了我這個不速之客的訪問。他們兩人一齊領我去參觀媽祖廟和龍山寺，遊覽市街，時間還只是下午四點，卻一定要我吃晚飯嘗嘗當地的海味。我實在肚子還不餓，而且實在也不願叨擾初見面的朋友，然而終於拗不過他們的誠摯的挽留，和他們進了一家小館子叨擾了一頓酒菜。

八卦山麓彰化之夜

匆匆趕回彰化支庫時，已是夜幕初垂，萬家燈火了。縣議會議長和支庫吳經理已在那裡等候了些時。賴議長在二十餘年前和我同時在北平學習（他在北京大學，我在師範大學），是多年的老友，而吳經理又是縣議會副議長，和賴議長誼屬同事，為了這種雙重關係，今晚決定和支庫幾位同仁大家聚一聚。我雖剛從鹿港喝了酒回來，但為了老友聚首，而東道吳經理又善勸，加以侍

者招待周到，著實開懷暢飲，過了此次旅行以來最熱鬧的時光。飯後回支庫獨身宿舍，和蔡君同室住了一夜，蔡君以前在總庫業務部時同過事，所以諸事頗受其親切的照料。

翌晨六點半起床，獨身宿舍的人們都在曉夢方酣，我獨自一人溜到公園散步。這個設在八卦山麓的公園，本身雖然不大，也不算精緻，但是樹木疏密適宜而傾斜不急的丘陵八卦山，當然也是公園的一部分，這樣說來，彰化公園便是全省首屈一指的大公園了。

彰化在昔是靠著鹿港而發達，後來鹿港失卻了貿易港的地位而日趨式微，然而彰化卻為了在鐵路交通上占著衝要地位，所以仍不失為中部一個大都市。不過在二次大戰中受了大規模轟炸的市街，至今尚未回復戰前舊觀，而且沒有特殊大宗產業的這個地方，市面並不怎樣繁榮。金融機關則除五行一庫各設有分支行庫外，有第一、第二、第三信用合作社和兼營的建營信用、倉庫利用合作社。午前中由支庫陳副理陪同訪問了這些合作社。

彰化我有許多朋友，有的已經作古了——如王敏川、賴和、吳清波諸氏。我在二十五年前到過一次，直到光復後才又到過一兩次，但因時間短促不曾遍訪諸友。這次也因為公務在身，只抽空訪問了兩位還記得地址的醫生，兩位病在床上的朋友和一位亡友的未亡人。醫生之一是名醫楊氏，我們已有二十五年不見面了。一踏進門我先問他認得不認得，他說不認得，當然不認得，若在路上遇見，我也不認得他呀。我報了自己的姓名之後，但見楊老兄大吃一驚似的大聲說：「唉，你怎麼老得這樣？」他這一驚嘆倒把我嚇了一跳，因為我以為我真是老態龍鍾了。但是仔細一看，他周身的任何地方也不見得比我年少，於是我明白了，大約他印象中的我還是二十五年前乳臭未乾的我，這才放心了些。然後從容地笑著說：「你自己為什麼也老得這樣？」相對哈哈大笑。

安靜而不寂寞的台中

下午三點多鐘,由彰化搭公路局汽車到台中。台中,我曾自
1946 年冬初住到翌年秋末,是一個氣候很好的地方。市街是有計
劃地建設的,街路平坦、筆直而廣闊,兩側整整齊齊的街路樹,
一律是長著含羞草般綠色碎葉子,開著大刀般大紅長條花的鳳凰
木。房屋也都優美,一切都顯著潔淨,真是稱得起美麗的都市。
還有兩條寬深的溝渠跨過市中心,水淺而清,尤給台中添了不少
風韻。

只要你不愁衣愁食,台中確是一個很好住的地方。現代的物
質文明在那裡樣樣可以享受,又沒有像台北那樣萬頭攢動的人流
和橫駛直闖的車群。如果想喝苦茶清談半日,那裡也有不少文人
可以和你從盤古開天談到原子炸彈。不過,再説一遍:你必須有
足夠生活的地租可收。最近聽説謝東閔先生曾給台中市下了一句
按語説是「安靜而不寂寞」,我覺得這是再適當不過的。

就為了安靜而不寂寞,所以左近的地主們不是搬到台中來
住,就是在這裡安了臨時公館。沒有特殊大宗產業,也沒大規模
的企業,又不是通商港口的台中市,所以能夠維持今日的繁盛,
我以為大部分是靠左近大小地主的消費力,的確,台中是一個消
費都市。唯其如此,台中市內的金融業,雖有五家銀行的總分
行,但業務並不怎樣發達,相反地合作金融的業務卻相當的發
達,這一點和台南市的情形頗相類似。這裡有第一至第五等五家
專營的信用合作社和一家兼營信用的倉庫利用合作社。這些信用
合作社並且大都設有分社。

7 日傍晚到了台中,因為時間已晚沒有到支庫去,況且這裡,
我有的是朋友,地方又熟,無須到支庫去擾人,下了車直接就找
朋友去了。翌晨九點到支庫去,由一位少年同事賴君領我去訪問

了六家合作社，我的公務在午前中就辦完了。今天是星期六，下午起回到我自己的時間，本想到往斗六訪一個朋友，在那山鄉過一個愉快輕鬆的周末，但一星期以來的奔波已使我懶於走動，所以就在朋友家和市內的幾位朋友盤桓。翌日中午再搭對號快車一直回到台北。

　　9 日回到台北，11 日再到桃園、新竹，12 日到基隆，13 日又到淡水，分別訪問了當地的信用合作社。但是這篇雜筆拉得太長了，再寫下去自己也覺得無味，就此擱筆。

原載《合作界季刊》第 3 號，1952 年

四、序文與編語

《一個貞烈的女孩子》* 識語

　　攻擊貞女的事，在《儒林外史》裡頭已說得痛快淋漓，這篇似乎有些受了《儒林外史》的影響。讀者一面看其熱罵，一面當吟味其冷嘲！

　　舊道德害人之處，已用不著我來細說了。單就所謂「烈女不嫁二夫」說，對於貞女節婦的表彰、頌揚，明明是給婦女們規定一種獨有的義務。二千年來，不知道剝奪了他們多少的自由。女子們不知道犧牲了多少的人生的幸福。

　　倘有一種女子，為了愛情，而情願殉節，這誰也不敢反對（這種女子的目的不在表彰、頌揚，而在愛情）。至於有種女子，為了貪受一個「貞烈可風」……的匾額於殉節，這已是太無自覺而可鄙了。但世事是無奇不有的。有利有名之所在，人都趨之若鶩，我們常常聽見這種女孩子，被父母迫而殉節，這實在是可恨、可痛、可慘而可哀了！

　　一個14歲的女孩子哪裡懂得殉節是甚麼！狼心虎膽的父母為貪一個節女碑，竟與舊禮教狼狽為奸，把最親愛的女兒的小生命，斷送於七日之飢餓，其心之殘忍誠令人不忍聽見，婦女問題方囂於世上之今日。對於烈女不嫁二夫的惡道德，大家都欲盡力打破。本篇作者是根據人道主義來批評所謂烈女不嫁二夫的惡道德的。

原載《台灣民報》第 3 卷第 18 號，1925 年 6 月 21 日

---

* 《一個貞烈的女孩子》作者夬庵，發表於《新青年》。

《仰望》、《江灣即景》、《贈友》[*] 識語

　　郭沫若先生的詩名，我早就在《民報》上提過了。但他的大作還沒有介紹於讀者的機會。上面幾篇是從他發表於《創作季刊》的《彷徨詩篇》擇出來的。

　　郭君是一個熱血的青年詩人。他對於現社會的缺點、不滿，既能痛切地指點出來，又能切實地指示我們以他的理想。

　　他一入上海，便詛咒那萬惡至濁的上海，而極力創造他的烏托邦（理想國）。《仰望》便是這類的詩。

　　江灣是上海郊外。這位詩人滯日本十年回國和久別的風光親面，於悠閒的景中，感著懷舊之情，詩中有景有情，也是一首好詩。

　　《贈友》一詩，更可明白他是一位熱血的青年、詩人。許多新舊詩中，寫有情的詩實在不少，但都沒有這首之深切！

　　同君有詩集二部：1.《女神》；2.《星空》。欲研究新文學的人不可不讀。

　　　　　　　　　原載《台灣民報》第 3 卷第 18 號，1925 年 6 月 21 日

---

* 這 3 首詩選自《創作季刊》，作者郭沫若。

《親愛的姊妹們呀，奮起！努力！》*識語

　　我台灣的女界非常之冷靜，暮氣沉沉的氣象直使我們抱無限的悲觀！自我有眼睛以來，未嘗看見蕭條如我們台灣的女界，我對於台灣的女同胞與其說同情她們，倒不如說是有些輕視她們，恨她們來了。——這雖說不該如此，但我女同胞的無自覺不自重，太令人灰心啦！——麗雲女士可算是我女同胞中絕無僅有的勇士了！他這篇文雖然有些「觀察不周」之嫌，但有地方也很可以警醒男女界同胞。

　　全篇中我任意改了好幾處，前段和結束處尤多，內中用字也改了不少，我在這裡不得不向讀者聲明，並求女士的原諒。

　　又，本篇題目是我任意給他起的，她本題叫《雜感》，原諒！

　　　　　　　　　原載《台灣民報》第 3 卷第 18 號，1925 年 6 月 21 日

---

* 原題《雜感》，作者張麗雲，作於廈門集美。

《宗教的革命甘地》* 引言

1. 這篇是從宮島氏相田氏合著《改造思想十二講》擇出來的。

2. 這篇譯法是直譯的，故屬有難讀之缺點但也有誠實之長處，望讀者耐心讀之。

3. 固有名詞的譯法，大都據中國語音，力求與中國的書報一致。

4. 有人能把錯處指示給我，這是我最感謝的。

原載《台灣民報》第 3 卷第 18 號，1925 年 6 月 21 日

---

* 《宗教的革命甘地》選自日本作者宮島與相田合著之《改造思想十二講》，張
我軍的譯文分 13 次載於《台灣民報》第 3 卷第 18 號至第 73 號。

《貞操是「全靈的」之愛》[*]譯者附言

　　再婚、離婚的人，是極悲苦可憐的人。失了偶的人再婚，失了愛的人離婚，倘本人有這種意志，是不容第二者去咒罵他、攻擊他的，因為還是這一班可憐的人的唯一的生路。不過在未解除夫婦關係之前，要絕對保守貞操，這是我所共鳴的。

原載《台灣民報》第 60 號，1925 年 7 月 12 日

---

* 《貞操是「全靈的」之愛》，作者安部磯雄。

《中國國語文做法》

（一名《白話文做法》）導言

　　我在要下筆編這本書以前，第一便感覺到學力與研究不足。我雖然也讀過幾部文法的著作，看過幾部白話文做法，但卻沒有想到今天要編這本書，而用那樣的態度，系統的或有組織的去研究。然而時勢已使我不得不動手了。第一，現在台灣一大部份人已認識了白話文的價值，而且已經痛感必要了，所以想學寫白話文的人非常多。可是白話文要怎樣做呢？許多人常發出嘆聲。有人說白話文易做，有人說白話文極難做。但是究竟易呢？難呢？許多舊文人都以為白話文比文言文難寫，所以明知道白話文好也不寫白話文，這都是因為他們寫慣了文言文而又不肯費一點小功夫去學寫白話文的原故。其實白話文是極易做的（又有些人因為白話文易做遂輕視白話文，這種人我們不願和他討論），多讀一點以白話文寫作的書報就會做了，若希望做的不錯再看一點文法書就可以成功，所以白話文是極易做的。

　　然而，台灣自從割讓日本以後和中國的來往就不如昔日，而中國書報的流通也就幾乎斷絕，尤其是文學革命以後出版的書，在台灣的書鋪裡差不多找不出一部。雖然並不是沒有人直接由中國帶來，但其數卻極少。所以對於這極易做的白話文發生驚訝和疑問，也是可同情的。再則，現在我台灣寫白話文的人雖日多一日，可是除幾位寫的很不錯的朋友之外，還有許多寫的不三不四不合文法，這是多麼可嘆的現象！

　　我們在台灣提倡白話文學，叫人寫白話文，大家也都贊成
了，，其結果「然則白話文要怎樣做」的疑問便由許多人發出來
了。常有許多相識和不相識的寫信相詰問，我大都是將上面的話
說給他們參考，並點幾部好書給他們讀。但是究竟中國書不易入
手，況且更沒有適合台灣人學做白話文（初步）的書，於是我便
不得不再想一個較好的方法，使台灣人都會正確地寫作白話文，
所以我才敢「婢做夫人」學起著書來了。不消說我是沒有著過書
的，我更不配著書立言，況現在的我更是不願意著書立言。好在
這本書不是我的立言，不過將名家之言撮合起來加以整理，並稍
附加一點說明而已，故或者可不至於鬧出笑話吧。

　　不過有一層聊可以自慰的，是這本書的編法和在中國的此類
書都不同，十分確信能夠明白地指示白話文做法的初步。不會寫
白話文的人或者由此可以學會白話文的寫法，而已會寫的或者由
此可以更正確地、老練地寫作吧。若然，我的微意就達到了。但
對於這小小一本書，讀者諸君也不可把持過大的期待，若把持過
大的期待，致生出後日的失望，那我就不負責了！

　　我在上面一連說了不知多少個「白話文」，這白話文就是指
「中國國語文」（以後為講述的方便，只稱「國語文」）。現時
在中國通稱「白話文」為「國語文」，又稱為「國語文」實在較
為合理，所以我也遵此。

　　其次，我編這本書的方法是分全書為四篇，第一篇國語文概
說，先將中國國語文的區界、種類、研究法和效用略略說明，使
讀者明白國語文其物；再移到第二篇，將國語文法的全般大體說
明，以冀讀者做得正確的國語文；第三篇是新式標點用法，這是
舊文人所最忽略的，又是修詞不很重要的；第四篇的虛字用法是
作文的關鍵，尤其是學做國語文的人所不可不細心讀的。

原載《台灣民報》第 76 號，1925 年 10 月 25 日

《我的學校生活的一斷面》*識語

　　愛羅先珂先生是俄國盲詩人。他是童話大家，而有世界童話第一家之稱。自我個人所讀過的童話，實在沒有一個所能和他比的。他在東京住了八年，後來因為日本政府的不理解，遂被逐出東京。他也到過英京倫敦，也曾在北京大學講學。他說得一口好日本話，又有了幾部創作集是用日文寫的，如《夜明前の歌》、《最後の嘆ぎ》，這二部都在日本出版。這篇自叙傳是從魯迅、胡愈之、汪馥泉三先生合譯的《愛羅先珂童話集》轉載的。不消說這部童話集全是從上舉二部日本創作集選譯的。我讀了他的文章，非常感動，我尤其愛他的文字之優美，立意之深刻。譯筆又非常之老練，實在可為語體文的模範。我此後想多轉載幾篇，以補救漠漠的我文學界。凡欲研究文學或學寫中國語體文的人，我特地請他們細細嚼破，其為益實在不少。就如這篇自叙傳，寫的何等的有趣？不但有趣，又何等的深刻？上面所載三千多字裡頭，於小孩子的生活中，極力痛罵社會的不平等和人種的偏見，可畏罵的淋漓盡致了！

　　　　　　　原載《台灣民報》第 62 號，1925 年 7 月 26 日

---

* 《我的學校生活的一斷面》作者俄國詩人愛羅先珂。

《牆角的創痕》[*] 附記

為五卅大虐殺事件，中國文士做了不少悲憤的詩文，這篇是
《小說月報》主筆西諦君作的，載在該報七月號。

原載《台灣民報》第 74 號，1925 年 10 月 11 日

---

* 《牆角的創傷》、作者西諦。原載《小說月報》。

《我的祖國》*附記

　　全篇充溢著愛國的熱情，文人的愛國，雖未免止於紙上空談，做了一大場愛國之夢罷了。但諸君啊！你們能夠說他沒有影響於他的祖國嗎？

原載《台灣民報》第 74 號，1925 年 10 月 11 日

---

* 《我的祖國》一詩作者焦菊隱。原載《小說月報》。

《牧羊哀話》* 附記

　　這篇是沫若先生做的，記得是民國七年（？）載於雜誌《新中國》的。後來他的第二部創作集《星空》出版，本篇就集在這裡頭。沫若先生的小說也有不少佳作，但我最愛這篇，所以轉載出來，請大家共同賞鑑。

　　　　　　　　　原載《台灣民報》第 78 號，1925 年 11 月 8 日

―――――――
* 小說《牧羊哀話》作者郭沫若。

《愛欲》* 譯者引言

武者小路先生，名實篤，年 40 歲。他是日本第一流的創作家。日本有了這位創作家，在世界的文壇，便可以爭到一個地位，這是我敢斷言的。他並且以「新村」的建設者著名。

我所讀日本作家的作品，未嘗受過如讀他的作品那樣大的感動。——無論是《死能力者之群》、或《一個青年的夢》、或《那個妹妹》……等等。

《愛欲》是一篇戲曲，登在《改造》新年號。他這篇大作一出，東都文藝批評界，齊筆稱讚不已。試看左記諸氏在「新潮合評會」，對於這篇文章的批評，就可以想見其一斑了：

正宗白鳥氏說：……到了這裡，方才覺得是接觸了有世界的文學的價值的文學——與其說是接觸了新年號的創作。

藤森淳三氏說：……對於《愛欲》我無條件地佩服了。我感心了，心底想：武者小路氏何以能夠進到那步！

宇野浩二氏說：這篇作品，是將武者小路氏向來的作品集大成的。

廣津和郎氏說：這一個月的創作，我大概沒有過眼，所以今天本來想要缺席。但是，因為讀了武者小路氏的「愛欲」，而且覺得讀了這篇，便像有出席的資格，這才到來。對於這篇創作竟感動到這步。

---

* 《愛欲》作者武者小路實篤。

其餘各批評家盡說這篇是新年創作界第一位作品。

我現在要將這篇翻譯，登在「民報」學藝欄，願我同胞平心靜氣地來和這篇大作接觸。譯文的笨鈍，難免要多少消減原作的光彩，這是我不得不先請作者與讀者原諒的。

原載《台灣民報》第 96 號，1926 年 2 月 28 日

《李松的罪》* 後記

　　這篇短小的東西，是我從《晨報七周》增刊裡抄出來的。替人家抄文章，實在是　件無聊至極的事，然而我卻抄了了。我十二分的感著不耐煩而無聊，但為欲使台灣的同胞同來賞鑑好的作品，也就忍而為之了。並且要添幾句蛇足呢！我對於這篇小束西，想說幾句，不敢說是批評。倘這幾句能助讀者諸君的理解，那就萬幸了。

　　據一班人所說，賊也者，是一種貪圖便宜而好閒的人。既好閒又貪便宜，，可以說是社會的害蟲了，故功利主義者是尤其深惡而痛絕之。然而這錯了。做賊或做強盜，並非有所謂根性者，我們的作者的意思是說，賊或強盜是現在的社會制度的產物。

　　李松的罪當然是由於他行劫得來的。他是犯人了，據說法治國的國民不得賞恤犯人。然而諸君啊，諸君讀完了這篇之後，能不為可憐的主人翁李松灑一片同情之淚嗎？如步到李松這樣的田地，我想便是地道的功利主義者，或者也難免要拖著棍子去行動吧！況且一般行動的人，多半是迫於不得已呢！在資本主義的經濟組織底下，李松欲賣力換個肚子飽而不可得。在家族制度底下，李松不得不養他的寡嫂與三個侄子，況有他哥哥的遺囑哩！於是李松被迫去行劫了。行劫並非他所好，故他拖著棍子出去又跑回來，遲疑了一回再去。李松並非貪圖便宜而好閒之徒，他曾

---

* 小說《李松的罪》作者楊振聲。原載北京《晨報》周刊。

一連找了十幾天而找不到事情，他是一個有良心的人，所以第一次碰到老頭子，卻嘆了一口氣放他過去。他是病賊，所以頭一次動手即被抓去辦罪。這些在在足使我們同情他。倘使李松遇到一個名判官如包公者，大約就會判他無罪，並且要提拔他吧。

　　這篇短篇小說僅僅千五六百字，我們的作者楊先生實在很老練了，故能把這一件複雜的事情寫的簡潔清明，躍躍如動。內容當然是作者的想像所產生的，但是不偏於空想，全有實現的可能性。作者的思想與藝術手段，都大有可取，末後在獄中作夢一段，尤其深刻，描寫入神，令人讀了，哀從衷來，不期然而然的掉下眼淚！

1926 年 7 月 25 日在北京
原載《台灣民報》第 117 號，1926 年 8 月 8 日

《弱少民族的悲哀》* 譯者附記

　　譯完了這篇文之後，覺得自己的譯文非常之參差。第一是因為不能同時譯完 ——一回只譯登一回份。第二是因為正當自己忙於上北京，故精神錯亂。不但如此，有的——如倒數第三回之稿——是在門司譯的，有的——如最後二個——是進京匆忙中譯的，所以譯文是不得不參差。

　　我在翻譯之間，一陣陣的悲哀、慚愧和痛快之感，輪流著奔到心頭！有許多自己所不知的，或知而不詳的事——且與咱們全島民的死活有大關係的事——山川先生卻詳詳細細地在日本第一大雜誌《改造》宣佈出來。又有許多自己所不敢說的，或說而不說到痛快的話，山川先生卻替咱們痛快地吐露於日本第一有權威的雜誌《改造》上面。——雖有一部份被用意周至的官吏削去。

　　我不知道讀者讀了這篇文之後，也感到悲哀、慚愧、痛快否？

1926 年 7 月 7 日

原載《台灣民報》第 115 號，1926 年 7 月 25 日

---

* 《弱少民族的悲哀》副題為「在『一視同仁』、『內地延長主義』、『醇化融合政策』下的台灣」。作者是日本社會主義政論家山川均。譯文刊於《台灣民報》第 105～115 號。

《少年台灣》[*] 發刊詞

　　我們都知道：所謂社會的進步，便是指這些組成這個社會的各個人的思想知識之進步而言。各個人的思想與知識，並不是沒有來源可以由自己的腦袋中產生出來；它是要賴我們相互間的努力，你教我一點，我教你一點，互相交換，有無相通，才能進步。思想與知識的交換機會越發達，則那個社會進步的速度越快。我們台灣的社會之所以不能有很快的進步，思想與知識的交換機會之不發達，實是一個很大的原因。同人等深有感於此，所以有本誌之產生。

　　根據了這個動機，本誌所要做的工作，列位當可以不言而喻了。籠統説來，本誌的目的，就是要為我們台灣人添一個思想知識的交換機關。唯本誌所佔的地位，與島內的刊物所佔的地位不同，所以他不能不帶有一種時間空間的特徵在：本志主要的執筆者，在此刻現在是四、五個未成熟的學生，他們所學的功課，沒有一個人相同。所以本誌的言論，也就因之沒有一統性。這是本誌的一個特徵。又本誌事在北京發行的，所以它在於要做島內的刊物所做的工作之外，還有一件事要做：這件事就是介紹。它要把祖國時時所發生的情狀，介紹給島內的同胞，使大家得點眼光，不至與祖國起隔膜；他又要把島內時時所發生的事變，介紹給祖國的人士，使他們得些了解，不至於對台灣生誤會。這是本

＊見《少年台灣的使命》一文。

誌第二個特徵。這個特徵，也即是本誌的另一個目的，也就是本誌的另一件使命。

　　總而言之，本誌有二個目的：第一是要為台灣人添一個思想知識的交換機關；第二是要為台灣與祖國間添一個交涉的橋樑。本誌此時的事業雖很小，而將來的野心卻甚大，古語說的好：「濫觴之水，可以成江。」大家對本誌如肯加以培養，則本誌所抱的希望，未始無實現之一日。本人等都是個窮書生，熱心雖然有餘，能力卻有不夠。我們的腦袋本來空空，金袋更加無物，列位如對本誌抱有同情，就請時時加以援助，使它不但可以維持，且得充分發展，則同人幸甚！台灣幸甚！

　　　　　原載北京《少年台灣》月刊創刊號，1927 年 3 月 15 日出版

《少年台灣》* 創刊號編輯余話

　　天既然生了我們這個嘴，是要我們説話的。我們有了這個嘴
而不説話，就對不住嘴，也對不住天。所以我們無論如何，是要
把我們所想説的話説出來的。不過這也要有條件，才能説的痛
快。所謂條件是甚麼呢？第一要人家肯聽你的話；第二要人家肯
讓你説話。這兩個條件如不備，話就説不成了。我們都是台灣
人，所喜歡談的話多少總要和台灣有關，因此我們最盼望台灣同
胞喜歡聽我們的話，台灣當局肯讓我們自由説話。不過這個盼望
達到達不到，也沒有甚麼大關係。我們無論如何是要説話的，只
要每月的印刷費不缺乏，《少年台灣》是必定遵期繼續在世間出
現的。台灣同胞如不喜歡聽呢，則我們只好在你們耳力所不及的
地方説；台灣當局如不讓我們自由説呢，則我們也只好在他們眼
界所不到的範圍説。無論如何，我們有了嘴就要暢快説話。不過
將來要説甚麼話，就要因説話的地點，聽話的對手，説話時的心
情之如何而定，此時不能預先告訴大家。

　　出雜誌的人，大抵不出三種動機：第一，為的是名；第二，
為的是利；第三，為的是自己的表現，要把那悒積在胸中的話發
泄出來，使自己覺出一點爽快，也使聽的人覺出一點爽快。《少
年台灣》出現的動機，就屬餘第三種，所以他所説的話，沒有一
定的方式，也沒有一定的範圍。有時高興了，就連蚊子相咬，也

* 見《少年台灣的使命》一文。

要談的天花亂墜；有時不高興了，就是王爺總統，也必罵的狗血淋頭。總而言之，只要執筆的人想甚麼，他便可以隨便寫甚麼：大而至於政治經濟，綱常道德，小而至於穿衣吃飯，男女媾精，皆是他們的題材。所以你要說它正經，卻似乎不太正經；你要說它不正經，卻又極其正經。不過這一套烏煙瘴氣的估價，他們是不管的；反正正經不正經，只是主觀的話，不甘甚麼屁事。他們只要把自己的話說出，便覺得痛快；只要自己的話有人聽，便覺得更痛快；只要自己的話能使人家高興或不高興，便覺得更痛快上加更痛快。

原載北京《少年台灣》月刊創刊號，1927 年 3 月 15 日出版

《生活與文學》* 譯者序

　　有島武郎先生的作品，由於我國翻譯界，曾給介紹過幾篇，所以讀者雖不能知道他的全盤，至於他的名字，大概已是大家所認識的了。我在這裡，不想對於他的作品加以批評，不過我可以說一句話，就是他在現代日本的文壇，是數一數二的作家；至少，我們可以說，他在現代日本的文學界，是有著牢不可破的地位的大作家。

　　我平時有一種脾氣，文學理論家的文學論，總不太好讀；如果他同時又有一個作家，那自然作為別論。我所好讀的，是作家的文學論，因為他才能指示我們以文學的真理故也。我們平常讀了許多所謂文學概念論之類，但是我們從那裡所得到，只是定義的暗記而已；至於文學其物的真相，卻還是茫然。然而作家的文學論之類，我們讀過之後，雖然是斷片，卻是比較地可以摸著文學的面目的。這理由很明白，因為理論家的文學論是站在文學之宮的門外估價的，而作家卻是從文學之宮的室內叫出來的啊。事實俱在，並不是因為這本書的作者是一個作家，而我為捧這本書，才瞞著良心說的。

　　這本書是一部小書，對於文學的形式與內容，雖然沒有詳細的說明，可是他那種所謂摸著癢處的筆法，卻很能有精彩地傳出

---

* 《生活與文學》譯本 1929 年 6 月上海北新書局出版。作者為日本小說家有島
　武郎（1878～1923）。

文學的真相，和文學與生活的關係的扼要來。我覺得這本書，不
但說法很妙，就是編法也無可非難，實在是一部文學的入門書。
我們讀了這本書之後，至少可以得到以下幾個解答——-

　　1.文學是甚麼？

　　2.文學和生活有甚麼關係？

　　3.文學史上的各種主義，是甚麼一個樣子？

　　4.詩、小說、戲曲在文學上的地位如何？

　　這四條，是我讀後的感想而已，並不是詳細的分析；至於真
正的價值，還須待譯者來批評。

　　譯者所要說的話，只是這一點；不過，末了，還要說一句，
就是原作者已於民國十二年（1923），和一個異性情死了！

　　原書有序一篇，係著者之弟，創作家兼畫家有島生馬氏所
作，茲譯其與本書有關係的一段如下：

　　本書是大正九年四月到翌年之三月，差不多繼續一年，連載
於《文化生活研究》的；著者親自執筆寫的講義，此外應該是沒
有的。講義，自其性質說，行文既平易，著想以至表現法也極易
明了，容易接近。所以我相信，在初次欲玩味故人的作品的人
們，是最好的門徑。

　　　　　　　　　　　　　　　　　　　1928 年 12 月 1 日於北平

《社會學概論》 譯者序

　　譯完這部書之後，忽而想要説幾句話，不過與本書內容沒有甚麼關係。

　　我是喜歡弄文學的，在學校所讀的也是文學，然而我卻往往要翻譯些文學以外的東西，甚至學著政論家們寫些毫無趣味的時評。為甚麼呢？這裡就是要説説這個原因。

　　假如我單翻譯些關於文學的書，就有飯吃的話，我就絕不翻譯文學之外的書了。假如我單弄著文藝的創作，就有飯吃的話，就是文學書我也不想翻譯了。

　　然而單弄著些創作，就想吃飯，這事我覺得是一種奢望，不敢想。至於翻譯呢，本來是大可以止於譯些文學書的，然而事實上依然不許。今日上海方面，日文翻譯，盛極一時，懂得日文的人翻譯，不懂得日文的也出來翻譯日文，並且多半是譯文學書的。在這種競爭激烈之時，想靠翻譯文學書來吃飯，是一件很大的危險，不得已只有擴充範圍的一法。我之所以譯《煩悶與自由》，所以譯這部書，就是為此，往後也許還要翻譯這種書。

　　不過虧心事我是不做的。自己不懂的，我不翻譯，不認為好的，不翻譯。因為我以為要把不懂的，不好的書，翻譯出來騙錢，不如去做劣紳，不如去做訟棍啊！

　　末了，關於這本書應該説幾句。這本書是日本昭和三年五月

---

* 《社會學概論》譯本 1929 年 11 月由上海北新書局出版。原著者和田桓謙三。

由春秋社出版的大思想家 Azncclopedia 卷十三社會學裡面的一部
（內有書共九部）。原題也是《社會學概論》。我敢說這本書是
許多社會學入門書中，眉目最清楚的一本書。

1929 年 8 月 2 日

《現代世界文學大綱》[*] 譯者序

　　今年一月以來，東京新潮社開始出版一部大著作，就是《世界文學講座》，月出一冊，預定到明年一月出完。凡是西洋的文學，無論時之古今，國之大小，一概分門別類論到。每冊四十餘萬言，內容之豐富，可想而知；而執筆學者，多至百七十人。當第一冊出版之時，我就想一冊一冊把它翻譯下去；然而我立刻就知道我這種野心，是等於作夢的。何則？第一，我的學力與精力都來不及；第二，沒有出版的地方；第三，價錢必高，無法銷售。於是我便決定做小販，選擇那較切於現在之需要的部份零賣了。結果，選了五月出版的「現代世界文學篇」（此篇分上下二卷，下卷尚未出）。然而上下二卷合算，就有七、八十萬字，全部譯出，猶有不易出版，不易銷售之虞。所以我就僅將原書中「概觀」的部份譯出，至於各門如小說，戲曲，詩等分論，都割愛了。不過我所以敢於如此，也有相當根據。第一，概觀即大綱是總敘述，所以僅讀大綱，雖有過於簡單的毛病，但是還可以窺見全盤。其次，上卷裡面，除法、英、美、義大利以下諸國，都只有大綱，沒有分論，所以被我略掉的，只有三國而已。這三國的現代文學，已經被介紹很多，所以即略之亦無關大體。我由於顧慮出版的關係，不得不略掉許多有價值的文字，心裡自然是很

---

[*] 《現代世界文學大綱》譯本於 1930 年由神州國光社出版。原著者千葉龜雄。共 284 頁。

難受的，但因為有了這兩點關係，也就斷然割愛了。

　　末了，我要聲明一句：書名的翻譯很不容易，所以本書裡面所引書名，未必沒有譯得不恰當的，所以希望各方面專家加以指摘。

　　　　　　　　　　　　　　　　　　　1930 年 7 月於北平

《人類學泛論》[*] 譯者贅言

　　人類學之重要與需要，以及此學著作之缺乏，是大家所承認的；至於這部書的價值，自有事實來證明，所以關於這些，我一概不說。我在這裡，只有兩件事不得不說。

　　第一，胡先驌博士之校閱本書，不是「掛名」的。他不但與我以許多有益的注意和指導，使我自己修改一遍；並且費了兩三個月的功夫，把我的譯稿細閱一遍；改了不少的專門用語；而不妥的字句，也經他修改過。他這種負責的校閱，自是學者的純正態度。惟掛名校閱盛行的今日，這種忠於職責的學者，實在不可多得，所以不獨譯者，便是讀者也應該感激的。

　　第二，本書第五章第三節《人體化石》之系列中之七的北京人、之十的半猿人，為原書所沒有，經胡博士所補的。而本節最後一段補語，也是胡博士所補的，為的不消說是要使本書成為更其完全的人類學的入門書。

　　本書原著之出版，是民國十八年四月，著者西村真次先生是早稻田大學教授，除人類學的著作外，關於日本古代史的著作甚多，為學界所推重；其於英文著作所用的名是：Shinji Nishimura。

　　　　　　　　　　　　　　　　　1930 年 8 月譯者序於北平

---

* 《人類學泛論》譯本於 1931 年由神州國光社出版。原著者西村真次。共 322 頁。

《新野》月刊* 卷頭語及編後話

卷頭語

1930 年的中國人乎！！！

思想的自由，行動的自由，完全被剝奪了；言論的自由，信仰的自由，完全被剝奪了；我們還剩著甚麼自由？

餓死者以百萬計，失業者以千萬計，苛捐而雜稅，不窮的也窮了，窮的都坐而待斃。我們的生機，尚餘多少？

全國的版圖，大半劃入戰區，一方面，土匪，票匪，帝國主義匪在橫行。我們的生命，還有保障沒有？

「革命」，被軍閥、土匪、反動份子、投機家獨佔了，虛偽橫行天下。我們到哪裡去找真正的革命和信義？

這樣的空前的恐怖時代，是我們正在遭遇的，可悲，可怕，可憤的現實。

以鈍感而懦弱著名的中國人，對於這樣的現實，有幾個人能夠而敢，敢而能夠深刻地正視，更何況有幾個能夠而敢，敢而能夠將其表現出來？更何況表白其不滿之意？

如果文學是時代的反應這句話，帶有一面 —— 重要的一面 —— 的真理，那末，我們就可以對現代的文學，要求這種現實的

---

*1927 年經張我軍發起，由北京師範大學部份學生，組成文學團體「新野社」。
1930 年 9 月由該社編輯出版《新野》月刊，只出版過 1 期，張我軍主編。

表現了，表白了。然而現代的中國文學最缺乏的，偏是這種表現，表白。

這裡有文學界的新野。新野社是為開拓這場荒蕪的新野而產生的。《新野月刊》便是報告書的一種。

然而，以我們的微力，欲開拓這場廣大的新野，自然是以飛絮之力而撼泰山的了。不過，我們的態度是真摯的，我們絕不敢苟同於革命的買空賣空，和主義的拍賣。我們現在的最大希望，是要得到強有力的作家，批評家，能夠以真摯的努力，合力開拓這場廣大的新野。換言之，我們是在「吹簫引鳳」。我們的調子並不高，也不算新，只是——

正視現實！表現現實！而且——

改造現實！

1930 年 6 月 4 日

編　後

一

我們的小子《新野》，要到社會上去和大家接觸了；為父母的，當他臨行時，頗有一點感慨：第一，我們覺得對不起他，因為我們既沒有門閥給他依靠，又沒有請幾位名流學者，寫幾篇介紹狀或證明書之類。唉！恐怕重視門閥與介紹的現社會，是不會睬他的了。況且他，既缺少經驗，又不知滑頭，尤不會藏拙，所以難免說錯話，我們希望我們的先輩與同志，用真摯的態度駁擊他，教訓他，請不要默殺他，嘲笑他，這是我們唯一的願望！

二

編完這一期稿子之後，覺得內容未必完全合乎我們所宣佈的宗旨，不過大體上的調子總算不差甚麼。我們相信，我們的色彩一定會一號比一號明顯而整齊起來。

三

我們以為現代中國文學最好的主顧，就是表現弱小民族的悲哀、民眾的痛苦和所謂打倒帝國主義、軍閥、官僚。本期石泉君所作《這是他們的責任》，我們相信是一篇不壞的打倒帝國主義的作品。請讀者注意。

四

周君所譯福羅貝爾的四封信，據說曾經有人在《華北日報》副刊發表過；不過那既是從英文重譯的，而又不是全譯，據說還有相當錯誤，所以我們登出周君的法文譯作，並非無益。

《人性醫學》[*] 譯者序

　　本書是東京武俠社出版的《性科學全集》第 12 篇。全集共
12 冊，本書即其中之一，民國 20 年（1931）5 月出版的。原著者
正木氏是醫學博士，而又是一位著名的小說家，因為他是科學工
作者，所以不說鬼話；因為他是文學家，所以文字優美，見解新
鮮而活潑。

　　本書共分兩部份，前半為「人性醫學」，從醫學上說明兩性
生理衛生，同時又對性的種種問題加以考察、討論。後一部份為
「戀愛學」，從醫學上研究戀愛，見解特別，說法幽默，讀者其
留意之。「戀愛學」原題為「戀愛隨想」，經譯者考慮之後，易
成此題，理由看書中所說就明白。

　　末了，我要藉此謝謝北平大學醫院姚風翥教授，因為他指示
我以許多醫學上的名詞的原語和譯法。

1932 年 1 月 2 日識於北平

---

* 《人性醫學》原著者正木不如丘，譯本由北平人文書店於 1932 年出版。共 380
頁。

《法西斯主義運動論》[＊] 譯者序

　　法西斯主義運動，已成為全世界的現象，這是無可諱言的。我們如其想在世界上求生存，對於這種嚴重的現象便不能不具相當的知識了。然而國內介紹這方面的譯著尚不多見，即使有之，也大多是斷章零篇，不能使讀者認清其真面目。我譯這部書的目的，就是要使讀者認識這種嚴重之現象的全面目，而知所取捨。

　　本書著者是日本政治學權威，九州帝國大學教授，他站在政治學的立場，解剖義大利的法西斯主義，推而論及一般法西斯主義的地位與將來的命運。他沒有任何黨派的色彩，我們在這裡只看見他的冷靜的科學者的態度；他以這種態度解決、觀察、推論的結果，終於反對法西斯主義了。

　　日本國中，自從去年佔據我東三省以來，法西斯主義忽見發展，在這個當兒，著者竟出而著書反對法西斯主義，這我以為不是沒有意義的事。至於他站在甚麼樣的立場反對法西斯主義，推論的結果，這只是請讀者自己去領略了。

　　本書係著者《獨裁政治論叢》第三卷，這已如著者自序所說。譯者有將其全部譯出的計劃，而所先譯第三卷，理由不過是因為原書是先出第三卷，而我最先入手的也是第三卷。此論叢各卷，雖在理論系統上不無聯絡，但是分開獨立，也可自成一書

＊《法西斯主義運動論》原著者今中次磨，譯本於 1933 年 2 月由北平人文書店出版。

的。

1932 年 10 月 28 日識於北平

《資本主義社會的解剖》* 譯者序

「打倒帝國主義」這個口號，在我國已經普遍至於小學生和洋車夫都會背了。然而在問一問：那麼你所要打倒的帝國主義是甚麼？於是連大學生和知識階級，都很多要啞口無言了。不過帝國主義的確是我們的催命鬼，的確是非打倒不可的大蠹。

然則帝國主義是甚麼？那正如列寧所說是資本主義發達的最末階段。可是這樣還是不能明白，尚有幾個疑問：㈠資本主義是甚麼？㈡資本主義有幾個發達階段？㈢最末階段是甚麼一種情形？總之，非徹底地解剖資本主義，是無以明帝國主義的真相的。然而這一方面的工作，不多見國內學者們的努力；我們所見到的，只是反資本主義、反帝國主義的努力，實在有捨本逐末之憾！

譯者以為資本主義社會的解剖的研究，實在是一件當務之急，那不僅在反帝方面有此必要，即在我們的國家的改造方面，也必須藉此研究，明世界先進國的利弊，以資取捨，而定改造的方針。

本書是根據日本評論社出版的社會經濟體系翻譯的，包括論文六篇，雖然各自獨立而著者也各異，但問題卻集中於一，故合之自成一系統；從各方面的視野，將資本主義社會解剖無遺。譯

---

* 《資本主義社會的解剖》譯本，1933 年北平青年書店出版。原著者為日本學者山川均等。

　者相信，像這樣廣泛而精密地解剖資本主義社會的著作，不但在
國內絕無，即在國外也是不可多見的。

　　民國二十二年（1933年）榆關失陷之日譯者識於北平。

《中國人口問題研究》^①譯者序

　　關於我國人口問題的有系統的著作，到現在為止，東西洋合計起來十指可屈；至於國人所寫的，更可以說是絕無而僅有的了。然而我們無日不在眼中看著在耳中聽著與人口問題有密切關係的飢荒、失業等等現象。現在，我國的人口問題，已不是一種時髦的問題，乃是與全國的經濟、政治與社會割不開的嚴重的基本的問題了。全國人民，如其對於這個問題不加以深刻的研究，以謀根本的解決，則國計民生的前途，勢將有不堪設想的慘狀，這恐怕是一般有心人所共感的罷！譯者不才，自恨沒有能力，只能借他國人的研究，公諸我國社會，作為研究本問題的線索，倘能由此引起國人自己熱心來研究討論這個為國際民生之基本問題的人口問題，則余願已足矣。

　　本書原著係今年八月初版，敘述方法尚稱適宜，頗可為人口問題研究的入門書；其所敘述的內容與判斷及結論，譯者雖未必完全接受，但大體上認為可參考的地方尚多，故將其譯出，公諸社會。第一章與第五章係我軍所譯；第二第三第四第六張為炎秋^②所譯。

　　原書尚有坂西氏序文，因與本書內容無關，故棄之不譯。著

①《中國人口問題研究》原著者飯田茂三郎。譯本於 1934 年 10 月由北平人人書店出版。

②洪炎秋（洪櫟）（1902～1980 年）台灣彰化鹿港人，曾任北京大學教授，北平台灣同鄉會會長，台灣國語推行委員會副主任委員，國語日報社社長。

者序文的最後兩段，也與本書內容無關，照樣刪之。

1934 年 10 月記於北平

代庖者語

　　《中國文藝》主編深切*兄奔喪南旋，臨走時，托我代庖一期。我本教書匠，編輯雜誌這一行不是我所幹的，但因一來時間促迫，二來奔喪事大，正所謂義不容辭，只好勉為其難，「越俎」代庖一期。編得好不好，我這裡學那唱大鼓的妞兒説一句：請諸君多多原諒！

　　這一期的稿子，多蒙各位作家的捧場，總算編好了；現在輪到我在編後記回捧各位作家了，這也不是什麼難事——雖然土頭土腦的我，沒有學過捧文做法，但是必要時，也還可以勉為其難。然而還有「卷頭語」，這「卷頭語」可把我難住了！

　　深切兄臨走時曾經説過，「卷頭語」他可以寄來，所以當時未曾問他該説些什麼話。現在付印之期已屆，而「卷頭語」尚遲遲未到，糟了！糟了！連「卷頭語」也得代庖，豈不糟了？

　　「卷頭語」究竟該説些什麼呢？談些文學上的真理罷？然而十幾年來，我固摸過文學，只是至今依然兩袖清風，一張白紙，未曾撈得一點一畫的真理，此刻即便臨時要抱個佛腳，也無從「勉為」的。

　　説些指導作家的話罷？再不然，説些啟示讀者的話罷？饒了我罷！一期的代庖，犯不上自找挨罵的。這些話，我是不配説

* 張深切（1904 — 1965），台灣南投埔里人。華北淪陷時期曾任《中國文藝》雜誌社長兼主編。

的。於是乎，只好談一談我編輯這一期的感想，實話實說，庶無
大過也。

　　這一次的經驗，使我切實感到了編者之難做。我費盡四個整
天和若干零碎的時間，讀了二百多件的來稿。況且生怕埋沒了好
文章，所以便是怎樣不順眼的文字，也只好忍氣吞聲地讀下去，
這是我生平讀文章所吃的第一個苦頭；說句不離本行的話，比看
學生的試卷，吃苦不知若干倍！

　　其次是要稿子之難。在文學作品完全商品化的國度，自是另
有一番說法；可是在我國，情形就大不相同了。隨便些的朋友，
或者是比較清閒的朋友，去一個電話或一封信，往往就可以要到
一篇稿子；要是比較生疏的，或是忙些的朋友，就要跑幾回腿，
作若干揖，然後或者可以得到一篇稿子。作者為刊物寫稿子是給
編者幫忙，這是不錯的，由此推之，則編者向作者要稿子，那便
無疑是「告幫」之類了。一向咬著牙，未曾為金錢向朋友告過幫
的我，這次卻為了中文稿子，向幾位師友大告其幫了。

　　苦也吃了，幫也告了，「勤以補拙」的格言既已遵守實行，
編得好不好，還是一句：請諸君多多原諒！

　　　　原載北平《中國文藝》月刊第 1 卷第 3 期，1939 年 11 月 1 日出版

《中國文藝》一卷三期編後記

　　第二期出版後，編輯室收到了不少批評本刊的文字，自然是恭維的居多，間亦有指正或表示希望的。各方面對於本刊的熱烈的歡迎與期待，編者雖只是一期的代庖，也不得不表示十分的感激！唯是恭維的文字，發表出來，頗有「老王賣瓜」的嫌疑，不如不發表以免讀者討厭；編者這裡謹敬代替主編者心領就是。至於所指正與希望處，也謹敬受教，一概不發表了，統希原諒！

　　這一期收到的來稿實在太多，佳作亦頗不少；有些是本已決定發表的，末了因為限於篇幅，忍痛割愛了。希望愛護本刊的作家多多原諒！決定發表的，只好留等次號；決定不發表的，已令辦事人員發送璧還了。還有些尚未決定的，也暫留編輯室，以便深切兄回來再讀。至於決定不發表的，不一定是因為文字欠佳，有的是為了不合本刊的需要，有的是為了字數過多，合併聲明。

　　知堂老人本已來函聲明要「告假」一期了。編者素常眼看所有刊物的主編者，都圍著這位老人擠著要稿子，心裡頗為其不平。人緣好固然是可喜的，但總覺得這樣擠他是不該的。無奈一坐上主編的交椅，不曉得哪兒來的一股勁兒，迫著我也跟著大家湊熱鬧擠上去，居然還擠出一篇來，好不易也！

　　啟元和永明二兄，本來早已答應為本刊撰稿，卻是千呼萬喚始出來，害得我不知多作了多少揖。為飽數千讀者的眼福而作揖也是值得的。還好他們沒有學炳坼兄，對我的作揖還之以叩頭，求我免他的稿，亦云幸矣。

　　瀾滄子氏的論巢經巢詩鈔，方言氏的國劇眼板之研究，諦聽氏的唐宋兩朝之人物畫，都是很下過一番功夫的研究文字，值得特別介紹。傅惜華氏的三國故事與元明清之雜劇至本期而告結束，對於國劇的研究提供了貴重的材料。編者對於這幾位的努力，不得不在這裡表示敬意。

　　芸蘇兄的小品文至本期而益發十足地發揮了他的特色，將來知堂派小品文的承繼者，他無疑是一位有力的候補，讀者諸君以為然乎？謝剛主氏的太平天國時代之文人生活是一篇饒有興味且富學術價值的文字。

　　這一期的詩歌四篇，都是苦心的傑作，絕不是排出來湊熱鬧的。讀者細心玩味，當知言之不謬也。

　　唐芮氏是一位著名的女作家，這一期承紀生兄的拉攏，特為本刊寫了淡藍的花與紅葉，可以說是近數年來北方文壇所未見的傑作，為本刊增光不少，唯可惜不肯署真名耳。兼莪氏的初戀日記和侯少君氏的第三個師父，都是很難得的好作品。這一期的創作欄，自信可以博得讀者的滿意的。

　　此外還有幾篇文字應該提出來介紹，因為編後記已無空地了，只好作罷，請讀者自己去吟味。總之，一篇文字，一張漫畫，以至於一張照像，我都嚴格選擇，不敢忽略，一期的代庖，或不至於有大過歟。

　　　　原載北平《中國文藝》月刊第 1 卷第 3 期，1939 年 11 月 1 日出版

《超乎恩仇》* 譯後記

1. 菊池寬氏生於明治 21 年（1888）12 月 26 日，今年 55 歲。原籍香川縣高松市，但自大正 5 年（1916）畢業於京都帝大英文科以後，一直在東京居住到現在。他在現今是日本最負盛名的作家，這裡不必多事介紹。

2. 本篇原名「恩仇の彼方に」，最初發表於《中央公論》（綜合雜誌），後又編成劇本。本文依據的是改造社版日本文學全集菊池寬集。因為《菊池寬全集》和《三代名作菊池寬集》所收本篇，文字上和本文偶有出入，特此聲明。

3. 本篇是作者極多的作品中藝術價值最高的一篇，可惜譯者為了忙和病，譯得連自己都不滿意。譯文中有如註解之小字，是譯者所加的註解，並此聲明。

　　　　　　　　　　　　　1942 年 5 月譯者記於北京
　　　　原載《現代日本短篇名作集》張深切編，1942 年出版

---

* 《超乎恩仇》作者菊池寬。張我軍譯文，編入《現代日本短篇名作集》，1942
　年新民印書館出版。

《歧途》* 譯者小引

　　樋口一葉女士是一位薄命的詩人短命的作家。她生於明治五年（1872年）三月二十五日，卒於二十九年（1896）十一月二十三日，享年僅 25 歲。她 18 歲時就沒有父親，不得不繼承了沒有遺產的家庭，帶著母親和一個妹妹過日子，家計之難可想而知。在這樣短短的一生之間，艱難困苦環境中，居然成了明治時代的第一流作家，可以說是世界文學史上的奇跡。

　　她先是學做短歌，這方面也留下相當的成績，死後有佐佐木信綱博士校訂的《一葉歌選》行於世。她的幾十卷日記不知招引了多少青年男女的熱淚呢！但是她之所以成為明治時代第一流作家，是由於小說方面的成績。

　　《暗櫻》是明治二十五年（1892）三月發表在《武藏野》這個雜誌，可以說是一葉的處女作。自是以後，相繼發表了二十來篇，這裡面，使她成為第一流作家的作品是《たぼくらべ》（爭長）《にでごぇ》（濁江）和《わかれ道》（歧途），都是在明治二十七、八年間寫的。距坪內逍遙博士著《小說神髓》在日本提倡新文學僅僅十年。

　　這時代的日本文學界，正是透谷與藤村一幫人創辦《文學界》雜誌，開始浪漫主義運動的時代；可以說，日本的近代文學最初步入了建設第一期的時候。小說方面，以尾崎紅葉和幸田露

----

* 小說《歧途》原作者樋口一葉。

伴為二大作家分庭抗禮的二十年代（明治）行見結束了；在這個時期，異軍突起的，正是一葉女士。可惜她只留下了三五篇傑作，就結束了短短的人生。到而今，提到一葉女士的人，沒有不生起一種痛惜憐愛之情！

　　一葉的小說，最前面所舉三篇，尤以前二篇為膾炙人口，因為稍微長些，所以這裡介紹了最後一篇。原文是文語文，因為標點符號不完備而且對話也不另起一行，讀來頗費力，所以我這裡稍微改些形式以便閱讀。還有一兩處，因為照原文直譯反不易明白，這也相當大膽地加以意譯了。

　　一葉的作品，在我國似乎還沒有人介紹過。將來有機會，那兩篇我還想介紹給我國的讀者。

　　　　　　　　　　原載《日本研究》1 卷 2 期，1942 年 10 月

《日本童話集》* 編者序及譯注例言

　　童話是以童心為基調的一種文藝形式，普通是講給兒童聽的
故事。兒童大都富於好奇心，所以敘述的形態，大都用一種淵源
於神話傳說形式的表現樣式。兒童懂得的話既少又簡，所以文體
必須用兒童所能理解的話，依據簡潔的句法說出。

　　童話，自其所由來加以區別，大體上可以分為三種：一是古
典童話，那是散見於古代典籍中的；二是口碑童話，那是口碑相
傳流傳於民間的；三是文藝童話，這是文藝家所創作的作品。本
書所收童話十篇，全部屬於第二類。這一類的作品，原是全國民
的產品，縱有最初傳出的人，卻不能指出某時代的某人為作者。
不過構成童話的形式的時期，大體還可以知道。依專家的考據，
這些童話的形式，恐怕是在室町時代至江戶時代之間，距現代總
有三、四百年了。這時代正是日本童話的普及發達期。

　　這一類的作品，各篇的骨架，自初傳以來，大體上都沒有多
大的更易也未可知，可是她所長的膚肉所著的衣裳，難免因所傳
的人而各殊。換言之，代代傳流之間，內容幾經變易，字句尤有
修改。尤其是明治以後，童話成了兒童文學而為一般文學界所認
識以後，關心兒童文學的文人，除了輸入歐洲童話以外，又群起
整理日本舊童話了。現在我們所見的這些童話，都是明治以後的
日本文學家所整理過的。

---

* 《日本童話集》上、下冊，1942～1943 年北京新民印書館發行。

明治以後的文學家，整理舊童話的人很多，而甲的撰本和乙的撰本，不但篇目有異，連內容和字句也有出入。本書上下兩卷計收童話 10 篇，完全是依據東京培風館出版，森林太郎（鷗外）、松村武雄、鈴木三重吉、馬淵冷佑共撰的日本童話。只是原文中漢字用得很少，本書則改用了不少漢字，這是讀者的性質不同，不得不如此的。

1942 年 11 月

譯注例言

一、任何外國語的學習，都必須有助補或自修的課本始有卓著的成效。我國學生學習日本語文的歷史也頗長了，而年來日極盛一時，然終不見有多大的成效，原因固多，而這種課本的缺少，恐怕是一個重大的原因。本人有鑒及此，乃不揣淺陋，決計大量編著，以助學生一臂之力。本書便是這種計劃的第一次實現（以前本人所出類似的書另說）。

二、然則為什麼第一部書所採取的是日本童話呢？因為一國國民的童話，最能看出那個國民的性格，而由國民性的性格可以了解那個國民的人情風俗習慣；不但為研究一國的文化，這是必須走的第一步，即僅為學習一國的語言文字，也非藉此無由徹底。其次，童話中所用的語句既簡潔又正確而淺顯，足以為一國語言文章的模範，所以不學日本的語文則已，要學便須拿童話打基礎。（下略）。

《洗澡桶》* 譯者小引

　　島崎藤村和德田秋聲,在現代日本小說家中可以為二元老,兩人都過了五十年的作家生活。今年 8 月走了藤村一老,11 月 18 日秋聲逝世的消息也傳來了。藤村享年 72,秋聲享年 73,論他們的歲數都沒什麼可說,然而數月之間二老相繼逝去,不得不說是日本文學界的大損失!

　　秋聲是日本自然派的開拓者,而且始終守著自然主義的壁壘。關於他的業績,我預備要另寫一文介紹,這裡不詳述。他的作品,我國也早已有人介紹過了。我在這裡,臨時選了這篇譯成中文,是取其短小精悍;原題「風呂桶」,是大正十三年(1924)的作品,雖不是秋聲的大作,卻是極引人注目的一篇。

1943 年 11 月 26 日識

---

* 《洗澡桶》作者德田秋聲,譯文載於 1944 年 3 月《日本研究》第 3 期。

《分配》* 譯後記

　　去年 8 月島崎藤村先生逝世以後，我為紀念這位日本文壇的大作家，曾經譯了一篇比較長的短篇小説《淒風》（原題《嵐》），分三次登在本誌。這裡所譯的《分配》可以説是《嵐》的續篇。《嵐》和《分配》是藤村先生最後的短篇小説（後來只寫長篇），又是他的新現實主義完成時代的代表作品。前者是大正十五年（1926）九月發表在《改造》雜誌的，後者是昭和二年（1927）八月發表在《中央公論》雜誌的。

　　為徹底了解《分配》的內容，最好是知道一點藤村先生的歷史，同時把《嵐》也讀一讀。下面我想將與本篇內容有關係的藤村先生的歷史略述一二，以助讀者的了解。

　　明治三十二年（1899，28 歲）是極可以紀念的一年。這一年他結了婚，而在信州山上當著小諸義塾教員，過了六七年的田間生活，也是由這一年開始的。他的夫人是北海道函館人秦姓的小姐。翌年至三十七年（1904，33 歲）先後生了三位小姐。

　　明治三十八年回到東京。這一年之間，在信州所生三位小姐相繼夭折，是慘痛至極的一年。然而卻生了長子，就是本篇中所説的太郎。四十年（1907）生次子，四十一年生三子，即篇中所説的次郎和三郎。

　　明治四十三年（1910，39 歲）也是極關重要——甚至可以説

---

*《分配》作者島崎藤村，譯文載於 1944 年出版的《日本研究》2 卷 4、5 期。

是支配了他的一生的一年。這一年又生了一位小姐，即篇中所說
的末子，而夫人也逝世了。長子才 6 歲，次子 4 歲，三子 3 歲。
他在大正二年（1913，42 歲）把四個孩子交給親戚撫養，單身一
人到法國去了。不久，第一次世界大戰勃發，可是他還在那裡住
了 3 年。

　　大正五年（1916，45 歲）回到日本，這時長子 12 歲，次子 10
歲，三子 9 歲，末女 7 歲。從這一年起，他陸續把寄養在親戚家
的孩子們接回來，放在自己跟前撫養。直到大正十五年（1926），
才把長子送到老家信州（屬長野縣）學農，又把次子送去，一面
幫助長兄耕稼，一面研究畫事。《淒風》（《嵐》）是記錄這十
年間的血與淚的生活的作品。而第一次世界大戰後的全世界的經
濟恐慌，和 1923 年 9 月 1 日，以東京、橫濱為中心發生於關東地
方的大震災以後的日本社會的狀況，也可以在這裡看出來。

　　發表《分配》的昭和三年（1928）前後，在日本出版界出現
了所謂「圓本洪水」的時代。所謂「圓本」，意即「一圓錢買一
本」，這個全集那個全集雨後春筍般出現，定價一冊大都是一塊
錢。本篇中所說的叢書，是指改造社出版的《現代日本文學全
集》，精裝本一冊定價一圓三角，平裝本一冊定價一圓。《島崎
藤村集》是該集第十六卷，昭和二年三月出版。

　　有了上面這點解說，《分配》讀來就十分明白了。至於本篇
的《作品的價值》，這裡不必說，請讀者自己判斷。

　　　　　　　　　　　　　　1944 年 1 月 19 日譯者記於北京

《黎明》^① 原著者序、譯者
附記及譯者的話

原著者序

　　我的《曉》（即黎明）由張我軍君譯成中文，將為中國的各位閱讀，這事我覺得很高興。日本在既往，由中國學了著實多的事物，其中最大的事物之一便是文學。日本把那文學活用而成日本樣了，不過我以為所受影響之大，恐怕是超乎想像的。個人的小説被譯到曾給過那樣的恩惠的中國，我覺得很光榮。除此之外，便只有希望這篇小説為諸君所愛讀的了。這篇小説能不能承蒙諸君歡迎，我是不知道的，只是主人翁老畫家之忠於自己的工作，愛他的妻子，其為人之良善，以及他的姑娘和朋友之愛護這位老畫家等等這幾點，我想是會承蒙諸君青睞的。我也是愛這位老畫家的一個。雖是假設的人物，我卻是懷著熱愛寫了的。

　　我對中國的各位抱著很大的期待。真正和平的時代如果來臨中國，我想中國又將產生像昔日那樣偉大的文學者和藝術家。

　　要想親眼看見那個時代，我的歲數似乎過於大了，不過在我活著的時間能夠感得那個意思，我就覺得幸福。

　　我希望著自今以後，日本產生益發好的文學和藝術。而且希

————————————————

① 《黎明》譯本 1944 年 4 月上海太平書局出版。共 171 頁。

望彼此互相來欣賞，互相來讚嘆。

昭和十九年春

武者小路實篤

　　譯者附記：這篇序是原著者應譯者的懇求而作的。當然是用日文寫的，但為便於讀者計，將其譯成中文了（原著者來信也希望如此）。這篇小說的主人翁老畫家，雖說是假設的人物，依譯者說來，卻恰恰可以藉來看出武者小路先生的為人。譯者要在這裡感謝原著者的序文，同時要祝福他像那位老畫家似的老而益壯！

1944 年 4 月 17 日

張我軍

譯者的話

　　本書原作者武者小路實篤先生，在日本近代以至現代作家中，是我所尊敬的一位。他的作品，自魯迅先生所譯的《一個青年的夢》以後，被譯成中文的也不在少數，是日本作家中比較為中國人所知道的一個，所以我在這裡似乎無須詳細介紹了。不過，我還是想要說幾句。

　　日本的文學批評家，有稱他和他的一派為人道主義派的；他的作品中，確乎有不少人道主義的成份。也有稱他和他的一派為新理想派的；不錯，他的作品儘管以現實為基礎，卻又篇篇都含有一種理想。還有，因為他和志賀直哉先生等人辦了一個雜誌叫作《白樺》，幾個同人藉以為發表作品和意見的機關，所以稱他和他的一派為「白樺派」。

　　《白樺》這個雜誌創刊於 1909 年，到了 1913 － 1914 年就被

認為日本文壇的一支勢力；到了 1917－1918 年居然執了日本文壇的牛耳。然而 1923 年雜誌停刊而日本文壇的主流也離開白樺派了。白樺派的代表作家，不消說是武者小路先生和志賀先生。

白樺派雖已成了文學史上的名詞，然而她所留下的足跡既大且深，所以他們的作品，無論是當時的作品或是後來發表的作品，直到現在仍然為日本的讀者層所愛讀。最近日本的書店還出版了《白樺叢書》，便可窺見此中消息了。掏出良心說著話的作品，性命是絕對不會那麼短的。

然而可惜志賀先生在這十幾年來不大寫小說了，只剩武者小路先生在那裡孤軍奮鬥。他不斷地在那裡寫戲曲，寫小說，寫隨筆，興頭到了也做幾首詩。而且他的作品，自始至終是掏出良心說著，迥異乎那班阿諛附和的作家，所以始終受人——至少一部份人——歡迎。

本書是 1942 年發表的長篇小說，原題「曉」，我覺得單一個曉字不大好讀，而且現在國語中也不用於原義，所以用了「黎明」二字為題。據明石書房版本書原作者跋中所說，這篇小說原是分六回登在《婦人朝日》的，當時為了字數的關係，末尾寫得潦草，所以刊印單行本時，末尾的地方又補寫了不少。本譯文是依據明石書房版單行本的。

我和武者小路先生第一次見面是在 1942 年 11 月，地點在東京。去年 4 月又在北京見面數次，8、9 月間再在東京會過幾次。識荊以來有時雖然不久，但是一來有了知堂師②的關係；二來為了投緣，所以默默之中，我已敬之如師，他也以好友的學生待我了。

去年 8、9 月間，我曾到井之頭公園左近，穿過杉林去拜訪過他的書齋一次。那時他問我看過《曉》沒有。這一問可把我問住

---

② 參看「《黎明》尚在黎明之前」一文註釋。

了。因為我事實是沒看過，然而又好像有一點印象似的，於是含糊其辭的答道：讀倒是還沒讀過。

然而不到一分鐘我就想起來了。原來這本書，我在 8 月中旬將啟程赴日時，曾經買到，因為沒有工夫尚未過眼，而只看過了「跋」的一段。這時候他接著說：這一篇是我近來自以為比較得意的作品。我便接著說：先生的「跋」中也這樣說著，我因為忙於準備東渡，所以本文還沒拜讀，回國以後，一定要首先拜讀的。並且附帶說了一句：假如我有工夫把她譯成中文，先生願意嗎？武者小路先生當時表示同意，我也決計回國以後讀一讀看，認為可以譯便立刻要譯成中文，介紹於我國的讀者。

9 月中旬回國以後，我立刻讀了兩遍，覺得確乎是日本文壇近年來所產的傑作，而且喜歡武者小路先生的老而益壯了。究竟還是他！我得到這個結論之後，立刻就動手翻譯了。無奈終日為生活而奔波，沒有較長的時間，加以家中多事，病人續出，譯筆不能揮動如意，至今五閱月才譯完全書。

武者小路實篤先生今年是 60 整壽了。我誠然愛他的作品，尤其愛他的為人。不知什麼緣故，我自從見了他之後，總是思念著他。然而一別以來五閱月，連一張明信片也未曾寄去。不過我深信他是不會怪我的；不但如此，他有時也會思念我無疑。

1944 年 2 月 2 日記於北京

《忘不了的人們》* 譯者附記

　　國木田獨步本名哲夫，獨步是他的號。生於明治 4 年（1871），卒於明治 41 年（1908），年僅 38 歲。他是最早成功了日本近代的短篇小說的作家，和大正期的志賀直哉兩人，為日本所產生的最成功的「近代的」短篇小說作家。他是浪漫主義和自然主義過渡時代的作家，所以前期的作品富有詩情而不離開現實，後期的作品宕冑自然主義的色彩而不失詩味。本篇乃是前期的代表作，同時是獨步作品中的瞭望台，讀了本篇可以前瞻後顧獨步的所有作品的作風。

　　獨步享年不多，創作生活也短，又因為走在時代前方頗遠，所以享名無寧說是在死後。他的短短的一生，可以說是在潦倒中過的，實在是一個薄命的詩人！

原載《日本研究》4 卷 2 期，1945 年 2 月 25 日

---

* 《忘不了的人們》作者國木田獨步。

《國文自修講座》卷一*序

　　民國十二年（1923）秋冬之間，我從北平輟學回來，十四年
（1925）春入台人唯一的漢字言論機關《台灣民報》（周刊）擔
任編輯事務，繼續到十五年初夏。那時年少氣盛的我，也學著胡
適之、陳獨秀一班人，居然在台灣投下了文學革命的一彈，提倡
了白話文和新文學。但是那時候，日本雖然也還有所謂「漢文」
者，無奈日本政府的文化政策是志在予以撲滅，所以台灣的舊文
學早已勢成強弩之末，不打自倒；過了幾年之後，白話文和新文
學未待成形也與文言文和舊文學同歸於盡了！

　　十五年（1926）初夏，我留下一部小詩集《亂都之戀》和一
部《中國國語文做法》（兩書均在台北自費出版）給台灣同胞做
紀念，便再到北平繼續求學去了。直到前年台灣光復，去年我才
重踏久遠的故土。計算起來，二十年的時間早已過去；而我當年
留在台灣的兩顆無力的種子，不但未曾長根發芽，連種子本身都
被埋到地層裡去，無影無踪了！日本人在台灣撲滅漢文的工作，
經過多年的努力，可以說是成功的。

　　台灣的光復，精神方面對於台灣同胞的影響，不消說是大極
了。尤其像我這樣，離開台灣時就決心不做歸計的人，更是感奮
無以復加！光復消息一傳出，我立刻就改變方針，決計回到台
灣，由衷心願將後半世餘生貢獻出來，為國家效勞，為桑梓服

---

*《國文自修講座》卷 1，1947 年 6 月 10 日，台中聯合出版社初版。

務。因為台灣能夠光復，我一生之願已償，尚復何求呢？

　　但是去年盛夏回到台灣以來，碌碌過了半年，始終找不到一個工作的頭緒；直至最近才發見了一件最關緊要而又無人著手的工作，就是國文自修書的編著刊行。這也是佛家所謂的「因緣」，二十餘年前在台灣出版了《中國國語文做法》的我，現在又在這裡寫《國文自修講座》；事如昨今，竟同隔世，不勝感奮之至！

　　工作決定之後，我就整日坐在斗室之中，伏案執筆；預計自今一年以內不得不摒絕社交，對於一般親友，自然免不了要疏音問，這一層要求各方親友原諒！還有，我在北平師範大學所修習的雖然是國文學，但是這一類的書卻還不曾寫過，所以難免有許多不周到的地方，這一層也要求各方人家予以指導斥正！

　　本講座封面，承林之助先生作畫，特在這裡表示感謝之意。

　　　　　　　　　　　　　　　　　　1947 年 5 月 1 日在台中

《國文自修講座》卷一[*]導言

　　一、目前台省同胞的一般共通的苦悶，是國文實力的缺少，從而人人都焦急著想急於獲得國文的實力。然而依現在的情形看來，㈠學校中，國文教員已是供不應需；㈡學校以外，更是找不到國文教員；㈢而服務各界的人士，經濟和時間都不容其求師修習。在這種情形之下，唯一的補救辦法便是「自修」，無奈至今還沒有一部足以使學者自修的書籍出現。

　　二、本講座便是為使讀者以完全自修的方法，獲得國文實力而編的，目標放在「一個國民所應有的最低限度的國文能力」。依學校的國文科程度做標準來說，本講座所講國文，約略開始自國民學校四年級程度，終止於初級中學畢業程度。因為最初步的自修事屬不可能，而初中畢業以上的國文，自修的方法很多，不必依藉本講座也。

　　三、本講座的宗旨和目標既如上述，所以學生方面，上自大學生下至國民學校高年級學生，均可作為參考補充自習固不待言；社會人則任何方面，任何階級的人，凡具小學畢業程度以上的學識的，也都可以藉本講座自修國文。

　　四、本講座全部十二卷，分為兩個階段：前一階段六卷，所講國文為國民學校四、五、六年級程度；後一階段六卷，所講國文為初中一、二、三年級程度。前六卷完全講授語體文，後六卷

＊見《國文自修講座》卷1序。

則及於文言文以至應用文。所以分為兩個階段，誠然也是由於程度的高低，但是前六卷中的第六卷，和後六卷中的第一卷之間，並沒有飛躍的提高；所以分別，另有原因在。

五、用文字對現在不懂國文的台灣同胞講授國文，要用國文做工具。換句話説，要用國文講國文，事實上恐怕是等於不講；假如台灣方言是能夠用大家都看得懂的文字來表現的話，那麼用它來做工具，可以説是最理想的了。無奈台灣方言是無法表記的，即使勉強用漢字寫出來，讀起來比國文也許更難懂。所以本講座只好藉用大多數台胞能懂的日文做工具。但是大約推量起來，讀過六卷之後，淺近的國義也能夠了解了，第七卷以後便可以用國文講解，而實在無法了解的地方才輔之以日文。本講座分為前後兩階段的最大原因就在這裡。

六、本講座講解國義的柱序如下：㈠提出所要講解的國文。㈡一篇文章，先須會讀，所以講解的第一步是各個字的音。㈢會讀了以後便要明白字句的意思，本講座將其分為兩個步驟，第一步是「通解」，用日文一句一句對譯，最為捷徑。㈣第二步是「詳解」，將全篇各句加以詳細的解剖，詞的意義自不待説，語法以至造句法都加以解説，務祈讀者徹底了解全篇文字。㈤最後尚有未盡之意，或不便放在前面各欄講解的，便在「餘講」補充。不過發音的自修，事實上是不可能的，所以本講座特別注重意義方面，發音方面僅用國音字母註明各課新出各字的發音，以及一字數音時的區別。

七、本講座每卷十五課，預定月出一卷，讀者可以平均兩天讀一課。語云「有志者事竟成」，又云「欲速則不達」，課文務須逐日修讀，不可懈怠！也不可躁急！

八、本講座為便於讀者查閱字音，附錄「字音索引」於後，凡各卷課文中新出文字，均搜集無遺。各課雖有「字音」一項，但重出之字均不注音，（同字異音者不在此例），做已習之字而

忘其音者,可利用此索引查閱。

原載《國文自修講座》卷 1,1947 年 6 月 10 日,台中聯合出版社初版

《在廣東發動的台灣革命運動史略》^①序

  我這半輩子雖然寫了不少陋文，卻尚不曾為他人的書寫過序。序，我是不會寫的，其實也不配寫的；不料深切^②要刊印本書，他不去恭請人人先生們作序以壯門面，卻偏看上了我，把這差事派給我這個無聲無臭的半瓶醋書呆子。我誠恐沾損了本書的聲譽和銷路，也曾辭謝過，然而終不獲准；於是舊友的面情不便固違，只好動手。

  現在先從讀者的立場說：《史略》的內容似乎過於簡略，但是一如著者自述，在山間執筆，史料奇缺，而且足資參證的資料大都不存於世，所以這是可以原諒的。況且曇花一現的廣東台灣革命事件原也沒有那許多話可說，有之也只是當事人的回想以至感想罷了。然而由這簡短的文字，我們已經可以知道廣東事件的經過，並且足以看出：㈠當時有志氣的台灣青年以至一般民眾對日本統治台灣的觀感如何？㈡他們是怎樣地掙扎著想擺脫自日本帝國主義者的鐵蹄？㈢他們是怎樣地嚮往著祖國？

  原來這種文章由當事者執筆時，往往無意中也會把自己抬得特別高，更有一種人會專為宣傳自己而寫作，令人讀來感著肉麻。但是著者對這一層大約煞費苦心，從頭至尾能夠保持冷靜而公平的客觀態度，這是非常難得的。

---

①《在廣東發動的台灣革命運動史略》張深切著，1947 年台灣中央書局出版。
②見《代庖者語》註。

　　《獄中記》在質與量上應該都是本書的主題，而所以反而作為附錄的形式，不消說是出於著者的謙虛。全篇用日文寫成，現在付印竟未譯成國文，原因正如著者自云是為保持本來面目。我們大可不必為了痛恨日本帝國主義而視日文為異端；語云「以子之矛攻子之盾」，要在內容如何而已。本篇內容充滿著反日抗日的情緒，自文章本身說，雖然也有不大流暢的地方，卻又有才氣煥發的地方；自思想見解說，雖然難免有幼稚得可笑的地方，但又有超然獨到的地方。著者自云這也為了保持本來面目不曾加以潤色，這種誠實的態度是對的。倘若一、二十年後的今日再加筆潤色，那麼文章和思想見解，誠然不難改頭換面變成圓熟而純一的了；但那已非廬山真面目，本篇的價值必定毀損大半無疑。

　　《獄中記》最使我感到油然的興趣，一口氣讀完了。監獄雖然建立在普通人世之中，但那高高的圍牆裡的人們的生活空氣，卻有一種外人不得知道的異樣味道。浮在這人世間的孤島上，會使未曾嚐到鐵窗滋味的人們感到一種神秘。日本的法律不容經驗者，尤其是為了反對政府而被監禁的「思想犯」，赤條條地描寫那裡面的生活。為了這種緣故，外人始終無法窺知此中神秘。《獄中記》便是揭開這種「神秘」給外人瀏覽的文字，每一件瑣屑的事。都會令人感到奇異的興趣。這種文字，在台灣可以說是絕無而僅有的，倘非日本塌台而台灣光復，她或將永遠不能出世也。

　　其次，再從朋友的立場說，深切的字，我是在距今二十餘年前編輯周刊時代的《台灣民報》時就認識了，但是見面卻是始於民國二十七年（1938）他到北平以後。因為彼此談話投機，至少使我認為在反對日本帝國主義及其統治台灣一點上是難得的同志，所以認識後比較地常常來往。因此我自以為頗知道他的為人。

　　深切是一個好強的人，信念堅固，做事說話是走直線的，不會迂折婉轉；寫文章也是直衝的，不善修辭潤色，所以易於得罪人，得罪事，從而容易闖禍。或者是因為我自己過於畏首畏尾，

所以看來如此也未可知，不過這確乎是我對於他的性格的理解。至於這種性格是好是壞，又是另一問題了。

　　深切的性格，我雖然自認為能夠理解一些——對不對自當別論——，但是一向不好打聽人家的經歷的我，對於他已往的經歷知道得很少很少，就知道他從小的時候就和日本帝國主義者打了沒完沒了的官司。這官司現在勝敗已決，也該是回想已往的戰績而稍予整理的時候了，所以他今日出版本書我覺得並非沒有相當的意義。

　　　　　　　　　　　　　　　　1947 年 11 月序於台中

附　錄

張我軍譯《文學論》① 序

周作人

　　張我軍君把夏目漱石的《文學論》譯成漢文，叫我寫一篇小序。給《文學論》譯本寫序我是很願意的，但是，這裡邊我能說些什麼呢？實在，我於文學知道得太少了。不過夏目的文章是我素所喜歡的，我的讀日本文書也可以說是從夏目起手。1906 年我初到東京，夏目在雜誌 Hototogisu（此言《子規》）上發表的小說《我是貓》正很有名，其單行本上卷也就出版，接著他在大學的講義也陸續給書店要了來付印，即這本文學論和講英國十八世紀文學的一冊文學評論。本來他是東京大學的教授，以教書為業的，但是這兩年的工作似乎於他自己無甚興味，於社會更無甚影響，而為了一頭貓的緣故，忽然以小說成名，出大學而進報館，定了他文學著作上的去向，可以說是很有趣味的事。夏目的小說，自《我是貓》，《漾虛集》，《鶉籠》以至《三四郎》和《門》，從前在赤羽橋邊的小樓上偷懶不去上課的時候，差不多都讀而且愛讀過，雖我所最愛的還是《貓》，但別的也都頗可喜，可喜的

———————
＊夏目漱石著《文學論》譯本，1931 年 11 月上海神州國光社出版。共 648 頁。

卻並不一定有意思，有時便只為文章覺得令人流連不忍放手。夏目而外這樣的似乎很少，後輩中只是志賀直哉有此風味，其次或者是佐藤春夫罷。那些文學論著，本不是為出版而寫的東西，只是因為創作上有了名，就連帶地有人願為刊行，本人對於這方面似乎沒有多大興趣，所以後來雖然也寫《雞頭》的序文這類文章，發表他的低徊趣味的主張，但是這種整冊的論著卻不再寫了。話雖如此，到底夏目是文人、學者兩種氣質兼備的人，從他一生工作上看來似乎以創作為主，這兩種論著只是一時職業上的成績，然而說這是代表他學術方面的恰好著作，亦未始不可，不但如此，正因他有著創作天才，所以更使得這些講義處處發現精彩的意見與文章。《文學評論》從前我甚愛好，覺得這博取約說，平易切實的說法，實在是給本國學生講外國文學的極好方法，小泉八雲的講義彷彿有相似處，不過小泉的老婆心似乎有時不覺免嘮叨一點罷了。我又感到這書不知怎地有點與安特路蘭（Andrew Lang）的英國文學史相聯，覺得這三位作者頗有近似之點，其特別脾氣如略喜浪漫等也都是有的。《文學論》出版時我就買了一冊，可是說起來慚愧得很，至今還不曾好好地細讀一遍，雖然他的自序讀了還記得頗清楚。夏目說明他寫此書的目的是要知道文學到底是什麼東西，因為他覺得現代的所謂文學與東洋的即以中國古來思想為根據的所謂文學完全不是一樣。他說：「余乃蟄居寓中，將一切文學書收諸箱底，余相信讀文學書以求知文學為何物，是猶以血洗血的手段而已。余誓欲心理地考察文學以有何必要而生於此世，而發達，而頹廢，余誓欲社會地究明文學以有何必要而存在，而隆興，而衰滅也。」他以這樣的大誓願而起手研究，其一部份的結果即是《文學論》。我平常覺得讀文學書好像喝茶，講文學的原理則是茶的研究。茶味究竟如何只得從茶碗裡去求，但是關於茶的種種研究，如植物學地講茶樹，化學地講茶精或其作用，都是不可少的事，很有益於茶的理解的。夏目的《文學論》

或者可以說是茶的化學之類罷。中國近來對於文學的理論方面似很注重，張君把這部名著譯成漢文，這勞力是很值得感謝的，而況又是夏目的著作，故余雖於文學少所知，亦樂為之序也。民國二十年六月十八日，豈明于北平之苦雨齋。

五、日文與日語

《日文與日語》[*] 的使命

　　我國自從與日本發生交往以來，在歷史記錄上可考者，亦將近二千年，這中間，日人已將我國的文化研究無遺，其認識我國，竟比我們自己清楚無數倍。至於我們對日本則如何？除了清末以來，因受日本國勢興盛的刺激，偶有人提及之，或進而介紹之以外，絕未有加以切實深刻的研究的。近年來，雖有極少數的一部分人在那裡研究日本的文物，但那可以說是微之又微，簡直就可以說是例外。

　　上面所說，只是就立體方面，再就平面方面說，日人對我國的上下古今的介紹研究，不知著了幾萬部的專書，他們的雜誌新聞，無日不在介紹討論我國的各種事項，各種問題；其結果，是他們的民眾，個個能認識我國。反觀我國對日本如何？研究日本的專書，或者是屈指可算，即如介紹與討論的書，也聊聊無幾，況且這幾部書，也是近二十年來受日本帝國主義的侵略被迫出來的。至於雜誌新聞，除了消極的登載一小部份消息以外，更不見有積極的調查與討論；結果，便是我國民眾對日本，個個是盲目的；他們心目中的日本，不是「日本小鬼子」，便是「中國人一個人吐一口唾沫就可以把日本人都淹死」，總之是浪漫式的輕視

---

*　《日文與日語》月刊於 1934 年 1 月創刊，1935 年 12 月終刊，共創辦兩年整。主編及主要撰稿人均為張我軍。內容有初、中、高級日語講座，日本研究，名著評論，時文譯詮等。創刊時僅 32 頁，後陸續增加至 90 頁。其中《問答欄》與全國各地讀者均有聯繫。

日本。及至日本的大炮飛機打入長城，這種心理便一變而成浪漫式的恐怖日本了。我們以為我國民衆這種對日的不認識，根本原因是在具有幾千年歷史的「自大性」，其次便是研究精神的缺乏。

我國的存在，於日本有切膚的關係，所以日人拼命地研究我國，認識我國，結果對我國的一切交涉，能進退裕如。日本的存在，一樣地於我國也有切膚的關係，然而國人未聞有研究、正視、認識日本者。清末以來對日交涉，所以一再重演失敗者，固有其他複雜原因，但其重要的原因，恐怕還是在這裡。理由很明白，不必多說。我們如果不圖國家民族的存在則已，否則對日本的研究、正視、認識，是刻不容緩的了。「九一八」事件發生以後，日本的輿論界在那裡大喊世界對日本有再認識的必要；他們這種呼喊，自有他們的日的，但是我們從我們自己的立場上，實在也有加以再認識——其實我們還不配說再認識，僅能說認識——的必要。

自從袁世凱與日本政府私訂「二十一條件」以來，日本與我國始終處於反目的地位；這其間，每三數年總要發生一次激烈的反日抗日運動。每次運動，當其初也，都熱烈有如天火之燒枯林；但一轉瞬之間，便一變而成雪中餘燼了。反與抗的結果，只落得一個「五分鐘熱度」的徽號。每次所以得不到好結果的原因固然極複雜，但國民沒有認識日本的真面目，以致不能持久而終於失敗，也是一個重要原因。因為歷觀每次的運動，只是末梢神經的活動，只是激於一時的感情，而沒有中樞神經的支援，缺乏理智的後盾，故其失敗是理所當然。

反日抗日失敗之後，就必有所謂「親日派」的出現。但是所謂親日，大都沒有人敢公然提倡，只是暗中活躍而已，而且也是不久就帶著賣國賊的頭銜而失敗了。其失敗的原因也和反日失敗的原因大同小異。統觀二十年來的中日關係，不是「反日」便是「親日」的歷史；然而兩兩都失敗了，弄得我國與日本，親也親

不得，反也反不得，我國的對日關係，二十年來無日不在歧路彷徨！而且我國的地位，日趨於危險的地位！

甲午戰爭以來的中日關係，我國始終處於消極的、被動的地位，學術文化方面如此，外交政治方面更如此，這恐怕是我國歷次失敗的最大原因。現在，我國已不堪再失敗了，而若希望失敗止於此，便須改歷來的消極的、被動的地位為積極的主動的立場，確立一貫的大方針邁進。然而這裡須有一個大前提，就是正視日本，研究日本，認識日本。無論結論是要「親日」或要「反日」，都不得忽視這個大前提，方不致重演失敗的悲劇。

本誌便是站在這樣的立場，要盡一點國民的職分的。然而所謂正視、研究、認識日本，方面既廣，方法也很多。本誌同人，學識與精力皆有限，我們所能做到的工作，恐怕還夠不上滄海中的一粟。然而我們的態度是冷靜的，我們的工作雖小，卻是恆久的。我們自今而後所要做的工作，約略可以分為二項：

一、以日本國民性為中心，介紹日本人的思想、風俗、人情、學術文化，倘能力所及，尚希望對日本目前的政治經濟社會各種問題加以評釋。

二、養成國人閱讀日文書報的能力。這是促進國人正視、研究、認識日本的最積極最切實的方法。我國目前介紹日本國情的書報即如前述，聊聊無幾，國人雖有志研究日本而正視之，認識之，亦無從下手。即使目前有人在介紹，也是遠水救不了近火，故最善的方法，還是使國人能直接閱讀日文書報。因此，我們目前的工作，是要偏重於這方面的。

最後，我們熱烈地希求海內先進及諸同學，時時與我們以鞭策指正。

1934 年 1 月 1 日，北平

原載北平《日文與日語》月刊創刊號，1934 年 1 月 1 日出版

為什麼要研究日文

（1934 年 1 月 1 日）

　　近年來研究日文之風甚盛，不但大學裡面的第二外國語，選修日文者遠多於德、法、俄諸國文，甚至中學生以至在社會上做事的人們，也相率而學習日文。實在，日文在中國的勢力，幾將與英文並駕齊驅了！於是便有人破口大罵，說這是中國人都在預備做日本的亡國奴了。這種膚淺而偏頗的見解，簡直沒有一駁的價值。

　　在日本，自中學一年級起就有漢文一科，每周至少二小時，一直到高等學校尚有漢文科，他們這樣地熱心學習漢文，難道他們也是預備做中國的亡國奴嗎？

　　在我國，自高小或初中就有英文一科，一直到大學本科，皆屬必修科目，難道這也是預備做英國或美國的亡國奴嗎？

　　自從交通事業發達，地球被縮小以來，世界各國的接觸日盛，於是外國語的學習，便成為生存上必需的事務了。現在的文明國家，可以說沒有不學習一國以上的外國語的，這誰也知道是為商業上、為溝通文化學術上絕不可缺的；而且誰也不會說這是為準備做亡國奴的。曾經有人說過，學得一國外國語，便等於佔領了該國的文化。這固然是一句修辭式的話，但我們至少也可以說，欲明了一國的文化，不可不學習該國的語言文字。

　　日本是我國的緊鄰，其文化與我國有二千年的歷史關係，且其文化與國勢的進步，在在有可以使我們借鑒的地方。所以他們對我們表示真摯的親善，我們固須研究他們的語言文字；他們對

我們表現凶猛的侵略，我們尤不得不研究其語言文字，借以研究
其國情，以為抵抗的準備。然而我國民眾，由於傳統的自大心，
一向就置日本的存在於不顧，從而極端輕視日本的學術文化的進
步。加以二千年來與日本屢起衝突，因而仇視之心切，遂少有人
認真去研究日本的語言文字了。

　　自從「九一八」事件發生以後，日本的國勢與學術文化的進
步發達已擺在我們眼前，為一種鐵的事實，我國民眾欲再存自大
之心，再行輕視日本的國勢與文化學術也不能夠了。這便是年來
研究日文之風盛極一時的根本原因。然則為什麼大家偏要研究日
文，而不研究其他各國語言文字呢？這並不是因為認為日本的國
勢學術文化超出其他各國的。我以為這有四個原因：一是大家已
覺悟有研究與我國利害關係最密切的日本的必要；二是日文在中
國人較易學習；三是日本書籍價錢最賤而且最易入手；四是依據
日文可以研究世界各國的學術文化。因此，我們認為這種風氣，
不但不該謾罵，反而是應該提倡的。

　　　　原載北平《日文與日語》月刊創刊號，1934年1月1日出版

《日文與日語》編者的話

　　本誌的創刊號和讀者初次見面，正逢元旦佳辰，讓編者先向愛護本誌的讀者諸君說聲「恭賀新禧！」

　　同人之具意創辦本誌，是在好久以前，可是因為沒有肯冒著折本的危險而替我們出版的書店，所以到現在始能與諸位見面。

　　同人已卜了十分的決意，無論如何要使本誌月月如期與諸位見面，決不使其中途夭折。說句吉利話，便是「如月之恆」，這點力量，同人自信其必有；不過若進一步希望其「如日之升」，則只有待諸君愛護之熱誠了。

　　本誌是純粹的學術雜誌，沒有什麼主張，也不想主張或提倡什麼意見，但希望其能與熱心研究日文日語的學生諸君以多少學習研究上的幫助，於願足矣。

　　創刊號的內容，我們也覺得貧弱些，但因匆促付印，不得已，第二號以後必努力增加有益的材料。

　　本誌原預定尚有「各科參考書介紹」與「譯書批評」二欄，而各科參考書介紹，並且承鶴鳴（李達）先生答應擔任創刊號的執筆，可巧李先生眼病復作，逃入醫院賴了稿債。李先生的眼病已好多了，我們不得不為李先生祝福，同時向他要稿子在第二號上發表，至於譯書批評一欄，因尚未抓住執筆的人，也只好從第二號起再說了。

　　周作人（豈明）先生與錢稻孫先生，對於日本語言文學的造詣之深，為編者素所敬服者，二位經編者的懇請都答應做本誌的

編輯顧問。編者得此指導良師，壯膽不少，獲益尤多。不過周錢
二先生，教學甚忙，編者不便隨事詳請指示，故嗣後本誌文字若
有錯誤的地方，責任都在不學無術的編者，這是應該預先聲明
的。

　　創刊號承錢先生於百忙中譯了一篇正岡氏的小品，增光本
誌，編者不得不感謝，尤不得不請讀者特別細讀詳玩——這當然
是一種婆心。錢先生並且答應，以後有暇還要陸續為本誌執筆
哩。

　　周先生因種種關係（多半還是因為忙），本期僅給我們寫了
封面。然而這個封面實在寫得好，我們以後要繼續用這個封面
的。關於稿，周先生也答應以後有工夫就要寫的，先此道謝，好
讓周先生不好意不寫一點給我們。哈！哈！

　　本誌共設四個講座，都是連續的，大體上具有函授日語的性
質，預定續講一年。一年後合訂起來可以成一部《日語自修全
書》。

　　本誌亦可酌登外稿，但目前尚不能贈送稿費，將來銷數多，
自然是要薄呈稿費的。不登之稿當然奉還。

　　本誌視事實上的必要如何，將來還要增加頁數，但決不縮
少。

　　　　　　原載北平《日文與日語》月刊創刊號，1934 年 1 月 1 日出版

《高級日文自修叢書》[*] 前言

注意

一，本叢書是為供給已學過基礎語法而看書能力尚未充分的學生自修，以達閱讀日文書籍目的而編的，故例如動詞活用方法，助動詞的意義用法，以及最普通的助詞，皆不詳說。

二，初學看書的人，最難的是句之成分的分析，以及 Phrase，Idiom 的意義，故本書專注力於這方面的註解。

三，本叢書在本年中預定刊出六種，讀者對註解方面如有意見，請賜函書店轉交本人為荷。

四，本書匆卒付印，錯誤與誤排自難幸免，已發見者，已在正誤表改正；未發見者，俟矣發見時在《日文與日語》雜誌上隨時改正。

1934 年 3 月 5 日

---

* 《高級日文自修叢書》1934 年 3 月 5 日由北平人人書店出版，4 月 1 日再版。

為日文課程事告學校當局

　　現代的人，要求得高深的學問，大都需要兩種以上的外國文，這是一般學術界所承認的。於是教部有令，各高等專門以上學校，除第一外國語以外，又須設置第二外國語；而各學校當局也就奉令，設置德、法、日等國文字為第二外國語，作為進修中的必修課程。這些第二外國語之中，以選修日文者為最多，第一是因為大家以為日文最易學習，至少也最易對付考試；第二是因為日文較為實用。現在我們單就日文來說，僅此北平一市，選習日文的學生，予以最低限度的估計也有一千人。換言之，即每年在學校上日文課的學生，至少有一千人，每人平均每周至少也上三小時課，溫習三小時。以此計之，平均每人一個月，各在日文課程上消耗二十四小時；一年按八個月計算，則平均每人所耗於日文課程上的時間是一百九十二小時。再說一個學生，每日所用於讀書的時間，至多也不能超過十二小時，是則每個學生，一年所用於日文課程上的，就有十六個整日了。一千個十六整日！北平一市的學生，每年所耗費於日文課程的時間，以最低限度來估計，竟是四十四年弱的光陰！

　　以上是就學生所耗費的時間說的，再就學校所耗費的金錢說，每年僅支日文教員的鐘點費一項，也需要三、四十萬元或者還不夠。青年的光陰是最可寶貴的，而在經濟破產的我國，金錢也不是隨便可以亂花的。然則耗費了這樣多寶貴的時間和來路不易的金錢，所得的結果如何呢？不客氣地說一句，千人之中有無

十人能達目的，尚屬疑問。我不敢說，北平一市的學生，每年只能十個以內的人能學成日文的看書能力，事實上也不只此數。然而他們之所以有此成績，並不是學校當局賜給他們的，乃是他們自己掏腰包到校外補習得來的。換言之，學校當局所設的日文課程，簡直就等於白設！學校為遵奉教部的命令，每年白費幾十萬元，已是冤哉枉也，至於北平的學生，每年也不得不陪它浪費四五十年的黃金難買的光陰，這豈不是更屬冤天下之大枉嗎？想來實在叫人傷心！

　　學生所以學不好日文的原因是很複雜的。其一部份在學校當局，一部份在教師，又一部份在學生。但是歸根結蒂起來，為其原因之中心者，是將第二外國語作為裝飾品，作為飯碗的工具，作為敷衍部令的課程有以致之。關於在教師與學生的原因，我預定另做一文闡明，這裡僅要指出在學校當局的原因，以促學校當局的反省，並貢獻一點意見，以為改革之參考。

　　學生學習日文失敗的原因之在學校當局者，約有三點，即：一，沒有一定的課程標準；二，師資之選擇不審慎；三，對學生之考勤不嚴格。

　　先就第一點說，以日文為第二外國語之學校，大都沒有一定的課程標準，例如第一年每周應授課幾小時，所授課程之內容或程度如何，第二年又應該怎麼樣？關於這樣的問題，試問學校當局有沒有顧到？據我們所知道的，有的學校是使三個教員分擔六小時三級（每級二小時）的日文，有的學校是一級四小時使兩個教員分擔。至於教授內容與程度是否銜接，學校一概不顧，而且也不予規定。

　　再就第二點說，學校當局之聘請日文教員，純粹是取安插主義，例如說，某人曾留學日本，現在沒有事做，好罷，看朋友的情面上，給他擔任兩小時日文；或者說，鐘點太少，多給他兩個小時罷。至於他會不會教授日文，則非學校當局所問，因為反正

留學日本回來的，没有不會教日文的。其實大謬不然，豈但他們未必都會教日文，便是到日本去聘請一位文學博士來，他也未必就會教中國學生以日文的。

最後一點，是學校當局對第二外國語學習的情形，原應特別嚴格，可是實際上卻反而取放任主義。原來第二外國語，即便在大學生也是初學，所以應該採取與管理小學生一樣的嚴格主義，否則學生方面往往容易遇難而退。

上述三點，是略舉其要而已，如果學校當局，感到自己的責任之重，不忍使青年學生浪費時間，不忍將國家的本已枯竭的錢財來虛擲，便應該猛省自問，有没有陷於我所説的缺憾？是否可以改革？倘若自問有這樣的缺陷，而且可以改革，我就可以貢獻一點改革的意見。我的意見已略見於前面，現在再分項述之於下：

一、課程必須有一定的標準。第一年每周六小時，盡一年之間使學生集中精力，學到能自閱參考書為止。第二年每周再授二小時，指導其看書方法也可以，但是這兩小時不要也可以。若每周六小時辦不到，也可以減為四小時，授以語法基礎，至自己能查字典，且略能閱讀參考書為止，第二年再授二小時，方為妥當。

二、教師須選擇確能教授日文，使學生於短期間學習閱書能力者。萬不可顧慮情面，取安插主義。

三、對學生之上課情形隨時查考，請教師隨時查考學生的習作，取而為平時成績，決不可僅以學年考試為定分數的標準。此外尚須多多預備日文書報雜誌，使學生隨時有發揮應用其所學的知識。

原載北平《日文與日語》月刊第一卷第五期，1934 年 5 月 1 日出版

《現代日本語法大全：分析篇》* 序

　　大凡一部書的著作，總須有一個目的，其次須有方法，使自己的目的能充分達到。

　　我既寫了這一部書，當然有一個目的，而為達到這個目的，也自有我的方法。我在這裡說出這部書的目的，和寫這部書的方法，以為讀本書的參考。

　　本書的目的　本書是要領導初學日文以及雖已學習過而尚未精者，了解日本語言文字的各種構造規劃，以助其談讀寫作日語文的。欲了解一國的語言文字，僅依靠文法書以明各種構造規則，當然是不濟事的；然而不明其文法上的規則而欲冀了解其語言文字，卻是一件極費苦心的事。尤其是對於外國語文是這樣的。各種語言文字，都有文法或語法一門工作，便是為此。

　　我國近年來，研究外國語文之風甚盛，尤以日本語文為然。但是試看關於日本語文法的著作，究竟有幾部出世？又有幾部實在於學者有益的？想到這一點，實在只有長嘆而已！現在我們所見到的，十指可屈。而其內容，或漫無頭緒，使學者讀來如入茫茫大海，莫知所從；或者是誤謬百出，貽誤學者，或者是程度過淺，究其所說而猶嫌不足以應用；或者是繁簡不別，讀者所難者，彼乃語焉不詳，讀者所易者，彼則千言百語滔滔不絕。總之，沒有一部可以達到我們所認定的目的。

著者從事日本語言文字教育垂五年，目睹此狀，乃奮而從事課本之編著，前後以《日語基礎讀本》、《日本語法十二講》刊行問世。前者復於最近重行改訂，後者雖尚行於世，但著者因不滿意，故再著本書。自信本書必能除一切類書之弊，使前述目的能達到也。

本書的方法　本書的方法，可以分項說明之：

一，分為「分析篇」、「運用篇」，前篇專講分析，後者專講運用，如是可由淺而深，由簡而繁。欲研究一種學問，必須先行分析，以之為基礎而研究運用，如是所得學問始能有堅確根基與靈活應用。

二，理論與實際並重，也是講學的重要條件。置實際於不顧，則證論已成空論；置理論於不顧，則實際漫無頭緒，無法統括。

三，以口語文為主，以文語文為賓。因口語文為現代文之主，而文語文又未可偏廢故也。歷來所出日本文法書，或專講文語，或專講口語，學者勢須兼讀兩部，且其間絕無聯絡比較，故恰如學習兩國文法，事倍而功半。雖然也有兼講文語與口語的，但又大多是以文語為主，以口語為賓，或混而不別，也不是賢明的辦法。本書是以口語為正題，文語則作為附錄，目的在使學者先學口語，然後以口語為基礎，以與文語比較對照，如是則條理清晰，學者能收事半功倍之效。

四，說明的方法，用筆繁簡，皆以我國人為標準，這也是一件很重要的條件。歷來文法書的說明，皆只是抄譯日人所著文法書的話，所以不能使我國學者領悟。著者雖不能不根據日本文法家的著作，可是說明的方法卻完全是依自己的眼光加以增減改補的。

五，程度的深淺也是一件應當注意的。本書由最初步入手，直至高深的語法，至少是讀近代至現代的文章所需要的文法知識，大體上都詳說了。

　　六，引例甚多，概加注音，並與以適當的譯法，無適當譯語時，亦同時聲明。理由很明白，不必多說。

　　以上所說的話，頗有自吹之嫌。但海內自有明眼之士，是吹與否，敢祈高評，著者甚願受教也。

　　本書與日本語法十二講的關係　著者在二年前，曾著《日本語法十二講》，而本書分析篇文又恰是包括十二講，若不加以解釋，恐滋誤會，故不得不說幾句。論兩書的目的，完全是一樣的，可是材料的分配與說明的方法卻大不相同。十二講的內容簡單，於運用方面僅略及之，則在分析方面，小較本書為簡。又如文語方面亦僅略及之，不如本書之詳也。至於說明方法，則更不相同，因著者在此二年所得之經驗甚多，故說明方法自然要進步。此外如十二講中之引例皆未加注音，未加翻譯，本書則反。著者寫本書時，未曾閱過十二講書中一語一句，若有人焉，敢說本書是十二講的翻版，自有神明良心責其妄言，著者不欲駁之。唯本書與十二講，皆系以山田孝雄氏的《日本文法》講義、《日本口語法》講義為藍本的，故兩書中之定義與引例的雷同自是難免的。

　　最後要聲明一句，著者雖以山田氏的書為藍本，卻只是取其次序、定義，以及引例的部份而已，至於說明的方法，卻是用自己的方法——原書有可取者當然也取用。如果著者由本書於日本語言文字的教學上有多少貢獻，也只在取材與說明的方法而已，其他不敢掠美也。

　　本書尚有《運用篇》一冊，決於年底出世。此兩冊，合讀之自然最好，分讀之亦無不可。

　　著者希望，欲學習日文者，可以拙著《日語基礎讀本》為正課本，以本書為副課本。

　　　　　　　　　　1934 年 8 月 10 日張我軍序於北平

《日語基礎讀本自修教授參考書》*導言

　　本書的目的　編者的日文教授法，是主張依讀本講授文法，故有《日語基礎讀本》的編著；但書中僅有原文，未加講釋，亦未附各種文法上的定則，故復著《現代日本語法大全》以備參證。但備此兩書，尚須有優良的指導者始能供實用，教者與學者皆感不便，故須另編一書。說明前舉兩書的聯絡，《語法大全》中所未言者並補充之，冀讀本中所需要之定則，全部能於此二書中求之，這是編著本書的目的之一。

　　然若止於上述的目的，則出一小冊子就夠了，可是編者另有一種感想，就是有許多人或僻處鄉間，或因時間的限制，無法從師學習，則非自修不可，這樣的人並且不在少數，而供給這種需要的書，簡直就沒有。編者本已計劃在今年寫一部完全自修的講義，無奈事務繁忙，不能如願，故只得就現成的兩書為基礎，再編一部學習此兩書的講義，務使學者能一如在講堂裡面聽講似的，以達自修的目的。這便是編著本書的目的之二。

　　因為第二個目的，對讀本中的發音，單語以及成語，皆加以詳細的解釋，每課各附以譯文。若能細心精讀，或能與在編者所辦的「基礎日文班」上課，收到同樣的效果。編者自負如此，但事實如何，唯有待讀完之後始能證明。

　　本書的讀法　一如上面所說，本書是以《日語基礎讀本》

---

* 《日語基礎讀本自修教授參考書》1935 年 1 月北平人人書店出版。

（新訂版），《現代日本語法大全（分析篇）》為依憑而寫的，
故須先有上舉兩書始能習讀本書，此其一。讀本中所需要之文法
上的定則，皆於《語法大全》讀法一項逐條舉示，讀者須依之而
翻讀《語法大全》，此其二。《語法大全》中所沒有的定則，以
及各課中各句之分析，單語的解釋，皆須求之於「補講」或「講
解」之中，此其三。讀者拿起讀本，須先求解決於《語法大全》
與「補講」或「講解」，將全課讀畢，自行譯成國文，然後與各
課所附譯文對照，最好不要先對照譯文，此其四。每課所舉「應
該熟記事項」皆須遵行，這是不待說的，即未經舉出者，亦須盡
量誦記之，此其五。此外本書中各處所說的話，亦皆應該遵守，
不可忽略。

　　這裡應該聲明二事：一、讀本中之課題，是為使學者自己練
習的，故本書概不做答案，蓋為求課題之效果也。二、本書「補
講」或「講解」部份，多半是採自《日文與日語》第一卷日語基
礎講座和中級文範中的講解。然若以本書為上舉兩欄的翻版，可
就錯誤了。因為本書中多附以「某點文法上的定則出於《語法大
全》某項」，而講解又補充不少，以前的講解中有不滿意的地方
也更改過了。

　　編者一人精力有限，而今學界對日文的需要甚盛，以一人有
限的精力而供萬千人之需，自然難免粗製濫造之譏，但編者自問
尚未有投機做騙子似的惡劣的心思，倘所編著之書有不滿人意的
地方，請大方之家指正之，編者甚願接受也。

                                        1935 年 1 月 10 日

《現代日本語法大全：運用篇》[*] 序

  著者在去年八月送本書「分析篇」到世上以後，本預定在十二月完成「運用篇」，但世事往往出人意料，因窮不得不忙，因忙不得不病，因病又不得不一再停筆，又因一再停筆，本篇便不得不衍期出版了。

  文法也和其他各種科學一樣，止於研究分析而置運用於不顧，即等於半身不遂。故自某種意味上說，運用的研究是完成一種科學的最後過程。然而歷來我國所出版的日本文法書，大都置運用方面於不顧，這可以說是一件很大的缺憾，所以著者特別注意這方面，將用的研究獨立起來，做有系統的陳述。著者相信，這在我國是屬於創舉。

  關於「運用」的解釋，著者與日本文法家的見解稍微不同。本書第一至第五講，日本文法家亦作為「運用論」，第六講以下，卻是屬於「文章論」或「句論」。著者則認為便是「句論」，也應該屬於「運用論」的，所以全部合為一體。

  關於本篇的讀法，可以與「分析篇」同時並讀，也可以先讀「分析篇」，然後讀本篇；但最適當的方法，是先熟讀分析篇，擇要選讀本篇，最後乃專讀本篇。曾讀過「分析篇」者，必須再讀本篇，未讀過「分析篇」而曾讀過他種文法者，亦可讀本篇；

---

[*]《現代日本語法大全：運用篇》，1935 年 3 月 14 日由北平人人書店出版，共 248 頁。

不過若完全未讀過日本文法書，而欲單讀本書，那是辦不到的。

　　本書「分析篇」，錯字甚多，讀者頗覺痛苦，著者萬分的抱歉。本篇則特別注意校對，縱然不能完全無錯，但敢擔保一定是很少，因為全書已經過三次校對了。

　　本篇寫完之後，著者覺得關於文語法有專著一書的必要，故已決意編著「文語篇」。若不再為病魔所纏，大約三四個月後必能重與諸君見面也。

1935 年 3 月 6 日張我軍序於北平

《現代日本語法大全：分析篇》* 再版序

　　《大全分析篇》問世恰一年，初版售罄，由於可知其能適合讀者的要求。然而著者自初版出後即感覺一件很大的不安，就是錯字太多。此書本已製成紙版，但已被著者撕得粉碎了，因為早已決意重新排版。著者為求完善起見，除實行親自校對外，復藉此機會，將書中說明不甚妥或過於簡略者，或加以修改或加以補充，而所引之例一律補注讀音。唯各章節項目號碼，為與他書的聯絡上，不敢更動。

　　《大全運用篇》出後，形式之整齊，印刷之正確，已獲各方讀者的信用；本篇再版出後，讀者也一定能滿意的。著者前受印刷局之愚，任其印出一部錯字連篇的書，實在萬分的抱歉！此次再版，除小心翼翼，注意印刷外，復加以補訂，蓋為贖前衍也。

1935 年 8 月

---

* 《現代日本語法大全：分析篇》，初版本於 1934 年 8 月由北平人人書店出版，共 300 頁。

日本羅馬字的問題

一　日本的文字

　　日本沒有自己的文字，現在已成定論了。雖然有 時期，曾有一部份國粹主義者硬要說古昔有過文字而稱之為「神代文字」，但這因為是出於愛國的思想而發出的空論，沒有正確的證據，所以不久便為人們擯棄了。

　　日本之有文字，當始於漢字之輸入，其確實年代已不可考。但一般說法，是應神天皇時代博士王仁自百濟（今朝鮮之一國）傳《千字文》與《論語》到日本，時當我國晉太康五年，西曆285年。不過這史上有記錄的正式漢字輸入史第一頁，實則在這以前，我國已有人到日本，當時已經多多少少陸續傳了漢字去，這是一般學界所承認的事實。

　　日本人得了漢字的傳授，於文化史劃了一個新紀元。首先學習漢文，繼乃借用漢字之音標出日本語，漢字遂成其記錄語言的唯一手段了。然而漢字筆畫複雜，日本語言極長，以一字標一個音節極為費事。所以到後來便有些比較聰明的學者，根據漢字，簡其筆畫，取其偏旁，造成標音字母，稱之為「假名」，這「假名」字母幾經變遷之後，乃定為五十音，直到現在。自從造成「假名」以後，日本人即以漢字和「假名」兩種文字，記錄其語言，雖有許多不便，總算固定為日本的文字了。

二　羅馬字的發生

自從十九世紀後半，日本與歐美逐漸接觸起來，互乎全明治時期四十餘年間，可以說是傾全力於歐化運動，於是日本羅馬字便應運而生了。我在這裡不是要叙述日本羅馬字運動的歷史，只是要簡單地介紹日本的羅馬字的，因為此事在研究日文的人是不能缺少的知識。

日本之發生羅馬字，理由很簡單，就是為介紹西洋的文化到日本，和介紹日本的文化到西洋，故非利用羅馬字標音不可，其理由正與我國之有羅馬字拼音相同。最初只作為學術文化上之手段而製造羅馬字母，及後因覺其方便。遂有欲以羅馬字代替從前所用的文字運動，這也與我國相同。但因多年的習慣，羅馬字運動無法急速地進展，取從前的文字而代之，這亦正與我國的情形略同。不過羅馬字運動在日本較有成功的希望，而且目前也比我國的羅馬字較為普遍些，卻是事實。原因是日本人現在所用的文字，本就是借用的，而且有許多不方便。

羅馬字在日本的歷史，較我國稍遲，最初發生是在明治六年（西曆 1873），為美國宣教師漢平文（Hepburn，James Curtis）所造。現在日本人稱為「ヘボン式ローマ字」（漢平文字羅馬字）。大概的日英辭典，都依據漢平文式羅馬字標日本語的發音，直到現在。

三　日本羅馬字運動

日本羅馬字之發生，已如上面所說，是為了學術文化介紹上的必要，但是後來，日本國語學界遂起了一種有意識的運動，欲以羅馬字為日本的國字，而另造一套與漢平文式羅馬字大同小異

的所謂日本式拼音羅馬字，實行全國的大運動。試將「日本羅馬字會」的主張列下：

㈠日本羅馬字會的目的是要以日本式拼音的羅馬字為國字。

㈡日本羅馬字會欲由於全國民的自覺與實行，完成這種國字的改革。

他們欲以羅馬字代替漢字與假名，勢不得不舉出許多理由。關於他們所舉的理由，我想另做一文介紹，但這裡先略示其大要如下：第一，漢字極不方便，欲學習漢字至普遍書籍以看懂，所費時間極長。第二，漢字不合日本語言的性質，因為漢字原是為表現語言系統與日本不同的中國語言的表音文字。第三，假名是漢字的補助手段，若僅用假名，讀起來非常散漫，單語的區別不易。第四，僅用假名，雖然也對付可以應用，但不若羅馬字之富於國際性。

以上極簡單的舉出比較重要的四個理由，我們也認為改用羅馬字是正當的。不過此事在我國人之日文研究上卻反為不利；好在理由儘管正當，實行之期可是遙遙不知在何日。話雖如此，現在日本羅馬字，在商標上，在學術文字，在歐文書籍雜誌報紙上，隨處可以碰到，所以研究日文的人，不可不懂得日本羅馬字。

原載北平《日文與日語》月刊第 3 卷第 1 期，1935 年 7 月 1 日出版

日本的文章記錄法與標點符號

上古的日本，雖然有語言，卻没有文字，其有文字是始於與我國交通之後，這已成了定説。日本人是借我國的文字為軀殼代表他們的語言的。原來兩國的語言，系統完全不一樣；日本人自己不製造文字而借用我國的文字，這在當初固然很省事，到後來卻就為這種文字害苦了。後來日本人雖然也由漢字製造了特有的字母，可是多年用漢字的習慣，使他們無法擺脱自漢字的羈絆，弄得日本人不會讀日本文——除非是受過高等教育的人，是有許多字不會讀的。

唯一的原因便在文章中用了很多漢字，而這些漢字是每一字都有好幾種讀法；所以近年來頗有人在提倡廢止漢字，然而千年以上的習慣，根深蒂固地種在日本人中間，終於無法拔除。知堂老人常説，我國人學日文的難處，便正在日文中用著很多漢字。這種見解和我國一般人相反，可是我認為這正是知堂老人之所以為知堂老人的卓見。事實上：任何國人學日文，難處都在那裡面用著許多漢字。

那麼日本文人究竟怎樣地記錄著他們的語言呢？日本有特有的字母，稱為假名，這假名又分兩種，一為平假名，一為片假名，這是大家所知道的。以現代文説，日本人便是用這假名和漢字記錄他們的語言的。純粹用漢字記錄的文章没有，純粹用假名記錄的文章，除低級兒童讀物或題畫的文字以外也没有。文章裡面所用的假名，如用平假名則一律用平假名，如用片假名則又一

律須用片假名。現在的文章，用平假名的佔人多數。

不過有一事要特別注意，就是漢字與平假名記錄的文章，往往雜入不少片假名，但這是限於下面三種時候：

一、外國（尤其是歐美）的固有名詞概以片假名標音，以示區別。

二、外國語言（通稱外來語）以片假名標其音，作為日本語。

三、特別注重某一單語時，亦往往用片假名，藉使讀者特別注意此語，其目的在提強該語之意義，此正與西洋文章中用斜體字者相同。

一如上述，現代的日本文章是雜用漢字與假名的，然則漢字與假名怎樣分配呢？換言之何語須用漢字，何語須用假名？這是初學者所作為疑問而極欲明其究竟的。關於這一點，並沒有一定的規則，我們只能以一般書籍為參考說明普通的習慣而已。現在分十品詞述其大概如下：

名　詞——大體上皆用漢字，假名則偶用之。

代名詞——假名與漢字皆用。

數　詞——大體上皆用漢字，和語數詞則偶用假名。

形容詞——大體上皆用漢字，假名偶用之，但語尾皆須用假名。

動　詞——情形與形容詞同。

助動詞——全部用假名，唯「ます」偶有用漢字「升」者。

副　詞——情態副詞多用漢字，但用假名著亦不少；至於程度副詞則概用假名。

接續詞——漢字與假名並用。

感動詞——概用假名。用漢字者僅偶見之。

助　詞——全部用假名。用漢字者僅偶有用「迄」代「まで」，用「丈」代「だけ」，用「計」或「斗」代「はかる」而

已。

文章中所用的漢字，前面已經說過都有許多讀法，其讀法極不易，所以通俗或低級讀物，都在漢字右旁注明讀音，這稱為「振り假名」。不過在一般書籍，尤其是論說文，大都不帶「ふりかな」。

這裡，尚有一個問題，就是日語的動詞與形容詞皆有語尾變化。欲以沒有語尾變化的漢字標寫有語尾變化的日語，自非規定一種辦法不可，於是便決定，將有變化的語尾部份放在所用的漢字之下了，如「高い」、「讀む」、「教える」等，各該漢字之下的假名乃其語尾。將一個單語的一部份發音寫在漢字之下，在文法上稱為「つくり假名」。在初學者往往誤會，以為有「送り假名」者只限於形容詞與動詞，實則不然；凡讀法上有被誤會之虞的漢字，雖非有語尾變化之語，亦有將該語的發音的一部份放在漢語之下者，這是為明其取何種讀法也。以下要就與文章記錄法的標準符號述其梗概。

標點符號日人稱為「句讀法」，日文中所用者似乎過於簡單，現在通行的，大體上依據明治三十九年（1905）發表的，文部省所定「句讀法案」。據此法案所定，日文所用標點符號共有五種：。、・「」『』

這五種裡面最複雜的是「、」號，在初學日文的人往往誤解其用法，所以現在有加以說明的必要。以下依次說明此五種標點符號的用法。

一、。的用法

。用於全部之終止，最為簡單。

二、、的用語

、的用法最為複雜，共有二十一個地方用這個符號，分別說明之。

一、自形式上看是句之終止，但在意義上卻連於下句時用

之。

二、同類之句疊用兩個以上時用之，但最後一句須用。號。

三、獨立之感動詞或呼喚語之下用之。但倒置於句下時須用
　　居中號，而上面的居中號以居中代之。

四、用言連用形充當同格運用，或等立句上句之述格時用
　　之。

五、連語準體言，準體句，有兩個以上屬於同格者，於其間
　　用之。

六、連體，連體句，有兩個以上屬於同格者，於其間用之。

七、兩個以上屬於同格的修飾語，修飾句之下。

八、包孕句中的修飾句之下。

九、包孕句主格之下有附屬句時，用於主格下。

十、複合句中從句緊置於主句的主格之下時，於主句的主格
　　之下用之。

十一、為特別提示相當於某成分之語時用之。

十二、準體句下無助語時用於其下。

十三、主部過長時用於其下。

十四、用以修飾他語之修飾語，有被誤會為修飾緊接其下之
　　　語的危險時，用於其下以別之。

十五、用以修飾他語之連體語，有被誤會為修飾緊接其下之
　　　語的危險時，用於其下以別之。

十六、主語有被誤會為修飾客語之連體語的主要部份的危險
　　　時用於其下。

十七、各個名詞連接著，有被誤會為合成名詞的危險時，用
　　　於其下以截明之。

十八、主語與客語連接著的時候，用於主語之下截明之。

十九、用假名表現時，上下兩語有被誤會之虞的時候，用於
　　　上語之下截明之。

二十、連體語用以修飾下面的所有並列的同格語時，用於該
　　　連體語之下。

二十一、某一連語，興其上之單語屬於同格語時，該連語與
　　　　該單語皆用之。

由於上面所述，可以知道居中號用法之複雜了，最好是每條
皆以實例示之，可是佔篇幅過多，實行只好從略。

「」用於下列各種時候：

一、對話的句

二、自言自語的句

三、自思的句

四、引用之句但二與三兩條，往往不用此號。

『』在原屬上項所舉四種句而已用「」者的句中復有上項所
　　舉四種句的時候。

除上面所說五種符號以外，尚有模仿西洋的標點符號中？
（問號）「！」（感嘆號）「……」（省略號）「——」（表示
未完，停滯，插入等）等。

原載北平《日文與日語》月刊第 3 卷第 6 期，終刊號，1935 年 12
月 1 日出版

民國二十五年以後的工作

　　我軍已決定停止編輯「日文與日語」，苦衷詳見「別矣讀者！」一文中，茲不贅述。但是我軍絕不偷懶，只要有一點餘暇就要動筆，現在所擬定，自民國二十五年（1936）一月以後的工作，姑藉本誌餘白，向讀者報告一下：

　　第一步擬再編一部日語文的讀本，程度自字母起至可以自閱比較淺近而文法正確的原書止。為與前出日語基礎讀本區別起見，定名為：《新編日語基礎讀本》（上卷下卷）。全書分訂兩冊，上卷為前期用，下卷為後期用。程度與編輯方針，與前出「日語基礎讀本」略同，但前書適於速修，此書適於普通的修學，各有其存在價值，可以並行不悖。現在將此二書比較如下：

　　㈠兩書程度與編輯方針同，唯前書內容進行急速，此書進行緩慢。

　　㈡前書文例較少，此書則增加一倍。

　　㈢前書中文語文僅錄五篇，且缺最初步文語文例，此書則至少擬錄十五篇，自最初步選起。

　　㈣前書一百小時可以授畢，此書則須費一百五十小時。

　　㈤前書的優點在能於短期間中學習完全的文法知識，其缺點則在進行地過速，學者容易半途因感覺困難而廢。此書則完全為補救這個缺點的。

　　此書現已著手整理，預定在五六月間出版。

　　第二步擬編著一部完備的自修書，定名為：《完全自修日語

基礎講座》（前期三卷後期三卷）。

全部六卷，每卷約二百五十頁，內分㈠發音　㈡讀本　㈢文法　㈣會話　㈤翻譯　㈥特別講座

自字母講起，直至能自讀，自譯，且能説幾句簡單的話為止。此書的編著極不易，但著者自信憑七年來教授日文的經驗和學問的良心，絕不至編出像坊間那種騙錢的投機的自修書。依現在的希望説，預定能在民國二十五年底完結。

第三步擬編一部有永久價值的書，定名為：《日漢對譯詳注日本近代名著選集》（二十四卷）。

內容系自明治維新以來直至現代的作家中選其有不朽之價值的作品，附以譯文，並加詳注，其範圍約略如下：

㈠小説　㈡戲劇　㈢小品文　㈣評論

選材的標準如下：

1.作品本身須有遺留後世之價值者。

2.能助國人對日本語言文字之了解者。

3.能藉此窺見日本之風俗人情及國民性者。

凡所選作家皆附小傳，説明其身世，作風，與其所及於日本文學上之影響。並以附錄形式叙述明治以後文藝變遷史及年表。

此書預定編二十四卷，至少須六年的時間。各卷約二百頁至三百頁之間，原文全部注音。原文譯文用五號字，註解用六號字。作者分配，有一人一卷者，有二人或三人合一卷者。現在正在選擇作者和作品，待全部選齊之後，即將二十四卷內容詳細發表。

第四步擬註譯一部日本的童話，名為：《對譯詳解日本童話選集》（上下二卷）。

因為童話的文字淺顯，而且是用純粹的標準語寫的話體文，故自語言文字的學習上説，於初學日文不久的人必有很大的益處。即使日文已學到相當程度的人，也很可以藉此研究日本的語

言，尤其是標準語。唯此書的出版期，目前不敢預定，或者很快，或者很慢都說不定。

以上四種書是我預定要編的，並且都已經有了相當的準備。唯是未來之事，究竟會不會發生變卦，我自己也不敢預斷，目前只能是已經選定了這條路走，能否走到頭，或是否半途要拐一個彎，那也只有學一句北京話「走著瞧罷」。

原載北平《日文與日語》月刊第 3 卷第 3 期終刊號，1935 年 12 月 1 日出版

別矣讀者

　　往事如逝水，記得本誌問世猶似昨日，屈指一算，和讀者諸位見面，卻已是兩個整年了。這兩年之中，究竟做了些什麼事？於讀者有無多少好處？想到這裡，不覺汗顏！當然計劃出版本誌的抱負是很大的：第一是想介紹日本的文化，使國人明瞭日本的國情，然而這是完全失敗了。第二是想養成國人閱讀日文書籍雜誌報紙的能力，這方面的成敗，卻只有讀者諸君自己知道的；不過我們總覺得雖與當初的抱負相去尚遠，於事實諒不無小補，這也是聊以自慰的一點小小的功績。

　　由於這兩年來的經驗，所得的教訓，是人力有限，尤其是一個人的力量更是有限的。試就事論事，我對於本誌總算是盡了平生所有的力量了。兩年來本誌所載文字，除正式署名者外，迷生，廢兵，野馬以及不署名的文字，都出於我一人的手筆；月月發表這麼多的文字，其範圍又那麼廣泛，故錯誤之事自屬難免，唯這樣的服務精神，總可以得讀者的同情的罷。以這樣努力服務的精神，繼續兩年的結果，卻是如此微之又微，人力的有限於此可見一斑了。

　　效果雖然是微之又微，總算還有若干成績，所以本誌的使命不但未盡，並且可以說是剛剛走上第一步的；從而本誌不但未失其存在價值，並且可以說是剛剛開始被承認的。可是，說來也傷心，本誌已決定停刊了！停刊的原因很簡單，就是為了經濟問題。

一種定期刊物，欲以刊物本身銷售的收入支持，是困難至於殆等於不可能，所以大概的刊物，或是靠任何方面的津貼，或是藉廣告費的收入支持著。然而我們的刊物，既從未受任何方面的津貼，又無廣告費的收入，兩年來便完全靠我們自己的力量和讀者的支持直至現在。現在，讀者雖然照樣支持著，可是我們自己的力量盡了。兩年來，我是一面教書吃粉筆灰維持著生活，一方面運用餘力為本誌效勞的。事實上，僅僅教書或編寫本誌的任何一方面，已經夠受的了，何況要兼籌並顧呢？然而到了現在，我也筋疲力竭了；倘若有意再支持本誌，只好不教書，不教書則生活立刻發生問題；倘若想要生活，那就只好教書，教書則無法再支持本誌了。生活發生問題則沒有命，沒有命還能支持本誌嗎？所以我決計忍心棄掉第二生命的本誌而維護第一生命的自己。

讀者也許要發生疑問罷，即：日文與日語每期銷售三千份，為什麼還不能維持編者的生活？但這是不明了出版界的情形的話。我可以簡單的說一句，就是印售本誌的人人書店，每期不過能收回印刷成本而已，因為雜誌寄出去，錢卻不易收回。歸根結蒂起來，一切的一切都關係經濟問題，所以我自己也憑空設想了維持本誌的三個辦法：

㈠我自己經濟充足，可以不靠月月的進款支持日日的生活。

㈡本誌的收入，除印刷成本外，足以維持我個人的生活。

㈢書店方面月月認賠，支出稿費使編者向各方面買收稿件。

一、二兩項目前是談不到的，第三項當然也辦不到，因為書店的規模不大，賠不起錢。所以我只好循古人之訓，來一個「知難而退」，然而遽然要和兩年來月月見面的讀者分手，是一件多麼痛心的事呵！

最後，我還有幾句臨別贈言。中日兩國的關係，一天比一天密切，風雲一天比一天緊急，我國的前途，完全繫作此際。我們的理想，是兩國真能平等提攜下去，這才是我國之幸，日本之

幸，而又是東亞之幸。可是照目前的趨勢説，在最惡的場合，誰
能擔保兩國不會有正式兵戈相見的一日，這是多麼不幸的呵！在
從事於教育文化事業的人的立場上説，無論如何非設法銷除兩國
的兵禍不可。唯國際的問題，實在無法透視前途，中日兩國將來
究竟怎樣，我們也不敢預斷；不過無論是要真正提攜或要兵戎相
見，我國都有一個極重大的缺點，就是國人對日本的認識太缺
乏。自今而後，國人首須努力研究日本，認識日本，一切才有辦
法，否則一味趨於感情作用，對日的問題，終成盲人騎瞎馬之
勢，戰則失敗自無可諱言，和亦絕無成功之理。本誌的讀者，大
都是關心於中日問題的同志，對於這個問題，必有相當見解，或
者將以我的一段極平凡的話為可笑。然而真理往往可以在極平凡
的話裡面發現，要在真能實行，所以我就拿這一段極平凡的話為
臨別贈言。

　　至於我自己，雖然將本誌停刊，以後對於中日問題的研究與
介紹，仍然是要繼續努力。便是本誌，也只是停刊，不是廢刊，
如果將來，我前面所提三個辦法能有一項成功，一定要復刊，重
與讀者諸君見面的。在這以前，我只要有一點工夫，便要動筆，
而於不損傷自己的身體的範圍內，從事日本文化與語言的介紹。
現在已經有一個計劃，詳細另説。

　　關於未屆期的長期讀者，已由書店規定退還誌價的辦法。末
了，敬祝讀者諸君的健康！

　　原載北平《日文與日語》月刊第 3 卷第 6 期終刊號，1935 年 12 月
1 日出版

《標準日文自修講座》[*] 序

　　外國語的自修，不是一件容易的事，什麼百日通，什麼一月通，若不是有意開坑笑，便是欺人自欺的勾當。學生在學校裡學外國語，已就需要相當的時間和努力，何況是自修呢？

　　然而學者，目的若僅在學得文字上的實力，則自修也不是辦不到的，只是需要時間和恆心罷了。以一月或百日的時間，就想自修一種外國語而至於「通」，所求未免太奢了。我以為第一須預備相當長的時間。

　　其次必須有恆心。學問如行舟，不進則退；修習外國語何嘗不然？自修者的通弊，就是沒有恆心。尤其是在初學期間，興頭來了，念他幾課，膩了，就停他幾天，若這樣斷斷續續，則即使預備以一生的時間修習，恐怕也沒有成功的一日。所以，第二須有恆心。

　　我相信，現在確有許多人，也有時間，也有恆心，而且很熱烈的想自修日文，可是終於沒有成功的，這是為什麼呢？理由很簡單，就是沒有完善的書籍，足以指導其自修。

　　民國二十三年（1934）一月至二十四年（1935）十二月，整整兩個年頭之間，使我得了不少的經驗；至少使我知道無論是在國內，或是在日本，有成千成萬的同胞，在為求不到完善的書籍所苦。這經驗，是介乎《日文與日語》而得到的。

---

* 《標準日文自修講座》1936 年 7 月 15 日由北平人人書店出版。

　　在編輯《日文與日語》的兩年之間，還有一件值得提出來說的經驗，就是學日文的學生，對於日本文法的了解太淺薄，對於日文的了解太籠統。其責任，當然要歸學生自負，但是站在指導地位的人們，也不能不分擔若干責任。

　　這兩年的經驗，也是使我決意停辦《日文與日語》的一個原因。我曾再三研究，經過一月有餘的思索，最後決定，將為《日文與日語》所用的時間和苦心，移用於這方面，冀藉此將學生的日本基礎打造堅固，同時，使成千成萬的學生，得到自修日文的指針。

　　我不敢自認，以我的學識與經驗來著述這樣煩難的書籍而可以勝任愉快。不過我卻有一種自信，以我的學問的良心，以我的八年來教授日文和兩年來編輯日文與日語的經驗，勉力為之，或者尚不至使讀者失望罷。

　　這部講座，全部八冊，分前後兩期，預備使讀者分八個月讀畢。內容完全是根據歷年教授日文的經驗，收攬足以應用於看書識報的一切文法文章上的內容，加以最詳明，扼要的文字講解的。

　　我絞盡所有的腦汁，運用所有的知識，費盡許多寶貴的光陰，著述這一部書，完全是出於學問的良心。所以我不希望沒有恆心，不預備相當的時間，而以修習外國語為遊戲的朋友們來讀我這部書！

　　　　　　　　　　　　　　　　　　1936 年 4 月 23 日序於北平

《標準日文自修講座》*補序

　　關於本講座的內容，目的，以及讀法，已在第一册説得充分詳盡，這裡沒有再説的必要。然而有一部份文法上的名稱與分類，和以前我所編著各書略有出入，這在第一册序文中尚未提到，我不得不在這裡提出來説一説。

　　第一，關於名稱，本講座與以前所出各書不同者，對照如下：

（本講座所用者）（前出各書所用者）

位助詞	格助詞
呼　位	呼　格
主　位	主　格
述　位	述　格
賓　位	賓　格
補　位	補　格
修體位	連體格
修用位	修飾格

　　第二，關於分類，本講座與以前所出各書不同者，只有一個助動詞。前書助動詞中有「ラウ」一語，但本講座將此語取消。因此，有三個用言的活用形，稍微有改變，即；

---

* 《標準日文自修講座》前期第 2 册，1936 年 7 月 15 日由北平人人書店發行，
　共 302 頁。

　　ダ——在前書說是沒有未然形，本講座則作為有未然形「ダ
ラ」，下可以接助動詞「ウ」。

　　タ——在前書也有未然形「タラ」，但是說其下不能接任何
助動詞，本講座則說是其下可以接助動詞「ウ」。

　　ヂャ——在前書說未然形「ヂャ」，本書則作為「ヂャ
ラ」，下可以接助動詞「ウ」。這些改變，都是為使讀者減輕負
擔起見而取消一個助動詞「ラウ」，因而發生的。

　　從著者的立場說，當然是取後說而棄前說。我所以提出這種
改變來說，是為免除已讀前書，或將讀前書者的誤解而已。

　　　　　　　　　　　　　　　1936 年 7 月張我軍序於北平

日本文學介紹與翻譯（演講）

　　今天要講的題目是日本文學介紹與翻譯。為什麼要介紹外國文學？這是要想請大家知道在某一個國家有這樣的一種文學，有這樣的作家，有這樣的作品。在擴大眼界，參考資料上，在認識一個國家的文學潮流文學運動上，介紹和翻譯是十分有意義的。介紹的方法有兩種，第一是用論著說明其價值，再就是翻譯其作品。至於翻譯的目的也有兩種：一是知而見之的意味，一是讓讀者可以多讀到一本書。翻譯的結果，可以使經驗宏富；由作品上得到的經驗，可以知道外國人的國民性。比如日本，讀了日本文學作品，便可以知道日本的國民性和日本的風俗人情，這唯有在文學作品上認識的最多而真實。此外讀外國文學作品，可使自己的文學發展和藉供參介。

　　對於這樣的翻譯文學作品的工作，中國在最早以前便有了。不過只限是佛經，屬於宗教。文學作品的翻譯，在清末民初倒也有林琴南似的翻譯家。有意識的介紹翻譯外國的文學作品，還是在新文學運動以後，如英，德，南北歐，日本文學都有翻譯，介紹最多的以數量而論是日本文學。不過在研究文學的人都知道英國有莎士比亞，俄國有托爾斯泰，法國有左拉，北歐有易卜生，德國有哥德，能夠知道日本有萬葉集，源氏物語，平家物語，芭蕉的俳句，西鶴的小說的卻很少。知道的差不多都是關於日本近代的日本文學作品，如夏目漱石，武者小路篤實，志賀直哉，芥川龍之介等等。可是這些並不能代表全部的日本文學，只是代表

日本的近代文學，假如以此論評日本文學是非常錯誤的。日本從明治二十年（1887）前後開始新文學運動，是受了西洋文學的影響，可以說日本近代文學是由歐洲文學裡……雖然找不出像托爾斯泰那樣的大作家。可是平心而論，便是歐洲前輩文學家中，像托爾斯泰那樣傑出的文學家也並沒有出幾個。後起的許多歐洲的文學家也在學他們的前輩，或者在受他們的前輩的影響，所以也可以說近代日本文學和歐洲現代文學是師兄弟，而她們現在就沒有再出現那大的文學家，故不能說近代日本文學不如歐洲文學。近代日本文學像島崎藤村的長篇小說以及志賀直哉的短篇和歐洲的作品比較也不見得稍遜。

介紹近代日本文學雖然重要，但是想知道整個日本文學，僅靠近代的日本文學是不行的。日本有兩千幾百年歷史，文學史靠得住的也有一千幾百年。故此，想知道日本文學史最普通的方法是分為六期。

第一期是日本上古文學，這是在日本紀元一千四百五十年前後為止，即至西曆第八世紀末為止。第二期稱為中古文學，是日本紀元一四五四年由奈良遷都至京都，到 1850 年前後的所謂平安朝時代。第三期是近古文學由鎌倉時代以後到江戶時代以前約四百年間。第四期稱為近世文學，就是江戶時代二百六十年之間。第五期稱為近代文學是明治四十五年間和大正的十五年間。第六期稱為現代日本文學史就是現在的昭和時代。

在上古文學中的代表作品是《萬葉集》，想要知道萬葉集先須明白和歌。最可以代表日本文文學便是和歌，據日本文學史家稱和歌和日本歷史一樣長，所以和歌又稱為日本國民文學。和是「大和」，日本的民族，歌是一種詩。歌有長歌短歌，旋頭歌，現在大部都不存在，存在的只有短歌。短歌是三十一個音節構成「五七五七七」一首詩。三十一節並非三十一個單字，日本語是多音綴成的國語，三十一個音節，最多也不過十幾個單字，成為

世界上最短的詩。《萬葉集》的編成在一千一百年前，共有四千五百首詩，短歌佔去四千一百七十三首，作者五百六十一人。這許多作家，上自天皇，皇后，皇子，皇女，貴族，下至兵士，買賣人……都有。最能夠代表日本上古文學的是《萬葉集》，差不多整個日本的思想感情都是收入在《萬葉集》裡。《萬葉集》現在有錢稻孫先生著手翻譯，但是一個人的力量有限，希望中國多出幾個研究家，不過翻譯最難，必須對日本文學有研究精神，而且本身也要是詩人。

日本的中古文學的代表作品，可以舉出《源氏物語》，《源氏物語》是一種長篇小說，物語文學是平安時代的一種新的文學，平安時代的文化受佛儒影響最大，四百年的平安朝前半是一個太平時期沒有紛亂，也是產生物語文學的一個主因，物語文學最初有《竹丙的物語》，《大和物語》，《源氏物語》是日本最古的一篇小說，成於九百四十年以前，原作者係一女性，叫紫式部，貴族小姐，在宮內做事，丈夫早故，因悲觀而寫成，意在遣悶。全書為五十四帖，寫宮廷故事，以戀愛為體裁，是貴族的文學代表作，雖不完全像紅樓夢，但是還有些道學家還嫌她描寫男女性愛略微過火。源氏物語的描寫力量豐富，描寫人物個性恰到好處，不過魄力較差，所以力量方面較弱，風格影響後來日本文學很大。在日本谷崎潤一郎曾譯為現代語，英國也有譯本，中國則無，希望有人能夠把它介紹到中國來。

日本的近古文學，時代正是日本歷史上的內戰時，也就是武家政治的開始，經過鐮倉時代，南北朝時代，室町時代。源賴朝在鐮倉創立幕府，任征夷大將軍主持國軍，奠定六百多年的民政，後自族兄弟骨肉相殘，又與平氏一家鬥爭，源平二氏的鬥爭極為激烈，隨後旋起旋仆的權勢不知凡幾，可以說是一個殺伐的時代。說到文學，比較可觀的只有《軍記物語》，除此以外無何傑出文學作品，因為世界不太平，人民忽略文學，可是這時的隨

筆文學也相當發達。所謂軍紀物語即是以戰爭的實際加以空想，內容好像中國的三國誌演義，一邊彈琵琶，一邊講，所以又像中國的彈詞，聲調很好聽，是一種戰爭的文學，有很悲壯的文字。一共有四種著名的作品，但是最著名的是《平家物語》，內容是描寫平家一門的盛衰，共十二卷一百八十章。

　　日本近世文學，就是江戶時代德川家康，曾在現在的東京到幕府任大將軍掌政權世襲傳二百六十多年。這時期的日本文學，又稱江戶文學，這時期有三種文學應該特別注意，一是俳句由和歌蛻來，十七音為一首，為世界上最短的詩。前面也說過，日本語是多音節語，所以十七音節並非十七單語，至多也只有七八個。例如我國唐人張繼所作絕句「月落烏啼霜滿天」，譯成日語是「ツキ（月）オチ（落）カラス（烏）ナイテ（啼）シモ（霜）テン（天）ニミツ（滿）」就成了十七音節，正足構成一首俳句，詩形之短可知。

　　俳句作者最著名的便是芭蕉，他是正風派的始祖，又是俳句的代表作家。日本的俳句成為純文學的作品，也是以芭蕉為開始。俳句以前周作人先生曾經翻譯過，這也是很有價值的工作。其次有《浮世草紙》這是描寫小市民生活和世態人情的一種小說，代表作家是西鶴，著名的作品是《好色一代男》，內容是描寫好色的男子，7歲即春情發動，五十四年間曾和三千七百多女子發生關係，還有《好色一代女》寫女人的性生活墮落的經過，這種作品專門描寫人類黑暗醜陋的一方面，作風為寫實派，和左拉的自然主義極相近，在二三百年以前能夠有這樣的寫作勇氣，是非常值得注意和翻譯的。再次是近松巢林子的《淨玻璃》，這是以三弦和之半唱半講的文學形式，內容也是寫實的。上邊所談，對於江戶文學，簡單講述如此。

　　至於日本近代文學作品，現在翻譯的很多，可以概觀，明治以後，中國翻譯界介紹過來的很多，不過今天時間過晚，省略不

談了。

1942 年 8 月在暑期學術講演大會講演記錄

原載北平《中國文學》創刊號，1943 年 1 月

日文中譯漫談・關於翻譯

一　序言

　　我個人自從還在大學念書的時代，就開始從事翻譯的工作，第一部譯書出版，算起來已在十五年前了。以後，陸續翻譯成書出版的，一共有十一部。當時我譯書的目的，並不是什麼文化的介紹那種偉大堂皇的，實在説，只是為賣得若干稿費充餓而已！雖然原書倒也經過一番挑選，不過這也是本乎生意經。為了這種目的，第一要選些迎合時代的內容，所以不自量力，三教九流無所不譯了。第二要快，所以文字也顧不得推敲，往往一日譯到萬餘字。雖説是為了生活，但是這樣的濫譯，使我自己現在每一想到，未嘗不汗流浹背，慚愧難當也！不過，説句辯護自己的話，便是以往的翻譯，因疏忽或因學力不逮而致的誤譯自是難免，至於昧著良心的胡翻亂譯卻還沒有敢做過，這是足以自慰的一點小事。現在，我想憑自己一點經驗，談談日文中譯的問題，藉與同人互相勉勵，互相研究；倘因此而於翻譯方面有若干貢獻，也未始不是贖我個人前愆的一法。

二　翻譯的理想

　　談到翻譯，大家都會想到「信、達、雅」三字的理想。「信」是忠實於原文，「達」是譯文要達意，「雅」是譯文寫得

流暢漂亮。這當然是翻譯應該努力去做的目標，不過我以為應該變個次序作為「達、信、雅」，因為譯文不達意，還說得上信嗎？所以應以達為先，以信承之，以雅殿之。須知翻譯的目的，是在使不諳外國文字的國人，得讀非用我國文字發展的知識或感情。讀者不會直接讀外國文字，所以要你翻譯成國文，換言之，要你用我國文字將該外國文字所表現的知識或感情表現出來；如果你的國文不能傳達意思，於他便等於讀不諳的外國文，要你翻譯幹麼？所以第一要達意。

但是止於達而不忠實於原文，當然是不成的，因為讀者對譯文所要聽的，是原著者的話，不是你的話。你有話說，你去「著」，不必「譯」，要「譯」就要忠實如傀儡，不然就對不起原著者而辜負了讀者。

至於「雅」，我以為不在譯文的漂亮不漂亮，是在能傳神，詳細地說，是在能表現原文中字裡行間透漏出來的口氣韻味。這在科學書的翻譯，做得到固然再好沒有，做不到，也沒多大關係；可是在文學作品，卻是極關重要，非努力做到不可的。

三　翻譯家的條件

為做到上述的理想，翻譯家必須具有什麼條件呢？

第一，必須有一顆良心。有了良心總不至於亂翻譯，理由很明白，無庸多說。

第二，自己的國文，必須有表現達意的能力。誠然這能力也有個高低，但最低限度，須是自己想說什麼，大體上能寫得叫人明白你所想說的意思。倘若自己想說的話，都無法表現得叫人明白（完全的表現完全的了解，事實上固極不易，所以這裡只求尋常一般的可能範圍而已），怎能替人家（原著者）表現呢？

第三，對原文須有充分的了解，不但一詞一句的意思要明

白，對原著者的用詞運句的用意所在也應該明白。因為既然要用國文表現原著的話，他的話你自然先要明白的，這理由也很明白，不必廢話。

第四，要有專門的學識。例如學法律的譯法律書，學文學的譯文學是正途。假若沒有法律學識的人去譯法律書，或沒有弄過文學的人去譯文學，當然沒有做得好的道理。

第五，要有技術。初次翻譯的人，往往要碰到一種困難，就是原詞原句的意思是明白了，可想不出國語該怎麼說才恰到好處，等到人家說出，卻又是自己習慣用的詞句。這都是因為經驗少，技術沒有到家的緣故。翻譯如果說是可以學的話，便只有這一項而已，其餘四項，都須待以往素日的修養。

四　翻譯技術的修煉

別的先不說，現在單就日文中譯談一談。我自己的翻譯技術，離開「到家」還不只十萬八千里，所以絕不敢說要在這裡開講。不過依我十幾年來的經驗，總覺得這技術是有的，而且和別的技術一樣，努力修煉下去，也可以進步的。

技術的修煉，最忌的是偷懶，例如不十分了解的詞句不肯查字典或請教他人。又如某一詞或一句，雖自覺不甚適妥卻又懶得苦想。這一類的毛病，在翻譯日文寫中文的人最易犯，因為日文中用著許多漢字；這是一件極危險的事。（曾見本市某報記事中有「花形飛機」字樣，便是一例）應該努力尋找適當妥帖的詞句，然後下筆；實在沒有適當詞句可用，固無妨自造新詞或新的句法。但也必須合理，合乎國語的性格，不得胡謅。

技術的修煉，最要勤寫習作，多取名譯對讀，如周作人先生的譯品是極好的模範，詳為對照原文細讀，於自己的翻譯技術上定有補益。

五　翻譯界的現狀

　　這也止於日文中譯，並且單就文學作品方面談一談。因為前面談到多取名譯對讀，所以使我想到這個問題。現在我手上有十部左右的翻譯的日本現代文學作品集。因為學生問我，誰的翻譯最靠得住，不得已有時就抽空拿原文對一對看，結果是除了周先生的譯集以外，一部也還沒敢向學生推荐。一部也還沒敢推荐，並不是說一部也推荐不得，因為我只對了若干部中的若干篇而已。不過據我對讀過的看來，有簡直是胡說八道的譯品，居然由全國最大的某書店出版（不說譯者姓名，不破口罵他幾句，蓋為積些陰德也）；最好的，也不過是做到九成達八成信七成雅而已。這幾成幾成是大概的數字，我的意思是說這些譯品，和我們的理想還有相當的距離。

　　現在我想藉幾位比較高明的譯家的譯品，來講一個翻譯上的意見，以供初學者的參考。除比較難解難譯的予以註解或示譯法外，譯文之可為範者，當盡量指出。但譯文中之未達未信未雅的地方指摘尤多，因為幾位高明的譯家都會陷入的錯誤，一定是初學者極易陷入的共同的陷阱，所以將其指摘出來，最為有益故也。甚望被選的譯家格外原諒，因為我絕無褒貶同學或先輩之意，這只消看我不拿胡翻亂譯的譯品來痛罵，就可以知道啊。

翻譯實地檢討

第一篇　母の死と新しいひ母（死母和新母）

原作：志賀直哉　原文據改造社版《現代日本文學全集》第二十四卷《志賀直哉集》

譯者：謝大逸　譯中據中華書局版志賀直哉集初版

一

十三の夏學習院の初等科を卒業して、片瀨の水泳に行って居た。常立寺の本堂が幼年部の宿舍になって居た。

當我十三歲時那一年的夏天，在學習院初等科畢了業，就到片瀨去洗海水浴。那裡的常立寺的大殿，做了幼年部的宿舍。

○十三の夏：原文僅四字，譯文竟用去十一字，有點不經濟。不過也不能譯「十三之夏」、「十三歲的夏天」，至少也要譯「十三歲那年的夏天」。○主位「我」，在日文中略去，依我國語習慣，若不在適當的地方補入，有時是令人莫名其妙的，這裡可以接著譯「我在學習院……」。○片瀨の水泳に行って居た：這要照字面譯作「到片瀨的游泳去著」就莫名其妙了。本譯文雖然不錯，卻也沒有完全道出原意。我以為譯「去參加著片瀨的游泳了」似較合原意。○なって居た譯「做了」不如譯「充做了」。○本篇題名譯為「死母和新母」，似不如譯「母親的死和新的母親」較為切合。

　　午後の水泳が濟んで、皆で騷いで居ると、小使が祖父から
の手紙を持って來た。私は游びを離れて獨り本堂の緣に出て、
立ったまま、それを展いて見た。中に、母が懷妊したやうだと
云ふ知らせがあつた。

　　午後游泳回來，大家在屋裡擾嚷，一個聽差的拿著祖父的來
信走進來了。我離開他們的遊戲場，獨自來到大殿的檐下，站著
拆開了信，信裡告訴我，母親已經懷了孕。

　　○濟んで：原是「完畢」，這裡譯「回來」還好。譯文中「屋
裡」是補入的，原文並未說出「騷いで居る」的地點，或者在院
子裡也說不定，還是不要隨便補入為妙。○祖父からの：意與「祖
父からよこして來た」同，像譯文那樣說也可以，還可以譯「祖
父寄到的」。「手紙を持って來た」只是「拿了信來」，譯者因
為在前面加了「屋裡」，所以這裡又補上「走進」，都是多餘
的。○游び，是「遊玩」並沒有「遊戲場」的意思。依譯文前面
所謂「騷いで居る」的地點，又是一個為孩子們設的遊戲場了。
原意是本小說主角「私」，本來也和別的孩子們在遊玩，因為接
到信所以離開群童的遊玩。遊びを離れて：可以譯「拋開遊
玩」。○母が……やうだ：是修飾「知らせ」的，即通知的事。
然而不可呆板地譯「裡面，有了母親好像懷孕了的通知」。譯文
中缺了「やうだ」（好像是……）而多了「已經」，改正這兩點，
則照那樣翻譯是對的。不過「告訴我」改成「說著」也可以。

　　母は十七で直行と云ふ私の兄を生んだ。かれが三つで死ぬ
と、翌年の二月に私を生んだ。それつきりで十三年間は私一人
だった。所に、不意に此手紙が來たのである。嬉しさに私の胸
はワクワクした。

　　母親在十七歲上，生了我的哥直行，他在三歲就死了，翌年
的二月生了我。此後十三歲間，只有我一人。現在忽然來了這樣
一封信，歡喜之情，在我的胸裡跳躍。

　　○十七ご：此ご和「三つで」的で同一作用，意同「十七の
時に」「三つの時に」。所以譯文是很好的。○直行といふ……
生んだ譯得很好，要是像一般呆板的譯作「生了叫作直行的我的
哥哥」就糟了。這句譯「母親十七歲的時候養了我的哥哥，起名
直行」也可以。○それつきりで；意為「止於此」，即「止於
我」，照譯文固然也可以，但不如譯「這樣就打住，十三年之間
只有我一個」。最後一句，譯得也好，不過也可以譯「我高興得
心裡蹦蹦地跳」。

　　手紙を卷いて居ると、一つ上の級の人が故意と顏を覗込む
やうにして、「お小遣が來たね」と笑つた。

　　「いいえ」

　　答へながら、賤しい事を云ふ人だ、と思つた。

　　我捲好了信，一個高我一班的人故意盯著我笑著說：

　　「你的零用錢來了哪。」

　　「不是。」

　　我一面答應，想著這個真無聊。

　　○日本人用毛筆寫信時，大都用的是一卷一卷的紙，所以看
完也捲起來。「手紙を卷いて居ると」是「我正在捲信」，並不
是「捲好了」。○一つ上の級の：只能照譯文那樣譯，只是
「人」依我國語，似應譯「學生」才好。○顏を覗込む。「探頭
看我的臉」，譯「盯著我」，與原意稍有出入。「……やうにし
て」照字面說是「……這樣做」，但不必譯；因為譯作「探頭看
我的臉這樣做」反不知道是什麼意思。這種地方也應該知道。○
「……」と笑つた：是「……と云つて笑つた」，所以不如譯
「說著笑了」。○賤しい事を云ふ人だ、と思つた：譯得不錯。
生手譯起來，也許要譯「心想，是個說卑鄙話的人」。

　　私は行李から懷中硯を出して、祖父へと母へと別々に手紙
を出した。

　　我從行李裡面，拿出了硯台，給祖父和母親，各寫了一封回信。

　　○懷中硯：應該是「墨盒」，○祖父へと母へと：兩個「へ」均代替動詞的作用，如前面「祖父からの」的「からの」的「から」一樣；這兩個正是相反的意思──「祖父からの」是「祖父發來的」，「祖父への」是「發給祖父的」。「と」在此是結合「祖父へ」「母へ」的。「祖父へと……」譯「分別寫信給祖父和母親」似乎更好。

　　──旅に出ると私は家中――祖父から女中までに何か土產を買つて歸らねば氣か濟まなかつた。仕舞には「今度はおよしよ」と云はれるやうになつた。それでやはり買つて來る。と祖母や母も「それぞれうまい物を見たてて」と褒めた。

　　我每次出來旅行，常想著上自祖父下至女僕，非買點相當的土產送給他們，實有些對不起家裡。家裡的人雖然説，「這回不要買什麼回來，」結果仍是買了。祖母和母親稱讚我説，「能為各人選定稱心的東西。」

　　○這一段，譯文頗有錯誤。先説第一句，誤在「家中」的地位。「祖父から女中まで」是對「家中」加以説明的，其下之「に」貫到「家中」，本與「土產を」同屬「買つて歸ろ」的補位，但譯者將其誤為「氣が濟まかつだ」的補位，所以譯成「對不起家裡」。這句應該譯「每逢出外旅行，我總得帶些土產給家裡的人──上自祖父下至女僕──心裡才踏實」。「何か」「不定什麼」，不必譯「相當的」，這裡譯「些」好。氣が濟まなかつた：是「不過意」「過意不去」，不是「對不起」。原文的説法是「不給他們帶些土產回來心裡過意不去」。○第二句，譯得也不完全，應改為「末了，終於叫家裡的人説：下次可別帶了。」今度：下次。およしよ：即「お止しなさいよ」。「……なさい」這個禁止法，往往省掉「なさい」或者「さい」，如

「こちらへお出で」「早くお起きな」。「……やうになつた」照字面説是「成了……這樣」，但須找適宜譯法，這裡譯「終於」合適。○最後一句，「と」是「買つて歸ろと」的省略，這裡該譯「於是」。

此水泳でも，來るときからそれを考へて居た。然し手紙を見ると「今度は特別母だけにしよう」と急に氣が變つた。「褒美をやる」かう云ふつもりであつた。

這次來洗海水浴雖也是那麼想著。可是看了這封信，心緒忽然和往時不同，心裡想「這回只特意為母親買點什麼」。一心想得著她的「誇獎」。

○來るときから：乃是「來るときから」，所以第一句是不大對的。それ：指帶東西給大家。全句應譯「便是這一次的游泳，也打來的時候就盤算著」。それを考へて居た：與其譯「考慮著那個事情」，不如譯「盤算著」。○急に氣が變つた：原意「心情忽而改變了」。這裡的「今度」要譯「這回」。母だけにしよう：不可照字面譯作「僅僅作為母親罷」，原意是「帶土產回去這事要做便止於做給母親一人」。全句可譯「但是一接到信，忽然改變方針了；心想，這回可要特別些，就帶給母親一個人罷。」○第三句可完全譯反了。褒美をやる：是「給獎」，獎勵母親懷孕之意，絕無「得著她的誇獎」之意。譯者大約是因為一來前面有祖母和母親誇獎過他的話，二來沒有兒子對母給獎之理，所以致誤。全句應譯：這是寓意於「給獎」的。かう云ふつもりであつた：照字面譯「是這樣的存意」。

江の島の貝細工では蝶貝といふ質が一番上等となつて居たから，それで頭の物を揃てようと思つた。櫛、笄、根掛け、簪、てだけを三日程かかつて丁寧に見立つた。

江之島的貝殼做的細工，以蝶貝的質料最為精細。我想把頭上用的首飾全套買來，如櫛、笄、護髮、簪子等件，我鄭重的選

擇，費了三天工夫。

　　○一番上等となつて居る：照字面譯是「成為最好的」，意思卻是「公認為最好的」。譯文的「最為精細」就成了書中主角個人的斷定，和原意不吻和。第二句譯文，「我」上再加「所以」，大體上就可以。○揃てよう：「想齊備之」，譯「全套買來」是對的。

　　片瀬も厭きて來ると、歸れる日が待遠しくなつた。

　　在片瀬玩倦了，一心只等著回去。

　　○前半直譯是「片瀬一膩起來」，照譯文也可以，也可以譯「片瀬住膩了」。歸れる：乃「歸られる」的合音，「能回去」也。待遠しい：「難等」「等得心灰意懶」。照字譯是「能回去的日子可就難等了」，但依譯文為住。

　　日清戰爭の後で、戰地から歸つて來た豫備兵が自家にも二十何人か來て泊つて居ると云ふ便りが暫くすると來た。私は賑かな自家の樣子を想像しても早く歸りたくなつた。

　　這時正當中日甲午戰後，不久又接到家裡的來信說，從戰地回來的預備兵，有二十多個人住在家裡。我想像家中的情景，更想早些回家。

　　○這一段意思都對，譯法也好，只是尚未達盡善盡美。第一句「有二十多個人」改寫「也來了二十幾個」好些。第二句可改寫「我就只想一想熱鬧的家中的情景，也盼著早日回去」，這樣才合原文的口吻。

二

　　歸ると、土産を持つて直ぐ母の部屋へ行つた。母は寢て居た。惡阻だと云ふ事で、元氣のない顏をして居た。

　　回到家裡，拿了土產，立刻走到母親的屋裡。母親已經睡

了。母為病妊，臉上沒有一點元氣。

　　○歸ると：是「家へ歸ると」的省略，依國語習慣須補入。譯文大體上可以，只是「と」的意思沒有譯出，可以在「拿了」上加「就」。○寝て居た：譯「已經睡了」差一點兒。這是說她「在床上躺著」。○因為病妊：這只譯了「惡阻で」而丟掉了「だと云ふ事」按原文應該譯「據說是病著」，或「據說是鬧著胎氣」。元氣のない：「沒有元氣」「精神不好」，「の」與「が」同。「……顔をして居る」「露著……的面色」，但譯法須如譯文。

　　その部屋の鄰は十七疊のキタナラシイ西洋間で、敷物もなく、不斷は簟笥や長持の置場になつて居たが、片附けられて兵隊が十何人か其處に入つて居た。其騷が元處なく寝て居る母に一々聽えて來る。それが呪いやだらうと思つた。

　　她的房間隔壁，是一間十七疊席子的骯髒的西洋式房間，也沒有地毯，平時是安放衣櫃的處所，經過收拾以後，十幾個軍人就住在裡面。他們的喧嚷，病臥的母親，一一都可以聽見，母親一定很討厭他們罷。

　　○全段沒有特別可指摘的地方，只是有幾點可以修改。その部屋の鄰：譯「那個房間的隔壁」好些。十七疊：日本人均以「疊」（草席，一疊三尺寬六尺長）計算房間之大小。應譯「十七疊大」。「兵隊」譯「兵士」好些。○元氣なく寝て居る母：只譯「病臥的母親」，既嫌過於簡單，又不十分吻合原意。因為沒有病也會「元氣なく寝て居る」，所以應改為「精神萎頓地倒臥著的母親」。○それが呪いやだらうと思つた：「それ」是指「其騷」不是指「兵士」，所以譯「討厭他們」不大吻合。全句可譯「我想，那大概是煩膩不堪的罷」。

　　母は夜著から手を出して、私の持つて來た物を一つ一つ桐の函から出して眺めて居た。

　　母親從睡衣裡伸出手來，把我帶來的東西，從桐木匣裡一樣一樣的拿出來看。

　　○全句沒有特別可講的。「桐の函」是用梧桐木做的匣子，商店大抵以此木匣裝置裝飾品之類，帶匣賣出。

　　——翌朝起きると直ぐ行つて見た。母は不思議さうに私の顔を見つめてゐたが。

　　「何時歸つて來たの」と云つた。

　　「昨日歸つたんぢやありませんか。持つて來たお土產を見たでせう」かう云つても考へる樣子だから、私は其品々を父の机の上から取下ろしやつた。それでも母は憶い出さなかつた。

　　——第二天早上，我起床以後，即刻去看母親，母親莫名其妙的看著我，說道：

　　「你幾時回來的？」

　　「不是昨天已經回來了麼？你還看我帶回來的土產。」我雖這麼說，她仍像懷疑的樣子。我把那些東西，一一從父親的桌上取下來，拿給他看，她還是想不起來。

　　○見つめる：是不動睛地看，所以「私の顔を見つめてゐたが」譯「盯住我的臉看了看」好些。○「……來たの」是「……來たのですか」的省略。○……んぢやありませんか：即「……のではありませんか」；這種地方的「の」，東京人大都把「no」的韻母「o」丟掉，僅說「n」（ん）。這句可改為「不是昨天回來的嗎？」○見たでせう：這個「でせう」是推想而帶問的口氣，例如「貴方も行くでせう」，讀時應把末音提高。這一句可譯「您瞧了我帶回來的土產罷？」或「您還瞧了我帶回來的土產呢！」○考へる樣子だから：照原譯也可以，但須加「所以」於下句。不過也可以譯「她好像還在思忖」。見せてやつた：是「給對方看」，「見せてくれた」是「給我看」。「……てやる」「……てくれる」關係很大，前者是自己動作做給他

人，後者是他人動作做給自己。○それでも：譯文沒有譯出，可
補入「雖然那樣」，或「這樣」。

　　其時は氣にも掛けなかったが、段々惡くなるにつれ、頭が
變になって行った。而して暫くすると頭を冷やす便宜から母は
ザンギリにされて了った。

　　當時我沒有留意，後來病體漸漸沉重，跟著頭腦也不清晰起
來，不久，為便於冰頭，她的頭髮也被剪成披散的髮型了。

　　○「其時は……」譯文沒有錯，唯「も」沒有譯出，可改為
「當時我還不曾留意」。「が」一般都譯「但是」，這是不對
的。「が」是用以綜合前後的事實而已，並無矛盾之意；前後事
實有矛盾時，倒可以這麼譯。「……につれ」「跟著……」，如
譯「跟著病體漸漸沉重，頭腦也……」也可以，照譯文那樣也可
以。「變になてた」照字譯「變成古怪」，但應譯「古怪起
來」；「變になって行った」是「漸漸古怪起來了」。「……に
なる」或形容詞二形（如「暑く」「貴く」なる）大都譯「……
起來」。「…………て來る」「……て行く」都有「漸漸……」
之意。第一句也可以改譯為「當時我還不曾留意；母親病體漸漸
沉重；跟著腦筋也漸漸古怪起來了。」

　　病床を茶の間の次へ移した。鄰室の兵隊が八釜しくてか、
それは忘れた。若しかしたら其時はもう兵隊が居なかったかも
知れない。

　　母親的病床，移到客堂的隔壁去了。想是因為鄰的軍人吵鬧
的緣故罷，我也記不清楚了，或許那時軍人已經不住在我的家
裡。

　　○譯文「母親的」可去之。「茶の間」是家族吃飯的屋子，
不是客堂。○八釜しくてか……乃「八釜しくてさうしたか」的
省略。本句譯文甚佳，可學。○若しかしたら：和「ひよっとし
たら」同意，「或許」也。

大分惡くなつてからである。母が仰向きになつて居る時、
祖母が私に顏を出して見ろと云つた。ボンヤリ天井を眺めてゐ
る顏の上に私は自分の顏を出して見た。傍で祖母が。

「誰かこれが解るか？」と訊いた。母は眸を私の上へ集め
て居た。其內母は泣きさうな顏をした。私の顏もさうなつた。
さうしたら、母は途斷れ途斷れに。

「色が黑くても、鼻が曲つて居ても、丈夫でさへあればい
い」こんな事を云つた。

病勢更加厲害了。母親仰臥著的時候，祖母叫我把臉給她
看。我便走近茫然望著天化板的母親面前，把臉向著她。祖母在
旁邊問道：

「這是那個，你認得麼？」母親的眸子盯著我，注視了一
會，臉上現出要哭的樣子，我也覺得悲傷，母親斷續地望著我
說：

「顏色雖黑，鼻子雖醜，只要身體好，倒也罷了。」

○「……てから」大都要譯「……以後」。第一句須譯「病
勢很沉重了以後」。○「……て見る」是「試試」之意，例如
「書いて見る」是「寫著試試」，國語也有這種說法。譯文「叫
我把臉給她看」有點不對，那是「顏を出して見せろと雲つ
た」。不過引用命令句時是應該用「叫我」或「叫你」這樣譯
法。若不懂譯法，硬譯為「祖母說了：把臉拿出去看罷」就莫名
其妙了；這裡須譯「祖母叫我把臉伸出去試試」。○第三句「我
便走近……面前」，因為母親仰臥著，用「走近……面前」不合
情理。這句主位「私は」插在補位「顏の上に」之下，依國語習
慣，非提到前面不可。全句可譯「我便試把我的臉，伸到茫然望
著天花板的母親臉上了」。○其內：譯文脫掉，可譯「這其
間」。私の顏もさうなつた：照字面譯「我的臉也變成那樣
了」，意即「我的臉也現出好像要哭的樣子」。譯文是譯其意，

但這裡無妨依原文作為「我的臉也那樣了」。○さうしたら：「那麼一來」「於是」，譯文脫落。途斷れ途斷れに：修飾「こんな事を云つた」，譯文中「望著我」要不得，因為原文既無此言詞，且有誤「斷續地」為修飾「望著我」的危險。○末句譯得很好，只是「曲つて居て」譯「醜」雖未可厚非，但究以照原文譯「歪」為妙。

　次に，根岸のお婆さんと云ふ、母の母が私のしたやうに顔を出して、自分で、

　「私は？」と云つて見た。

　母は又眸を集めて見て居たが、急に顔を顰めて、

　「ああいやいや、そんなキタナイお婆さんは……」と眼をつぶつて了つた。

　隨後，姓根岸的外祖母，和我一樣的，把臉叫她看，並且自己問道：

　「我是誰？」

　母親又盯著她看，忽然皺著眉頭，閉著眼睛說：

　「討厭，這樣骯髒的老太婆……。」

　○根岸のお婆さん：日人的親戚稱呼極簡單，如父母一輩的男性均呼「おぢさん」，女性均呼「おばさん」；祖父是「おぢいさん」，同輩男性也呼「おぢいさん」，祖母是「おばあさん」，同輩女性也呼「おばあさん」，所以極不易辨別。於是為辨別起見，大都冠以居住的地名，例如居住橫濱的，就稱之為「橫濱のおぢさん（おばさん、おぢいさん、おばあさん）」。根岸是地名，孩子素日稱為「根岸のお婆さん」以別於祖母。這在國語是不好譯的，只好譯作「我管她叫根岸奶奶的外祖母」。譯文的姓根岸的外祖母有語弊，也不合原文之意。「母の母」若硬譯為「母親的母親」就成笑話了。因為日本沒有「外祖母」的稱呼所以只好說「母の母」。○私のしたやうに：「照我做的那樣」，

意即「學我那樣」。「顏を出して」以下，也應改為：試把臉伸
出去，自己説「我呢？」○「ああいや……」譯文雖不錯，但未
盡善，改為「唉，討厭討厭！那麼醜的老太婆……」，似較吻合
原文的語氣。「と眼を……」是「と云って眼を……」的省略，
所以「閉著眼睛説」意思差一點兒，須放在引句後面説「把眼睛
閉上了」。「説」字放在前面「眉頭」為是。

原載北平《中國留日同學會季刊》創刊號，1942 年 9 月出版

六、書　信

致含英①函

含英：

　　10 月 25 日的信，昨日由楊家轉來。去年的信我寫了回信之後，為了忙於謀生，不曾再去信，但是你們的消息，我在秀英②處倒是得到幾次。全國運動會時，給我寄來的畫報接到了，因為忙，也就忘了去信，請你原諒！我的書店③因為資本不繼，關門大吉了，為糊口計，今年二月間入台灣茶商公會當一名幹事，辦理文書兼為編輯茶業雜誌，真想不到「老大嫁作商人婦」！不過我自己卻也覺得很滿足，因為這裡很自由，生活頗似隱者，用不著與人敷衍，所差的是薪水不夠生活，月月尚須設法補墊。你們既然在準備離平，問題就只在去京④或來台了。無論是去京或來台，謀生都不是容易的，因為這個年頭，文人，尤其有天良的文人，到處倒霉也。不過兩者擇其一，我是贊成來台的，因為台灣或者較易謀事。你們如果到台灣，我一定在就職方面幫忙，大約不至有問題，只是「住」比較不好辦。房子頂費相當費，拿日本房子說，平均一疊頂費台幣一百萬元，你們一家至少也要二十疊以上。要找帶宿舍的差事，雖然有可能，卻是相當不易。好在秀英那裡暫時可以歇腳，慢慢再想辦法也未嘗不可。至於薪水方面

---

①含英為林海音原名，林母與張我軍均為台北板橋人，林海音稱張我軍為大舅。
②秀英為林海音長妹。
③1947 年 6 月在台中市開六合書店，1948 年 1 月遷至台北板橋，不久即關閉。
④「去京」指去南京。

若你們夫妻都做事，我相信一定夠用。拿我一家的生活來說，現在很簡樸地過日了，每月需要台幣二十來萬，我月收十六、七萬，每月不敷六、七萬元，若再有一個人做事也就夠了。你們來台時，務必帶服務證件來，底薪越高越好，因為這裡的公務員批薪水時，很重視過去的經歷。若没有，可以託人寫一張，當然也不能漫天價寫。

最近台灣的物價漲得太厲害，大米曾賣到一斤（舊秤）一千元台幣，現在限價解除，落到四百元（合金圓券四角），木炭一斤二百元，豬肉一斤三千八百元。普通魚類一斤二、三千元，蔬菜每斤二、三百元以上，油類一斤三、四千元。衣類這裡比內地貴得多，所以衣服鞋帽儘量帶來。

台灣現在剛剛有秋意，冬季也不冷，室內無須有火，比較好過冬，要來必須趁早。我雖然没有能力，但要替你們找事做，若肯賣個老面皮倒還做得到，何況你們都有實力呢？此間一切平安，勿念！

你母親和承楹⑤，替我問好。蔣先生⑥不知已動身否？請他到台灣時來找我。

我軍
1948 年 11 月 2 日

---

⑤夏承楹，筆名何凡，林海音丈夫。
⑥蔣漢澄，原在北平協和醫院工作，攝影家。

致直兒①函

直兒：

我改服趙一方的藥已有五六天了，頗見效，你可以放心。

我所切望於你的，是學業進步，人格完成，你須專心做去，家庭的事無須你操心。

誠兒②相當穩重，年紀也不小了，我們有他在旁已夠用，他和樸兒③絕無問題，可以充份的伺候我們。

因為身體尚軟，先寫這幾行，以後再說。

望你保重身體！

父字

1955 年 9 月 28 日

---

①此信為逝世前 36 天，自台北家中致正在美國哈佛大學人類學系研究院，攻讀博士學位的次子張光直。

②即三子張光誠。

③即四子張光樸。

張我軍年表

　　張我軍（1902年－1955年），原名張清榮，筆名一郎、憶、野馬、M.S.、劍華、大勝、雲逸、廢兵、以齋、迷生、小生、四光、小童生。台灣省台北縣板橋市人，祖籍福建省南靖縣。

1902年（壬寅，清光緒28年，日明治35年）
　　　10月7日　（農曆9月6日）生於台灣省台北縣板橋市。

1909年（清宣統元年，日明治42年）7歲。
　　　4月1日　入板橋公學校。

1910年（清宣統2年，日明治43年）8歲。
　　　　　　　曾由舅父帶領隨母親到三芝省視外祖父。

1915年（民國4年，日大正4年）13歲。
　　　3月31日　板橋公學校第11屆畢業（住所：擺接堡枋橋街287番地）。
　　　4月　　　在家做雜務。

1916年（民國5年，日大正5年）14歲。
　　　4月　　　台北商店雇員。
　　　12月　　　在台北大稻埕製鞋店學習製鞋。

1918 年（民國 7 年，日大正 7 年）16 歲。
　　　　　　經台北新高銀行襄理林木土（原公學校教員）
　　　　　　介紹，到新高銀行當工友、雇員，夜間在成淵
　　　　　　學校補習數學，星期假日到萬華習漢文。調新
　　　　　　高銀行桃園支店當職員。

1919 年（民國 8 年，日大正 8 年）17 歲。
　　　　　　祖母去世（終年 80 歲）。

1920 年（民國 9 年，日大正 9 年）18 歲。
　　　　　　回台北新高銀行工作，在台北永樂町（大稻
　　　　　　埕）市場邊劍樓書房，隨前清秀才趙一山老師
　　　　　　讀書學詩。

1921 年（民國 10 年，日大正 10 年）19 歲。
　　　　　　協助林木土到福建省廈門市創設新高銀行支
　　　　　　店。在廈門同文書院習漢文，並在一文社當文
　　　　　　書。接受祖國「五四」新文化運動熏陶。改名
　　　　　　張我軍。

1922 年（民國 11 年，日大正 11 年）20 歲。
　　　　　　妹張淑燕出生。
　　　　　　父張再昌逝世，曾回台奔喪。

1923 年（民國 12 年，日大正 12 年）21 歲。
　　5 月　　　　律詩《寄懷台灣議會請願諸公》發表。（《台
　　　　　　灣》雜誌）
　　7 月 10 日　《排日政策在華南》（日文）發表。（《台灣》

雜誌）

7 月　　　新高銀行結束營業，被遣散。

年末自廈門乘船至上海。

參加台灣留學生反日組織「上海台灣青年會」。

10 月　　　律詩《詠時事》發表。（《台灣雜誌》）

1924 年（民國 13 年，日大正 13 年）22 歲。

1 月 12 日　在上海「台灣人大會」發言嚴責日本駐台灣的內田總督之暴政。被推舉為執行委員。

自上海至北京，住後孫公園泉郡會館。在國立北京師範大學夜間部補習班學習。識羅文淑女士。

3 月 25 日　寫新詩《沉寂》。（《台灣民報》）

　　26 日　寫新詩《對月狂歌》。（《台灣民報》）

4 月　6 日　寫評論《致台灣青年的一封信》。（《台灣民報》）

6 月 12 日　寫新詩《無情的雨》。（《台灣民報》）

8 月　8 日　寫新詩《遊中央公園雜誌》。（《北京晨報副刊》、《台灣民報》）

9 月　　　寫評論《糟糕的台灣文學界》。（《台灣民報》）

寫新詩《煩悶》。（《北京晨報副刊》、《台灣民報》）

新詩《秋風又起》。（《亂都之戀》詩集）

10 月初　寫新詩《前途》、《我願》。（《亂都之戀》詩集）

4 月　　　寫新詩《危難的前途》。（《亂都之戀》詩集）

14 日　　在返台途中黃海船中寫《亂都之戀》。（《人人雜誌》）

10 月下旬　　自北京返台北。

11 月 11 日　　在台北板橋寫新詩《哥德又來勾引我苦惱》。（《亂都之戀》詩集）

12 日　　寫雜文《駁稻江建醮與政府和三新聞的態度》。（《台灣民報》）

20 日　　寫雜文《為台灣文學界一哭》。（《台灣民報》）

23 日　　寫雜文《歡送辜博士》。（《台灣民報》）

12 月 5 日　　寫評論《請合力拆下這座敗草叢中的破舊殿堂》。（《台灣民報》）

24 日　　寫評論《絕無僅有的擊鉢吟的意義》。（《台灣民報》）

1925 年（民國 14 年，日大正 14 年）23 歲。

1 月 1 日　　開始擔任《台灣民報》編輯。

1 月 6 日　　寫雜文《揭破悶葫蘆》。（《台灣民報》）

14 日　　寫評論《田川先生與台灣議會》。（《台灣民報》）

21 日　　雜文《時事短評》發表。（《台灣民報》）

22 日　　寫雜文《隨感錄》（《台灣民報》）。

2 月 3 日　　寫雜文《復鄭軍我書》。（《台灣民報》）

4 日　　寫評論《研究新文學應讀什麼書》。（《台灣民報》）

5 日　　寫雜文《隨感錄》。（《台灣民報》）
　　　　寫評論《文學革命運動以來》。（《台灣民報》）

21 日　　雜文《伊澤新總督的訓示》發表。（《台灣民
　　　　報》）

3 月 1 日　寫論文《詩體的解放》；雜文《隨感錄》發
　　　　表。（《台灣民報》）
　　　　寫新詩《春意》。（《台灣民報》）

11 日　　寫雜文《隨感錄》。（《台灣民報》）
　　　　參加蔣渭水、翁澤生等人發起的「台北青年體
　　　　育會」及「台北青年讀書會」，被日本警察列
　　　　為此兩社團 66 名積極份子之一。

16 日　　應邀在「台北青年體育會」發表演講；《生命
　　　　在，什麼事做不成？》；寫《隨感錄》。
　　　　（《台灣民報》）

21 日　　譯文《農民問題二件》發表。（《台灣民
　　　　報》）

24 日　　寫新詩《孫中山先生弔詞》。（台灣《傳記文
　　　　學》）

5 月　　　接洪炎秋電報，匆匆搭船赴京，偕羅文淑（後
　　　　改名心鄉）到廈門鼓浪嶼，住堂兄張松家，旋
　　　　即赴台，住《台灣民報》社。

5 月 9 日　雜文《台灣未曾有的大阿片事件控訴公判》發
　　　　表。（《台灣民報》）

6 月　　　宮島與相田的論文《宗教的革命家甘地》譯文
　　　　發表，附有「譯者引言」（《台灣民報》）。

5 日　　寫雜文《隨感錄》。（《台灣民報》）

21 日　　為張麗雲《親愛的姐妹們呀奮起努力》一文寫
　　　　「後記」。（《台灣民報》）
　　　　為夬庵《一個貞烈的女孩子》一文寫「識
　　　　語」。（《台灣民報》）為郭沫若的新詩《仰

望》等三首寫「識語」。（《台灣民報》）

7 月 19 日　　新詩《弱者的悲鳴》發表。（《台灣民報》）

7 月 25 日　　楊振聲《李松的罪》附言發表。（《台灣民
　　　　　　　報》）

7 月 26 日　　寫評論《至上最高道德－戀愛》。（《台灣民
　　　　　　　報》）

　　　　　　　胡愈之譯愛羅先珂《我的學校生活的一斷面》
　　　　　　　識語發表。（《台灣民報》）

　　　　　　　安部磯雄《大婚二十五年御下賜金和殖民地的
　　　　　　　教化事業》譯文發表。（《台灣民報》）

　　　28 日　　寫評論《新文學運動的意義》。（《台灣民
　　　　　　　報》）

　　　　　　　安部磯雄論文《貞操是「全靈的」之愛》譯文
　　　　　　　發表並附「譯者附言」。（《台灣民報》）

8 月 2 日　　雜文《隨感錄》發表。（《台灣民報》）

　　　16 日　　雜文《隨感錄》發表。（《台灣民報》）

23 日－9 月 20 日　米田實《中國的國權恢復問題》譯文發表。
　　　　　　　（《台灣民報》）

9 月 1 日　　在台北市江山樓舉行婚禮。證婚人林獻堂，介
　　　　　　　紹人王敏川、洪炎秋，主婚人陳愛、羅悟。

　　　　　　　被選為「台北青年讀書會」委員。

　　　6 日　　雜文《通信二則》發表。（《台灣民報》）

9 月 25 日　　台北青年讀書會以成立紀念日為名，在淡水河
　　　　　　　泛舟開會，與蘇麗亨、潘欽德、連溫卿、王萬
　　　　　　　得等一起被選為委員。

10 月 11 日　西諦《牆角的創痕》和焦菊隱《我的祖國》的
　　　　　　　附記發表。（《台灣民報》）

10 月 25 日　《中國國語文做法導言》發表。（《台灣民

報》）

11 月－1926 年 1 月　論文《文藝上的諸主義》發表。（《台灣民
　　　　　　　　　　報》）

　　11 月 8 日　郭沫若《牧羊哀話》附記發表。（《台灣民
　　　　　　　　報》）

　　　　　　　　月末曾訪楊雲萍商談創建「台灣文學研究會」
　　　　　　　　事。

　　12 月 13 日　雜文《看了警察展覽會之後》發表。（《台灣民
　　　　　　　　報》）

　　　　14 日　寫新詩《亂都之戀》的序文（《台灣民報》）。

　　　　28 日　《亂都之戀》詩集在台灣出版。

1926 年（民國 15 年，日昭和元年）24 歲。

　　　1 月 1 日　雜文《危哉台灣的前途》發表。（《台灣民
　　　　　　　　報》）

　　　　　　　　與羅心鄉自台北至彰化、台南等地遊覽。在彰
　　　　　　　　化與賴和相會。

　　　　2 月　　《中國國語文（白話文）做法》在台北出版。

　　　　　8 日　寫雜文《隨感錄》（《台灣民報》）。

　　　　　　　　武者小路實篤劇本《愛欲》譯文發表，並附
　　　　　　　　「譯者引言」。（《台灣民報》）

　　　　　　　　遊記《南遊印象記》發表。（《台灣民報》）

　　　　6 月　　偕夫人自台灣到北京，住宣外永光寺中街 9 號
　　　　　　　　吳承仕先生外院。

　　5 月－7 月　山川均著《弱少民族的悲哀》譯文發表，並附
　　　　　　　　「譯者附記」。（《台灣民報》）

　　　8 月 11 日　到阜城門內西三條魯迅先生寓所登門求教，並
　　　　　　　　贈魯迅《台灣民報》四本。

8 月 28 日　長子張光正出生。

9 月 6 日　寫小説處女作《買彩票》。（《台灣民報》）
　　　　　考入北京私立中國大學國學系。

1927 年（民國 16 年，日昭和 2 年）25 歲。
　　1 月 2 日　在重組的北京台灣青年會成立大會上被推舉為
　　　　　　　主席。
　　2 月 23 日　寫雜文《少年春秋》。（《少年台灣》）
　　2 月 24 日　寫雜文《少年台灣的使命》。（《少年台灣》）
2 月 25 日及 3 月 3 日　寫雜文《台灣閒話》。（《少年台灣》）
　　3 月－5 月　小説《白太太的哀史》發表。（《台灣民報》）
　　3 月 15 日　與北京大學台灣學生宋文瑞（斐如）發起創辦
　　　　　　　的《少年台灣》月刊出版，由張我軍主編，寫
　　　　　　　創刊號發刊詞及編輯餘言。共出刊八、九期。
　　10 月　　　插班轉入國立北京師範大學國文系。

1928 年（民國 17 年，日昭和 3 年）26 歲。
　　　　　　　在師大國文系三年級發起組織文學團體「新野
　　　　　　　社」（原名「星星社」）。

1929 年（民國 18 年，日昭和 4 年）27 歲。
　　4 月 7 － 28 日　小説《誘惑》發表。（《台灣民報》）
　　5 月 16 日　豐島與志雄原作《創作家的態度》譯文發表。
　　　　　　　（上海《北新半月刊》3 卷 10 期）
　　6 月 1 日　上午往訪從上海來京講學的魯迅先生，未得
　　　　　　　見。
　　　　　　　有島武郎著《生活與文學》譯作出版。（上海

北新書局）

北師大第十七屆國文系畢業。

住家自宣外遷至西單察院胡同 47 號。

在家開設日文補習班，並先後在北平師範大學、北京大學和中國大學任日文講師。

7 月 27 日　葉山嘉樹作《洋灰桶裡的一封信》譯文發表（上海《語絲》周刊 5 卷 28 期）。

9 月　　　與日本無產派作家葉山嘉樹通信，葉氏應索寄來自傳，自傳譯文後來編入《賣淫婦》譯本（北新書局）。丘淺次郎著《煩悶與自由》譯作出版。（北新書局）

11 月　　　和田桓謙三（Azneclopedia）著《社會學概論》譯作出版。（北新書局）

武者小路實篤《創作家的資格》譯文發表。（北平《華北日報》副刊）

1930 年（民國 19 年，日昭和 5 年）28 歲。

2 月 25 日　谷崎潤一郎作《小小的王國》譯文發表。（上海《東方雜誌》27 卷 4 期）

6 月 10 日　高橋禎二作《文學研究法──最近德國文藝學的諸傾向》譯文發表。（上海《小說日報》21 卷 6 期）

9 月 15 日　《新野月刊》創刊號發行，寫「卷頭語」及「編後話」並發表論文《從革命文學論無產階級文學》及譯文《高爾基之為人》（日本黑田乙吉原作）

12 月　　　千葉龜雄等著《現代世界文學大綱》（上篇）譯作出版，附有「譯者序」。（神州國光社）

宮島新三郎著《現代日本文學評論》譯作出
版。（上海開明書店）
葉山嘉樹小説集《賣淫婦》譯作出版。（北新
書局）

1931 年（民國 20 年，日昭和 6 年）29 歲。
   3 月   西村真次著《人類學泛論》譯作出版，附「譯
         者贅言」。（神州國光社）
  4 月 15 日 次子張光直出生。
  9 月 15 日 《俄國批評文學之研究》譯文開始連載。（北
         京《文藝戰線》周刊 1 － 15 期）
         「九·一八」事變生後，舉家南下滬、杭避
         難，月餘後返京。
         濱田耕作《自考古學上觀察東亞文明之黎明》
         譯文發表。（《輔仁雜誌》）
   11 月 夏目漱石著《文學論》譯作出版，周作人作
         序。（神州國光社）

1932 年（民國 21 年，日昭和 7 年）30 歲。
   7 月   正木不如丘著《人性醫學》譯作出版，附「譯
         者序」。（北平人文書店）
   9 月 1 日 平林初之輔作《法國自然派的文學批評》譯文
         發表。（上海《讀書雜誌》月刊 2 卷 9 期）
   9 月   《日本語法十二講》出版。（人文書店）
         本年《俄國近代文學》譯作出版。（人文書
         店）
         《日語基礎讀本》出版，此書共發行過九版。
         （北平人人書店）

1933 年（民國 22 年，日昭和 8 年）31 歲。

　　　　　　　住家搬至西單察院胡同 5 號。

　　2 月　　　今中次磨著《法西斯主義運動論》譯作出版，
　　　　　　　附「譯者序」。（人人書店）

　　　　　　　山川均著《資本主義社會的解剖》譯作出版，
　　　　　　　附「譯者序」。（北平青年書店）

　　　　　　　《法國現實自然小說》譯文出版。（上海《讀
　　　　　　　書雜誌》3 卷 2 期）

　　7 月 15 日　前田河廣一郎劇本《黑暗》譯文發表。（北平
　　　　　　　《文藝月報》1 卷 2 期）

1934 年（民國 23 年，日昭和 9 年）32 歲。

　　1 月　　　主編的《日文與日語》月刊創刊。（人人書
　　　　　　　店）

　　5 月 15 日　青野季吉作《文學與政治》譯文發表。（北京
　　　　　　　《文史》雙月刊創刊號）

　　8 月　　　《現代日本語法大會：分析篇》出版；此書共
　　　　　　　發行過四版。（人人書店）

　　10 月　　　與洪炎秋合譯的飯田茂三郎著《中國人口問題
　　　　　　　研究》譯作出版，附「譯者序」。（人人書
　　　　　　　店）

　　　　　　　長野郎著《中國土地制度的研究》譯作出版。
　　　　　　　（神州國光社）

　　　　　　　本年《高級日文自修叢書》第一、二册出版。
　　　　　　　（人人書店）

1935 年（民國 24 年，日昭和 10 年）33 歲。

　　　　　　　住家搬至西單手帕胡同丙 25 號。

1 月	《日語基礎讀本自修教授參考書》出版，後又再版。（人人書店）
3 月	《現代日本語法大會：運用篇》出版。（人人書店）
4 月	《高級日文星期講座》第一册出版。（人人書店）
10 月	《高級日文星期講座》第二册出版。（人人書店）
11 月	應學生雷嗣尚之邀，任北平市社會局秘書，為市長秦德純辦理對日交涉事宜。
12 月	《日文與日語》月刊終刊，月刊合訂本一、二、三卷先後發行三版。
	本年《高級日文自修叢書》第三册出版。（人人書店）

1936 年（民國 25 年，日昭和 11 年）34 歲。

7 月	《標準日文自修講座》一、二、三、四、五册出版。（人人書店）

1937 年（民國 26 年，日昭和 12 年）35 歲。

9 月 7 日	三子張光誠出生。
	秋「七・七事變」發生，北平淪陷後，相繼在日偽政權統轄下的北京大學文學院日本文學系、北京大學工學院、外國語學院文學系任教授。
	本年佐藤弘《黃河之風土的性格》及志賀直哉小說《母親的死和新的母親》兩譯文發表。（《北京近代科學圖書館館刊》）

12 月　　　久松潛一《日本的風土與文學》譯文發表。
　　　　　　（北京《近代科學圖書館館刊》）

1938 年（民國 27 年，日昭和 13 年）36 歲。

　　　7 月　和辻哲郎《中宮寺的觀音》及岡崎義惠《中世
　　　　　　的文學》譯文發表。（北京《近代科學圖書館
　　　　　　館刊》）

　　10 月　　做律詩《席上呈南都（陳逢源）詞兄》。（陳
　　　　　　逢源《新中國素描》）

1939 年（民國 28 年，日昭和 14 年）37 歲。

　　7 月 10 日　家永三郎《日本思想史上否定之論理的發達》
　　　　　　（上）及芥川龍之介小說《鼻》兩譯文發表。
　　　　　　（《北京近代科學圖書館館刊》）

　　8 月 5 日　寫散文《秋在古都》。（《中國文藝》）

　　9 － 11 月　雜文《京劇偶談》發表。（《中國文藝》）

　　10 月　　代張深切編輯《中國文藝》1 卷 3 期，寫卷頭
　　　　　　語《代庖者語》和《編後記》。發表評論《評
　　　　　　菊池寬的〈日本文學案內〉》。（《中國文藝》）
　　　　　　本年《日語模範讀本》卷一、卷二出版。（人
　　　　　　人書店）
　　　　　　谷川徹《日本語和日本精神》、野尻抱影《詩
　　　　　　經的星》、青木正兒《從西湖三塔說到雷峰
　　　　　　塔》等譯文發表。（北京《近代科學圖書館館
　　　　　　刊》）

1940 年（民國 29 年，日昭和 15 年）38 歲。

　　1 月　　　答《中國文藝》三問題發表。（《中國文藝》
　　　　　　1 卷 5 期）

2 月　　　　　寫散文《病房雜記》。（《中國文藝》）

1941 年（民國 30 年，日昭和 16 年）39 歲。
1942 年（民國 31 年，日昭和 17 年）40 歲。
　　1 月　　　　開始翻譯島崎藤村著長篇小説《黎明之前》。
　　8 月　　　　在北京「暑期學術講演大會」上講《日本文學
　　　　　　　　介紹與翻譯》。（《中國文學》）
　8 月 20 日　　《日本短篇名作集》出版（與張深切、洪炎秋
　　　　　　　　共譯，北京新民印書館印）其中載有張我軍譯
　　　　　　　　菊池寬《超於恩仇》。
　　9 月　　　　譯作《日本童話集》上集出版。（北京新民印
　　　　　　　　書館）
　　　　　　　　《日文中譯漫談：關於翻譯》發表。（《中國留
　　　　　　　　日同學會季刊》創刊號）
　　10 月　　　寫評論《關於島崎藤村》。（《日本研究》）
　　　　　　　　譯作《黎明之前》自 10 月 1 日起至 1943 年 10
　　　　　　　　月 1 日止。在《國立華北編譯館館刊》1 卷 1 期
　　　　　　　　至 2 卷 10 期中連載過 9 期。
　11 月 12 日　四子張光樸出生。
　　11 月　　　在日本東京參加第一次「大東亞文學者大
　　　　　　　　會」。在東京同島崎藤村、武者小路實篤等會
　　　　　　　　見。

1943 年（民國 32 年，日昭和 18 年）41 歲。
　　1 月　　　　《日文日語講座：夢（夏目漱石）》發表。
　　　　　　　　（《中國留日同學會季刊》第 2 期）
　　2 月 7 日　　寫《北原白秋的片麟》。（《中國留日同學會
　　　　　　　　季刊》第 3 期）

2 月　　　到南京、上海旅行二十天。

4 月　　　在北京同武者小路實篤第二次會見。

6 月 19 日　寫評論《武者小路實篤印象記》。（《藝文》）
　　　　　島崎藤村《常青樹》譯文發表。（《中國留日
　　　　　同學會季刊》）

7 月 1 日　北原白秋詩歌《問》譯文發表。（《藝文》）

　　12 日　島崎藤村著《黎明之前》譯文至 10 月已譯出
　　　　　20 萬字，約為全文三分之一，因故未完成，為
　　　　　此而寫《〈黎明之前〉尚在黎明之前》一文。
　　　　　（《藝文》）

8 月　　　在日本東京參加第二次「大東亞文學者大會」
　　　　　在東京與武者小路實篤第三次會見。

9 月　　　島崎藤村《秋風之歌》譯文發表。（《中國留
　　　　　日同學會季刊》）

10 月　　　島崎藤村小說《淒風》譯文發表。（《日本研
　　　　　究》）
　　　　　譯作《日本童話集》下集出版。（北京新民印
　　　　　書館）

12 月　　　寫評論《日本文化的再認識》。（《日本研
　　　　　究》）
　　　　　寫評論《關於德田秋聲》。（《藝文》）

1944 年（民國 33 年，日昭和 19 年）42 歲。

1 月 1 日　樋口一葉《歧途》譯文發表，並附「譯者小
　　　　　引」。（《藝文》）

2 月 2 日　寫《武者小路先生的〈曉〉》。（上海《風雨
　　　　　談》月刊）

3 月 1 日　德田秋聲小說《勛章》譯文發表。（《藝文》）

20 日　　　譯德田秋聲小説《洗澡桶》並附「譯者小引」。（《日本研究》）

4 月　　　武者小路實篤小説《黎明》譯作出版，附作者為譯本所寫序言、「譯者附言」和「譯者的話」。（上海太平書局）

島崎藤村小説《分配》譯文表，並附「譯者後記」。（《日本研究》）

8 月 1 日　島崎藤村小説《燈光》譯文發表。（《藝文》）

10 月　　　德田秋聲小説《懸案》譯文發表。（《日本研究》）

12 月 22 日　寫散文《元旦的一場小風波》。（《藝文》）

1945 年（民國 34 年，日昭和 20 年）43 歲。

2 月　　　國木田獨步小説《忘不了的人們》譯文發表，並附「譯者附記」。（《日本研究》）

3 月　　　正宗白鳥小説《徒勞》譯文發表，並附「譯者附記」。（《日本研究》）

8 月 15 日　日本政府宣佈無條件投降。
終止教學職務。

9 月　　　參加台灣省旅平同鄉會工作，任服務隊隊長。

10 月 9 日　應邀到北平西郊同八路軍某部負責幹部甄華（他的學生）、王乃天相會，次日返家。

1946 年（民國 35 年）44 歲。

年初自北平至上海與人合作經商後返台灣。
家人先後自北平遷台灣。

7 月 1 日　任台灣省教育會（理事長游彌堅）編纂組主任。

1947 年（民國 36 年）45 歲。

　　　2 月　　　「二‧二八事件」前後寄居於台中師範學校校
　　　　　　　長洪炎秋家。

　　　6 月　　　在台中市繼光街 83 號開設六合書店，編輯出版
　　　　　　　《國文自修講座》（先後共出五冊）。

　　11 月　　　為張深切《在廣東發動的台灣革命運動史略》
　　　　　　　作序。

　12 月 23 日　寫散文《當舖頌》。（《台灣文化》）

1948 年（民國 37 年）46 歲。

　　1 月 4 日　六合書店遷至台北板橋大東街七號，未幾即關
　　　　　　　閉。

　　　　　　　春任台灣茶葉商業同業公會（理事長：陳清
　　　　　　　汾）秘書（顧問）。主編《台灣茶業》季刊。

　　6 月 3 日　寫散文《採茶風景偶寫》。（《台灣茶業》）

7 月 1949 年 1 月　主編《台灣茶業》季刊。

　　　7 月　　　自台北至三芝某茶園參觀採茶比賽。
　　　　　　　寫散文《在台灣西北角看採茶比賽後記》。
　　　　　　　（《台灣茶業》）

　10 月 1 日　寫散文《山歌十首》。（《台灣茶業》）

1949 年（民國 38 年）47 歲。

　　1 月 1 日　從台北乘汽車至埔里參觀東邦紅茶公司製茶廠
　　　　　　　返回後寫散文《埔里之行》。（《台灣茶業》）

　　　8 月　　　應謝東閔邀請任台灣省合作金庫業務部專員。

　　12 月　　　任合作金庫研究室專員。

1950 年　48 歲。

4 月－1955 年 10 月　主編《合作界》月刊（後改為季刊）。

7 月　　　　　任台灣省合作金庫研究室主任。
　　　　　　　兼任金庫棒球部長。編撰《日華字典》約二十
　　　　　　　萬字，至逝世止已完成五分之一。

1951 年　49 歲。
　　3 月　　　清明之夜寫散文《春雷》。（《張我軍文集》、
　　　　　　　《當代》）
12 月 3 ─ 13 日　自台北出發，走訪了東港、屏東、高雄、台
　　　　　　　南、嘉義、員林、鹿港、彰化、台中、新竹、
　　　　　　　桃園、基隆、淡水等十三個市鎮信用合作社。
　　　　　　　寫遊記《城市信用合作社巡禮雜筆》。（《合
　　　　　　　作界》）

1955 年　53 歲。
　　8 月　　　患病休養。
　11 月 3 日　上午 10 時 30 分因肝癌逝於台北市。

張我軍著譯書目和作品篇目

一、著作書目

書名	出版社	出版時間
中國國語文做法	台北自費	1926 年
亂都之戀	台北自費	1925 年
日本語法十二講	北平人文書店	1932 年
口語基礎讀本	北平人人書店	1932 年
高級日文自修叢書（1～3 冊）	北平人人書店	1934 年
現代日本語法大全：分析篇	北平人人書店	1934 年
日語基礎讀本自修教授參考書	北平人人書店	1935 年
現代日本語法大全：運用篇	北平人人書店	1935 年
高級日文星期講座（1～3 冊）	北平人人書店	1935 年
標準日文自修講座（1～5 冊）	北平人人書店	1936 年
日語模範讀本（1～2 卷）	北平人人書店	1939 年
日本童話集（上、下）	北平新民印書館	1942 年
國文自修講座（1～5 冊）	台中六合書店	1947 年

二、作品篇目

篇　名	發表刊物	發表時間
寄懷台灣議會請願諸公	台灣雜誌 4 年 4 號	1923 年
詠時事（舊詩）	台灣雜誌 4 年 6 號	1923 年
排日政策在華南	台灣雜誌 4 年 7 號	1923 年
游中山公園雜詩	台灣民報 2 卷 6 號	1924 年
致台灣青年的一封信	台灣民報 2 卷 7 號	1924 年
煩悶（詩）	台灣民報 3 卷 7 號	1925 年
沉寂（詩）	台灣民報 2 卷 8 號	1924 年
對月狂歌（詩）	台灣民報 2 卷 8 號	1924 年
無情的雨（詩）	台灣民報 2 卷 13 號	1924 年
糟糕的台灣文學界	台灣民報 2 卷 24 號	1924 年
駁稻江建醮與政府和三新聞的態度	台灣民報 2 卷 25 號	1924 年
為台灣的文學界一哭	台灣民報 2 卷 26 號	1924 年
歡送辜博士	台灣民報 2 卷 26 號	1924 年
請合力拆下這座敗草叢中的破舊殿堂	台灣民報 3 卷 1 號	1925 年
絕無僅有的擊缽吟的意義	台灣民報 3 卷 2 號	1925 年
秋風又起（詩）	《亂都之戀》詩集	1925 年
危難的前途（詩）	《亂都之戀》詩集	1925 年
田川先生與台灣議會	台灣民報 3 卷 3 號	1925 年
揭破悶葫蘆	台灣民報 3 卷 3 號	1925 年
時事短評（兩篇）	台灣民報 3 卷 3、4 號	1925 年
聘金廢止的根本解決法	台灣民報 3 卷 4 號	1925 年
伊澤新總督的訓示	台灣民報 3 卷 5 號	1925 年
復鄭軍我書	台灣民報 3 卷 6 號	1925 年
文學革命運動以來	台灣民報 3 卷 6~9 號	1925 年

篇　名	發表刊物	發表時間
隨感錄（12 篇）	台灣民報 3 卷 6～18 號	1925 年
研究新文學應讀什麼書	台灣民報 3 卷 7 號	1925 年
詩體的解放	台灣民報 3 卷 7、8、9 號	1925 年
孫中山先生弔詞	台灣《傳記文學》6 卷 3 期	1925 年
生命在，什麼事做不成？	台灣民報 3 卷 10 號	1925 年
《親愛的姐妹們呀，奮起！努力！》後記	台灣民報 3 卷 18 號	1925 年
《一個貞烈的女孩子》識語	台灣民報 3 卷 18 號	1925 年
新詩《仰望》等識語	台灣民報 3 卷 18 號	1925 年
春意（詩）	台灣民報 61 號	1925 年
弱者的悲鳴（詩）	台灣民報 61 號	1925 年
《我的學校生活的一斷面》識語	台灣民報 62 號	1925 年
新文學運動的意義	台灣民報 67 號	1925 年
通信二則	台灣民報 69 號	1925 年
《牆角的創痕》、《我的祖國》附記	台灣民報 74 號	1925 年
至上最高的道德——戀愛	台灣民報 75 號	1925 年
中國國語文（白話文）做法導言	台灣民報 76 號	1925 年
《牧羊哀話》附記	台灣民報 78 號	1925 年
文藝上的諸主義	台灣民報 77～89 號	1925 年
看了警察展覽會之後	台灣民報 83 號	1925 年
《亂都之戀》序（詩）	台灣民報 85 號	1925 年
我願（詩）	《亂都之戀》詩集	1925 年
前途（詩）	《亂都之戀》詩集	1925 年

篇　名	發表刊物	發表時間
哥德又來勾引我苦惱（詩）	《亂都之戀》詩集	1925 年
亂都之戀（詩）	人人雜志第 2 期	1925 年
台灣未曾有的大阿片事件控訴公判	台灣民報 106 號	1925 年
危哉台灣的前途	台灣民報 86 號	1926 年
南遊印象記	台灣民報 91～96 號	1926 年
《李松的罪》附言	台灣民報 117 號	1926 年
買彩票（小說）	台灣民報 123～125 號	1926 年
《少年台灣》發刊詞及編輯餘言	少年台灣創刊號	1927 年
《少年台灣》的使命	少年台灣創刊號	1927 年
台灣閒話	少年台灣創刊號	1927 年
少年春秋	少年台灣創刊號	1927 年
白太太的哀史（小說）	台灣民報 150～155 號	1927 年
誘惑（小說）	台灣民報 255～258 號	1929 年
從革命文學論無產階級文學	新野月刊	1930 年
《新野》月刊卷頭話和編後話	新野月刊	1930 年
為什麼要研究日文	《日文與日語》創刊號	1934 年
日文與日語的使命	《日文與日語》創刊號	1934 年
日文與日語編者的話	《日文.與日語》創刊號	1934 年
為日文課程告學校當局	《日文與日語》第 5 期	1934 年
日本羅馬字的問題	《日文與日語》第 3 卷 1 期	1935 年
日本的文章記錄法與標點符號	《日文與日語》第 3 卷 6 期	1935 年
民國 25 年以後的工作	《日文與日語》第 3 卷 6 期	1935 年

篇　　名	發表刊物	發表時間
別矣讀者	《日文與日語》第 3 卷 6 期	1935 年
席上呈南都（陳逢源）詞兄（舊體詩）	陳逢源「新支那素描」	1938 年
秋在古都	中國文藝創刊號	1939 年
關於中國文藝的出現及其他——隨便談談	中國文藝創刊號	1939 年
京劇偶談	中國文藝 1 卷 1、2、3 期	1939 年
代庖者語	中國文藝 1 卷 3 期	1939 年
評菊池寬的《日本文學案內》	中國文藝 1 卷 3 期	1939 年
編後記	中國文藝 1 卷 3 期	1939 年
須多發表與民衆生活有密切關係的作品	中國文藝 1 卷 5 期	1940 年
病房雜記	中國文藝 2 卷 1～3 期	1940 年
日本文學介紹與翻譯（講演）	中國文學創刊號	1942 年
日文中譯漫談：關於翻譯	中國留日同學會季刊	1942 年
關於島崎藤村	日本研究 1 卷 2 期	1942 年
武者小路實篤印象記	藝文雜誌 1 卷 2 期	1942 年
日文中譯漫談——關於翻譯	中國留日同學會季刊創刊號	1942 年
日語中的「附辭」	中國留日同學會季刊第 7 號	1944 年
北原白秋的片麟	中國留日同學會季刊 3 期	1943 年
《黎明之前》尚在黎明之前	藝文雜誌 1 卷 3 期	1943 年

篇　　名	發表刊物	發表時間
日本文化的再認識	日本研究 2 卷 2 期	1944 年
關於德田秋聲	藝文雜誌 2 卷 2 期	1944 年
武者小路先生的《曉》	風雨談月刊	1944 年
元旦的一場小風波	藝文雜誌 3 卷 1 期	1944 年
張深切：《在廣東發動的台灣革命運動史略》序	台灣中央書局	1947 年
當舖頌	台灣文化 3 卷 2 期	1947 年
採茶風景偶寫	台灣茶業 1 期	1948 年
喝茶在北方	台灣茶業 1 期	1948 年
山歌十首	台灣茶業 2 期	1948 年
在台島西北角看採茶比賽後記	台灣茶業 2 期	1948 年
埔里之行	台灣茶業 3 期	1949 年
春雷	《張我軍文集》	1951 年
城市信用合作社巡禮雜筆	合作界季刊 3 號	1952 年

三、譯作書目

書　名	原作者	出版社	出版時間
生活與文學	有島武郎	上海北新書局	1929 年
社會學概論	和田桓謙三	上海北新書局	1929 年
煩悶與自由	丘淺次郎	上海北新書局	1929 年
賣淫婦	葉山嘉樹	上海北新書局	1930 年
現代世界文學大綱	千葉龜雄	上海神州國光社	1930 年
現代日本文學評論	宮島新三郎	上海開明書店	1930 年
人類學泛論	西村真次	上海神州國光社	1931 年
文學論	夏目漱石	上海神州國光社	1931 年
人性醫學（附戀愛學）	正木不如丘	北平人文書店	1932 年
俄國近代文學		北平人文書店	1932 年
法西斯主義運動篇	今中次磨	北平人文書店	1933 年
資本主義社會的解剖	山川均	北平青年書店	1933 年
中國人口問題研究	飯田茂三郎	北平人文書店	1934 年
中國土地制度的研究	長野郎	神州國光社	1934 年
現代日本短篇名作集	德田秋聲等	北平新民印書館	1942 年
日本童話集（上）		北平新民印書館	1942 年
日本童話集（下）		北平新民印書館	1943 年
黎明之前	島崎藤村	華北編譯館館刊	1943 年
黎明	武者小路實篤	上海太平洋書局	1944 年

四、譯作篇目

篇　　名	原作者	發表刊物	發表時間
農民問題二件（大阪朝日台灣瑣言）		台灣民報 3 卷 9 期	1925 年
宗教的革命家甘地	宮島與相田	台灣民報 3 卷 18 期 59 － 73 號	1925 年
貞操是「全靈的」之愛	安部磯雄	台灣民報 60 號	1925 年
大婚二十五年御下賜舍和殖民地的教化事業	安部磯雄	台灣民報 62 號	1925 年
中國的國權恢復問題	米田實	台灣民報 66 － 71 號	1925 年
愛欲	武者小路實篤	台灣民報 94 － 95 號	1926 年
弱少民族的悲哀	山川均	台灣民報 105 － 115 號	1926 年
創作家的態度	豐島與志雄	上海《北新》半月刊 3 卷 10 期	1929 年
創作家的資格	武者小路實篤	上海《華北日報副刊》	1929 年
洋灰桶裡的一封信	葉山嘉樹	上海《語絲》周刊 5 卷 28 期	1929 年
小小的王國	谷崎潤一郎	上海《東方雜誌》 27 卷 4 期	1930 年
文學研究法 ── 最近德國文藝學的諸傾向	高橋禎二	上海《小說月報》 21 卷 6 期	1930 年
高爾基之為人	黑田乙吉原	《新野月刊》1 期	1930 年
俄國批評文學之研究		北京《文藝戰線》周刊 1 － 15 期	1931 年

篇　名	原作者	發表刊物	發表時間
自考古學上觀察東西文明之黎明	濱田耕作	《輔仁雜誌》2 卷 2 期	1931 年
法國自然派的文學批評	平林初之輔	上海《讀書》月刊 2 卷 9 期	1932 年
法國現實自然派小說		上海《讀書》月刊 3 卷 2 期	1933 年
黑暗（劇本）	前田河廣一郎	文藝月報 1 卷 2 期	1933 年
文學與政治	青野季吉	北京《文史》雙月刊創刊號	1934 年
日本的風土與文學	久松潛一	北京《近代科學圖書館館刊》2 號	1937 年
中宮寺的觀音	和辻哲郎	北京《近代科學圖書館館刊》4 號	1938 年
中世的文學	岡崎義惠	北京《近代科學圖書館館刊》4 號	1938 年
日本語和日本精神	谷川沏	北京《近代科學圖書館館刊》5 號	1939 年
詩經的星	野尻抱影	北京《近代科學圖書館館刊》5 號	1939 年
從西湖三塔說到雷峰塔	青木正兒	北京《近代科學圖書館館刊》5 號	1939 年
黃河之風土的性格	佐藤弘	北京《近代科學圖書館館刊》5 號	1938 年
母親的死和新的母親	志賀直哉	北京《近代科學圖書館館刊》5 號	1939 年
日本思想史上否定之理論的發達（上）	家永三郎	北京《近代科學圖書館館刊》23 號	1939 年

篇　名	原作者	發表刊物	發表時間
鼻	芥川龍之介	北京《近代科學圖書館館刊》6 號	1939 年
超於恩仇	菊池寬	現代日本短篇名作集	1942 年
黎明之前	島崎藤村	華北編譯館刊 1 卷 1 期至 2 卷 2 期	1942 年
夢	夏目漱石	中國留日同學會季刊第 2 期	1943 年
常青樹	島崎藤村	《中國留日同學會季刊》4 號	1943 年
問（詩歌）	北原白秋	藝文雜誌創刊號	1943 年
秋風之歌	島崎藤村	《中國留日同學會季刊》5 號	1943 年
淒風	島崎藤村	日本研究 1 卷 2、3、4 期	1943 年
歧路	樋口一葉	藝文雜誌 2 卷 1 期	1943 年
勛章	德田秋聲	藝文雜誌 2 卷 3 期	1944 年
洗澡桶	德田秋聲	日本研究 2 卷 3 期	1944 年
分配	島崎藤村	日本研究 2 卷 4、5 期	1944 年
燈光	島崎藤村	藝文雜誌 2 卷 7、8 期	1944 年
懸案	德田秋聲	日本研究 3 卷 4、5 期	1944 年
忘不了的人們	國木田獨步	日本研究 4 卷 1 期	1945 年
徒勞	正宗白鳥	日本研究 4 卷 3、4 期	1945 年

五、主編刊物

刊物名稱	性質	出版社	出版時間
少年台灣 1‐9 期	月刊	北平少年台灣社	1927～1928 年
日文與日語 1～3 卷	月刊	北平人人書店	1934～1935 年
台灣茶業 1～3 期	季刊	台灣茶葉商業同業公會	1948～1949 年
合作界 1～18 期	月刊季刊	台灣省合作金庫	1950～1952 年

《張我軍選集》[①]編者後記

　　記得同父親最後一次見面，是 1945 年 10 月 9 日。當時抗日
戰爭剛剛勝利，八路軍已進抵北京城郊。那天清晨我們倆各騎一
輛自行車，從西單手帕胡同家裡來到西四南大街，另一位騎車人
正在二、三十米外等候。我低聲囑咐父親悄悄地跟那人出城，到
妙峰山下八路軍某部駐地同負責人[②]相會。辦完這件事，我就返
回自己的地下工作崗位，解放戰爭開始又撤回冀西根據地。後來
聽說父親已回原籍台灣，全家也隨後遷去。從此我同他們關山迢
遞，海峽隔絕，彼此杳無音信。直到七十年代末，才知道父親早
在 1955 年於台北病逝。沒想到四十年前目送他騎車漸漸離去的背
影，竟然是最後的一瞥了。

　　1975 年，即父親逝世二十周年時，二弟張光直[③]編輯的《張
我軍文集》在台灣出版。其後，父親的摯友洪炎秋老先生寫了一
篇詳細的回憶文章；在台灣、海外和大陸陸續發表的關於台灣新
文學運動的論述裡，對父親當年所起的作用，也有很多分析和評
論。讀了這些材料，我對他的身世和經歷才有了比較全面的了
解。

　　父親原名張清榮，生於 1902 年，原籍台北板橋。據考證，他
是「清河堂」張姓族人從祖籍福建南靖移民台灣的第七代人。因
家境貧寒，小學畢業後就去台北一家鞋店當學徒。後經老師林木
土介紹，到台北新高銀行做小工，由於勤奮好學，精明好幹，很
快就升為雇員。成年後的經歷大致可分三個階段：接受「五四」

影響，作為台灣新文學運動急先鋒的年代；定居北京從事教學和
譯作的年代；台灣光復返回家鄉後的年代。

　　他投身於台灣新文學運動，始於十九歲時遇到的一個機緣。
那年他被銀行派到廈門支行服務，得以從日本割據下的台灣島，
來到祖籍福建，在人才薈萃、貿易繁榮的廈門港住了兩年，從此
就不想再回到「如在葫蘆底的故鄉了」。隨後又來到祖國北方文
化名城北京，進升學補習班，並返往北京、台灣之間。這一段經
歷使他廣開視野，接觸了祖國豐富的文化遺產，深受當時方興未
艾的「五四」新文化運動的薰陶，而成為一生中的轉捩點。

　　從 1924 年到 1926 年，他接連投書《台灣民報》（一度擔任
該報編輯），率先對日本佔領下的台灣舊文壇進行猛烈抨擊，積
極宣傳祖國大陸「五四」文化運動新思想，從而挑起台灣新舊文
學大論戰。年僅二十二歲的張我軍，以初生之犢不怕虎的氣勢投
入這場論戰，充當了急先鋒。他在 1924 年 11 月發表的《糟糕的
台灣文學界》被稱作「台灣新文學革命發難的檄文」；連同此文
前後的其它評論文章，被視為投向台灣舊文壇的炸彈。他針對當
時風靡台灣的舊體詩，揭露了舊文學的落後、腐朽、虛偽和對青
年的毒害。他立足於中外文藝思潮發展和文學革命的高度，對舊
文學逆時代潮流的反動性進行了批判。

　　與此同時，他還從事新文學的理論探討和致力於創作實踐。
除介紹胡適、陳獨秀關於建設白話文學的主張外，他提出了「台
灣語言的改造」問題，力主「依傍中國的國語（即普通話）來改

---

①《張我軍選集》，張光正編，1985 年北京時事出版社出版。
②會見的八路軍幹部，一位是他的學生甄夢筆，後改名甄華（1908－1994），
　山西平定人，30 年代初曾受教於張我軍，建國後曾任中國科學院西北分院副
　院長、山西大學校長；另一位是王乃天，建國後曾任中國民航總局領導人。
③張光直為美國哈佛大學講座教授、美國科學院院士，曾任台灣「中央研究院」
　副院長。

造台灣的土語」,「把台灣人的話統一於中國語」以使台灣文化
「不與中國文化分斷」。這在當時是公開抗拒日本帝國主義推行
「皇民化」的「日台融合」政策的。當代台灣著名文學評論家葉
石濤認為:張我軍「堅強地主張台灣文學是屬於中國文學的一個
環節,無視於日本統治台灣的政治現實,毅然貫徹始終他的觀
點,代表了台灣作家不畏強權的道德良心」④。

為徹底破除台灣文壇死抱漢文舊體詩不放的積弊,張我軍對
古今中外的詩體做了分析,贊成創作富有內在自然韻律的新詩,
主張詩體的解放。他的文學創作就是從寫作這種新體詩開始的。
1925 年他以爭取戀愛自由和婚姻自主為主題而寫的自敘詩——
《亂都之戀》,是台灣出版的第一部用白話文寫的新詩集。它的
出版,在文言舊詩林立中別樹一幟,引起一些人的效仿,也招致
反對自由戀愛者的責罵和擁護者對罵者的反駁,而在台灣文壇上
引起過一陣波瀾。

自從發表《糟糕的台灣文學界》以後,他就不斷遭受緊抱舊
文學不放者的種種誤解,甚至污蔑謾罵和攻擊,但他毫不回避和
退讓,一一據理說清或針鋒相對的反駁。他對舊文學的批判,得
到了被稱為「台灣新文學之父」的賴和以及陳逢源、葉榮鐘等先
生的支持。這場台灣新舊文學大論戰,終以舊文學的敗北而結
束。

從 1924 年 4 月到 1927 年 5 月,他共寫過五、六十篇評論和
創作,出版過兩本小冊子。這些文章不僅批判舊文學,還向封建
迷信、買賣婚姻等落後的思想、習俗挑戰;並且直接把鋒芒指向
日本殖民主義占領當局,公開把當時台灣的社會黑暗和文壇污穢
同殖民統治聯繫起來,直接點了當時日本駐台總督的名,揭穿其
偽善面孔。他在 1925 年 3 月為台北孫中山先生追悼大會寫的弔詞
裡,對這位中國民主革命的先驅做了高度頌揚,抒發了崇敬和哀
悼之情,表達出台灣人民對中國革命前途的深切關心。這份弔詞

雖被日本警察禁止在會上宣讀，卻不脛而走，迅即從台灣島傳播
到了祖國大陸。

　　這裡，還應當提到魯迅先生當年給予台灣青年的關注和鼓
勵。在魯迅 1926 年 8 月 11 日的日記裡有「寄張我軍信」；「張
我軍來並贈《台灣民報》四本」的記載，經歷了半個多世紀之久
的這四本《台灣民報》，現仍珍藏在北京魯迅博物館。然而，張
我軍到尊師魯迅寓所登門求教時，究竟談到些什麼呢？從 1927 年
4 月魯迅在廣州寫的一篇文章中可知其梗概：

　　　　「還記得去年夏天住在北京的時候，遇見張我權
　　　（按：是張我軍之筆誤）君，聽他說過這樣意思的話：
　　　『中國人似乎都忘記了台灣了，誰也不大提起。』他是一
　　　個台灣的青年。
　　　　　我當時就像受了創痛似的，有點苦楚，但口上卻道：
　　　『不，那倒不至於的，只因為本國太破爛，內憂外患』非
　　　常之多，自顧不暇了，所以只能將這些事情暫且放下，
　　　……
　　　　　但正在困苦中的台灣的青年，卻並不將中國的事情暫
　　　且放下，他們常希望中國革命的成功，贊助中國的改革，
　　　總想盡些力，於中國的現在和將來有所俾益，即使是自己
　　　還在做學生。」（《而已集・寫在勞動問題之前》）

　　父親人生旅程的第二階段，是在北京定居的二十年。他依靠
譯書著文維持生計，經過孜孜不倦地發奮苦讀，終於在 1926 年由
一個只有小學程度，走工讀自學之路，而考入北京的高等學府。

④引自葉石濤《走過紛爭歲月，邁向多元年代——台灣文學的回顧與前瞻》，
　載於 1985 年 10 月 31 日台灣《自立晚報》。

先入中國大學，一年後在著名教育家吳承仕⑤先生的賞識和鼓勵
下，轉入吳老擔任主任的師範大學國文系。1929 年大學畢業後，
就在師範大學、北京大學和中國大學擔任日文講師，並在家裡開
設日語補習班；淪陷後任日偽政權統轄的「北京大學」工學院及
文學院教授。在十幾年的外語教學生涯中，他積累了豐富的教學
經驗，編著出版了十多種日文和日語的教學書刊。其中《日語基
礎讀本》一書，發行過九版，抗戰前就為十幾所大學授課採用。
從而成為名重一時的日文日語教授，在眾多桃李當中也不乏知名
人士。從青年時代開始，從事日文譯作成了他的副業和愛好，他
的譯法類似魯迅先生忠於原文的直譯，譯作內容主要是日本文
學，也間有其它社會科學和自然科學方面的，其中既有馬克思主
義作家的作品，也有日本各文學流派的名著。二十年代末，他同
日本「無產派」作家葉山嘉樹有過聯繫；四十年代初同日本著名
老作家島崎藤村、武者小路實篤等也有交往。他翻譯日本文學和
學術著作先後達二十年之久，是早期介紹當代日本文學泰斗和學
術權威著作給祖國讀者的翻譯界先行者之一。他的大半生曾為中
日兩國文化交流架橋鋪路，成績斐然，功不可沒。

　　父親在淪陷時期的心情是深感壓抑十分苦悶的。他時常在家
裡用毛筆書寫杜甫的《春望》⑥一詩，以寄託感時憂國的情懷。
1942 年他去日本東京出席「大東亞文學者大會」時，被帶到日本
皇宮前「參拜」。一行人中，只有他公然扭過臉去不向皇宮鞠躬
哈腰⑦。他一方面，作為被強加上日本國籍的台灣人和一名學者，

---

⑤吳承仕（1884 － 1939）晚清進士，章太炎弟子，知名的經學大師和國學教
　授。1935 年參加 12・9 學生運動，1936 年參加中共。

⑥杜甫的〈春望〉詩為：國破山河在，城春草木深。感時花濺淚，恨別鳥驚心。
　烽火連三月，家書抵萬金。白頭搔更短，渾欲不勝簪。

⑦據 1950 年 8 月日本中央公論社出版的《非常時期的日本文壇史》中，岩谷大
　四的記述。

要頂住日本當局逼迫他當走狗，出任偽職的政治壓力；另一方面，淪陷區人民在日寇鐵蹄下生活狀況急驟惡化，日益加重他家庭負擔的經濟壓力。這雙重壓力隨著日本帝國主義末日的臨近，越來越厲害，他也越來越蒼老、憔悴、煩悶、悲觀。抗日戰爭勝利前夕，我受命從敵後根據地回敵佔區後，向他詳細介紹了抗戰形勢和根據地的真實情況，轉達了去解放區參觀的邀請，他立即精神一振，願意前往。尚未啟程，日寇投降，遂有騎車出城去八路軍駐地之行。在他去過之後，內戰炮火即行打響，我軍暫時撤離京郊，父親就返回原籍謀生去了。

　　他的人生旅程最後階段，是光復後回到台灣故土的九年。回去後的生活依舊艱難，經常處於半失業狀態。但在闊別二十年之後終於回到自己家鄉，「一草一木都覺得可親可愛」。他曾利用在「茶商公會」工作之便，遍訪過山鄉茶園，採集茶女唱的客家山歌；又以「合作金庫」研究室名義，巡訪了台灣十幾個市鎮，寫了些遊記隨筆。1947年，台灣發生「官逼民反」的二‧二八起義，接踵而來的是島內「白色恐怖」的政治迫害和台海兩岸的長期隔絕。二弟光直在1949年「四‧六事件」中被加以「共黨嫌疑」罪名逮捕坐牢。這一切都給父親以沉重打擊。在他告別人世之前，傾吐心聲的遺作，當屬寫於1951年清明之夜，而在生前未能發表的《春雷》。這篇散文寓意深邃地把春雷喻作給他一生帶來過美好希望的信息，當回到光復後的家鄉，正在「愁雲苦雨中度日」「鬱悶的喘不過氣來」時，清明之夜的一聲春雷又給他「帶了晴天的無限希望來」，並且「由衷心相信明天是可以一親久別了的陽光的」。他日夜盼念的「晴天」究竟是什麼呢？在不能傾吐衷腸環境裡留下的這個「謎」，我們通過綜觀其一生當可試求其解：在台灣和大陸各半的生涯中，使他緊密融合了熱愛祖國大陸和熱愛台灣鄉土的深厚感情，也歷經了台灣海峽兩岸的悲歡離合，飽嘗過台灣同祖國分離帶來的顛沛流離和親人失散的痛

苦。因此,在他淒風苦雨的晚年,翹首盼望的,自然是台灣的回
歸和祖國統一的實現。雖然由於他的早逝而未能達到這「一親久
別了的陽光」的心願,但他那滿懷「無限希望」的「衷心」,無
異是已經融合在海峽兩岸人民的共同心願之中了。

在父親的遺作中體現了熱愛祖國、熱愛鄉土的情感,具有他
所處時代的風貌和他自己的文學特色,可供我們來閱讀和欣賞;
也可為研究台灣新文學運動和中日文化交流提供難得的資料。基
於這樣的認識,才使我有勇氣來編輯這本選集。至於父親的一生
在學術方面的貢獻究竟如何,以及他的文章論點和筆法的種種得
失,那要請行家和讀者們去分析評論了。在父親逝世三十周年到
來之際,他的選集第一次在祖國大陸,在他求學、寫作、奮鬥、
生活過的北京出版發行,這不僅是對長眠在海峽彼岸地下的作者
的最好紀念;我想這也將會有益於促進台灣海峽兩岸對文史研究
方面的交流吧。

本書編入現已搜集到的,張我軍在台灣新文學運動時期的主
要作品,及其後有代表性的文章。為閱讀方便,編者在一些地方
做了簡要註譯,書後附張我軍年表和他著譯的書目和篇目,供讀
者參考。遺著的收集得到廈門大學台灣研究所朱天順教授等同志
的大力支持和協助;台灣省籍作家周青同志對本書的選編提供寶
貴建議,謹此一併致謝。

張光正

1985 年元旦寫於北京

2000 年元月修改

《全集》編後話

　　在《選集》出版十五年後，《全集》即將在世紀之交問世。《全集》的出版，不僅對父親逝世 45 周年，也對兩年後他誕生的百週年，都應是最好的紀念。作為既有義務又有條件編輯這部集子的我，十幾年來的努力總算有了結果，真乃如釋重負。

　　父親畢生寫作量最大的，當屬譯文和教材，能收入《全集》的文字不算很多。現已儘可能把能夠收集到的遺作，都已收入《全集》之中了。文章的總篇數比《選集》增多近兩倍，其中有眾多絕跡多年的詩文。這都是台海兩岸有關學者和親友共同搜集、發掘的成果。

　　首先應提到的，是 1986 年在台北搜尋到《亂都之戀》詩集孤本的黃天衡先生，由於這位老先生的努力，使已經絕跡多年的這部具有文史價值的詩集，得以重見天日。再就是林海音表姐，她主持的台北純文學出版社最早出版了父親的《文集》，後來又出版了內容充實、印刷精美的《詩文集》。對父親遺作搜集得最豐富，研究、考證、介紹得最多、最全面的，當屬台灣文學史料研究學者秦賢次先生。他贈我七十多年前在北京出版、由父親主編的《少年台灣》和《新野》兩刊物完整的複印件，對研究台灣新文學史和張我軍文學生涯者來說，無異於「稀世珍寶」；《全集》中有多篇遺作都是選自秦先生 1993 年編輯出版的《張我軍評論集》。此外，1995 年台北「中央研究院文哲研究所」主辦的「張我軍學術研討會」和「張我軍逝世 40 周年紀念展」，以及在

會上發表論文或發言的王昶雄、葉石濤、呂興昌、施淑、林瑞明、陳明柔、彭小妍等先生，都曾提供父親遺作的新內容，以及一些遺照和遺墨。現趁此機會，向以上各位前輩、學者和親友表達親切的敬意和衷心的感謝！

光直弟是最早編輯出版父親文集的人，為此後我編《選集》和這次編成的《全集》，起了良好開端，打下了基礎。正在與病魔苦鬥中的光直，去年把裘子匡先生在台影印出版並贈他的十大本《台灣民報》，從美國郵寄給我，這對《全集》的補遺和勘校極其重要。本書所附照片，有些是去年逝世的三弟光誠所保有並由他重製後，送給我的。在此也應一併提及。

最後，參加 1985 年北京紀念父親逝世 30 周年座談會的父親幾位知交；：蘇子蘅、葉蒼岑老前輩和盛成教授；主持座談會的著名作家駱賓基、著名詩人阮章竟和吳惟誠同志；以及鼓勵我收集、研究父親遺作的蕭乾先生，均於近幾年陸續駕鶴西去。在此，特致以深切的懷念和衷心的哀悼！

張光正
2000 年元月於北京

七、《張我軍全集》補遺

為台灣人提出一個抗議

伍君（張我軍）

一

　　明末清初和滿清抗戰到最後的同胞是台灣人，清末抗拒清廷的割讓命令，組織共和國單獨和日寇抗戰的是台灣人。五十年來被壓在日本帝國主義鐵蹄下和日本明爭暗鬥的，也是台灣人。台灣同胞可以說是最富於民族意識的漢族子孫，黃帝嫡裔，凡是受過教育的國人，應該是沒有不知，沒有不承認這種事實的。

　　五十年來和日寇明爭暗鬥、始終不為所屈的台灣人，惟一依仗的是屹然存在於亞洲的中華民國，惟一的期待是祖國強盛起來，從敵冠掌握中奪回台灣。現在他們的目的達到了，他們是怎樣地欣慰，這由於派赴台省的中央通訊社和各報記者的報告，以及國內各省市的台胞屢次的表現，國人應該是深知的。

　　他們意識著自己是中國人，信仰著祖國的政府，渴望回到祖國懷抱，藉以擺脫那繼母般的日本政府的毒手，所以他們會抱這樣的期待，會這樣的欣慰。凡我同胞，對於在敵寇踐踏下掙扎了五十年之久，好容易回到祖國懷抱的台胞，應該如何加以撫慰呀！但是數月以來，請大家捫心自問，究竟怎樣撫慰過他們沒有？居住台省的同胞是怎樣一種情形，我們除了在報上看見若干斷片的消息以外得不到詳細的資料，所以不敢妄斷。但是旅居各省市的台胞，至少平津兩地的台胞，都是日日過著危懼不安的生

活，這是千真萬確的事實。具體的事實多不勝舉，不過本文的目的是為更其嚴重的問題而作的，所以現在要直接進入本題。

二

一月十四十五日，平津各報登著一段北平中央社的消息，大意是：「關於朝鮮及台灣人產業處理辦法業經行政院核定公佈㈠凡屬朝鮮及台灣之公產均收歸國有。㈡凡屬朝鮮及台灣人之私產由處理局依照行政院處理敵偽產業辦法之規定接收保管及運用。朝鮮或台灣人民凡能提出確實憑證並未擔任日軍特務工作或憑藉日人勢力凌害本國人民，或幫同日人逃避物資或並無其他罪行者，經確實證明後，其私產呈報行政院核定予以發還。」

這段消息轟動了平津兩地的台胞，這兩天他們們都以悲憤填胸的態度紛紛談論著這件事。他們認為這種辦法的決定，是一種極大的，無法容忍的侮辱。這種辦法的內容可以抽出兩個最大的要點：第一，行政院認定台人是敵或偽，所以將他們的私產視同偽產。第二，行政院認定台人都有「擔任日軍特務工作」等等「罪行」嫌疑，所以視台人私產為敵偽產業，所以令其提出反證，核定之後才「予以發還」。台胞悲憤的最大原因大約是在這裡。

三

現在我對於這個辦法，站在國民的立場提出幾點疑問，並為台灣同胞向賢明的當局提出抗議。㈠所謂公產與私產的界限未曾予以明定。公產若指的是以往日本政府所有在台灣的官產，那麼收歸國有或者還有理由——其實日政府強奪自台灣人的產業，按理應該發還台人藉收宣撫之效——，若指台灣會館之類，則大有斟酌餘地，因為各省各縣的人都可以有會館，何獨台省人不得有會館？私產的範圍若及於生活必需用和職業用具以至維生的錢

財，這的確是要台胞的命根了。㈡這個辦法的適用範圍沒有明白的規定，究竟是六百多萬的台胞全部依這個辦法呢？或者是只適用於旅居祖國的台胞呢？無論屬於何者，我們都不能稍解其用意所在，此事和第三個疑問是互相關聯的。㈢試看辦法中將朝鮮人和台灣人相提並論，似乎是因為台灣人在日寇投降前，法律上是屬於日本人，所以予以與敵人同樣的處分。若然則六百多萬台胞全體要受同樣的待遇了。但是，台灣在已經復歸我國版圖的今日，予台胞以與敵人同樣甚或更加苛酷的待遇，是具何心腸？若謂只適用於旅居祖國的台胞，然則同是台胞，為什麼要加以差別？須知旅居祖國的同胞，大多數是為了不願受日人統治而逃回祖國的呀！再看「予以發還」的辦法，似乎是優待台胞的通融辦法，其實這是苛待台胞的措施。若論「擔任日軍特務工作」「或其他罪行」，不但所有淪陷區內同胞都有可能，連抗戰區內的同胞也沒有人敢擔保其必無可能，為什麼他們不受同樣的待遇？

四

　　這個辦法的影響非常之大是不用說的。消息刊登出來之後，在祖國同胞對台胞的觀念上立刻發生影響。因為他們被政府認定為個個有擔任「日軍特務工作」等等罪行的嫌疑，致使祖國同胞對台胞歧視甚至侮視，而在祖國與台省之間劃出一道鴻溝，影響全國統一至大，此其一。台胞的私產既將被敵偽產業處理局接收，祖國同胞誰敢購買台胞的貨品和產業？若然則台胞惟有坐而待斃的一條路了，此其二。這個辦法一經發佈出來，乘機敲詐之徒又獲一敲詐機會，人地生疏孤立無依的台胞，從此更無法安居，此其三。台胞在日本帝國主義鐵蹄下掙扎了五十年，惟一的期望是重返祖國懷抱做個清白的國民。現在他們殷殷所望者達到之日，正在欣舞歡慰期有以報祖國之時，頭一個所獲旳報應竟是辛苦積來的私產，被「敵偽」產業處理局接收而去！台灣的愛國

心越濃厚，他們的失望勢必越深重。誰能擔保狡猾的日人和一小部份受過日本毒的台胞，不會乘機煽動離間我全體台胞？若然其影響將及於台省的治亂以至全國的治亂，此其四。

以上所舉四端，僅為直接影響之犖犖大者而已，至於間接可以發生的影響當然是很多的。凡是愛國的同胞，對於這個問題都不能以為只是小小一台灣省的事而取袖手旁觀的態度。

五

我們深信政府當局不會沒有憐恤台胞之意，但是這個台人產業處理辦法，我們是絕對不能贊成的！當局或者要說，這個辦法只是要處罰不良的台胞，對於安分守己的台胞既有「發還」的辦法，當然不成問題。

不良的台胞當然應該處罰，如有「擔任日軍特務工作」等等罪行的台胞，盡可以仿效處理漢奸偽逆的條例，依法辦理。如果照公佈的辦法做下去，會發生種種惡影響已如上述，而大多數安分守己的台胞所受精神和物質雙方面的損失未免太大了。先就精神方面說：安分守己的台胞，當日寇炙手可熱之時，利用日人勢力以圖一己之利的機會非常之多，但是他們不肯利用，有時更進而維護祖國同胞與日人抗爭。這些台胞，在勝利後的今日不但不會受到獎賞，私產反被視同敵偽產業，他們所受精神上的打擊怎樣的大，這是可想而知的。再就物質方面說：私產一旦被接收，待到「提出確實憑證」——其實這就不易，假如有人叫我提出未曾作賊的確實憑據，我就感著棘手——經過幾道機關，最後承蒙「予以發還」，費事且勿論，這期間的損失就可觀。而且所謂「發還」，當局能保證其「原封不動」地發還嗎？這個損失要找誰去算賬？

為處罰一部份不良台胞而使全體台胞受這樣大的損失，於法於理於情都說不過去，切盼當局收回成命改訂辦法，並望愛國同

胞多多替六百多萬新回到祖國懷抱的台胞說話！

1946 年 1 月 15 日

編者按：

　　這篇文章是台北秦賢次先生於 2001 年 2 月提供的，未及收入 2000 年 8 月在北京台海出版社出版的《張我軍全集》。據秦先生介紹，此文載於 1946 年 2 月 15 日在北平創刊的《新台灣》半月刊。《新台灣》是台灣省旅平同鄉會的機關刊物，至 1946 年 5 月 1 日止，共發行過 4 期，最後 1 期改為月刊。這篇文章是以「伍君」的筆名發表於創刊號上，「伍君」與「我軍」的閩南語發音相似。

　　1946 年 1 月，前中華民國政府發佈「台灣人產業處理辦法」，在全國台灣同胞中引起軒然大波，本文即為此而作。這是張我軍在日本投降直至在台北逝世的十年間，極為罕見的一篇政論文章。至於「台灣人產業處理辦法」中的錯誤，經台胞兩個多月抗爭後，當時的政府被迫明令改正。

致直兒函

編者按：

　　新補張我軍致直兒函共 11 件，是 1954 年 3 月 22 日至 1955 年 7 月 28 日，從台北寄往正在台中及鳳山接受「軍訓」的張光直的家信。

　　信中提及的「李小姐」即李卉；「二舅」即張光直的叔伯舅舅羅文浩（羅文浩，1911～1996，湖北黃陂人，黃浦軍校第 8 期、「陸大」特 7 期畢業，去台後曾歷任軍職，20 世紀 80 年代以「中將」銜退役）。

　這 11 封信及「遺囑」，均為 2001 年 1 月張光直病逝後，其夫人李卉在清理遺物時找到。這些遺文，連同已編入上揭《張我軍全集》的 1955 年 9 月 28 日《致直兒函》，對了解張我軍晚年和臨終前的心境，以及他對自己身後事的安排，是非常珍貴的資料。

　光直：

　昨晚李小姐來家，送我小煙斗，送媽小花籃，都是很巧緻的日月潭紀念品，兩個弟弟也都有禮物，皆大歡喜。昨天可巧台中張深切君北來，我已托他把錢交給你，需零用錢時可上他家去拿（但一次不要太多），不必客氣。他家住「中區柳岸里永安巷十號」，大約四月初他會搬家，屆時他會寫信給你。為父與他有多年交誼，你若到台中市內，伙食不妨預定在他家，絲毫不用客氣。四月中找可能去看你一趟。

　這幾天此地天氣變化無常，忽冷忽熱，昨今兩天又頗有暮春之意。

　　　　　　　　　　　　　　　　父字
　　　　　　　　　　　　　　　1954 年 3 月 22 日

　直兒：

　你的信都看過，因為日來太忙，雖然很想回一信，但終於無暇動筆。你出發那一天，我在火車站碰見了不少熟人，王柏榮的大公子（王×東，工專畢業）也同你一車去的。你那節車因為沒有掛牌子，不好找，所以我也是開車前五分鐘才找到的，但是少見一面原也無所謂。來信說彰化陳氏，大概是陳滿盈（虛谷），他是彰化花壇的人。你所要的棉被，大約明天可以寄去，以後需要錢物，儘管寫信來說。家裡都平安，兩個弟弟很用功，一切不必操心。他們昨夜各給你寫了一信，我都看過了，誠兒的文字簡

潔清秀，樸兒的文字也大有進步，我覺得很滿意。以後至少一星
期會叫他們各寫一信給你。你在那裡的一切，我們都放心，你的
為人我也没有可擔心的事，所以不想囑咐你什麼。只有關於健康
一事，必須特別注意，有病須儘早看醫生，不可過份忍耐。當
然，最好是小心不要生病。家中女佣尚未雇妥，好在最近有一家
介紹所源源送人來，不久當可碰上一個好的。你母這幾天還好，
對你的遠行也由於你的信中所叙一切而放了心。十九日（星期
日）姨和李卉都到家來包餃子，兩個弟弟皆大歡喜。他們四個人
並且一道去看了電影，據説是姨請的客。你寫信之便可以叫李卉
每禮拜天到咱家來玩玩。再談。

父字

1954 年 9 月 21 日

　　光直：

　　二十七日的信收到。棉被已經蓋上，很好。誠、樸二兒身體
很有進步，誠兒前些日子又拍了一張 X 光照片，林茂看了認為相
當滿意，無須再注射了，現在天天給他吃黃油。女佣已用妥，是
一個十七歲的鄉下姑娘，很老實又不傻，不曾讀書，但頗懂禮
貌。家中一切如恆，不必掛念。你功課雖忙，但忙的是筋骨而不
是腦子，對身體是有益的。你只須記住「休息」兩個字，忙後必
須盡量休息。我切望你能在這一年的鍛煉中，以充足的休息配合
激烈的運動，煉成一個頑健的身體作為一生事業的資本。你無須
為家信而花費太多的時間，一星期有一封也就夠了。

父字

1954 年 9 月 30 日

光直：

今天付郵寄去現款（保值）二百元，收到後即來信報知。《合作界》出版在即，忙甚，不多談。家中一切如恆，勿念。請注意健康。

父字

1955 年 2 月 17 日

光直：

三月十四日信收到。十二、十三兩日台北也有大風，所以該地風砂之大，可能不是常事。台中有不少親友家，假日不妨去走走。賴清鎮夫婦住台中市政府貴賓館對過巷內（巷外掛有「謝代書」招牌），萬水住其附近。張叔叔住址是：「柳岸里永安巷十號」（離第二菜市不遠），莊垂勝先生常在中央書局。有事須請教人時可以到合作金庫（繼光街）找經理（林湯盤）或副理（陳長經），他們都是老仕户。家中一切如恆。勿念。

注意身體為要。

父字

1955 年 3 月 18 日

直兒：

李氏基金獎學金考選留美學生事，今日由台大在《中央日報》刊登通告，茲將通告剪下封入寄去，你可趕辦請假手續以便應考勿誤。應準備之物（如相片等）亦須預為備妥，並應注意報名考試時間。

父字

1955 年 4 月 22 日

直兒：

昨夜寄去一信，內有「李氏基金」考選學生通知廣告一份，因未掛號，媽不放心又剪了一份叫我再寄去。茲再封入寄去，收到後立刻回信，以安父母之心。

父字

1955 年 4 月 23 日

光直：

星期一中午返抵台北，即到金庫上班，下午回家，家中一切如恆，樸兒病已痊癒。大學的通知書昨天已托李小姐以掛號寄去。昨天晚飯後，小四說「好久没給二哥寫信了，今天要給二哥寫信」，一揮立就，雖有錯字，但頗得要領，而且天真可愛。本是托誠兒給寄，但因誠兒在信封上忘記寫「台中」二字，今晨我把它帶到金庫，附了這張信一起寄去。

咱家昨天買了一具大同電扇，價六百元，風力甚大。

父字

1955 年 5 月 18 日

光直：

來信收到。保值匯款既需不少匯費，又須勞人前往郵局辦理，太麻煩，故今日由本庫匯去一百元交張叔叔。你到台中時去找他要好了。叔叔不在家時可找張嬸拿，不用客氣。

父字

1955 年 6 月 1 日

光直：

今日接到教育部留學考試錄取通知，已令光誠抄一份同封寄去。其中最要緊的是必須於十九日（應該是星期二，但原通知作星期一）檢查身體。還有限於十八日繳交軍訓完畢證件，此事與你不知有無關係？此外還有現役及齡男子徵兵處理名簿填表二份，也留在家中等你回家自填。你必須請假北上參加身體檢查。

此通知今午二時餘收到，即時打電話到台大考古系，但已無人接電話。

教育部通知不敢寄去，一是怕失落，二是不知你已否返回鳳山軍校，因為檢查身體時必須攜帶此通知前往，故留在家裡比較妥當。

萬一請假必需（須）教育部原通知時，可立刻叫電話（台北四二九六二）回家，我當儘速親自送去。

昨日母親見了二舅，據說他已向鳳山校長說過，他星期六都回校，你可以到官邸去找他談談。

父字

1955 年 7 月 16 日下午 3 時

直兒：

你廿五日寫的信昨天到。廿六晨寄去現款一百元，你大約也收到了。我自上星期五腰部發痛，經林博士診斷為腎結石，即時注射服藥以來，至今天已一星期，病已除了十分之九，每日仍照常上班「視」事，僅上星（期）六下午和星（期）日在家中躺著靜養。大約再兩三天就可以復原，不必介意。李小姐真懂事，她看我病了，連本來叫我找的兩個保證人（三項保證書，一共找了五位保人）也自己去替你找妥了，並且怕我手頭拮据，還給你寄錢去。你應該特別寫信感謝她一番。前兩三天你母親也病了一

場，是扁桃腺炎，曾發高燒，但經林博士注射二次以後很快就痊癒了。家中事，我尚有力支撐，你大可放心。

父字
1955 年 7 月 28 日

國家圖書館出版品預行編目資料

> 張我軍全集／張光正編，　初版. -- 臺北市
> 　：人間，　2003[民 92]
> 　　　面；　　　公分. --（臺灣新文學史論叢刊：
> 4）
>
> 　　ISBN 957-8660-79-0（平裝）
>
> 　　1.　論叢與雜著
>
> 078　　　　　　　　　　　　　　　92009071

台灣新文學史論叢刊 4

張我軍全集

編　　　者／張光正
發　行　人／陳映眞
出　版　者／人間出版社
社　　　長／陳映和
地　　　址／台北市潮州街九一之九號五樓
電　　　話／02-23222357
郵撥帳號／11746473　人間出版社
排　　　版／龍虎電腦排版股份有限公司
印　　　刷／漢大印刷有限公司
總　經　銷／聯經出版事業股份有限公司
地　　　址／汐止鎮大同路一段三六七號三樓
訂書專線／02-26418661
登　記　證／局版台業字第三六八五號
初版一刷／二○○二年六月
定　　　價／五六○元